Christian Frese

Planung kooperativer Fahrmanöver für kognitive Automobile

Karlsruher Schriften zur Anthropomatik
Band 10
Herausgeber: Prof. Dr.-Ing. Jürgen Beyerer

Lehrstuhl für Interaktive Echtzeitsysteme
Karlsruher Institut für Technologie

Fraunhofer-Institut für Optronik, Systemtechnik und
Bildauswertung IOSB Karlsruhe

Eine Übersicht über alle bisher in dieser Schriftenreihe erschienenen Bände
finden Sie am Ende des Buchs.

Planung kooperativer Fahrmanöver für kognitive Automobile

von
Christian Frese

Dissertation, Karlsruher Institut für Technologie
Fakultät für Informatik, 2011

Impressum

Karlsruher Institut für Technologie (KIT)
KIT Scientific Publishing
Straße am Forum 2
D-76131 Karlsruhe
www.ksp.kit.edu

KIT – Universität des Landes Baden-Württemberg und nationales
Forschungszentrum in der Helmholtz-Gemeinschaft

KIT Scientific Publishing 2012
Print on Demand

ISSN: 1863-6489
ISBN: 978-3-86644-798-1

Planung kooperativer Fahrmanöver für kognitive Automobile

zur Erlangung des akademischen Grades eines

Doktors der Ingenieurwissenschaften

von der Fakultät für Informatik
des Karlsruher Instituts für Technologie (KIT)

genehmigte

Dissertation

von

Christian Frese

aus Aschaffenburg

Tag der mündlichen Prüfung: 11. Juli 2011

Erster Gutachter: Prof. Dr.-Ing. Jürgen Beyerer

Zweiter Gutachter: Prof. Dr.-Ing. Heinz Wörn

Danksagung

Die vorliegende Dissertation entstand während meiner Tätigkeit als wissenschaftlicher Mitarbeiter am Lehrstuhl für Interaktive Echtzeitsysteme der Universität Karlsruhe (TH), die inzwischen in das Karlsruher Institut für Technologie übergegangen ist. Dem Lehrstuhlinhaber Prof. Dr.-Ing. J. Beyerer danke ich für sein Vertrauen in meine Arbeit und für die Betreuung der Dissertation durch zahlreiche Diskussionsbeiträge und Anregungen.

Für die Übernahme des Korreferats danke ich Herrn Prof. Dr.-Ing. H. Wörn vom Institut für Prozessrechentechnik, Automation und Robotik. Ebenso möchte ich allen Professorinnen und Professoren danken, die wertvolle Hinweise zu meiner Arbeit gegeben haben oder an der Prüfung der Dissertation beteiligt waren.

Diese Arbeit entstand im Rahmen des Sonderforschungsbereichs/Transregio 28 „Kognitive Automobile" der Deutschen Forschungsgemeinschaft. Allen Mitarbeitern des Projekts danke ich für die gute Zusammenarbeit. An erster Stelle sind hier natürlich Thomas Batz und die übrigen Mitarbeiter des Teilprojekts B3 „Verteilte Kooperation" zu nennen. Auch allen Studenten, die das Teilprojekt als studentische Hilfskräfte oder im Rahmen ihrer Seminar-, Studien- und Diplomarbeiten unterstützt haben, möchte ich an dieser Stelle danken.

Die Simulation der untersuchten Verfahren wäre ohne die Unterstützung der Projektpartner aus dem SFB/Transregio nicht möglich gewesen. Insbesondere Stefan Vacek, Robert Nagel, Frank Moosmann, Julius Ziegler und Matthias Goebl danke ich für die Bereitstellung von Software-Komponenten. Die Teilnahme an der Urban Challenge mit dem Team AnnieWAY war eine wichtige Erfahrung, für die ich allen Teammitgliedern dankbar bin. Schließlich bedanke ich mich bei den Mitgliedern der Arbeitsgruppe „Wissensrepräsentation" für zahlreiche Diskussionen.

Den Kollegen am Lehrstuhl für Interaktive Echtzeitsysteme danke ich für viele große und kleine Hilfestellungen und vor allem für die freundschaftliche Atmosphäre während und nach der Arbeitszeit. Stellvertretend für alle Mitarbeiterinnen und Mitarbeiter des Lehrstuhls möchte ich hier diejenigen namentlich erwähnen, die jahrelang den gemeinsamen Arbeitsalltag im Laborgebäude geprägt haben: Jonathan Balzer, Andrey Belkin, Ioana Gheţa, Martin Grafmüller, Gaby Gross, Michael Heizmann, Sebastian Höfer, Marco Huber, Michael Mai, Masoud Roschani, Jennifer Sander und Stefan Werling. Marco Huber gilt außerdem mein Dank für das Korrekturlesen des größten Teils dieser Arbeit.

Meinen Eltern, Großeltern und Verwandten danke ich für ihre finanzielle und moralische Unterstützung während des Studiums und der Promotion.

Karlsruhe, im Dezember 2011   Christian Frese

Zusammenfassung

Die Entwicklung der Fahrerassistenzsysteme ist in den letzten Jahren rasch vorangeschritten. Inzwischen finden auch Sicherheitssysteme auf der Grundlage maschineller Umgebungswahrnehmung zunehmend Einzug in Neufahrzeuge. Beispielsweise kann der automatische Notbremsassistent selbstständig eine Gefahrenbremsung durchführen, um die Folgen eines Unfalls zu vermindern. Zusätzliche Möglichkeiten ergeben sich durch die drahtlose Kommunikation zwischen Fahrzeugen. Mit ihrer Hilfe kann vor Gefahrenstellen gewarnt werden, die außerhalb des visuell wahrnehmbaren Bereichs liegen. Darüber hinaus ist die Vereinbarung kooperativer Fahrmanöver denkbar. Besonders in Gefahrensituationen mit mehreren beteiligten Fahrzeugen sind Fahrer aufgrund von Reaktionszeiten und fehlender Koordinationsmöglichkeiten häufig nicht in der Lage, rechtzeitig die optimalen Handlungen zur Unfallvermeidung einzuleiten. Hier könnte ein zukünftiges Assistenzsystem eingreifen und automatisch ein kooperatives Fahrmanöver zur Abwendung der Gefahr planen und ausführen.

Diese Arbeit befasst sich mit Algorithmen zur Planung des kooperativen Verhaltens kognitiver Automobile. Ausgangspunkt sind kognitive Fahrzeuge mit Sensoren und Aktoren, die ihre Umgebung wahrnehmen, Verkehrssituationen interpretieren, über Funk kommunizieren und automatische Fahrmanöver ausführen können.

Zunächst wird die Frage untersucht, welche Fahrzeuge überhaupt im Hinblick auf gemeinsame Fahrmanöver miteinander kooperieren können. Diese Fahrzeuge werden zu kooperativen Gruppen zusammengefasst. Das Konzept der kooperativen Gruppen ermöglicht eine rasche Entscheidungsfindung im Fall einer Gefahrensituation, da die Kooperationspartner durch die Gruppenstruktur bereits festgelegt sind. Eine begrenzte Gruppengröße garantiert außerdem, dass der Kommunikations- und Rechenaufwand vertretbar bleibt. Für die Bestimmung der möglichen Kooperationspartner ist die Straßentopologie von entscheidender Bedeutung. Beispielsweise ist die Durchführung gemeinsamer Fahrmanöver nicht möglich, wenn Fahrzeuge durch die Mittelleitplanke einer Autobahn voneinander getrennt sind, obwohl ihr räumlicher Abstand in diesem Fall sehr gering sein kann. Anhand dieser Überlegungen wird ein Abstandsmaß definiert, das die Zeit bis zum nächsten gemeinsamen Treffpunkt zweier Fahrzeuge im Straßennetz beschreibt. Darauf basierend werden Kriterien zur Bildung kooperativer Gruppen im verteilten System kognitiver Fahrzeuge entwickelt.

Der zweite Hauptbeitrag der Arbeit behandelt die Entscheidungsfindung in Gefahrensituationen. Um möglichst allgemeine, von speziellen Szenarien unabhängige Verfahren zu erhalten, wird die kooperative Unfallvermeidung als Problem der Bewegungsplanung für mehrere Fahrzeuge formalisiert. In der Literatur zur kooperativen Bewegungsplanung für mehrere Fahrzeuge oder Roboter werden meistens Entkopplungs- oder Priorisierungsannahmen getroffen, um die Rechenkomplexität der Algorithmen zu reduzieren. Damit wird jedoch auch die Menge der möglichen Bewegungspläne eingeschränkt, sodass die Planung fehlschlagen kann, selbst wenn eine Lösung existiert. In dieser Arbeit wird auf solche Annahmen verzichtet, um in Gefahrensituationen einen möglichst großen Spielraum von Handlungskombinationen ausschöpfen zu können. Es werden drei unterschiedliche Verfahren zur kooperativen Bewegungsplanung unter Berücksichtigung der Fahrzeugdynamik untersucht.

Der erste Algorithmus basiert auf der Anordnung einer diskreten Menge von Handlungssequenzen der Fahrzeuge in einem Baum. Eine gewählte Handlung wird für ein festgelegtes Zeitintervall ausgeführt, bis der nächste Entscheidungspunkt auf der nachfolgenden Ebene des Baums erreicht ist. Die Ausführung der Handlungen wird mit Hilfe von Fahrzeugmodellen unter Berücksichtigung kinematischer und dynamischer Randbedingungen simuliert. Zur Bewertung von Alternativen können Funktionen definiert werden, die nicht nur die Kollisionsvermeidung, sondern auch die Minimierung der Unfallschwere im Fall unvermeidlicher Kollisionen ermöglichen. Aufgrund der großen Anzahl an Kombinationen von Einzelfahrzeughandlungen ist es bei sinnvollen Diskretisierungsannahmen nicht möglich, den Baum in Echtzeit vollständig zu durchsuchen. Jedoch können bestimmte Teilbäume von der Suche ausgeschlossen werden, wenn bekannt ist, dass sie die optimale Lösung nicht enthalten können. Hierzu wird in einem Vorverarbeitungsschritt die Information berechnet, die nur von Entscheidungen einzelner Fahrzeuge abhängig ist. Auf der Grundlage dieser Vorberechnung wird ein effizientes Durchsuchen des Baums mit dem Branch-and-Bound- oder dem A*-Algorithmus möglich.

Das zweite Verfahren modelliert die kooperative Kollisionsvermeidung als gemischt-ganzzahliges lineares Programm. Dieser Ansatz wird in der Literatur zur kooperativen Bewegungsplanung für Flugzeuge eingesetzt. In dieser Arbeit werden verschiedene Erweiterungen vorgenommen, um die Fahrzeuggeometrie und das Straßennetz berücksichtigen zu können.

Das dritte in dieser Arbeit vorgeschlagene Verfahren zur kooperativen Bewegungsplanung basiert auf der Methode der elastischen Bänder, die in der Literatur zur Einzelfahrzeugbahnplanung eingesetzt wird. Die geplante Bewegung eines Fahrzeugs wird als eine Sequenz von Knoten modelliert, wobei jeder Knoten die Position des Fahrzeugs zu einem festgelegten Zeitpunkt repräsentiert. In Analogie zu einem Feder-Masse-System wirken verschiedene Kräfte auf die elastischen Bänder. Innere Kräfte erzwingen eine glatte Abfolge der Knoten gemäß den fahrdynamischen Grenzen. Äußere Kräfte stoßen die Knoten vom Straßenrand, von Hindernissen und von anderen Fahrzeugen ab. Im Kräftegleichgewicht ergibt sich ein kooperativer Bewegungsplan.

Die beschriebenen Verfahren zur Bildung kooperativer Gruppen und zur Planung kooperativer Fahrmanöver werden mit Hilfe eines Verkehrssimulators evaluiert. Die kooperative Unfallvermeidung wird in verschiedenen Kreuzungs-, Ausweich-, Einfädel- und Überholszenarien demonstriert. Dabei werden kooperative Fahrmanöver für zwei bis sechs beteiligte Fahrzeuge geplant. Die Leistungsfähigkeit der vorgeschlagenen Algorithmen wird mit dem Standardverfahren der prioritätsbasierten Planung verglichen. Das Potential für einen echtzeitfähigen Einsatz der kooperativen Bewegungsplanung wird aufgezeigt.

Inhaltsverzeichnis

XII

Symbolverzeichnis

Generelle Notationsvereinbarungen

$x, y, \ldots$ skalare reelle Variable (kursiv, Kleinbuchstaben)

$\mathbf{x}, \mathbf{y}, \ldots$ Vektoren (fett, Kleinbuchstaben)

$\mathbf{A}, \mathbf{B}, \ldots$ Matrizen (fett, Großbuchstaben)

$\mathbf{A}^{\mathrm{T}}, \mathbf{x}^{\mathrm{T}}$ transponierte Matrix, transponierter Vektor

$\mathcal{A}, \mathcal{B}, \ldots$ Mengen, Strukturen (kalligraphisch, Großbuchstaben)

$M, N, \ldots$ Anzahl der Elemente einer Menge (kursiv, Großbuchstaben)

$i, j, k, \ldots$ ganzzahlige Indexvariable (kursiv, Kleinbuchstaben)

Symbole

Symbol	Beschreibung	Seiten
α_i	Lenkwinkel des Fahrzeugs c_i	77
$\alpha_{i,\max}$	kinematische Lenkwinkelbeschränkung des Fahrzeugs c_i	78
$\boldsymbol{\gamma}$	kooperative Bewegung $\boldsymbol{\gamma} : [0, t_{\mathrm{h}}] \to \mathcal{X}, \boldsymbol{\gamma} = (\gamma_1, \ldots, \gamma_M)^{\mathrm{T}}$	82
γ_i	Bewegung (Trajektorie) des Fahrzeugs c_i $\gamma_i : [0, t_{\mathrm{h}}] \to \mathcal{X}_i$	82, 129
$\varepsilon_{i,k}$	Breite des Toleranzbereichs für Fahrzeug c_i zum Zeitschritt k im kooperativen Bewegungsplan	132
ε_{P}	Schwellwert für den prädizierten Abstand bei der Erkennung von Gefahrensituationen	47
$\varepsilon_{\mathrm{subopt}}$	Approximationsfaktor bei der suboptimalen Baumsuche	149

In diesem Verzeichnis sind aus Gründen der Übersichtlichkeit nur solche Symbole aufgeführt, die eine wichtige Rolle spielen oder an mehreren Stellen dieser Arbeit vorkommen. Im Fall von mehreren gleichartigen Termen wie z. B. $s_{\mathrm{D}}(\mathcal{G})$, $s_{\mathrm{V}}(\mathcal{G})$ oder $L^{\mathrm{coll}}(\boldsymbol{\gamma})$, $L^{\mathrm{road}}(\boldsymbol{\gamma})$ ist nur die jeweilige Basisvariante (hier $s(\mathcal{G})$ bzw. $L(\boldsymbol{\gamma})$) im Symbolverzeichnis enthalten. Auf den angegebenen Seiten wird das jeweilige Symbol erläutert und erstmals in einem bestimmten Kontext verwendet.

XIV   *Symbolverzeichnis*

Symbol	Beschreibung	Seiten
κ_i	Krümmung der Bahn von Fahrzeug c_i	79, 122
μ_i	Haftreibungskoeffizient der Reifen von Fahrzeug c_i	79
ν_j	Schrittweite in Iteration j bei der numerischen Berechnung des Kräftegleichgewichts	127
ϕ_i	Orientierung des Fahrzeugs c_i in der Straßenebene (Gierwinkel)	39, 46, 71, 77, 119
ω_i	geschätzte Gierrate von Fahrzeug c_i	46
Ω_i	Geometriemodell von Fahrzeug c_i	71
Ω_r	Geometriemodell der Straße $r \in Roads$	70, 87
$\Omega_i^P(t)$	Polygon des wahrscheinlichen Aufenthaltsbereichs von Fahrzeug c_i zum Prädiktionszeitpunkt t	47
$\Omega_i^R(t)$	erreichbarer Aufenthaltsbereich von Fahrzeug c_i zum prädizierten Zeitpunkt t unter Berücksichtigung aller Handlungsalternativen	47
$\mathbf{a}$	kooperative Handlung $\mathbf{a} = (a_1, \ldots, a_M)^T$	82
a_i	Einzelfahrzeughandlung des Fahrzeugs c_i	80
$\mathcal{A}$	Menge der kooperativen Handlungsalternativen	91
A	Anzahl der kooperativen Handlungsalternativen $A := |\mathcal{A}|$	92
$\mathcal{A}_i$	Menge der Handlungsalternativen von Fahrzeug c_i	80
A_i	Anzahl der Handlungsalternativen von Fahrzeug c_i $A_i := |\mathcal{A}_i|$	90
acc_i	Längsbeschleunigung des Fahrzeugs c_i	46, 77
$acc_{i,\max}$	maximal mögliche Längsbeschleunigung	79
$acc_{i,\min}$	minimale fahrdynamisch zulässige Längsbeschleunigung (maximale Verzögerung)	79
$acc_{i,\text{lat}}$	Querbeschleunigung des Fahrzeugs c_i	79
$acc_{i,\text{lat},\max}$	maximale fahrdynamisch zulässige Querbeschleunigung von Fahrzeug c_i	79
$\mathcal{B}$	Baum der kooperativen Handlungssequenzen	91
$\mathcal{B}_i$	Baum der Handlungssequenzen von Fahrzeug c_i	90
$\mathcal{B}_{i,j}$	Zwei-Fahrzeug-Baum	97

Symbol	Beschreibung	Seiten
$b_{i,j,k,l}$	binäre Variable für die Kollisionsvermeidung der Fahrzeuge c_i und c_j zum Zeitschritt k	110
c_i	Fahrzeug	46, 52, 71
$ch(n, \mathbf{a})$	Kindknoten von n, der durch Ausführung der kooperativen Handlung $\mathbf{a}$ erreicht wird	91, 198
$d_2(\Omega, \Omega')$	euklidischer Abstand der geometrischen Primitive Ω, Ω'	47, 52, 132
$d_{i,j}$	Mindestabstand der Fahrzeugmittelpunkte $\mathbf{p}_i$ und $\mathbf{p}_j$ im MILP	110
$d_{\mathcal{R}}(c_i, c_j)$	Abstandsmaß für Fahrzeuge im Straßennetz	54
e	gerichtete Kante im Straßengraphen $\mathcal{R}$	52
$\mathbf{f}_{i,k}$	resultierende Kraft am Knoten $\mathbf{p}_{i,k}$ $\mathbf{f}_{i,k} = (f_{i,k,\mathrm{x}}, f_{i,k,\mathrm{y}})^{\mathrm{T}}$	119
$f(\mathbf{x}, \mathbf{a}, \Delta t)$	Zustandsübergangsfunktion im gemeinsamen Zustandsraum der kooperierenden Fahrzeuge	82
$f_i(\mathbf{x}_i, a_i, \Delta t)$	Zustandsübergangsfunktion von Fahrzeug c_i	70, 82
$\mathcal{G}$	kooperative Gruppe	58
$G(c_i, k)$	kooperative Gruppe, der das Fahrzeug c_i zum Zeitschritt k angehört	138
g_{e}	Erdbeschleunigung	79
$g(n)$	Knotenbewertungsfunktion in der A*-Suche $g(n) := L(root, n) + h(n)$	103
$h(n)$	untere Schranke für den akkumulierten Verlust vom Knoten n bis zu einem Blattknoten von $\mathcal{B}$	100
$h_i(n_i)$	im Einzelfahrzeugbaum $\mathcal{B}_i$ berechnete untere Schranke für L_i^{SV}	98
$h_{i,j}(n_{i,j})$	im Zwei-Fahrzeug-Baum $\mathcal{B}_{i,j}$ berechnete untere Schranke für $L_{i,j}^{\mathrm{coll}}$	99
$J(G_1, G_2)$	Vergleichsmaß für die Übereinstimmung der Gruppeneinteilungen G_1 und G_2	138
K	Konstante im MILP-Modell, $K \gg 0$	110
l_i	Radstand des Fahrzeugs c_i	77
l_i^{H}	Abstand der Hinterachse vom geometrischen Mittelpunkt des Fahrzeugs c_i	77

Symbol	Beschreibung	Seiten
$L(\gamma)$	Verlustfunktional	83
$L(root, n)$	akkumulierter Verlust entlang eines Weges im Baum $\mathcal{B}$	92
L^*	minimaler Verlust	102
$L_i^{\mathrm{SV}}(n)$	Verlustfunktional im Einzelfahrzeugbaum	95
L_{thr}	Schwellwert für das Verlustfunktional bei reiner Kollisionsvermeidung	148
M	Anzahl der Fahrzeuge in einer kooperativen Gruppe	58, 70
m_i	Masse von Fahrzeug c_i	85
N	Gesamtzahl der Fahrzeuge bei der Simulation der Gruppenbildung	57, 138
n	Knoten des Baums $\mathcal{B}$	91
n^*	Blattknoten der optimalen Handlungssequenz in $\mathcal{B}$	93
n_i	Knoten des Einzelfahrzeugbaums $\mathcal{B}_i$	90
$n_i(n)$	Abbildung $\mathcal{B} \to \mathcal{B}_i$ auf den Einzelfahrzeugbaum	96, 197
$n_{i,j}(n)$	Abbildung $\mathcal{B} \to \mathcal{B}_{i,j}$ auf den Zwei-Fahrzeug-Baum	97, 197
N_{obst}	Anzahl der relevanten Hindernisse	70, 86, 125, 132
$\mathcal{O}(f(n))$	Funktionenklasse asymptotischer oberer Schranken (O-Kalkül), $\mathcal{O}(f(N)) := \{g(N) \mid \exists c > 0,\ N_0 > 0\ \forall N \geq N_0\ \ g(N) \leq c \cdot f(N)\}$	57, 97
$\mathbf{p}_{i,k}$	Fahrzeugposition in der Straßenebene zum Zeitschritt k $\mathbf{p}_{i,k} = (x_{i,k}, y_{i,k})^{\mathrm{T}}$	107, 119
$p_{\mathcal{R}}(v_1, v_2)$	Länge des kürzesten Weges von v_1 nach v_2 im Graphen $\mathcal{R}$	54
$\mathcal{P}(C)$	Menge aller Partitionen der Menge C	60
$\mathbf{P}_{\mathbf{x}_i}$	Kovarianzmatrix des prädizierten Zustands von Fahrzeug c_i	46
P_{coll}	Tiefe der Vorberechnung von Zwei-Fahrzeug-Bäumen $\mathcal{B}_{i,j}$	99
P_{SV}	Tiefe der Vorberechnung von Einzelfahrzeug-bäumen $\mathcal{B}_i$	98

Symbol	Beschreibung	Seiten
$pa(n)$	Elternknoten von n	91, 197
$\mathbf{q}_i$	Konfiguration des Fahrzeugs c_i $\mathbf{q}_i = (x_i, y_i, \phi_i)^{\mathrm{T}}$	71, 76
$\mathcal{Q}_i$	Konfigurationsraum des Fahrzeugs c_i	71
$\mathbb{R}$	Menge der reellen Zahlen	129
$\mathcal{R}$	Graphrepräsentation des Straßennetzes	52
$Roads$	Menge der relevanten Straßenmodelle	70, 87, 123
$root$	Wurzelknoten von $\mathcal{B}$	91
$s(\mathcal{G})$	Bewertung der kooperativen Gruppe $\mathcal{G}$	60
$\mathrm{sgn}(x)$	Vorzeichenfunktion $$\mathrm{sgn}(x) = \begin{cases} 1 & \text{falls } x > 0 \\ 0 & \text{falls } x = 0 \\ -1 & \text{falls } x < 0 \end{cases}$$	120
S_{coll}	Tiefe der Zwischenspeicherung in den Zwei-Fahrzeug-Bäumen $\mathcal{B}_{i,j}$	97
S_{SV}	Tiefe der Zwischenspeicherung in den Einzelfahrzeugbäumen $\mathcal{B}_i$	97
Δt	Abtastintervall bei der Zeitdiskretisierung für die Bewegungsplanung	78, 105, 107, 119
t_{h}	Planungshorizont	119, 151
t_k	k-ter Entscheidungszeitpunkt im Baum $\mathcal{B}$	90
T	Anzahl der diskreten Zeitschritte bei der Bewegungsplanung, Tiefe des Baums $\mathcal{B}$	90, 107, 119
v	Knoten des Straßengraphen $\mathcal{R}$	51
$v_{\mathcal{R}}(c_i)$	Knoten von $\mathcal{R}$, an dem sich Fahrzeug c_i befindet	52
vel_i	Längsgeschwindigkeit des Fahrzeugs c_i	46, 77
$w(e)$	Gewicht der Kante e von $\mathcal{R}$	52
$\mathbf{x}$	Zustandsvektor der M kooperativen Fahrzeuge $\mathbf{x} = (\mathbf{x}_1^{\mathrm{T}}, \ldots, \mathbf{x}_M^{\mathrm{T}})^{\mathrm{T}} \in \mathcal{X}$	77
$\mathbf{x}_i$	Zustand des Fahrzeugs c_i $\mathbf{x}_i = (x_i, y_i, \phi_i, vel_i)^{\mathrm{T}} \in \mathcal{X}_i$	46, 77
$\mathbf{x}_i^{\mathrm{P}}$	prädizierter Zustand von Fahrzeug c_i	46

Symbol	Beschreibung	Seiten
$\mathbf{x}_i^{\text{start}}$	Anfangszustand von Fahrzeug c_i zu Beginn des Bewegungsplans	70
$(x_i, y_i)^{\text{T}}$	Position von Fahrzeug c_i in der Straßenebene	39, 46, 71, 77, 107, 119
$(x_i^{\text{H}}, y_i^{\text{H}})^{\text{T}}$	Position des Hinterachsmittelpunkts von Fahrzeug c_i	77
$\mathcal{X}$	Zustandsraum der M beteiligten Fahrzeuge $\mathcal{X} = \mathcal{X}_1 \times \ldots \times \mathcal{X}_M$	77
$\mathcal{X}_i$	Zustandsraum des Fahrzeugs c_i	77

Abkürzungsverzeichnis

Abkürzung	Beschreibung	Seiten
ABS	Antiblockiersystem	9
ACC	Adaptive Cruise Control	8
ACM	Association for Computing Machinery	205
ASME	American Society of Mechanical Engineers	205
BB	Branch and Bound	145
California PATH	California Partners for Advanced Transit and Highways	15
Conf.	Conference	205
DARPA	Defense Advanced Research Projects Agency	8
ESP	Elektronisches Stabilitätsprogramm	9
GCDC	Grand Cooperative Driving Challenge	191
IEEE	Institute of Electrical and Electronics Engineers	205
Kfz	Kraftfahrzeug	43
MILP	Mixed Integer Linear Program/Programming	26, 106
OWL	Web Ontology Language	43
PRM	Probabilistic Roadmap	20
Proc.	Proceedings	205
Prometheus	Program for a European Traffic with Highest Efficiency and Unprecedented Safety	7
RMI	Remote Method Invocation	137
RRT	Rapidly-Exploring Random Tree	20
RSJ	The Robotics Society of Japan	205
RTDB	Realzeitdatenbasis	136
SFB	Sonderforschungsbereich	38
SIM-TD	Sichere Intelligente Mobilität – Testfeld Deutschland	191
TCAS	Traffic Alert and Collision Avoidance System	13

Abkürzung	Beschreibung	Seiten
UML	Unified Modeling Language	40
UTM	Universal Transverse Mercator	39
VDI	Verein Deutscher Ingenieure	205
WLAN	Wireless Local Area Network	67
XML	Extensible Markup Language	136

Kapitel 1

Einleitung

1.1 Motivation

Trotz eines gestiegenen Verkehrsaufkommens ist die Anzahl der im Straßenverkehr tödlich verunglückten Personen in Europa seit Jahrzehnten rückläufig [Nicodème10]. Allgemein geht man davon aus, dass diese Entwicklung auch auf die verbesserte passive und aktive Sicherheit der Fahrzeuge zurückzuführen ist [Hackenberg01, Marchau05, Eidehall07]. Einen wesentlichen Beitrag zur aktiven Sicherheit leisten Fahrerassistenzsysteme, die in den letzten Jahren eine zunehmende Verbreitung erfahren haben [Winner09b, Ashley09]. Notbrems- und Ausweichassistenten, die zur Kollisionsvermeidung in die Steuerung des Fahrzeugs eingreifen, befinden sich in der Entwicklung bzw. sind bereits am Markt verfügbar [Ziegler08b, Jansson02, Schmidt06, ADAC09]. Grundsätzlich werden Assistenzsysteme von einer Mehrheit der Fahrer als wünschenswert und nützlich angesehen [EuropeanCommission06], gegen einen automatischen Eingriff ohne explizite Zustimmung des Fahrers gibt es aber häufig Vorbehalte. Beispiele aus dem Luftverkehr sowie vollautomatisch betriebene U-Bahnen [Riechers02] zeigen jedoch, dass in verwandten Anwendungsbereichen durchaus Akzeptanz für solche Technologien vorhanden ist.

Zusätzliche Möglichkeiten eröffnet die Funkkommunikation zwischen Fahrzeugen, die zur Zeit intensiv erforscht wird [Hartenstein08]. Neben Informations- und Unterhaltungsanwendungen können auch Sicherheitssysteme von der drahtlosen Kommunikation profitieren. Bisher wurden vorwiegend Warnsysteme untersucht, die den Fahrer beispielsweise auf eine Unfallstelle aufmerksam machen. Eine wesentlich darüber hinaus gehende Anwendungsmöglichkeit ist die Abstimmung von automatischen kooperativen Fahrmanövern. Ein derartiges System könnte nach den erwähnten Notbrems- und Ausweichassistenten die nächste Stufe der Fahrerassistenz darstellen. In vielen Gefahrensituationen, an denen mehrere fahrende Fahrzeuge beteiligt sind, könnte ein solcher Ansatz eine effektivere Unfallvermeidung bewirken als Assistenzfunktionen auf Einzelfahrzeugebene. Wenn eine Kollision nicht mehr verhindert werden kann, könnte zumindest die Unfallschwere

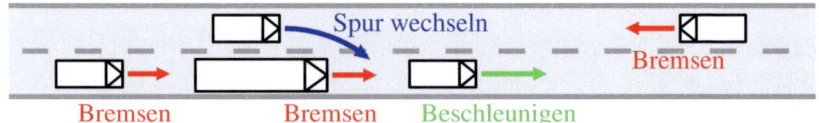

Abbildung 1.1: Mögliche kooperative Fahrmanöver in einer Gefahrensituation bei einem Überholvorgang mit Gegenverkehr. Durch Bremsen bzw. Beschleunigen der zu überholenden Fahrzeuge ensteht eine Lücke für den Spurwechsel des überholenden Fahrzeugs.

verringert werden. Aus anderen Bereichen ist bekannt, dass kooperative Entscheidungen eine Verbesserung gegenüber individuellen Entscheidungen der einzelnen Beteiligten erreichen können [Roughgarden05]. Vor diesem Hintergrund erscheint es sinnvoll, das Potenzial kooperativer Fahrmanöver im Straßenverkehr zu untersuchen.

In dieser Arbeit wird von einer Gefahrensituation mit mehreren beteiligten Fahrzeugen ausgegangen. Darunter wird eine Verkehrssituation verstanden, in der ein rasches Handeln erforderlich ist, um einen Unfall zu verhindern. Ursache der Gefahrensituation können riskantes oder unachtsames Verhalten eines der beteiligten Fahrer, Fehlverhalten eines anderen Verkehrsteilnehmers, technische Probleme an einem Fahrzeug oder äußere Einflüsse sein. Neben offensichtlichen Unfallursachen wie Missachtung der Vorfahrt oder riskante Überholmanöver seien hier erwähnt: Fußgänger, die unvorsichtig auf die Fahrbahn treten, verlorene Ladung, auf die Fahrbahn gestürzte Bäume, Steinschlag, Reifenschaden. Diese Beispiele zeigen, dass Gefahrensituationen auch im Fall einer vollständigen Automatisierung des Straßenverkehrs auftreten können, bei der Fahrerfehler als Gefahrenursache ausscheiden. Die in dieser Arbeit untersuchten Algorithmen zur Kooperation kognitiver Automobile sind daher sowohl für ein Fahrerassistenzsystem als auch für ein vollständig automatisiertes Straßenverkehrssystem anwendbar.

In einer solchen Gefahrensituation mit mehreren beteiligten Fahrzeugen sind die Fahrer nur selten in der Lage, die optimalen kollisionsvermeidenden Fahrmanöver auszuwählen und durchzuführen. Ein wichtiger Grund besteht darin, dass es für die Fahrer nahezu unmöglich ist, ihre Handlungen untereinander abzustimmen. In einem Szenario wie in Abb. 1.1 kann es z. B. unter den Fahrern verschiedene Auffassungen darüber geben, zwischen welchen Fahrzeugen der Überholende auf die rechte Spur wechseln soll. Die Initiierung und Ausführung der erforderlichen Manöver durch die Fahrer wird in einem solchen Fall länger dauern als bei optimal abgestimmten kooperativen Fahrmanövern. Diese Verzögerung kann dazu führen, dass ein Unfall nicht mehr verhindert werden kann. Auch in anderen Szenarien besteht die Problematik der fehlenden Abstimmungsmöglichkeiten.

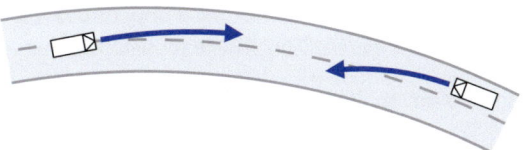

Abbildung 1.2: Situation, in der ein Unfall nur verhindert werden kann, indem die Fahrzeuge entgegen der Intuition links aneinander vorbeifahren.

Bei Gefahrensituationen an einer Kreuzung muss z. B. geklärt werden, welches Fahrzeug zuerst die Kreuzung passiert. Besonders wichtig ist eine Koordination auch dann, wenn ein Unfall nur durch unübliche Handlungen vermieden werden kann, beispielsweise indem entgegenkommende Fahrzeuge links aneinander vorbeifahren, weil ein Ausweichen nach rechts aus Gründen der Dynamik und des Straßenverlaufs zwangsläufig zu einem Unfall führt. Mögliche Ursachen sind ein Hindernis, rutschiger Straßenbelag durch eine Ölspur oder überhöhte Geschwindigkeit in einer Kurve, wie in Abb. 1.2 dargestellt. Solche Situationen sind für die Fahrer sehr schwierig einzuschätzen. Sie werden dazu tendieren, die gewohnten Manöver zu versuchen, in diesem Fall also ein Passieren auf der rechten Seite. Fehlende Koordination kann auch bei der Interaktion mehrerer Fahrerassistenzsysteme für Einzelfahrzeuge zu suboptimalem Verhalten führen [Hillenbrand06].

Neben dem Aspekt der fehlenden Koordinationsmöglichkeiten, der speziell in Situationen mit mehreren beteiligten Fahrzeugen auftritt, gibt es auch weitere Gründe, weshalb Fahrer in Gefahrensituationen häufig nicht optimal handeln. Zu nennen sind hier unter anderem die menschliche Reaktionszeit, die Schwierigkeit, mögliche Manöver hinsichtlich ihrer fahrdynamischen Durchführbarkeit zu beurteilen, und die fehlende Erfahrung im Umgang mit den selten auftretenden Gefahrensituationen. Eine Folge davon ist beispielsweise, dass ein Fahrer selbst bei der Entscheidung für eine Notbremsung das Bremspedal häufig nicht mit ausreichender Kraft tritt. Solche Beobachtungen eröffnen ein Potenzial für automatisch eingreifende Sicherheitssysteme und sind bereits in die Entwicklung von Fahrerassistenzsystemen auf Einzelfahrzeugebene eingeflossen [Kiesewetter97].

1.2 Ziele

In dieser Arbeit wird ein Konzept zur Kooperation kognitiver Automobile untersucht, das in Zukunft zur Verbesserung der Verkehrssicherheit beitragen könnte. In Gefahrensituationen mit mehreren beteiligten Fahrzeugen soll das System eingrei-

fen und durch die automatische Ausführung kooperativer Fahrmanöver Unfälle
verhindern oder zumindest die Unfallschwere reduzieren.

Das vorgeschlagene Konzept beginnt mit der verteilten Bildung von kooperativen
Gruppen, die eine Struktur für die weitere Verarbeitung und Entscheidungsfindung
darstellen. Jede Gruppe baut ein gemeinsames Lagebild auf, das die relevante Information über die aktuelle Verkehrssituation enthält und als Grundlage für die
Erkennung von Gefahrensituationen dient. Wenn eine Kollision droht, wird mit
Hilfe von Bewegungsplanungsalgorithmen ein kooperatives Fahrmanöver geplant,
das von den beteiligten Fahrzeugen ausgeführt wird. Durch die Beschränkung der
Situationserkennung und Verhaltensentscheidung auf die Fahrzeuge einer Gruppe
kann der Rechen- und Kommunikationsaufwand in handhabbaren Grenzen gehalten werden.

Ziel der Arbeit ist, geeignete Algorithmen für die Kooperation von Fahrzeugen zu
finden und die grundsätzliche Machbarkeit des Konzepts in der Simulation zu zeigen. Der Schwerpunkt liegt auf den Algorithmen für die Gruppenbildung und für
die Planung kooperativer Fahrmanöver. Es wird ein möglichst generischer Ansatz
verfolgt, der prinzipiell eine beliebige Anzahl beteiligter Fahrzeuge berücksichtigen kann und nicht auf eine bestimmte Verkehrssituation oder Straßengeometrie
beschränkt ist.

Die Arbeit erhebt nicht den Anspruch, eine vollständige Systemspezifikation
zu erstellen und alle damit verbundenen Fragen zu adressieren. Nicht behandelt werden insbesondere sensorielle Wahrnehmung [Maurer05, Dickmanns07],
Informationsfusion [Tischler05], Architekturen und Protokolle zur Fahrzeug-
Fahrzeug-Kommunikation [Hartenstein08, Nagel07, Raya06], juristische Aspekte [Meyer07, Bewersdorf05, Savelsberg05], Fragen der Mensch-Maschine-Interaktion [König09, Braess06], der Akzeptanz des Systems bei Fahrern [Wahl08,
Mages09], der Zulassung [Cotter06, Winner09c], der Markteinführung [Nöcker05,
Savelsberg05] und der Nutzenbewertung [Busch05, Killat08].

1.3 Beiträge

Die Hauptbeiträge dieser Arbeit liegen auf den Gebieten der Bildung kooperativer Gruppen und der Bewegungsplanung für kooperierende Fahrzeuge. Zusätzlich
wird untersucht, welche Information für die Kooperation von Fahrzeugen im Straßenverkehr benötigt wird und wie diese im gemeinsamen Lagebild repräsentiert
werden kann [Frese08a, Batz06].

Bei der Bildung kooperativer Gruppen sind die wesentlichen Beiträge dieser Arbeit

- die Definition und algorithmische Berechnung eines Abstandsmaßes für Fahrzeuge im Straßennetz [Frese07b],

- Bewertungskriterien und Algorithmen zur Partitionierung von Fahrzeugen in kooperative Gruppen [Frese08b],

- ein Verhandlungsprotokoll zur verteilten Gruppenbildung [Frese07a].

Die Beiträge zur Bewegungsplanung sind

- die Formalisierung der Planung kooperativer Fahrmanöver als Problem der kooperativen Bewegungsplanung und die Definition eines Verlustfunktionals zur Bewertung von Bewegungsplänen u. a. im Hinblick auf Kollisionsfreiheit und Kollisionsschwere [Frese09a],

- die Untersuchung verschiedener Bewegungsplanungsalgorithmen und deren Vergleich mit dem Standardansatz der prioritätsbasierten Planung. Hierzu werden umfangreiche Simulationen in Bezug auf Planungserfolg und Rechenaufwand ausgewertet [Frese11b].

Folgende Algorithmen zur kooperativen Bewegungsplanung sind im Rahmen dieser Arbeit entstanden bzw. wurden aus anderen Einsatzgebieten übertragen und wesentlich erweitert:

- Ein Algorithmus repräsentiert kooperative Handlungssequenzen in einem Baum und ermöglicht mittels vorberechneter Schranken für das Verlustfunktional eine effiziente Suche nach der besten Handlungssequenz in diesem Baum [Frese10a, Frese10b].

- Die Formulierung des Bewegungsplanungsproblems für mehrere Flugzeuge als gemischt-ganzzahliges lineares Programm wird in dieser Arbeit auf den Straßenverkehr übertragen [Frese11a].

- Die Methode der elastischen Bänder wurde bisher zur Bewegungsplanung für Einzelfahrzeuge eingesetzt und wird in dieser Arbeit auf die Planung kooperativer Fahrmanöver in Gefahrensituationen angewandt [Frese09b].

Das vorgeschlagene Konzept und seine Komponenten werden mit Hilfe eines Verkehrssimulators evaluiert.

1.4   Gliederung

Diese Arbeit beginnt mit einem Überblick über den Stand der Forschung in Kapitel 2. Dort wird auf die Verhaltensentscheidung für Einzelfahrzeuge, auf Ansätze zur Kooperation und auf Algorithmen zur Bewegungsplanung eingegangen. Kapitel 3 stellt das Konzept zur verteilten Kooperation kognitiver Automobile in Gefahrensituationen vor. Außerdem werden für die Kooperation im Straßenverkehr relevante Begriffe definiert und in eine strukturierte Wissensrepräsentation für das gemeinsame Lagebild eingeordnet. Kapitel 4 behandelt die Bildung kooperativer Gruppen. Ausgehend von den gewünschten Eigenschaften einer Gruppe werden ein Abstandsmaß und eine Bewertungsfunktion für kooperative Gruppen definiert. Außerdem werden Partitionierungsalgorithmen und ein Verhandlungsprotokoll zur verteilten Gruppenbildung behandelt. In Kapitel 5 werden drei verschiedene Algorithmen zur Planung kooperativer Fahrmanöver für mehrere Fahrzeuge beschrieben. Für jeden Algorithmus sind die Nebenbedingungen an kooperative Bewegungspläne wie Kollisionsvermeidung, Fahrzeugdynamik und Fahrbahnbegrenzungen geeignet zu modellieren. Kapitel 6 beschreibt die Ergebnisse zur Gruppenbildung und Bewegungsplanung, die mit Hilfe eines Simulationssystems erzielt wurden. Insbesondere wird eine vergleichende Bewertung der verschiedenen Bewegungsplanungsalgorithmen vorgenommen. Kapitel 7 enthält eine Zusammenfassung der Ergebnisse und einen Ausblick auf zukünftige Arbeiten.

Kapitel 2

Stand der Forschung

Für die in dieser Arbeit verfolgten Ziele ist der Stand in verschiedenen Gebieten der Forschung relevant, da einerseits Methoden aus dem Bereich von Automatisierungs- und Fahrerassistenzfunktionen für Einzelfahrzeuge auf kooperative Probleme verallgemeinert werden können, und andererseits Ansätze zur Kooperation aus verwandten Gebieten wie Robotik und Luftverkehr auf kognitive Automobile übertragen werden können. In diesem Kapitel werden zunächst einige Arbeiten zu Einzelfahrzeugen erwähnt und anschließend Methoden der Kooperation in verschiedenen Anwendungsgebieten skizziert. Schließlich ist ein eigener Abschnitt den Algorithmen zur Bahn- und Bewegungsplanung gewidmet, die eine Grundlage für die Planung kooperativer Fahrmanöver in der vorliegenden Arbeit bilden.

2.1 Autonome Fahrzeuge und Fahrerassistenzsysteme

Forschungsarbeiten zum automatischen Fahren gab es bereits Anfang der 1960er Jahre [Breuning62]. Jahrzehnte später wurde das großangelegte europäische Forschungsprogramm Prometheus durchgeführt [Braess95, Nagel08]. Die ehrgeizigen Ziele dieses Projekts konnten zwar nicht erreicht werden, viele Teilergebnisse gingen jedoch in heutige Fahrerassistenzsysteme wie ACC ein (vgl. Abschnitt 2.1.2). Der Schwerpunkt der meisten Forschungsprojekte zu autonomen Fahrzeugen liegt auf der Wahrnehmung. Darauf wird hier nicht weiter eingegangen, für einen Überblick zum Thema Wahrnehmung für kognitive Fahrzeuge siehe [Maurer05, Vacek08, Dickmanns07].

2.1.1   Verhaltensentscheidung für autonome Fahrzeuge

Im Vergleich zur Wahrnehmung ist die Verhaltensentscheidung in vielen Arbeiten zum autonomen Fahren sehr einfach gehalten, z. B. indem direkt aus der wahrgenommenen Fahrspurgeometrie ein Lenkbefehl berechnet wird [Jochem96, Fritz04, Heimes02]. Weitere Ansätze für das Fahrzeugverhalten sind Fähigkeitennetze mit unscharfen Regeln [Pellkofer03], biologisch motivierte Verhaltensnetzwerke [Schröder09], Bayes'sche Verfahren [Forbes95, Dolgov05], Entscheidungsbäume [Wellman95, Broadhurst04] sowie hierarchische endliche Automaten mit Zuständen wie Spurfolgen, Vorfahrt gewähren, Einparken, Stau [Özgüner07, Kammel08, Montemerlo08]. Entscheidungen zum Überqueren von Kreuzungen und zum Einfädeln in den fließenden Verkehr werden meist anhand von Zeitlücken getroffen [Urmson08, Werling08a].

Der Stand der autonomen Fahrzeuge zahlreicher Forschungsgruppen, vorwiegend aus den USA, wurde bei den Grand Challenges und der Urban Challenge 2007 der DARPA demonstriert. Während bei der Grand Challenge das Fahren im wüstenähnlichen Gelände gefordert wurde, beinhaltete das Szenario der Urban Challenge das Fahren im Verkehr auf Straßen, Kreuzungen und Parkplätzen unter Einhaltung der entsprechenden Verkehrsregeln. Einige Versuchsfahrzeuge konnten diese Aufgaben überwiegend erfolgreich bewältigen, wobei für die Verhaltensentscheidung häufig endliche Automaten zum Einsatz kamen [Kammel09]. Obwohl die Anforderungen des Szenarios verglichen mit dem realen Verkehrsgeschehen als eher eingeschränkt zu bezeichnen sind, kam es zu einigen Zwischenfällen [Fletcher08, Urmson08]. Bevor ein Einsatz im Straßenverkehr möglich wird, muss insbesondere die Zuverlässigkeit autonomer Fahrzeuge deutlich verbessert werden [Thrun10].

2.1.2   Fahrerassistenzfunktionen

Bei Fahrerassistenzsystemen für Einzelfahrzeuge lassen sich Komfort-, Warn- und Sicherheitssysteme unterscheiden [Stiller05, Tideman07]. Komfortfunktionen unterstützen den Fahrer bei seinen Aufgaben, er bleibt jedoch in der alleinigen Verantwortung für die sichere und korrekte Fahrzeugführung. Zu den heute verfügbaren Komfortsystemen gehören radarbasierte Abstandshaltesysteme (Adaptive Cruise Control, ACC), Spurhalteassistenten und Einparkhilfen [Winner09b, Vahidi03b, Justus07]. Komfortsysteme benötigen eine besonders sorgfältig gestaltete Mensch-Maschine-Schnittstelle, damit sie nicht eine nachlassende Aufmerksamkeit des Fahrers zur Folge haben [König09, Weyer06a, Bohn10].

Warnsysteme machen den Fahrer rechtzeitig auf eine drohende Gefahr aufmerksam. Die Durchführung einer geeigneten Handlung zur Abwendung der Gefahr bleibt jedoch Aufgabe des Fahrers. Daher sind die Wahrnehmung und die Interpretation der Verkehrssituation die wichtigsten Komponenten eines Warnsystems. Anwendungen umfassen Warnungen vor Auffahrunfällen, bei der Missachtung von Vorfahrtsregeln, vor unbeabsichtigtem Verlassen der Spur und bei riskanten Spurwechseln [Seiler98, Onken94, Jocoy98, Fuerstenberg06, Wei07, Goodrich00]. In diesen Fällen genügt es meist zur Abwendung der Gefahr, wenn der Fahrer ein begonnenes Manöver abbricht.

Sicherheitssysteme, die direkt in das Fahrverhalten eingreifen und vom Fahrer nicht überstimmt werden können, sind bisher vor allem auf der Stabilisierungsebene verbreitet: Das Antiblockiersystem (ABS) und das elektronische Stabilitätsprogramm (ESP) sind nicht auf die Wahrnehmung der Umgebung angewiesen und erreichen daher eine hohe Zuverlässigkeit [vZanten09, Stiller05].

Zu den ersten wahrnehmungsbasierten, autonom eingreifenden Sicherheitssystemen gehört der Notbremsassistent [Winner09a, Jansson02, Hillenbrand07, McCall07, Brännström08]. Auch Ausweichassistenten wurden untersucht, haben aber größtenteils noch nicht die Marktreife erreicht [Schmidt06, Lages01, Lammen92, Ameling02, Isermann08, Kirchner05, ADAC09]. Diese Systeme betrachten typischerweise nur ein einzelnes Hindernis und berücksichtigen den Straßenverlauf nur eingeschränkt oder überhaupt nicht. Entscheidungen werden i. d. R. anhand der verbleibenden Zeit bis zur drohenden Kollision (time to collision) getroffen [Zhang06]. Die Trajektorie für ein Ausweichmanöver ergibt sich meist durch die Festlegung der Parameter einer vorgegebenen Kurve.

Ein System, das riskante Spurwechsel durch einen Eingriff in die Lenkung verhindert, ist in [Eidehall07] beschrieben. Schließlich wurde eine Assistenzfunktion untersucht, die eine Kollision mit einem entgegenkommenden Fahrzeug verhindern soll. Mit einem spieltheoretischen Ansatz wurde eine komplexe Ausweichstrategie hergeleitet, wobei das ungünstigste Verhalten des Gegenverkehrs angenommen wird [Lachner00].

2.1.3 Wissensrepräsentation

Systeme mit umfangreicheren Wahrnehmungsfähigkeiten beinhalten häufig eine rechnerinterne Repräsentation der relevanten Fahrzeugumgebung, die als Grundlage für die Situationserkennung und Verhaltensentscheidung dient. Die Modellierung gliedert sich meist in zwei Hauptteile: Die wahrgenommenen Objekte, insbesondere Verkehrsteilnehmer, mit einer Beschreibung von Typ, Geometrie, Ort, Geschwindigkeit, etc., und das Straßennetz bestehend aus Fahrspuren, Kreuzungen und Verkehrszeichen. Dieses Grundprinzip findet sich sowohl in älteren als auch in aktuellen Arbeiten [Judaschke94, Furda10, Eigner10]. Typischerweise wird eine objektorientierte Modellierung mit Vererbungshierarchie und Aggregationen verwendet [Knaup10, Tomás05, Huhn91]. Bei einigen Ansätzen ist eine Repräsentation der Wahrnehmungsunsicherheiten vorgesehen [Papp08].

Zusätzlich lassen sich Relationen zwischen den Repräsentanten spezifizieren [Mück00]. Beispielsweise ist es von Bedeutung, ob zwei Fahrspuren benachbart sind und ob Abbiegevorgänge zueinander in Konflikt stehen [Regele08, Zhang09]. Von [Hummel09] wurde eine Repräsentation des Straßennetzes in einer Beschreibungslogik erstellt, die auch zur Inferenz genutzt werden kann. Ein verwandtes Problem ist die Repräsentation von annotierten digitalen Straßenkarten [Schraut00]. [Harland06] modelliert Verkehrsregeln aus der Straßenverkehrsordnung. [Dickmanns05] repräsentiert die Fahrzeugumgebung in Form eines Szenenbaums.

Einzelne Modelle wurden speziell im Hinblick auf die Integration kooperativer Wahrnehmung entwickelt [Papp08, Zennaro03].

2.1.4 Situationserkennung

Die Erkennung und Bewertung der aktuellen Verkehrssituation sowie des Verhaltens der Verkehrsteilnehmer ist ein wichtiger Bestandteil vieler Assistenzsysteme und autonomer Fahrzeuge.

Ein verbreiteter Ansatz zur Situationserkennung sind probabilistische Verfahren wie Bayes'sche Netze [Forbes95, Gerdes06, Weiser10, Dagli02, Gindele10] und Hidden Markov Modelle [Boyraz07, Oliver09, Meyer-Delius09].

In [Lattner05] werden Situationsmuster verwendet, die auf aussagenlogischen Zeitintervallrelationen basieren. Ein ähnlicher Ansatz findet sich in [Chisalita07]. Unscharfe Regeln zur Situationsanalyse werden von [Hermann07] eingesetzt. Die Situationserkennung mit Hilfe von Situationsgraphenbäumen wird in [Krüger92, Haag00] behandelt. Fallbasiertes Schließen zur Situationsinterpretation wurde von [Vacek08] untersucht.

[Mock-Hecker94] beschreibt einen zweistufigen Prozess zur Erkennung von Konflikten zwischen Verkehrsteilnehmern. Zunächst werden die Pläne der Verkehrsteilnehmer unabhängig von den Ausführungszeitpunkten der Handlungen auf qualitative Konflikte, verursacht z. B. durch die Benutzung derselben Fahrspur, untersucht. Falls ein qualitativer Konflikt vorliegt, wird anschließend eine genauere Analyse unter Berücksichtigung von quantitativer Orts- und Zeitinformation durchgeführt.

Bei einigen Ansätzen ist die Möglichkeit vorgesehen, aus den Ergebnissen der Situationserkennung direkt eine Verhaltensentscheidung abzuleiten [Krüger92, Forbes95, Lattner05].

2.1.5 Prädiktion

Eine weitere Möglichkeit zur Situationsbewertung bieten Prädiktionsverfahren. Ausgehend von den aktuell wahrgenommenen Positionen und Handlungen der Fahrzeuge werden ihre zukünftigen Positionen vorhergesagt. Aufgrund der Annahmen über die zukünftigen Handlungen sowie der Wahrnehmungsunsicherheit ist die Vorhersage mit Unsicherheit behaftet. Diese Unsicherheit wird häufig explizit berechnet, etwa in Form einer Kovarianzmatrix.

Zur Prädiktion werden überwiegend verschiedene Varianten des Kalman-Filters eingesetzt, etwa das erweiterte Kalman-Filter oder das Unscented Kalman Filter [Jansson02, Tan06, Caveney07]. Außerdem finden sich in der Literatur Monte-Carlo-Verfahren sowie Erreichbarkeitsanalyse basierend auf Markov-Ketten [Eidehall06, Broadhurst05, Althoff09]. Die zur Prädiktion verwendeten Zustandsraummodelle der Verkehrsteilnehmer unterscheiden sich hinsichtlich der verwendeten Zustandsvariablen und der benötigten Fahrzeugparameter.

Da die zustandsbasierte Prädiktion auf der Annahme konstanter Handlungen beruht, kann sie nur innerhalb eines kurzen Zeithorizonts zuverlässige Ergebnisse liefern. Längerfristige Prädiktion erfordert die Berücksichtigung weiterer Information wie Straßenverlauf und erkanntes Verhalten [Hesse92, Schlenoff04]. Die Prädiktion unter Einbeziehung eines Fahrspurmodells ist in [Polychronopoulos07] beschrieben. Das Verfahren von [Zhang09] verwendet Übergangswahrscheinlichkeiten zwischen den Fahrspuren einer Kreuzung zur verhaltensbasierten Prädiktion der Fahrzeugposition. Von [Broadhurst05, Althoff09] werden Prädiktionsverfahren vorgeschlagen, welche die Interaktion mehrerer Verkehrsteilnehmer berücksichtigen. Die Annahme einer kollisionsvermeidenden Fahrweise wird von [Eidehall06] zur Prädiktion der Fahrzeugpositionen verwendet. In [Althoff10] wird eine Sicherheitsbewertung für kooperative Fahrmanöver basierend auf Erreichbarkeitsanalyse beschrieben.

Auf der Grundlage der prädizierten Fahrzeugpositionen kann eine Erkennung von Gefahrensituationen durchgeführt werden. Hierzu wird i. d. R. die Wahrscheinlichkeit für eine Kollision zweier Fahrzeuge berechnet [Lambert08, Jansson02, Broadhurst05, Tan06, Althoff09]. In [Batz09] wird hingegen der minimale prädizierte Abstand zwischen den wahrscheinlichen Aufenthaltsbereichen der Fahrzeuge als Kriterium für eine Gefahrensituation verwendet.

2.2   Kooperation von Fahrzeugen oder Robotern

In diesem Abschnitt wird ein Überblick über verschiedene Ansätze zur Kooperation gegeben. Als Anwendungsgebiete werden neben dem Straßenverkehr auch Robotik und Luftverkehr betrachtet, da viele dort untersuchte Kooperationsmechanismen potenziell auch auf kognitive Fahrzeuge übertragbar sind. Zu unterscheiden ist, ob die Kommunikation zur Abstimmung kooperativer Handlungen oder lediglich zur Situationswahrnehmung und Gefahrenwarnung genutzt wird. Ziel der Systeme kann die Verkehrsflussoptimierung, eine Verbesserung der Sicherheit oder die kooperative Aufgabenbearbeitung in einem Team sein.

Arbeiten zu kooperativen Systemen sind häufig eng verknüpft mit der Entwicklung geeigneter Kommunikationssysteme und Protokolle. Auf die Vielzahl von Arbeiten speziell zur Fahrzeug-Fahrzeug- und Fahrzeug-Infrastruktur-Kommunikation wird hier nicht weiter eingegangen. Referenzen auf entsprechende Ansätze und Projekte finden sich in den nachfolgend zitierten Arbeiten sowie in [Hartenstein08].

2.2.1   Kommunikationsbasierte Warnsysteme

2.2.1.1   Warnung vor Gefahrenstellen

Kommunikationsbasierte Systeme können Warnungen vor Gefahren wie Unfallstellen, Pannenfahrzeugen, Staus, Glatteis oder Nebel verbreiten [Reichardt02, Nöcker05, Adler06, Brenzel01, Dötzer05, Schulze05]. Die Gefahr wird von den Sensoren eines Fahrzeugs erkannt und über Fahrzeug-Fahrzeug-Kommunikation den Fahrzeugen in der Umgebung mitgeteilt. Die Fahrer erhalten dann einen entsprechenden Warnhinweis. Kommunizierende Fahrzeuge werden als Zwischenstationen für die Weiterverbreitung der Information genutzt [Yang04]. Alternativ sind auch infrastrukturbasierte Warnsysteme denkbar [Nakamura94, Toulminet08].

2.2.1.2   Kollisionswarnsysteme

Von verschiedenen Forschungsgruppen wurden kooperative Assistenzsysteme untersucht, die den Fahrer vor Auffahr-, Kreuzungs- und Abbiegeunfällen warnen [Misener05, Sengupta07, Ammoun06, Tsugawa07, Benmimoun05, Miller02, Tan06, Barrientos05, Ehmanns06, ElBatt06, Kreßel10, Lytrivis08, Roessler10, Mages09]. Die Systeme basieren auf der Kommunikation von Positionsdaten aus

Satellitennavigationssystemen an andere Fahrzeuge. Zur Abschätzung der Kollisionsgefahr werden häufig die in Abschnitt 2.1.5 beschriebenen Prädiktionsverfahren eingesetzt. Warnungen werden auf Grundlage der verbleibenden Zeit bis zu einer drohenden Kollision generiert. Eine weitere Anwendung ist die Warnung vor Kollisionen bei Spurwechselmanövern [Ammoun07, Robinson07].

Im Luftverkehr ist schon seit Jahrzehnten das Traffic Alert and Collision Avoidance System (TCAS) im Einsatz [Williamson89]. Dieses kommunikationsbasierte System kann eine drohende Kollision zweier Flugzeuge erkennen. Die verbleibende Zeit bis zur Kollision dient als Kriterium für die Warnung der Piloten. Zusätzlich kann TCAS auch Handlungsanweisungen geben, die über Funkkommunikation abgestimmt werden. Eines der beteiligten Flugzeuge wird gemäß einem regelbasierten Entscheidungskriterium zum Sinken, das andere zum Steigen aufgefordert. Das System wurde formal analysiert und verifiziert [Schroer84, Livadas00]. Dennoch konnte TCAS nicht alle Unfälle verhindern. Dies wird insbesondere auf Probleme bei der Mensch-Maschine-Interaktion zurückgeführt, es gibt jedoch auch Kritikpunkte bezüglich des technischen Funktionsprinzips [Ladkin04, Weyer06b].

2.2.2 Kooperative Wahrnehmung

Fahrzeug-Fahrzeug-Kommunikation kann genutzt werden, um die sensoriellen Wahrnehmungen mehrerer kognitiver Automobile miteinander abzugleichen. Dadurch kann die Zuverlässigkeit der Wahrnehmung verbessert, das Rauschen verkleinert und das Gesichtsfeld vergrößert werden. Ferner ist es möglich, Objekte zu erfassen, die für das eigene Fahrzeug durch andere Objekte oder aufgrund des Straßenverlaufs verdeckt sind.

Die kooperative Wahrnehmung kann als Problem der Informationsfusion aufgefasst werden. Zunächst stellt sich das Assoziationsproblem: Sind die Wahrnehmungsdaten aus verschiedenen Fahrzeugen demselben realen Objekt zuzuordnen? Anschließend ergibt sich durch die Fusion der verschiedenen Informationsquellen eine gemeinsame Umgebungsbeschreibung. Wenn die Unsicherheiten der Wahrnehmungsdaten berücksichtigt werden, kann der Fusionsschritt genauere und zuverlässigere Umgebungsinformation liefern. Unterschiedliche Aufnahmezeitpunkte der Sensoren und Latenzen durch die Kommunikation erschweren die Verarbeitung zusätzlich [Kais05].

Die meisten Arbeiten zur kooperativen Wahrnehmung im Straßenverkehr beschäftigen sich mit der Fusion der Information aus objekterkennenden Sensoren. Zur Assoziation und Fusion werden unter anderem Kalman-Filter [Karam06,

Wender07], Interacting Multiple Model Filter [Huang05], Joint Probabilistic Data Association [Tischler05] und Probability Hypothesis Density Filter [Kruse10] eingesetzt. Ein weiterer Ansatz berücksichtigt zusätzlich die Information, dass an einem bestimmten Ort von einem Sensor kein Objekt wahrgenommen wurde [Tischler07]. Selbst bei Fahrzeugen ohne objekterkennende Sensoren lässt sich durch Fusion der Positionsdaten aus Satellitennavigationssystemen eine verbesserte Lokalisierung erreichen [Dao08b].

Die Ergebnisse der kooperativen Wahrnehmung können zur Verhaltensentscheidung für autonome Fahrzeuge und Fahrerassistenzsysteme verwendet werden. Beispielsweise kann die ACC-Funktionalität verbessert und erweitert werden [Girard01, Morsink03, vArem06, Naranjo06]. Eine weitere Anwendung sind Kreuzungsszenarien [Bouraoui06, Naranjo07]. Einen Überblick über weitere Arbeiten auf dem Gebiet der kooperativen Wahrnehmung geben [Demmel10] und [Fuchs09].

2.2.3 Kooperative Fahrmanöver

Die Idee, kooperative Fahrmanöver zur Verbesserung von Verkehrsfluss und Sicherheit einzusetzen, wird spätestens seit dem Prometheus-Programm verfolgt [Braess95, Herrtwich01]. Von [Judaschke94] wurde ein Konzept zur Kooperation erarbeitet, das die Anpassung der Einzelfahrzeugmanöver zweier kooperierender Fahrzeuge beinhaltet. Dabei wird für jedes Einzelfahrzeugmanöver entweder die Ausführungsgeschwindigkeit oder die laterale Abweichung von der Solltrajektorie variiert. Durch Diskretisierung ergibt sich eine Menge von Koordinationsalternativen, aus der die kollisionsfreie Kombination mit minimalem Energieverbrauch ausgewählt wird.

Neuere Arbeiten setzen kooperative Fahrmanöver vorwiegend zur Verkehrsflussoptimierung an Kreuzungen ein. Anstelle einer herkömmlichen Verkehrsregelung mit Ampeln kann die Vorfahrtsreihenfolge zwischen den kooperativen Fahrzeugen über Funkkommunikation vereinbart werden. Mittels dynamischer Programmierung können die Geschwindigkeiten für eine kollisionsfreie kooperative Kreuzungsüberquerung bestimmt werden [Bruns09]. Die zeitoptimale Reihenfolge der Kreuzungsüberquerung kann mit Hilfe einer Baumstruktur berechnet werden [Li06]. In [Li07] wird ein ähnliches Verfahren für ein Einfädelszenario auf einer Autobahn eingesetzt.

Ein Demonstrator für kooperativ abgestimmte Fahrmanöver ist in [Baber05] beschrieben. Mit Hilfe von Modellfahrzeugen wird in [Sheng06] ein infrastrukturbasiertes Verfahren zur Koordination an Kreuzungen getestet.

2.2.3.1 Fahrzeugkonvois

Umfangreiche Forschungsprogramme haben die Automatisierung des Autobahn-verkehrs untersucht, allen voran das Projekt California PATH in den USA [Shladover06]. Ein wesentlicher Bestandteil dieser Projekte sind Fahrzeugkonvois (Platoons), in denen mehrere Fahrzeuge vollautomatisch einem Führungsfahrzeug folgen [Varaiya93]. Verglichen mit menschlichen Fahrern verfügt die kommunikationsunterstützte Längsregelung über deutlich kürzere Reaktionszeiten. Dadurch können die Abstände zwischen den Fahrzeugen deutlich reduziert werden [Maschuw08, Tomlin00], sodass Konvois eine höhere Straßenkapazität und infolge von Windschatteneffekten einen geringeren Energieverbrauch erreichen [Dao08a, Savelsberg05]. Die Forschung konzentriert sich vorwiegend auf kommunikations- und regelungstechnische Aspekte des Konvoifahrens. Manöver zur Konvoibildung und -auflösung können ebenfalls mit regelungstechnischen Methoden durchgeführt werden [Rajamani00, Kato02].

2.2.4 Infrastrukturbasierte Verkehrsflussoptimierung

Die infrastrukturgestützte Verkehrsflussoptimierung wird schon seit mehreren Jahrzehnten erforscht, insbesondere für Autobahnen [Papageorgiou83, Baskar08]. Durch eine Regelung des einfahrenden Verkehrs soll die Überschreitung der Kapazität der Autobahn verhindert werden. Eine Anwendung im Stadtverkehr ist die Geschwindigkeitsregelung in Abhängigkeit von der aktuellen Ampelphase [Mandava09].

Die Staubildung und -auflösung wird von verschiedenen konkurrierenden Verkehrsflusstheorien modelliert [Helbing97, Kerner04], aus denen sich Maßnahmen zur kommunikationsbasierten Stauvermeidung ableiten lassen [Kerner08].

2.2.5 Kooperationsmechanismen aus der Robotik

2.2.5.1 Schwarmverhalten

Biologisch motivierte Ansätze steuern kooperierende Roboter in Anlehnung an das Verhalten von Schwärmen in der Natur [Cao97]. Mit einfachen lokalen Regeln kann ein komplexes Verhalten des Schwarms bewirkt werden, beispielsweise das Einnehmen einer Formation oder die Aufteilung auf mehrere Zielpunkte [Sugihara90, Chen94, Pirjanian00, Goebels05, Molnár01, Reif99, Kowalczyk04]. Verwandte Methoden werden in der verhaltensbasierten Robotik eingesetzt [Arkin98, Huntsberger03].

Eine weitere Möglichkeit ist die Zusammenfassung von Robotern zu festen Gruppen und anschließende Verhaltensentscheidung auf der Abstraktionsebene der Gruppe ohne individuelle Betrachtung der einzelnen Roboter [Reif99, Kamphuis04, Belta04].

2.2.5.2 Kooperative Regelung

Das Problem der kooperativen Regelung einer Formation mehrerer Roboter stellt sich beispielsweise für Überwachungsaufgaben. Häufig werden die Formationsmitglieder relativ zu einem Führungsfahrzeug geregelt [Ögren03, Fiorelli05]. Die Relationen zwischen Führungs- und Folgefahrzeugen können in einem Graphen repräsentiert werden [Baillieul07]. Untersucht wird die Hindernisvermeidung und das Wechseln zwischen verschiedenen Formationen [Murray07, Desai99]. Meist wird von großen Abständen zwischen den Formationsmitgliedern ausgegangen, sodass die Vermeidung von Kollisionen zwischen den kooperierenden Robotern nur in wenigen Arbeiten behandelt wird [Dimarogonas07, Lian02, Feddema02].

Mit regelungs- und graphentheoretischen Methoden kann auch das Problem der gemeinsamen Entscheidungsfindung in einer Gruppe adressiert werden [Olfati-Saber07]. Konsens-Algorithmen können in einfachen Anwendungen die Konsistenz der verteilten Wahrnehmung in einem Sensornetz sicherstellen. Außerdem kann ein gemeinsamer Treffpunkt für eine Gruppe von Robotern verteilt berechnet werden (Rendezvous-Problem).

2.2.5.3 Aufgabenplanung in Teams und Verhandlungen zwischen Agenten

Eine weitere Form der Kooperation ist die gemeinsame Bearbeitung einer Aufgabe in einem Team mehrerer Agenten. Die Agenten können Roboter, autonome Fahrzeuge oder reine Software-Agenten sein [Weiss99, Wooldridge95, Dudek96]. Die Aufgabenplanung umfasst die Zuweisung von Rollen, die Planung der Teilaufgaben für die einzelnen Agenten unter Berücksichtigung ihrer jeweiligen Fähigkeiten sowie Maßnahmen zur fehlertoleranten Ausführung [Noreils92, Pynadath02, Wooldridge99, Lafrenz07, Levi95, Brumitt98]. Typische Anwendungen sind Roboterfußball, kooperative Exploration und militärische Aufgaben [Nebel02, Zlot02, Burgard05, Kress-Gazit09, Tambe00]. Bei mobilen Robotern und autonomen Fahrzeugen kann die Zuordnung von Transportaufträgen zu Fahrzeugen als Problem der Aufgabenplanung angesehen werden [Alami02, InsaCorréa05, Melki08].

Die Zuordnung der Teilaufgaben zu Agenten kann in Verhandlungen festgelegt werden [Weiss99, Rosenschein94, Wooldridge99]. Ein anderes Szenario für

Verhandlungen ist die nachträgliche Auflösung von Konflikten zwischen mehreren Agenten [Martial92, Chu-Carroll96, Wangermann99]. Zunächst erstellt jeder Agent einen individuellen Plan. Im Fall von Konflikten zwischen den Plänen wird verteilt ausgehandelt, welche Anpassungen vorzunehmen sind. Anwendungen im Straßenverkehr sind das verteilte Aushandeln der Vorfahrt an Kreuzungen und die Koordination von Spurwechselmanövern an Autobahnauffahrten [Rausch95, Schepperle07, Bouroche06, Morla05].

2.2.6 Gruppenbildung

Mit der Zusammenfassung von Agenten zu Gruppen können verschiedene Zielsetzungen verfolgt werden. Häufig werden Gruppen zur Strukturierung des Kommunikationsnetzwerks gebildet, um Zuverlässigkeit und Durchsatz der Übertragung zu erhöhen [Shimura03, Munaka05, Miller08]. Dies ist von anwendungsbezogenen Kriterien zur Gruppenbildung zu unterscheiden; beide Gruppenstrukturen können gleichzeitig nebeneinander bestehen [Fujii99]. Viele Arbeiten zu kooperativen Systemen verzichten jedoch auf eine explizite anwendungsbezogene Gruppenbildung und betrachten alle Fahrzeuge innerhalb der Kommunikationsreichweite als Gruppenmitglieder [Clark04, Tan06].

Bei kooperativen Systemen zur Verkehrsflussoptimierung werden häufig alle Fahrzeuge zu einer Gruppe zusammengefasst, die sich in einem vorab festgelegten Bereich des Straßennetzes befinden, etwa auf einer bestimmten Kreuzung oder einem Autobahnabschnitt [Li06, Dao08a, Zhou07, Meier01]. Ein anderer Ansatz ist die Erkennung potenzieller Konflikte zwischen allen Fahrzeugen und die anschließende Bildung von Gruppen aus zueinander in Konflikt stehenden Fahrzeugen [Judaschke94, Chiang97, Leroy99, Sheng06, Branca06]. Zur Gruppenbildung für kommunikationsbasierte Sicherheitssysteme werden in [Chisalita07] schwellwertbasierte Kriterien beschrieben, die unter anderem die räumliche Ausdehnung und die Anzahl der Mitglieder einer Gruppe berücksichtigen. Bei der Bildung von Fahrzeugkonvois sind Kriterien wie Fahrtziel und Wunschgeschwindigkeit relevant [Khan05]. Mit geometrischen Überlegungen können Roboter mit gleicher Fahrtroute zu Gruppen zusammengefasst werden, um die Bewegungsplanung zu vereinfachen [Li03].

Ein weiterer Forschungsschwerpunkt sind Protokolle zur Verwaltung der Gruppenmitgliedschaft [Nett03, Bottazzi05, Briesemeister01]. Häufig werden diese Verwaltungsaufgaben von einem Führungsfahrzeug übernommen [Zhou07, Huang04].

Ein zur Gruppenbildung verwandtes Problem in der kooperativen Spieltheorie ist die Berechnung von Koalitionen, die bezüglich einer Bewertungsfunktion optimal sind [Sandholm98, Shehory96].

2.3 Bahn- und Bewegungsplanung

Die Planung kooperativer Fahrmanöver kann als Problem der Bewegungsplanung für mehrere Roboter aufgefasst werden, wobei die Fahrzeuge spezielle Roboter sind. Diese Betrachtungsweise bildet die Grundlage für die in Kapitel 5 der vorliegenden Arbeit beschriebenen Planungsalgorithmen. Daher wird in diesem Abschnitt der Stand der Forschung auf dem Gebiet der Bahn- und Bewegungsplanung skizziert. Bei der Bahnplanung wird ein Weg des Roboters von einer Start- zu einer Zielposition gesucht, der Kollisionen mit Hindernissen vermeidet. Bewegungsplanung berücksichtigt zusätzlich den zeitlichen Verlauf und die Dynamik des Roboters (vgl. Kapitel 5.1).

Im Folgenden werden zunächst einige theoretische Resultate zur Problemkomplexität erwähnt. Anschließend wird kurz auf verbreitete Planungsalgorithmen aus der Robotik eingegangen. Abschnitt 2.3.3 schildert den Stand der Forschung bei speziell auf den Einsatz in Fahrzeugen zugeschnittenen Planungsalgorithmen. Danach konzentriert sich die Darstellung auf die Bewegungsplanung für mehrere Roboter bzw. Fahrzeuge. Dabei sind die beiden folgenden Ansätze zu unterscheiden: kooperative Bewegungsplanung im gemeinsamen Konfigurationsraum und Entkopplung in mehrere Teilprobleme.

2.3.1 Komplexität des Bewegungsplanungsproblems

In diesem Abschnitt wird auf theoretische Resultate zur Komplexität des Bewegungsplanungsproblems eingegangen, die auch für die Planung kooperativer Fahrmanöver relevant sind. Eine Zusammenstellung von Komplexitätsresultaten findet man in [LaValle06, Kapitel 6.5] und in [Latombe91, Kapitel 1.6].

Zunächst wurde von [Reif79] und [Canny88] gezeigt, dass ein allgemeines Bahnplanungsproblem ohne Berücksichtigung der Dynamik PSPACE-vollständig ist.[1] Die Bewegungsplanung für ein Objekt mit beschränkter Geschwindigkeit bei bewegten Hindernissen ist ebenfalls PSPACE-schwer [Reif85]. Hinsichtlich der kooperativen Bahnplanung bewies [Hopcroft84], dass bereits die Planung kollisions-

---

[1]Da die Problemklasse NP in PSPACE enthalten ist, folgt daraus, dass das Problem NP-schwer ist. Eine Einführung in die Theorie der Komplexitätsklassen findet man in [Sipser06] sowie in [Choset05, Anhang G].

freier Bahnen für mehrere rechteckige Objekte, die sich lediglich translatorisch in der Ebene bewegen können, PSPACE-schwer ist.

Die Anzahl der Freiheitsgrade des Robotersystems geht wesentlich in die Länge der Aufgabenspezifikation ein, die der Bestimmung der Komplexitätsklasse zugrunde liegt. Da die Anzahl der Freiheitsgrade[2] linear mit der Anzahl der kooperierenden Fahrzeuge wächst, ist die kooperative Bewegungsplanung ein deutlich schwierigeres Problem als die Einzelfahrzeugplanung. Im Allgemeinen steigt die Rechenkomplexität exponentiell mit der Anzahl der Fahrzeuge [Latombe91, Abschnitte 1.6 und 8.2.2]. Viele Algorithmen, die für Einzelfahrzeuge eingesetzt werden, lassen sich daher nicht effizient auf das kooperative Problem anwenden. Aufgrund der hohen Problemkomplexität werden zur Bewegungsplanung i. d. R. suboptimale heuristische Algorithmen eingesetzt, die nicht jede formulierbare Planungsaufgabe lösen können [LaValle06].

2.3.2 Bahnplanungsalgorithmen aus der Robotik

In diesem Abschnitt wird kurz auf einige verbreitete, allgemein einsetzbare Bahnplanungsalgorithmen eingegangen. Genaueres kann den Lehrbüchern [Latombe91, Choset05, LaValle06] entnommen werden.

Vollständige Algorithmen können jedes Problem lösen, für das eine kollisionsfreie Bahn existiert. Zu den vollständigen Algorithmen gehört die exakte Zellenzerlegung. Sie bildet zunächst die Geometrie der Hindernisse in den Konfigurationsraum ab, der die möglichen Bewegungen des Roboters entlang seiner Freiheitsgrade charakterisiert. Mit Hilfe einer geometrischen Zerlegung des Konfigurationsraums in z. B. konvexe Regionen lässt sich das Bahnplanungsproblem anschließend auf zwei Teilprobleme reduzieren: Die lokale Bahnplanung innerhalb einer Region und die globale Planung im Zusammenhangsgraphen der Regionen. Letzteres kann mit einem Graphensuchalgorithmus wie etwa der A*-Suche [Hart68, Russell03] gelöst werden. Eine andere Möglichkeit ist die Dimensionsreduktion durch wiederholte Projektion des Raums entlang einer Achse. Dies wird bei den Silhouetten-Algorithmen und beim Algorithmus von Canny eingesetzt [Canny88]. Retraktionsverfahren beschränken die Suche auf Bahnsegmente mit maximaler Entfernung von Hindernissen, wie verallgemeinerte Voronoi-Diagramme [Choset05, Kapitel 5]. Den vollständigen Algorithmen ist gemeinsam, dass sie wegen der zahlreichen geometrischen Sonderfälle nur schwer zu implementieren sind und dass ihr Rechen- und Speicheraufwand mit der Anzahl der Freiheitsgrade stark ansteigt [LaValle06].

---

[2]vgl. hierzu den Begriff des Konfigurationsraums, der in Kapitel 5.1 eingeführt wird.

Einfacher zu implementieren ist die approximative Zellenzerlegung, die den Konfigurationsraum beispielsweise durch ein regelmäßiges Gitter repräsentiert. Für jede Gitterzelle kann festgestellt werden, ob sie einer Hindernisregion angehört oder nicht. Der Graph der hindernisfreien Zellen kann wiederum vom A*-Algorithmus nach dem kürzesten Weg auf dem Gitter durchsucht werden. Aufgrund des Speicheraufwands dieser Verfahren ist nur eine begrenzte Anzahl Freiheitsgrade handhabbar. Abschwächen lässt sich diese Problematik durch hierarchische Gitter, die schrittweise verfeinert werden [Hein03].

Auf heuristischen Analogien basieren die Potenzialfeldverfahren. Mit jedem Hindernis wird ein abstoßendes Potenzial assoziiert. Der Roboter bewegt sich in negativer Gradientenrichtung zu einem Minimum des Potenzials. Problematisch ist, dass er einem lokalen Minimum nicht ohne weiteres entkommen kann. Ein Potenzialfeld mit genau einem lokalen Minimum wird als Navigationsfunktion bezeichnet [Rimon92]. Damit kann die Problematik der lokalen Minima vermieden werden, allerdings ist die Konstruktion einer Navigationsfunktion deutlich aufwändiger: Da sie die Lösung des Bahnplanungsproblems bereits unmittelbar codiert, gelten für ihre Berechnung im allgemeinen Fall die Komplexitätsresultate aus Abschnitt 2.3.1.

Ein anderer verbreiteter Ansatz beruht auf der Abtastung des Konfigurationsraums an einzelnen Punkten, die üblicherweise zufallsgesteuert gewählt werden. Benachbarte kollisionsfreie Punkte werden anschließend durch einfache lokale Bahnen verbunden, sodass man einen Graphen erhält, der näherungsweise die Topologie des Konfigurationsraums widerspiegelt. Der kürzeste Weg innerhalb dieses Graphen kann wieder durch A*-Suche berechnet werden. Verschiedene Varianten dieses Ansatzes sind als Probabilistic Roadmaps (PRM) [Kavraki96] und Rapidly-Exploring Random Trees (RRT) [LaValle99] bekannt. Diese Verfahren können auch mit einer größeren Anzahl Freiheitsgrade umgehen, insbesondere wenn der hindernisfreie Raum groß im Verhältnis zur Ausdehnung des Roboters ist [Choset05, Mages07].

Die meisten Planungsalgorithmen vernachlässigen, dass sowohl die Modelle von Umgebung und Roboter als auch die Ausführung von Handlungen mit Unsicherheiten behaftet sind. Es gibt einige wenige Ansätze zur Berücksichtigung von probabilistisch modellierten Unsicherheiten [Fraichard98, Melchior07, Toussaint07]. Eine solche Planung kann unter anderem das Ziel haben, die Lokalisierungsunsicherheit zu begrenzen [Lambert03, Gonzalez07].

2.3.3 Bahn- und Bewegungsplanung für Einzelfahrzeuge

Bei der Anwendung auf Straßenfahrzeuge sind folgende Besonderheiten zu nennen, die entsprechende Anpassungen der Planungsalgorithmen erforderlich machen:

- Fahrzeuge können sich nicht in beliebige Richtungen bewegen, sondern sind durch ihre nichtholonome Kinematik eingeschränkt (vgl. Abschnitt 5.3.2). Die Nichtholonomie eines Systems lässt sich mit Hilfe von Lie-Ableitungen mathematisch charakterisieren [Souères98]. Bei der Planung von Rangiermanövern für Fahrzeuge ist es möglich, zunächst mit einem holonomen Modell zu planen und anschließend in einem weiteren Verarbeitungsschritt die nichtholonomen Beschränkungen durchzusetzen [Laumond98].

- Während die Dynamik in vielen Robotikanwendungen vernachlässigt werden kann, spielt sie bei Straßenfahrzeugen aufgrund der höheren Geschwindigkeiten und Massen eine entscheidende Rolle.

- Andere Verkehrsteilnehmer stellen bewegte, nicht beeinflussbare Hindernisse dar, die bei der Planung berücksichtigt werden müssen.

Das bereits erwähnte RRT-Verfahren und verwandte probabilistische Algorithmen wurden im Hinblick auf die Berücksichtigung von kinematischen und dynamischen Beschränkungen entworfen und eignen sich daher auch für Fahrzeuge [LaValle99, Hsu02, Leonard08].

Gitterbasierte Verfahren werden ebenfalls eingesetzt, insbesondere in Verbindung mit einer gitterbasierten Repräsentation der wahrgenommenen Fahrzeugumgebung [Ziegler08a, Schröder09, Stahn07]. Zu beachten ist, dass die Gitterpunkte aufgrund der kinematischen Beschränkungen im Allgemeinen nicht exakt erreicht werden können. Daher muss entweder eine entsprechende Korrektur durchgeführt oder ein speziell angepasstes Gitter verwendet werden [Montemerlo08, Ziegler09]. Bei der A*-Suche im Graphen wird meist nicht der euklidische Abstand als untere Schranke verwendet, sondern eine Metrik, welche die nichtholonome Kinematik berücksichtigt, z. B. die Länge der Dubins- oder der Reeds-Shepp-Kurve bis zum Zielpunkt [Souères98, LaValle06, Ziegler08a]. Um die geplante Bahn inkrementell an eine aktualisierte Umgebungswahrnehmung anzupassen, können Verfahren wie der D*-Algorithmus zur Graphensuche eingesetzt werden, der eine komplette Neuplanung vermeidet [Stentz95, Likhachev05].

Im Straßenverkehr werden häufig Entscheidungsverfahren verwendet, die lediglich die aktuell durchzuführende Handlung bestimmen, ohne einen Plan für weitere Handlungen zu erstellen. Diese Verfahren sind typischerweise recht schnell und können mit einer vergleichsweise hohen Frequenz iterativ angewendet werden. Die resultierenden Entscheidungen können direkt in Form von Steuergrößen für den Fahrzeugregler ausgedrückt werden [vHundelshausen08, Glaser10, Resende10]. Auf diese Weise kann ein glatter Verlauf der Fahrzeugbewegung sichergestellt werden. Eine andere Möglichkeit ist die Parametrierung über den lateralen Versatz relativ zur Fahrspur [Urmson08, Montemerlo08]. Entscheidungskriterien können auch im Raum der Geschwindigkeitsvektoren formuliert werden [Fiorini98, Large04, Kunwar06]. Ein zweistufiges Entscheidungsverfahren wird in [Broggi10] beschrieben. Eine weitere Möglichkeit ist die Anpassung der Parameter vorgegebener Bahn- oder Bewegungsverläufe, die z. B. einen Spurwechsel modellieren, an die aktuelle Situation [Isermann08, Kirchner05, Li07].

Die Methode der elastischen Bänder [Quinlan93] kann als Weiterentwicklung der Potenzialfeldverfahren aufgefasst werden. Die vom Potenzial induzierten Kräfte wirken nicht nur lokal auf die Bewegung des Roboters, sondern breiten sich entlang des geplanten Weges aus. Dadurch wird eine approximative Berücksichtigung der Dynamik und eine Bewegungsplanung für Fahrzeuge möglich [Hilgert03, Brandt05b]. Die Methode der elastischen Bänder wird in verschiedenen Varianten von mehreren Forschungsgruppen zur Bewegungplanung für Einzelfahrzeuge eingesetzt [Hesse07a, Gehrig07, Wille10, Katriniok11]. Ein ähnlicher Ansatz wird in [Hassoun92] verwendet.

Insbesondere bei vollständig autonomen Fahrzeugen muss gewährleistet werden, dass die gewählte Bewegung nicht in einen Zustand führt, in dem ein Unfall nicht mehr zu vermeiden ist. Ein Schema der iterierten Planung und Ausführung, das solche Sicherheitsgarantien geben kann, ist unter der Bezeichnung Partial Motion Planner bekannt [Petti05, Bouraoui06, Maček08, Resende10]. Eine hinreichende Bedingung für die Sicherheit eines Zustands ist die kollisionsfreie Ausführbarkeit eines Notfallmanövers [Bekris07a]. Für die eigentliche Bewegungsplanung werden bei diesem Verfahren meist RRTs eingesetzt.

2.3.4   Entkoppelte Bewegungsplanung für mehrere Roboter

Angesichts der hohen Komplexität der kooperativen Bewegungsplanung werden häufig Verfahren eingesetzt, die das Problem auf mehrere Planungsschritte mit einer geringeren Anzahl an Freiheitsgraden reduzieren. Diese Verfahren zur Entkopplung des Problems in mehrere Teilaufgaben können als Stand der Technik für die Bewegungsplanung für mehrere Roboter gelten [LaValle06, Kapitel 7.2]. Zwei verbreitete Verfahren zur entkoppelten Planung werden im Folgenden beschrieben.

Die Entkopplungsverfahren schränken die Vollständigkeit des Planers ein, d. h. die Verfahren können nicht den gesamten kooperativen Handlungsspielraum aus-

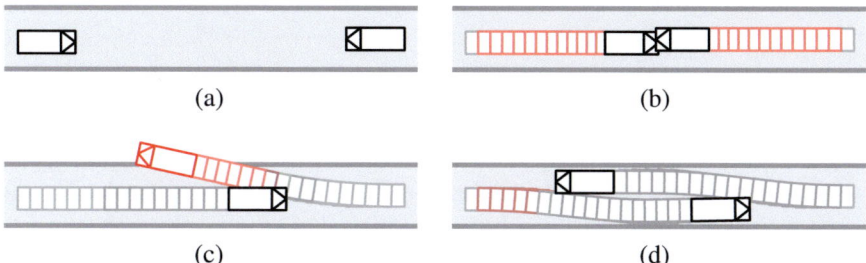

Abbildung 2.1: Vergleich verschiedener Ansätze zur Bewegungsplanung in einem Gegenverkehrsszenario mit zwei Fahrzeugen. Bremsmanöver sind mit roter Farbe markiert. (a) Anfangszustand, (b) Entkopplung von Bahn- und Geschwindigkeitsplanung, (c) prioritätsbasierte Planung, (d) kooperative Bewegungsplanung im gemeinsamen Konfigurationsraum.

schöpfen [Choset05, Abschnitt 7.5.2]. In [Latombe91, Abschnitt 8.2] ist ein Beispiel zweier Roboter in einem schmalen Korridor angegeben, das von den Entkopplungsverfahren nicht gelöst werden kann. Abbildung 2.1 verdeutlicht die Einschränkungen des Lösungsraums an einem einfachen Szenario aus dem Straßenverkehr. Die Unvollständigkeit zeigt sich auch beim experimentellen Vergleichen zwischen entkoppelter Planung und kooperativer Planung im gemeinsamen Konfigurationsraum [Sánchez02, Zeghal98].

2.3.4.1 Entkoppelte Bahn- und Geschwindigkeitsplanung

Die Entkopplung von Bahn- und Geschwindigkeitsplanung geht auf [Kant86] zurück. Im ersten Schritt des Verfahrens wird eine rein geometrische Bahnplanung durchgeführt, die Ausführungsgeschwindigkeit und Dynamik unberücksichtigt lässt. Im zweiten Schritt wird die Ausführungsgeschwindigkeit entlang der zuvor festgelegten Bahn geplant.

Bei der Planung für mehrere Roboter wird zunächst für jeden Roboter separat eine Bahn geplant, die Kollisionen mit stationären Hindernissen vermeidet. Die anderen Roboter werden dabei ignoriert. Anschließend werden die Ausführungsgeschwindigkeiten so koordiniert, dass keine Kollisionen zwischen den Robotern auftreten [O'Donnell89, Leroy99, Guo02, Shin89, Ghrist05, Peng05]. Zu diesem Zweck kann das Koordinationsdiagramm verwendet werden, dessen Achsen den Ausführungszeiten der einzelnen Roboterbahnen entsprechen. Der beste Weg kann im Koordinationsdiagramm beispielsweise mit einer geeignet angepassten

Variante der dynamischen Programmierung oder der A*-Suche gefunden werden [Lee95, Strube00, Leroy99].

In einigen Arbeiten ist auch die Ausführungsgeschwindigkeit der einzelnen Roboterbewegungen fest vorgegeben, und die Koordination beschränkt sich auf die Verschiebung der Anfangszeitpunkte der Bewegungen [Akella02].

Neben dem Verlust der Vollständigkeit durch das Ignorieren der anderen Roboter im ersten Schritt des Verfahrens bringt die verwendete Entkopplungsannahme zusätzlich das Problem mit sich, dass die Dynamik der Roboter nur eingeschränkt berücksichtigt werden kann.

2.3.4.2 Prioritätsbasierte Planung

Ein weiteres Verfahren zur Bewegungsplanung für mehrere Roboter ist die prioritätsbasierte Planung [Erdmann87]. Zunächst wird eine Prioritätsreihenfolge unter den Robotern festgelegt. Anschließend wird die Bewegungsplanung für jeden Roboter separat in der Reihenfolge der Prioritäten durchgeführt, beginnend mit der höchsten Priorität. Bei der Planung für einen bestimmten Roboter sind die Pläne für alle Roboter mit höherer Priorität bereits bekannt. Ihre geplanten Bewegungen können als bewegte Hindernisse berücksichtigt werden. Die Roboter mit niedrigerer Priorität werden zunächst ignoriert. Diese Roboter müssen anschließend versuchen, einen Bewegungsplan zu finden, der Kollisionen mit den Robotern höherer Priorität vermeidet.

Das Planungsergebnis hängt von der gewählten Prioritätsreihenfolge ab. Daher wurden in der Literatur Heuristiken und Optimierungsverfahren zur Wahl der Prioritäten untersucht [Buckley89, vdBerg05, Bennewitz04, Regele06, Clark02]. Das Verfahren kann jedoch selbst bei optimaler Prioritätsreihenfolge nicht den vollen kooperativen Handlungsspielraum ausschöpfen und ist somit unvollständig. Im Unterschied zur Entkopplung von Bahn- und Geschwindigkeitsplanung kann eine Bewegungsplanung unter Berücksichtigung der Dynamik durchgeführt werden.

Für die einzelnen Bewegungsplanungsprobleme im Rahmen eines prioritätsbasierten Ansatzes kommen verschiedene Algorithmen in Frage, z. B. Graphensuche auf einem diskreten Gitter [Azarm96, Bennewitz04], Potenzialfelder [Warren90] oder Probabilistic Roadmap Verfahren [vdBerg05]. Der Einsatz von RRTs nach dem Konzept des Partial Motion Planners wird in [Bekris07b] beschrieben (vgl. Abschnitt 2.3.3). In [Freund88] werden vorgegebene parametrisierte Ausweichstrategien für den Roboter mit niedrigerer Priorität verwendet. In [Chun99] weicht der Roboter mit niedrigerer Priorität zu einem Zwischenzielpunkt aus, der in Abhängigkeit der Roboterpositionen erzeugt wird. Die Anwendbarkeit der prioritätsbasierten Planung im Luftverkehr wurde ebenfalls untersucht, wobei sämtliche Prioritätsreihenfolgen ausgewertet wurden [Chiang97].

2.3.5 Kooperative Bewegungsplanung für mehrere Roboter

In diesem Abschnitt werden Planungsverfahren vorgestellt, die auf Entkopplungsannahmen verzichten und somit einen größeren kooperativen Handlungsspielraum ausschöpfen können. Zunächst wird auf einfache Entscheidungsverfahren ohne Vorausplanung eingegangen, anschließend auf die Planung im gemeinsamen Konfigurationsraum und speziell auf die gemischt-ganzzahlige lineare Programmierung.

2.3.5.1 Entscheidungen ohne Vorausplanung

Zahlreiche Ansätze für die Steuerung mehrerer Roboter verzichten auf eine Bahnplanung im engeren Sinne und entscheiden instantan anhand des aktuellen Zustands über die nächste auszuführende Handlung. Solche reaktiven Verfahren zeichnen sich durch einen geringeren Rechenaufwand und eine gute Anpassungsfähigkeit an veränderliche Umgebungen aus. Allerdings ist es schwierig, die Dynamik der Roboter angemessen zu berücksichtigen und glatte, verklemmungsfreie Bewegungen zu erzielen.

Regeln für eine kollisionsvermeidende Wahl der Geschwindigkeitsvektoren werden u. a. in [Saito89, Kluge04, Merz91, Rude95] beschrieben. Kooperative Bewegungen lassen sich mit abstoßenden und rotatorischen Kräften erzielen, die mit Hilfe von Potenzialfeldern konstruiert werden [Masoud96]. In eingeschränkten Umgebungen ohne stationäre Hindernisse kann eine Navigationsfunktion definiert werden [Dimarogonas05a, Dimarogonas05b]. Eine weitere Möglichkeit sind Kooperationsverfahren, bei denen entweder die Geschwindigkeit oder die Fahrtrichtung der Roboter zur Kollisionsvermeidung angepasst wird [Pedduri07]. Kollisionsfreie Richtungen oder Geschwindigkeiten können auch mittels gemischt-ganzzahliger linearer Programmierung berechnet werden [Pallottino02].

Zur Kollisionsvermeidung von mehreren Flugzeugen kann eine instantane Entscheidung über die einzuschlagenden Flugrichtungen getroffen werden [Krozel01]. Hierzu können virtuelle Kräfte in Abhängigkeit der Flugzeugpositionen definiert werden [Zeghal98, Rand04, Košecká97]. Mit einem spieltheoretischen Verfahren wurden ebenfalls die zu wählenden Richtungen optimiert [Archibald08]. Strategien, die im Konfliktfall kreisförmige Bewegungen vorsehen, wurden mittels hybrider Automaten modelliert [Tomlin98, Pallottino07]. Dabei muss stets genügend Freiraum reserviert werden, um bei Bedarf die Kreisbewegung durchführen zu können. Einen Überblick über Ausweichstrategien im Luftverkehr gibt [Kuchar00].

2.3.5.2   Planung im gemeinsamen Konfigurationsraum

Das Planungsproblem für mehrere Roboter kann im gemeinsamen Konfigurationsraum formuliert werden, der sich als kartesisches Produkt der einzelnen Konfigurationsräume ergibt [Latombe91, Abschnitt 8.2], [Choset05, Abschnitt 7.5.2]. Prinzipiell können dann die gleichen Bahn- und Bewegungsplanungsalgorithmen eingesetzt werden wie bei der Planung für einzelne Roboter (Abschnitt 2.3.2). Da jedoch der Aufwand i. d. R. exponentiell mit der Anzahl der Roboter wächst, sind viele Algorithmen nicht mehr praktikabel (vgl. Abschnitt 2.3.1).

Probabilistic Roadmaps wurden auf die Planung im gemeinsamen Konfigurationsraum mehrerer Industrieroboter oder mobiler Roboter angewandt [Clark03, Sánchez02, Carpin02a, Bekris03, Isto06, Ferguson06]. Die beobachteten Rechenzeiten für die jeweiligen Problemstellungen variieren erheblich.

Ein speziell angepasstes Potenzialfeldverfahren wird in [Barraquand92] zur Planung für mehrere mobile Roboter eingesetzt. Das kooperative Bewegungsplanungsproblem für mehrere Flugzeuge wird in [İnalhan02] durch dezentrale nichtlineare Optimierung und in [Borrelli06] durch nichtlineare Programmierung gelöst. Ein exaktes Zellenzerlegungsverfahren für den gemeinsamen Konfigurationsraum mehrerer mobiler Roboter wird in [Parsons90] beschrieben. Dynamische Programmierung kann eingesetzt werden, um die Menge der Pareto-optimalen Pläne zu berechnen [LaValle98].

2.3.5.3   Gemischt-ganzzahlige lineare Programmierung zur kooperativen Bewegungsplanung im Luftverkehr

Die gemischt-ganzzahlige lineare Programmierung (mixed integer linear programming, MILP) ist ein Verfahren zur Optimierung unter Nebenbedingungen [Sierksma96]. Sowohl die Zielfunktion als auch die Nebenbedingungen, die von der Lösung zu erfüllen sind, müssen linear in den Optimierungsvariablen sein. Die Variablen können reellwertig oder ganzzahlig sein. Während lineare Programme ohne Ganzzahligkeitsbedingungen effizient gelöst werden können, sind für MILPs Algorithmen mit deutlich höherem Rechenaufwand erforderlich, wie etwa Branch-and-Bound-Suche [Sierksma96].

Einige Arbeiten verwenden eine MILP-Formulierung zur kooperativen Bewegungsplanung für mehrere Flugzeuge [Schouwenaars01, Richards02, Borrelli06].

Die kontinuierlichen Variablen beschreiben die Positionen, Geschwindigkeiten und Beschleunigungen der Flugzeuge zu diskreten Zeitpunkten. Verknüpft werden sie durch Nebenbedingungen, die linearisierte Zustandsraummodelle abbilden. Zur Modellierung der Kollisionsvermeidung werden ganzzahlige Variable benötigt, die festlegen, auf welcher Seite ein Objekt passiert wird. Die Zielfunktion minimiert i. d. R. die Beschleunigung oder den Energieverbrauch.

Der Ansatz wurde auch in anderen Anwendungsbereichen verwendet, etwa für mobile Roboter [Earl07]. Außerdem wurden die Handlungen zweier Fußballroboter mit Hilfe der gemischt-ganzzahliger Programmierung sowie eines hierarchischen Automatenmodells geplant [Reinl07]. Die Modellierung kann erweitert werden, um simultan zur Bewegungsplanung eine Aufgabenplanung zu ermöglichen, etwa eine Zuordnung zwischen Robotern und Zielpunkten [Fierro05].

Es gibt auch einen Ansatz, der mit linearer Programmierung ohne ganzzahlige Variable auskommt [Niedringhaus95]. In diesem Fall muss die Ausweichrichtung vorab von einem externen Entscheidungsverfahren festgelegt werden. Ein ähnliches Vorgehen wird in [Frazzoli01] zusammen mit semidefiniter Programmierung verwendet.

2.3.6 Koordination in Roadmaps

Die PRM-Verfahren (Abschnitt 2.3.2) können erweitert werden, um koordinierte Bahnen für mehrere identische Roboter zu planen [Švestka98]. Aus der Roadmap des einzelnen Roboters wird ein Supergraph konstruiert, dessen Knoten kollisionsfreie Positionen der kooperierenden Roboter repräsentieren. Kanten des Supergraphen entsprechen der Bewegung eines einzelnen Roboters, während alle anderen Roboter an ihrer jeweiligen Position stehenbleiben. In einer kooperativen Bahn aus dem Supergraphen müssen die Roboter daher an beliebigen Knoten anhalten und beschleunigen können, sodass der Algorithmus für Anwendungen mit signifikanter Dynamik kaum geeignet ist. Ein anderer Ansatz zur Koordination von Bewegungen in Roadmaps ist in [LaValle98] beschrieben. Auch hier wird vorausgesetzt, dass die Roboter instantan anhalten oder umkehren können. Die Verfahren werden u. a. zur Planung von Einparkmanövern für mehrere Fahrzeuge verwendet.

Die Koordination in Roadmaps kann als Mittelweg zwischen der Planung im gemeinsamen Konfigurationsraum und der Koordination entlang fester Bahnen nach dem Prinzip der Entkopplung von Bahn- und Geschwindigkeitsplanung aufgefasst werden [LaValle98].

2.3.7 Bewegungskoordination als Ressourcenbelegungsproblem

Die kooperative Bewegungsplanung innerhalb eines Straßennetzes lässt sich auch als Ressourcenbelegungsproblem auffassen. Diese Sichtweise ist insbesondere bei fahrerlosen Transportsystemen in Fabriken oder Containerterminals verbreitet, findet sich aber auch bei der Verkehrsflussoptimierung an Kreuzungen sowie im Luftverkehr [Fraichard89, Maza01, Schemmer01, Hillesheim07, Schepperle07, Dresner05, Mehani07, Resmerita03, Bruns09]. Kreuzungen oder Fahrspurabschnitte sind dabei Ressourcen, die zu jedem Zeitpunkt exklusiv nur von einem Fahrzeug belegt werden können. Ein Fahrzeug kann freie Ressourcen entlang seines geplanten Wegs reservieren. Wenn die gewünschte Ressource bereits von einem anderen Fahrzeug reserviert wurde, muss gewartet werden. Zyklische Warterelationen können zu Verklemmungen führen, die mit geeigneten Verfahren erkannt und aufgelöst werden müssen [Cheng05, Klimm08].

Wenn eine Ressource von mehreren Fahrzeugen gleichzeitig benötigt wird, lässt sich dies als Konflikt zwischen den Plänen der Fahrzeuge interpretieren. Das Ziel der Koordination ist dann eine Auflösung der Konflikte durch Anpassung der Pläne [Martial92, Lüth98, Clement99, Alami95].

Die meisten Arbeiten verwenden recht einfache Strategien zur Festlegung der Reihenfolge, in der die Fahrzeuge die gewünschte Ressource zugewiesen bekommen, etwa den Zeitpunkt des Eintreffens an der Ressource [Fraichard89, Schemmer01, Huhn91, Posch82]. Für eine zeitoptimale Ressourcenbelegungsplanung können Baumsuchverfahren eingesetzt werden [Li06, Rebollo08].

2.4 Zusammenfassung

Bei den meisten Arbeiten zu autonomen Fahrzeugen und Fahrerassistenzsystemen liegt der Schwerpunkt auf der sensorbasierten Wahrnehmung, auf der Aktorik bzw. Regelung oder auf der Mensch-Maschine-Interaktion. Die Verhaltensentscheidung ist häufig eher einfach ausgeprägt. Als Beispiel dafür können die Ausweichassistenten angesehen werden, die nur ein einzelnes Hindernis berücksichtigen und mit einer vordefinierten Ausweichbewegung reagieren.

Hinsichtlich der Kooperation von Fahrzeugen dominieren Forschungsarbeiten zu Technologien, Architekturen und Protokollen für die drahtlose Kommunikation. Als Anwendungen im Fahrerassistenzbereich werden vorwiegend Warnsysteme und Verfahren zur Verkehrsflussoptimierung untersucht. Zu automatisch eingreifenden kooperativen Sicherheitssystemen, wie sie in der vorliegenden Arbeit betrachtet werden, gibt es nur sehr wenige verwandte Ansätze in der Literatur. Das am ehesten vergleichbare Konzept findet sich bei [Judaschke94]. Infolge der damals verfügbaren geringeren Rechenleistung wird dort mit einer stark eingeschränkten Klasse von Manöverkombinationen gearbeitet, und die beschriebenen Simulationen beinhalten lediglich zwei kooperierende Fahrzeuge. Ähnlichkeiten bestehen ferner zur Arbeit von [Clark04], in der PRM-Verfahren zur kooperativen Bewegungsplanung für dynamische Gruppen mobiler Roboter eingesetzt werden.

Bei den Algorithmen zur Bahn- und Bewegungsplanung für mehrere Roboter werden aufgrund der hohen Problemkomplexität häufig vereinfachende Annahmen gemacht, die eine vernachlässigbare Dynamik voraussetzen oder den Lösungsraum der möglichen Handlungskombinationen einschränken. Prinzipiell können zwar viele Bewegungsplanungsalgorithmen auch im gemeinsamen Konfigurationsraum eingesetzt werden. Zur Planung kooperativer Fahrmanöver für Straßenfahrzeuge sind jedoch aus der Literatur keine effizienten Algorithmen bekannt, die auf die genannten vereinfachenden Annahmen verzichten.

Kapitel 3

Kooperation kognitiver Automobile

In diesem Kapitel wird ein Konzept zur Kooperation kognitiver Automobile in Gefahrensituationen vorgestellt. Realisierungsmöglichkeiten für einige Komponenten der vorgeschlagenen Systemarchitektur werden kurz erläutert, darunter die Wissensrepräsentation im gemeinsamen Lagebild und die Situationserkennung. Die übrigen Komponenten werden in den folgenden Kapiteln ausführlich behandelt. Zunächst wird jedoch auf die Definition von Begriffen wie „kognitives Automobil", „Kooperation" und „Koordination" eingegangen.

3.1 Begriffsbildung

3.1.1 Kognitive Automobile

Unter einem kognitiven Automobil wird im Folgenden ein motorisiertes Straßenfahrzeug verstanden, das mit Sensoren für eine umfassende Umgebungswahrnehmung, mit Aktoren zur vorübergehenden autonomen Fahrzeugsteuerung und mit der Fähigkeit zur Funkkommunikation ausgestattet ist. Synonym dazu wird der Begriff des kognitiven Fahrzeugs gebraucht. Im Gegensatz dazu wird ein herkömmliches Automobil, das mehr oder weniger ausschließlich von einem Fahrer gesteuert wird und über keine nennenswerten Kommunikationsfähigkeiten verfügt, als nicht-kognitives Fahrzeug bezeichnet.

Um den Unterschied zu kooperierenden kognitiven Fahrzeugen zu betonen, wird von der Einzelfahrzeugsichtweise gesprochen, wenn ein intelligentes, autonomes Fahrzeug alleine handelt. Dies kann auch ein kognitives Fahrzeug sein, das prinzipiell über die Fähigkeit zur Kooperation verfügt, diese aber im aktuellen Kontext nicht einsetzt, weil keine geeigneten Kooperationspartner vorhanden sind oder weil eine Kooperation für die ausgeführte Aufgabe nicht erforderlich ist.

3.1.2   Kooperation und Koordination

Begriffe wie Koordination, Kooperation und Kollaboration werden in der Literatur teilweise synonym und meist ohne explizite Definition verwendet. Diese Termini werden in verschiedenen wissenschaftlichen Disziplinen verwendet, unter anderem in der Soziologie und in den Wirtschaftswissenschaften. Eine konsistente Begriffsbildung in der Informatik fehlt weitgehend. Beispielsweise sind in [Lüth98] und [Martial92] unvereinbare Definitionen der Begriffe Kooperation und Koordination zu finden.

Daher werden die verschiedenen Varianten eines kooperativen Verhaltens mehrerer Agenten (vgl. Abschnitt 2.2.5.3) und die in dieser Arbeit verwendete Interpretation der Begriffe, insbesondere in Bezug auf Fahrzeuge, im Folgenden kurz erläutert, siehe dazu auch [Premvuti90, Clark04, Murray07].

1. Die stärkste Form der Zusammenarbeit liegt dann vor, wenn mehrere Agenten ein gemeinsames Ziel verfolgen und dafür einen gemeinsamen Plan entwickeln (vgl. Abschnitt 2.2.5.3). Verschiedene Varianten einer solchen Zusammenarbeit werden in der Literatur unter anderem als Teamarbeit [Tambe00], verteilte Problemlösung [Weiss99], Kooperation [Clark04] oder Kollaboration [Chu-Carroll96] bezeichnet.

   Beispiele sind kooperatives Formationsfahren zu Überwachungszwecken und kooperative Exploration (siehe Kapitel 2.2). Im Straßenverkehr lassen sich kaum Anwendungen für diese Form der Zusammenarbeit finden. Mit Einschränkungen kann bei Fahrzeugkonvois von einem gemeinsamen Ziel bzw. Teilziel gesprochen werden. Allerdings werden die einzelnen Fahrzeuge nach der Auflösung des Konvois i. d. R. unterschiedliche Ziele weiterverfolgen und können auch ohne die Konvoibildung ihre Ziele erreichen. Daher besteht ein fließender Übergang zu anderen Formen kooperativen Verhaltens.

2. Mit dem Begriff Kooperation wird in der vorliegenden Arbeit die Erstellung und Ausführung eines gemeinsamen Plans bezeichnet. Unter gewissen Rahmenbedingungen kann diese Vorgehensweise selbst dann sinnvoll sein, wenn die Agenten individuelle, voneinander unabhängige oder sogar gegensätzliche Ziele haben. Vorteile gemeinsamer Pläne ergeben sich dadurch, dass Konflikte vermieden und Synergien genutzt werden können.

   Die in Kapitel 5 beschriebenen kooperativen Fahrmanöver lassen sich in diese Kategorie einordnen.

3. Statt von vorne herein einen gemeinsamen Plan zu erstellen, kann jeder Agent zunächst individuell seine eigenen Handlungen planen. Die einzelnen

Pläne können in einem weiteren Verarbeitungsschritt koordiniert werden, insbesondere um Ressourcenkonflikte zu beseitigen (vgl. Abschnitt 2.3.7). Häufig beschränken sich die Änderungen an den individuellen Plänen auf den Zeitverlauf der Ausführung. Dabei können zusätzliche Wartezeiten eingefügt werden, oder die Ausführungsgeschwindigkeit bestimmter Handlungen wird variiert. Diese Strategie wird in der vorliegenden Arbeit mit dem Begriff Koordination bezeichnet.

Beispiele für eine Koordination sind bestimmte Formen der Verkehrsregelung an Kreuzungen [Bruns09] und die Bewegungsplanung für mehrere Roboter nach dem Prinzip der Entkopplung von Bahn- und Geschwindigkeitsplanung (siehe Abschnitt 2.3.4.1).

4. Schließlich kann über ein Kommunikationsmedium Information ausgetauscht werden, ohne jedoch Handlungen abzustimmen oder gemeinsame Handlungen zu vereinbaren. Der Kommunikationskanal übernimmt in diesem Fall die Rolle eines zusätzlichen Sensors.

Ein derartiger Informationsaustausch ist im Straßenverkehr etwa bei Stau- und Gefahrenwarnsystemen gegeben (vgl. Abschnitt 2.2.1.1). Bei diesen Anwendungen werden lediglich Beobachtungen kommuniziert, nicht jedoch eigene Pläne, Handlungsabsichten oder Ziele. Ein Fahrzeug kann zwar aufgrund der empfangenen Information seine Pläne ändern, stimmt sie aber nicht mit dem Sender oder weiteren Fahrzeugen ab.

Auch bei vielen Arbeiten aus der Schwarmrobotik (Abschnitt 2.2.5.1) werden die Handlungen der Kooperationspartner nicht explizit abgestimmt. Vielmehr entscheiden die Mitglieder des Schwarms lokal anhand ihrer Beobachtungen über die nächste auszuführende Handlung. Die Entscheidungsregeln werden so gestaltet, dass sich insgesamt das gewünschte Verhalten des Schwarms ergibt.

Ein weiteres wichtiges Unterscheidungskriterium ergibt sich aus der Frage, wer die kooperierenden Agenten sind. Beispielsweise gibt es Softwaresysteme, die die Kooperation zwischen mehreren Menschen unterstützen [Wörner05]. Vielfach untersucht wird auch die Mensch-Maschine- oder Mensch-Roboter-Kooperation. Dieser Aspekt ist gerade bei Fahrerassistenzsystemen sehr wichtig [König09, Braess06]. Assistenzfunktionen, bei denen sowohl Fahrer als auch Fahrzeug einen Beitrag zur Lösung der Aufgabe leisten, werden manchmal als kooperative Fahrerassistenzsysteme bezeichnet [Ishida04, Brandt07, Hakuli09]. In der vorliegenden Arbeit sind stets die kognitiven Fahrzeuge die kooperierenden Agenten. Die Mensch-Maschine-Interaktion wird hier nicht betrachtet.

Weitere relevante Aspekte sind, welcher Anreiz die Agenten zur Kooperation motiviert und welche Maßnahmen Täuschungsversuche einzelner Agenten verhindern. Für diese Probleme stellt die Spieltheorie Verhandlungs- und Auktionsmechanismen bereit, die Anreize für eine ehrliche Kooperation schaffen [Garg08]. Der Einsatz spieltheoretischer Mechanismen kann für viele Anwendungen im Verkehrsbereich sinnvoll sein [Vasirani08, Roughgarden05], wird aber in der vorliegenden Arbeit nicht untersucht. Vielmehr wird davon ausgegangen, dass die Unfallvermeidung im Interesse aller Agenten liegt und somit bereits einen starken Anreiz zur Kooperation darstellt. Für den Einsatz der verteilten Kooperation im realen Straßenverkehr sind jedoch Maßnahmen zur Sicherstellung der Vertrauenswürdigkeit von Kooperationspartnern, zur Verhinderung von Täuschungen und Angriffen notwendig. Sie können z. B. auf der Kommunikationsebene realisiert werden [Raya06, Nagel07].

3.2   Konzept und Systemarchitektur der verteilten Kooperation

In diesem Abschnitt wird der zu Grunde gelegte Ansatz zur Kooperation kognitiver Automobile vorgestellt, der größtenteils in [Beyerer05] vorgeschlagen wurde. Es wird angenommen, dass zumindest einige der Verkehrsteilnehmer kognitive Fahrzeuge sind, die über Funk miteinander kommunizieren können [Nagel09]. Infrastrukturgestützte Systeme werden nicht vorausgesetzt.

Die Verhaltensentscheidung wird innerhalb von kooperativen Gruppen vorgenommen. Diese Gruppen werden dezentral gebildet und laufend an die aktuelle Verkehrssituation angepasst. Kognitive Fahrzeuge gehören zu jedem Zeitpunkt genau einer kooperativen Gruppe an. Dadurch stehen die möglichen Kooperationspartner bereits fest, wenn eine Gefahrensituation eintritt. Dann können rasch Handlungen abgestimmt werden, und mehrdeutige Handlungsanweisungen werden vermieden. Wegen der Beschränkung der gemeinsamen Verhaltensentscheidung auf die Fahrzeuge einer Gruppe kann nicht das globale Optimum für das gesamte Verkehrssystem erreicht werden. Nach heutigem Stand dürfte dies aber grundsätzlich nicht möglich sein, da der notwendige Kommunikations- und Rechenaufwand nicht mehr handhabbar wäre. Das Konzept der kooperativen Gruppen stellt einen Kompromiss dar, der sowohl dezentral realisierbar ist als auch die Optimierung des kooperativen Verhaltens innerhalb der Gruppe ermöglicht [Clark04]. Für die kooperative Kollisionsvermeidung sollten die potenziell an einer Gefahrensituation beteiligten Fahrzeuge – wenn immer möglich – derselben Gruppe angehören.

Entsprechende Kriterien und Algorithmen für die Bildung kooperativer Gruppen werden in Kapitel 4 behandelt.

Jede Gruppe baut ein gemeinsames Lagebild auf, das die relevante Information über die Verkehrsumgebung enthält, insbesondere über das Straßennetz und die Verkehrsteilnehmer. Zu den relevanten Verkehrsteilnehmern können durchaus auch Fahrzeuge aus anderen kooperativen Gruppen gehören. Diese werden jedoch bei der Entscheidungsfindung nicht als Kooperationspartner, sondern nur als potenzielle Hindernisse betrachtet. Zur Entscheidung über die Relevanz eines Objekts für eine kooperative Gruppe kann der in Kapitel 4.2 definierte Abstandsbegriff herangezogen werden. Informationsquellen für das gemeinsame Lagebild sind die Wahrnehmungen der Einzelfahrzeuge, die mit den in Abschnitt 2.2.2 erwähnten Verfahren fusioniert werden, sowie Vorwissen etwa in Form von Straßenkarten.

Basierend auf dem gemeinsamen Lagebild können Inferenzprozesse zur Situationserkennung durchgeführt werden. Ziele können u. a. die Erkennung des Fahrerverhaltens und die Interpretation der Verkehrssituation sein [Vacek08]. Für die kooperative Kollisionsvermeidung ist insbesondere die Erkennung von Gefahrensituationen von Bedeutung, in denen ein automatischer Eingriff durch das System erforderlich ist. Darauf wird in Abschnitt 3.5 näher eingegangen.

Wenn eine Gefahrensituation vorliegt, wird von den Fahrzeugen der kooperativen Gruppe ein gemeinsames Fahrmanöver ausgeführt, um einen drohenden Unfall zu verhindern oder, wenn dies nicht mehr möglich ist, die Schwere des Unfall zu minimieren. Zur Auswahl des kooperativen Fahrmanövers werden Algorithmen zur Bewegungsplanung für mehrere Fahrzeuge eingesetzt, die in Kapitel 5 beschrieben sind. Als Grundlage für die Bewertung eines Plans dient ein Verlustfunktional, das die verschiedenen Anforderungen an kollisionsfreie, korrekte Pläne beschreibt. Der resultierende kooperative Plan wird mit der verbleibenden Toleranz annotiert, innerhalb derer eine kollisionsfreie Ausführung garantiert ist. Die Einzelfahrzeuge nehmen nun innerhalb dieses Toleranzspielraums eine Feinplanung mit detaillierteren fahrdynamischen Modellen vor, um den Bewegungsverlauf in Bezug auf Kriterien wie Komfort und Energieverbrauch zu optimieren. Anschließend wird das kooperative Manöver von den Reglern und Aktoren der Einzelfahrzeuge ausgeführt. Eine Verhaltensüberwachung stellt sicher, dass auf unerwartete Ereignisse und Abweichungen vom Plan reagiert werden kann. Die letztgenannten Schritte, die auf Einzelfahrzeugebene ablaufen, werden in dieser Arbeit nicht behandelt, siehe dazu beispielsweise [Schröder09, Dolgov08, Werling08b]. Sobald die Gefahrensituation abgewendet ist, wird die Kontrolle wieder von den Einzelfahrzeugen übernommen.

Selbstverständlich kann es sinnvoll sein, weitere Assistenzfunktionen in das Sys-

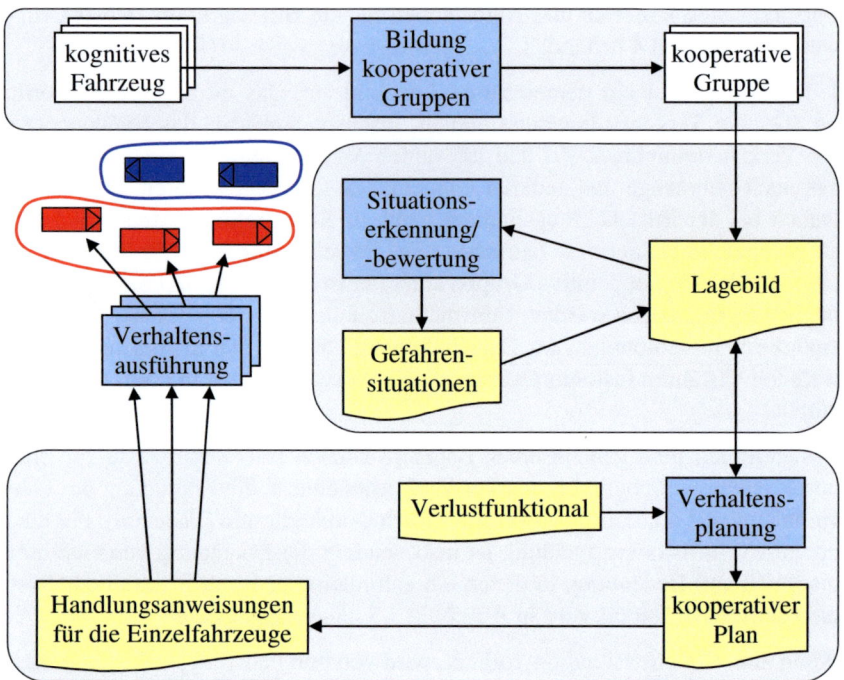

Abbildung 3.1: Systemarchitektur zur verteilten Kooperation von kognitiven Fahrzeugen.

temkonzept zu integrieren, etwa die kooperative Gefahrenwarnung oder die Verkehrsflussoptimierung an Kreuzungen (siehe Kapitel 2.2). Diese Funktionen lassen sich zum Teil mit dem beschriebenen Ansatz der kooperativen Gruppen und des gemeinsamen Lagebilds kombinieren, worauf jedoch in dieser Arbeit nicht weiter eingegangen wird.

3.2.1   Realisierung mit Hilfe des Gruppenkoordinators

Es gibt verschiedene Möglichkeiten, wie die verteilte Entscheidungsfindung innerhalb einer kooperativen Gruppe realisiert werden kann. Idealerweise sollten die Rechenkapazitäten sämtlicher kognitiver Fahrzeuge genutzt werden. Geeignete verteilte Algorithmen könnten außerdem eine höhere Robustheit erreichen, wenn sie den Ausfall der Kommunikation zu einem der Fahrzeuge kompensieren können. Voraussetzung dafür ist allerdings, dass die Konsistenz der Lagebilder in den beteiligten Fahrzeugen sichergestellt wird, da ansonsten widersprüchliche Ergebnisse entstehen könnten. Einen möglichen Ansatz für eine konsistente Entscheidungsfindung in verteilten Systemen stellen die in Abschnitt 2.2.5.2 erwähnten Konsens-Algorithmen dar, die bisher jedoch nur für deutlich einfachere Probleme eingesetzt wurden.

Wegen der genannten Schwierigkeiten der verteilten Realisierung wurde für die im Rahmen dieser Arbeit durchgeführten Simulationen eine deutlich einfachere Lösung gewählt. In jeder kooperativen Gruppe wird ein Fahrzeug zum Koordinator bestimmt (Abschnitt 4.5.1). Dieser Koordinator führt dann die weiteren Berechnungen zur Situationserkennung und Bewegungsplanung auf der Grundlage seines gemeinsamen Lagebilds durch. Aus einem kooperativen Plan werden Handlungsanweisungen inklusive Toleranz abgeleitet und an die Fahrzeuge der Gruppe kommuniziert. Die resultierende Systemarchitektur ist in Abb. 3.1 dargestellt.

Die meisten in dieser Arbeit vorgeschlagenen Konzepte sind weitgehend unabhängig von der Implementierungsentscheidung, die Verarbeitung hauptsächlich vom Gruppenkoordinator durchführen zu lassen.

3.2.2 Optimalitätskriterien

Wie bereits erwähnt, kann mit dem hier verwendeten Konzept nur das Verhalten innerhalb einer kooperativen Gruppe optimiert werden. Prinzipiell sind zwar alternative Ansätze denkbar, die eine Abstimmung des Verhaltens zwischen benachbarten Gruppen vornehmen oder überlappende Gruppen zulassen, sodass ein Fahrzeug gleichzeitig mehreren Gruppen angehören kann. Damit entstehen jedoch neue Schwierigkeiten, wie das Verhalten im Falle sich widersprechender Entscheidungen der beteiligten Gruppen oder die zusätzliche Zeitverzögerung durch den Abstimmungsschritt. Daher werden solche Ansätze in der vorliegenden Arbeit nicht untersucht.

Die Auswahl des Verhaltens innerhalb der Gruppe erfolgt mit Hilfe eines Verlustfunktionals, das alle Fahrzeuge gleichberechtigt berücksichtigt (siehe Abschnitt 5.3.2.3). Anders als bei manchen Arbeiten zu Fahrzeugkonvois oder kooperativer Regelung (Abschnitte 2.2.3.1 und 2.2.5.2) ist der Koordinator hinsichtlich der Entscheidungsfindung nicht bevorzugt. Eine Sonderstellung hat er lediglich bei der verteilten Berechnung, nicht aber im Optimierungskriterium. Das optimale Verhalten für eine kooperative Gruppe kann aus Gründen der Rechenkomplexität i. d. R. nur näherungsweise erreicht werden (vgl. Abschnitt 2.3.1).

Alternativen zur gleichberechtigten Berücksichtigung der Fahrzeuge im Verlustfunktional sind spieltheoretische Ansätze [Archibald08] und das Konzept der

Pareto-Optimalität [LaValle98, Ghrist05]. Bei der Pareto-Optimierung wird die
Menge aller Lösungen berechnet, in denen eine weitere Verbesserung des Plans
aus der Sicht eines Fahrzeugs nur bei gleichzeitiger Verschlechterung für ein anderes Fahrzeug möglich ist. Problematisch ist neben der höheren Rechenkomplexität
[Mandow09] die Frage, nach welchen Kriterien aus dieser Menge die auszuführende Entscheidung ausgewählt werden kann.

3.3 Wissensrepräsentation im gemeinsamen Lagebild

Das gemeinsame Lagebild soll die gesamte relevante Information über eine Gruppe kognitiver Automobile enthalten, sodass es als Grundlage für die Situationserkennung und Verhaltensentscheidung dienen kann. Das Lagebild umfasst sowohl
quantitative Daten wie z. B. Fahrzeugpositionen als auch symbolische Information
wie etwa Relationen zwischen Fahrzeugen. In das Lagebild gehen die sensoriellen
Wahrnehmungen der kognitiven Fahrzeuge und A-priori-Information ein, insbesondere Kartenmaterial und eine Repräsentation der Verkehrsregeln [Harland06].
Die notwendigen Fusions- und Inferenzschritte sind nicht Gegenstand der vorliegenden Arbeit, siehe dazu Abschnitt 2.2.2.

Die Wissensrepräsentation für das gemeinsame Lagebild wurde von einer Arbeitsgruppe des SFB/Transregio Kognitive Automobile spezifiziert. Im Folgenden werden einige Aspekte dieser Wissensrepräsentation kurz vorgestellt. Die vollständige Spezifikation findet sich in [Batz06], siehe dazu auch [Hummel09, Vacek08,
Frese08a, Batz08].

Die in der Verkehrsdomäne vorkommenden Objekte lassen sich danach unter-
teilen, ob sie prinzipiell beweglich sind oder Bestandteil der stationären Infrastruktur sind. Zu den beweglichen Objekten gehören die Verkehrsteilnehmer und
weitere verkehrsrelevante Objekte, z. B. auf der Straße befindliche Hindernisse. Die Verkehrsinfrastruktur umfasst Straßen, Fahrbahntrennelemente und Verkehrszeichen. Nicht betrachtet werden hier Fahrer- und Fahrerverhaltensmodel-
le, die für bestimmte Assistenzfunktionen ebenfalls von großer Bedeutung sind
[McCall07, Fastenmeier95, Möbus09].

3.3.1 Verkehrsteilnehmer

Objekte sind durch ihren Typ, ihre Eigenschaften, ihren Zustand und ihre Fähigkeiten charakterisiert. Die relevanten Typen der Verkehrsdomäne sind vor allem

die verschiedenen Verkehrsteilnehmer wie Personenwagen, Lastwagen, Radfahrer, Fußgänger, usw. Die Objekttypen lassen sich in eine Hierarchie einordnen (Abb. 3.2). Ein Unterscheidungskriterium ist dabei, ob ein Objekt in der Lage ist, eigenständig Handlungen zu initiieren. Solche Objekte werden als Agenten bezeichnet. Agenten verfügen i. d. R. über Sensoren, mit denen sie ihren Zustand und ihre Umgebung wahrnehmen, und über Aktoren, mit denen sie eigenständig Handlungen ausführen können. Modelle der Sensoren und Aktoren sind wichtig für die entsprechenden Wahrnehmungs-, Interpretations-, Planungs- und Regelungsmodule.

Objekte können aus mehreren Teilobjekten zusammengesetzt sein. Als Eigenschaften werden diejenigen Attribute eines Objekts bezeichnet, die innerhalb der relevanten Zeitspanne unveränderlich sind. Dazu gehört in der Regel die Geometrie, die Masse und die visuelle Erscheinung (Farbe, Textur, etc.) des Objekts. Die Geometrie lässt sich mit unterschiedlicher Detaillierung modellieren. Eine einfache Beschreibung liefert ein umschreibender Quader, der durch seine Länge, Breite und Höhe bestimmt ist.

Bei Fahrzeugen lassen sich weitere relevante Eigenschaften angeben, beispielsweise die Motorleistung. Von den Eigenschaften der Fahrwerksgeometrie sind insbesondere der Radstand und der Wendekreis von Interesse (vgl. Abschnitt 5.3.2). Die Ausrüstung mit den verschiedensten Sicherheits- und Assistenzsystemen vom Airbag bis zum Navigationssystem ist ebenfalls eine wichtige Information.

Zum Zustand eines Objekts gehören seine Lage, Geschwindigkeit und Beschleunigung. Die Lage eines Objekts im dreidimensionalen Raum ist durch einen sechsdimensionalen Vektor $(x, y, z, \phi_r, \phi_p, \phi)^T$ bestimmt. Die Position $(x, y, z)^T$ wird in kartesischen Koordinaten bezogen auf einen weltfesten Referenzpunkt angegeben. Hierzu kann beispielsweise ein UTM-Koordinatensystem verwendet werden [Heimes02]. Die Orientierung wird durch den Wankwinkel ϕ_r, den Nickwinkel ϕ_p und den Gierwinkel ϕ beschrieben (englisch roll, pitch, yaw). Die ersten beiden Ableitungen des Vektors nach der Zeit stellen die vektorielle Geschwindigkeit und Winkelgeschwindigkeit bzw. die Beschleunigung und Winkelbeschleunigung dar.

Für bestimmte Objekttypen ist weitere Zustandsinformation sinnvoll. Bei Fahrzeugen ist insbesondere der Zustand der verschiedenen Aktoren von Interesse, darunter der Lenkwinkel α (vgl. Abschnitt 5.3.2), die Bremsbetätigung und der Motorzustand. Die Stellung des Blinkers und die vom Navigationssystem vorgeschlagene Route können zur Schätzung der Fahrerintention verwendet werden. Für manche Inferenzaufgaben ist eine Historie der vergangenen Zustände hilfreich. Zur Modellierung von Handlungen und Plänen von Verkehrsteilnehmern siehe [Vacek08, Heimes02, Pellkofer03, Mock-Hecker94].

Für die kooperative Kollisionsvermeidung sind die fahrdynamischen Fähigkeiten von besonderer Bedeutung. Die Brems- und Beschleunigungsfähigkeiten eines Fahrzeugs lassen sich durch geschwindigkeitsabhängige Kennlinien beschreiben. Die Haftungseigenschaften der Reifen sollten ebenfalls bekannt sein. Falls Energieverbrauch, Schadstoffausstoß oder Verschleiß optimiert werden sollen, müssen diese als Funktion der Fahrzeughandlungen wie Beschleunigen und Bremsen spezifiziert sein. Die Wahrnehmungs-, Kognitions- und Kommunikationsfähigkeiten eines Fahrzeugs können ebenfalls im Lagebild aufgeführt werden.

Abschließend sei kurz skizziert, welche Quellen die benötigte Information für das Lagebild liefern können. Jedes kognitive Automobil kennt seine Eigenschaften und seinen inneren Zustand: Die Attribute sind entweder a priori bekannt und unveränderlich, wie etwa die Abmessungen des Fahrzeugs, oder sie können mit Hilfe von Sensoren und Beobachtern geschätzt werden [Vahidi03a]. Diese Information kann über Fahrzeug-Fahrzeug-Kommunikation den anderen kognitiven Automobilen zugänglich gemacht werden. Die Eigenschaften von nicht kognitiven Fahrzeugen und sonstigen Objekten müssen durch sensorielle Wahrnehmung erfasst werden. Die verbleibenden Zustandsvariablen werden ebenfalls aus Wahrnehmungsdaten geschätzt. Als Sensoren kommen unter anderem Kameras, Laserscanner und Radarsensoren sowie Odometriesensoren, Inertialsensoren und satellitengestützte Ortungssysteme zur Positionsbestimmung in Frage. Die Ergebnisse der Sensordatenauswertung können an andere kognitive Fahrzeuge kommuniziert werden, sodass die Zustandsschätzung durch die in Abschnitt 2.2.2 erwähnten Verfahren verbessert werden kann.

Ein großer Teil der Information im Lagebild ist i. d. R. nicht exakt bekannt, sondern mit sensor- und verarbeitungsbedingten Unsicherheiten behaftet. Die Unsicherheiten werden im Lagebild durch geeignete probabilistische Modelle repräsentiert, z. B. durch diskrete Wahrscheinlichkeiten für die Objekttypen oder durch kontinuierliche Wahrscheinlichkeitsdichten für die Positionen [Gheţa10].

3.3.2 Infrastruktur

Die verwendete Modellierung der Verkehrsinfrastruktur ist in Abb. 3.3 dargestellt. Die gesamte Straßenfläche wird partitioniert in Kreuzungen und Straßen. Jede Stelle, an der Vorfahrtsregeln zu beachten sind, an der sich Fahrspuren treffen oder trennen, wird als Kreuzung aufgefasst. Somit sind z. B. auch Autobahnauffahrten und Zebrastreifen als Kreuzungen modelliert. Eine Straße verläuft zwischen zwei Kreuzungen. Sie kann in mehrere Abschnitte unterteilt sein. Innerhalb eines Straßenabschnitts bleiben Verkehrsregelungen wie etwa Geschwindigkeitsbegrenzungen und Überholverbote unverändert. Straßen und Kreuzungen beinhalten Fahr-

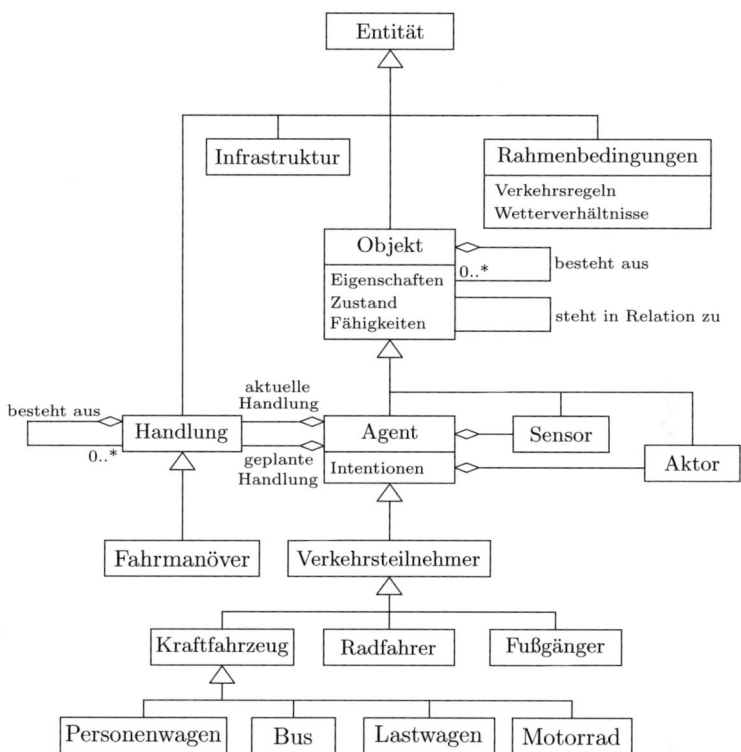

Abbildung 3.2: Klassenhierarchie von Objekten und Verkehrsteilnehmern im Lagebild in UML-Notation.[1]

spuren. Jede Fahrspur[2] ist Bestandteil von genau einer Straße oder Kreuzung. Verschiedene Typen von Fahrspuren können unterschieden werden. Auch Fuß- und Radwege werden als Fahrspuren aufgefasst. Auf Kreuzungen können sich mehrere Fahrspuren überlagern (Abb. 3.4). Jede zulässige Abbiegerelation wird im Lagebild durch eine Fahrspur repräsentiert, selbst wenn in der Realität keine entsprechenden Fahrspurmarkierungen vorhanden sind. Fahrspuren können ebenso wie Straßen in Abschnitte unterteilt werden. Zu jedem Fahrspurabschnitt werden die relevanten Verkehrszeichen, Markierungen und Fahrbahntrennelemente vermerkt. Bei den Markierungen können Begrenzungslinien, Richtungspfeile und Haltelinien unterschieden werden. Fahrbahntrennelemente umfassen Leitplanken, Mauern

---

[1] zur Spezifikation der Unified Modeling Language (UML) siehe [Rumbaugh99]
[2] im Bauingenieur- und Verkehrswesen auch als Fahrstreifen bezeichnet

und Leitpfosten. Bei der Modellierung des Straßennetzes wird in dieser Arbeit stets der in Mitteleuropa übliche Rechtsverkehr zu Grunde gelegt. Die Anpassung an eine Verkehrsordnung mit Linksverkehr stellt keine prinzipielle Schwierigkeit dar.

Die Geometrie eines Fahrspurabschnitts kann durch verschiedene Modelle beschrieben werden. Eine gerade Strecke ist durch ihren Anfangspunkt, ihre Orientierung, ihre Länge und ihre Breite eindeutig charakterisiert. Weitere verwendete Geometriemodelle sind Kreisabschnitte, Klothoiden und Splines [Judaschke94, Nagel11]. Die Beschaffenheit und der witterungsabhängige Zustand der Fahrbahn beeinflussen die Haftung der Reifen auf der Straßenoberfläche und somit die möglichen Fahrmanöver.

Bei der sonstigen Infrastruktur sind vor allem Gebäude und weitere am Straßenrand stehende Objekte wie Laternenmasten, Werbeplakate u. Ä. relevant. Wichtig ist ferner die Beschaffenheit und mögliche Befahrbarkeit der angrenzenden Flächen wie Felder, Wiesen oder Waldgebiete.

Quellen für die Umgebungsinformation sind Kartenmaterial und Sensordaten. In heutigen Standardkarten sind lediglich die Straßen repräsentiert, nicht die einzelnen Fahrspuren. Zunehmend sind jedoch auch neuere Karten mit fahrspurgenauen Daten und zusätzlichen Attributen wie Geschwindigkeitsbegrenzungen verfügbar [Ammoun10, Schraut00]. Die Fusion mit der Fahrspur- und Kreuzungswahrnehmung des kognitiven Automobils bleibt dennoch erforderlich, um Abweichungen von der Karte zu erkennen, die z. B. durch veraltetes Kartenmaterial oder Baustellen verursacht werden können [Thrun10]. Information über Fahrspurverlauf und Verkehrszeichen kann auch über drahtlose Kommunikation übermittelt werden, entweder von anderen kognitiven Automobilen oder von Kommunikationseinheiten der Infrastruktur [vArnim07, Toulminet08]. Für die Schätzung der Haftreibung zwischen Fahrbahnoberfläche und Reifen sind verschiedene Ansätze in der Literatur beschrieben [Rajamani10].

3.3.3 Relationen

Relationen zwischen den Objekten werden ebenfalls im Lagebild repräsentiert. In der Verkehrsdomäne sind vielfältige Relationen vorstellbar [Mück00, Hummel09]. Hier werden lediglich einige Beispiele erwähnt (siehe auch Abb. 3.3 und 3.4). Bei der Verkehrsinfrastruktur gibt es verschiedene Enthaltenseinsrelationen zwischen Fahrspuren und Straßen bzw. Kreuzungen sowie zwischen Fahrspurabschnitten und Straßenabschnitten. Wichtig sind außerdem Nachfolger- und Nachbarschaftsbeziehungen zwischen Straßen, Kreuzungen, Fahrspuren, Verkehrszeichen, Fahrbahntrennelementen usw.

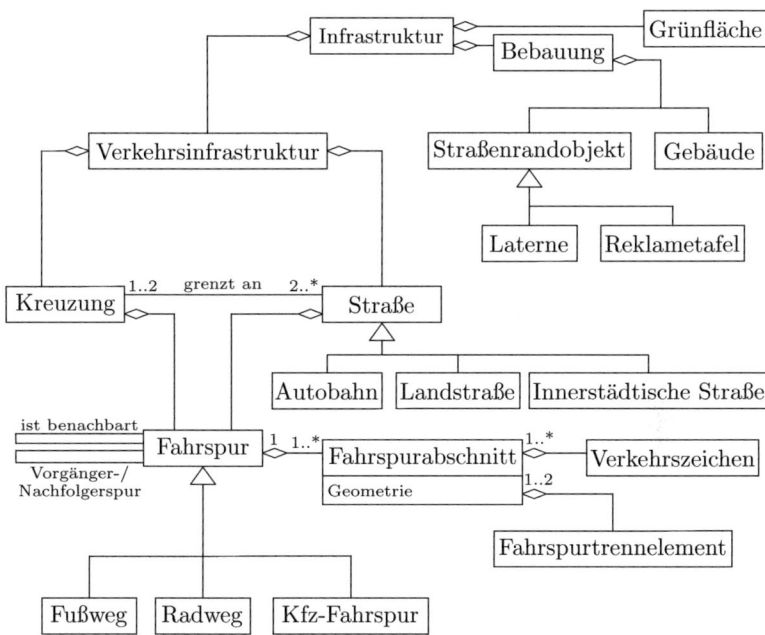

Abbildung 3.3: Ausschnitt aus dem Klassendiagramm der Infrastruktur. Die Vererbungsrelationen zu den Klassen „Entität" bzw. „Objekt" aus Abb. 3.2 sind aus Gründen der Übersichtlichkeit nicht dargestellt.

Eine weitere Relation ordnet jedem Verkehrsteilnehmer den Fahrspurabschnitt zu, auf dem er sich gerade befindet [Vacek08]. Zwischen Verkehrsteilnehmern lassen sich Nachfolger- sowie Vorfahrtsrelationen angeben.

3.3.4 Ontologiemodellierung

Die beschriebene Wissensrepräsentation wurde in Form einer Ontologie spezifiziert. Hierfür wurde die verbreitete Ontologiesprache OWL (Web Ontology Language) verwendet [Staab04]. Zusätzlich wurden Axiome definiert, die weitere Bedingungen an eine zulässige Repräsentation formalisieren. Die Konsistenz der resultierenden Ontologie kann automatisch überprüft werden [Hummel09].

Die OWL-Ontologie kann nicht nur zur Veranschaulichung der Modellierung und zur Konsistenzprüfung eingesetzt werden, sondern auch direkt zur rechnerinternen Repräsentation des Lagebilds. In einer Systemarchitektur mit heterogenen

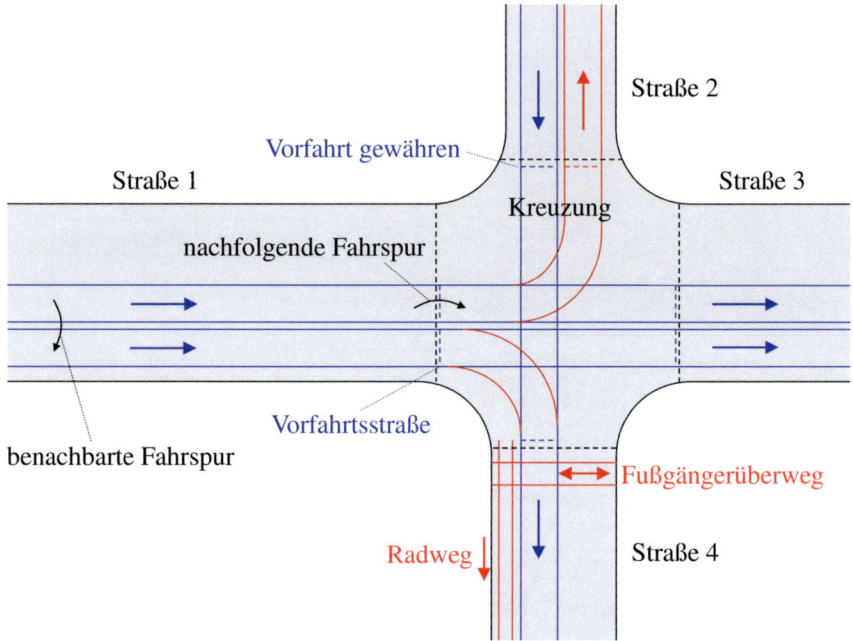

Abbildung 3.4: Veranschaulichung der Modellierung von Straßen, Kreuzungen, Fahrspuren und Verkehrszeichen. Die Begrenzungen verschiedener Fahrspuren sind als durchgezogene blaue bzw. rote Linien dargestellt, Straßenbegrenzungen als durchgezogene schwarze Linien, Abschnittsgrenzen durch gestrichelte Linien. Die zulässigen Fahrtrichtungen sind durch farbige Pfeile gekennzeichnet, Relationen durch schwarze Pfeile (nach [Batz06]).

kognitiven Fahrzeugen kann die resultierende semantische Umweltbeschreibung die Interoperabilität der Softwaresysteme erleichtern. Für den Zugriff auf die OWL-Konzepte und -Instanzen sind geeignete Software-Bibliotheken verfügbar [Horridge07, Motik06].

3.4 Erkennung von Situationsklassen

Die Interpretation der aktuellen Verkehrssituation ist ein wichtiger Bestandteil vieler fortgeschrittener Fahrerassistenzsysteme. Wichtige Fragestellungen der Situationsinterpretation sind u. a. die Erkennung des Verhaltens anderer Verkehrsteilnehmer und die Feststellung der geltenden Vorfahrsrelationen [Vacek08]. Die meisten dieser Aufgaben lassen sich als Klassifikationsprobleme auffassen, bei denen geprüft wird, ob bestimmte Situationsklassen wie Spurwechsel, Überholvorgang, etc. vorliegen oder nicht. Zur Situationserkennung können bei kooperativen kognitiven Fahrzeugen im Wesentlichen die gleichen Algorithmen eingesetzt werden wie bei Einzelfahrzeugen. Dies steht im Gegensatz zur Verhaltensentscheidung, die aufgrund der großen Zahl möglicher Handlungskombinationen für kooperative Fahrzeuge eine deutlich größere Komplexität besitzt, und zur Gruppenbildung, die bei der Kooperation als zusätzliche Aufgabe auftritt. Die Situationserkennung vereinfacht sich eher, da im Fall kommunizierender Fahrzeuge durch die kooperative Wahrnehmung eine größere und zuverlässigere Datengrundlage zur Verfügung steht.

Ein weiteres wichtiges Interpretationsproblem ist die Erkennung von Hindernissen [Provine04]. In manchen Fällen ist nur schwer feststellbar, ob ein auf der Straße liegendes Objekt für das Fahrzeug ein relevantes Hindernis darstellt oder nicht. Wegen einer herumliegenden Zeitung oder Plastiktüte sollte kein Ausweichmanöver riskiert werden, verlorene Ladung kann dagegen je nach Beschaffenheit sehr wohl eine Gefahr für das Fahrzeug darstellen. Solche Unterscheidungen sind anhand von Sensordaten oft nur schwer zu treffen. Beispielsweise ist ein Fall bekannt geworden, in dem eine Staubwolke als Hindernis interpretiert wurde [Urmson08].

Da das gemeinsame Lagebild in einer Ontologiesprache repräsentiert wird, bietet es sich an, die zur Verfügung stehenden ontologiebasierten Inferenzmechanismen zur Situationserkennung zu nutzen. Vorteile dieser Vorgehensweise sind die einheitliche Repräsentation und die automatische Konsistenzprüfung der Situationsmodelle. Zur Erkennung von Überholsituationen lassen sich beispielsweise logische Bedingungen formulieren [VdWeghe05], die als Axiome in die Ontologie aufgenommen werden können [Sheng07]. Problematisch sind hierbei jedoch sowohl die eingeschränkten Ausdrucksmöglichkeiten von Ontologiesprachen wie OWL [Cregan05] als auch der hohe Rechenaufwand für die Inferenz [Hummel09].

Einen alternativen Ansatz zur Intentions- und Situationserkennung im Straßenverkehr stellen Bayes'sche Netze dar (vgl. Abschnitt 2.1.4). Ein Bayes'sches Netz kann beispielsweise zur Erkennung von Überhol- bzw. Spurwechselmanövern auf Grundlage von unsicherer Information eingesetzt werden [Krauter08]. Eingangsdaten für das Netz sind unter anderem die Zeitlücken zu benachbarten Fahrzeugen. Die bedingten Wahrscheinlichkeitsverteilungen können aus aufgezeichneten Daten eines Verkehrssimulators gelernt werden. Ferner besteht die Möglichkeit, eine Verhaltensentscheidung direkt an die Situationserkennung anzukoppeln (siehe Abschnitt 7.2).

3.5 Erkennung von Gefahrensituationen

Auf die prädiktionsbasierte Erkennung von Gefahrensituationen wurde bereits in Abschnitt 2.1.5 eingegangen. Für die in Kapitel 6 beschriebenen Simulationen wurde das Verfahren von [Batz09] eingesetzt, das der Vollständigkeit halber im Folgenden kurz dargestellt wird. Es beruht auf einer Prädiktion der unsicherheitsbehafteten Fahrzeugzustände über einen kurzen Zeithorizont und einer Bewertung der Kollisionsgefahr anhand der prädizierten Positionen.

3.5.1 Prädiktion der Fahrzeugpositionen

Für die Prädiktion wird folgendes Zustandsraummodell des Fahrzeugs c_i angenommen:

$$\begin{pmatrix} \dot{x}_i(t) \\ \dot{y}_i(t) \\ \dot{\phi}_i(t) \\ \dot{vel}_i(t) \end{pmatrix} = \begin{pmatrix} vel_i(t) \cdot \cos\phi_i(t) \\ vel_i(t) \cdot \sin\phi_i(t) \\ \omega_i \\ acc_i \end{pmatrix} \qquad (3.1)$$

Die Notation $\dot{x}$ bezeichnet die Ableitung der Zustandsgröße x nach der Zeit t. Der Zustandsvektor $\mathbf{x}_i = (x_i, y_i, \phi_i, vel_i)^{\mathrm{T}}$ umfasst die Position $(x_i, y_i)^{\mathrm{T}}$ des geometrischen Fahrzeugmittelpunkts, die Orientierung ϕ_i des Fahrzeugs in der Straßenebene (Gierwinkel) und seine Längsgeschwindigkeit vel_i. Die Gierrate ω_i und die Längsbeschleunigung acc_i werden über den Prädiktionszeitraum als konstant angenommen. Dieses Modell kann auch für nicht kooperative Fahrzeuge eingesetzt werden, weil es keine fahrzeugspezifischen Parameter enthält. Der Anfangszustand $\mathbf{x}_i(t_{\min})$ zu Beginn der Prädiktion sowie ω_i und acc_i werden aus Wahrnehmungsdaten geschätzt. Die resultierende Zustandsunsicherheit wird durch die Kovarianzmatrix $\mathbf{P}_{\mathbf{x}_i}(t_{\min})$ beschrieben.

Der Prädiktionsschritt des Unscented Kalman Filters [Julier95] mit dem nichtlinearen Systemmodell (3.1) liefert eine Vorhersage der zukünftigen Fahrzeugzustände und ihrer Unsicherheiten. Dabei wird die Wahrscheinlichkeitsverteilung über den Zustandsvektor durch mehrere Sigma-Punkte approximiert. Die Sigma-Punkte können durch Integration von (3.1) fortgeschrieben werden. Die Rücktransformation der Sigma-Punkte liefert den vorhergesagten Zustand $\mathbf{x}_i^{\mathrm{P}}(t)$ und seine Kovarianzmatrix $\mathbf{P}_{\mathbf{x}_i}(t)$ für einen Zeitpunkt t innerhalb des Prädiktionszeitraums $[t_{\min}, t_{\max}]$.

3.5.2 Situationsbewertung

Aus den prädizierten Größen kann ein Polygon $\Omega_i^P(t)$ berechnet werden, innerhalb dessen sich das Fahrzeug c_i zum Zeitpunkt t mit hoher Wahrscheinlichkeit aufhält. Dabei werden die Abmessungen des Fahrzeugs berücksichtigt. Eine Kollisionsgefahr liegt vor, wenn der euklidische Abstand $d_2^P(\Omega_i^P(t), \Omega_j^P(t))$ zwischen den Aufenthaltspolygonen zweier Fahrzeuge c_i, c_j unter einen Schwellwert ε_P fällt. Das Kriterium für eine Gefahrensituation innerhalb der kooperativen Gruppe $\mathcal{G}$ lautet daher

$$\min_{(i,j):\, c_i,c_j \in \mathcal{G}} \quad \min_{t \in [t_{min}, t_{max}]} \quad d_2^P(\Omega_i^P(t), \Omega_j^P(t)) < \varepsilon_P. \tag{3.2}$$

Die Kollisionsgefahr mit stationären Hindernissen kann mit einer ähnlichen Vorgehensweise beurteilt werden.

Ein automatisches Eingreifen des Systems ist erforderlich, sobald die Situation nicht mehr von den Fahrern bereinigt werden kann. In [Batz09] wurde die verbleibende Zeit t bis zur drohenden Kollision mit der menschlichen Reaktionszeit verglichen. Ein alternatives Kriterium ist der Zeitpunkt, an dem das Einzelfahrzeug spätestens mit einer kollisionsvermeidenden Handlung beginnen muss, vgl. [Zhang06].

3.5.3 Bestimmung der beteiligten Fahrzeuge

Die unmittelbar an einer Gefahrensituation beteiligten Fahrzeuge sind diejenigen, für die nach (3.2) eine Kollision droht:

$$\left\{ c_i \mid \exists c_j \; d_2^P(\Omega_i^P(t), \Omega_j^P(t)) < \varepsilon_P \right\} \tag{3.3}$$

Durch kollisionsvermeidende Manöver dieser Fahrzeuge könnten aber noch weitere Fahrzeuge mittelbar in die Gefahrensituation verwickelt werden, wenn z. B. ein Ausweichmanöver mit der prädizierten Bewegung eines zunächst unbeteiligten Fahrzeugs in Konflikt steht. Daher wurde von [Schnebel09] vorgeschlagen, die erreichbaren Positionen der unmittelbar beteiligten Fahrzeuge unter Berücksichtigung sämtlicher Manöveralternativen zu berechnen. Die resultierenden Aufenthaltsbereiche $\Omega_i^R(t)$ eines beteiligten Fahrzeugs c_i können mit einem Kriterium analog zu (3.2) auf die Gefahr einer Kollision mit den prädizierten Aufenthaltsbereichen $\Omega_j^P(t)$ eines zunächst unbeteiligten Fahrzeugs c_j geprüft werden. Wird ein mittelbar gefährdetes Fahrzeug gefunden, so wird es zur Menge der beteiligten Fahrzeuge (3.3) hinzugenommen, und das Verfahren wird iterativ wiederholt.

3.6   Zusammenfassung

In diesem Kapitel wurde ein Konzept zur verteilten Kooperation kognitiver Automobile vorgestellt. Kooperatives Verhalten in Gefahrensituationen wird in der Literatur kaum thematisiert, die meisten Arbeiten behandeln Warnsysteme oder kooperatives Fahren zur Verkehrsflussoptimierung. Alleinstellungsmerkmale des vorgestellten Konzepts sind die verteilte, an die aktuelle Verkehrssituation angepasste Bildung kooperativer Gruppen und die Planung kooperativer Fahrmanöver in Gefahrensituationen.

Die Wissensrepräsentation für das gemeinsame Lagebild einer kooperativen Gruppe modelliert die Verkehrsteilnehmer und die Infrastruktur. Der verwendete Ansatz ist vergleichbar mit unabhängig entstandenen Arbeiten aus der Literatur (siehe Abschnitt 2.1.3).

Auf die Situationserkennung wurde nur kurz eingegangen, da im Wesentlichen die gleichen Verfahren eingesetzt werden können wie für Einzelfahrzeugsysteme.

Kapitel 4

Bildung kooperativer Gruppen

4.1 Konzept der kooperativen Gruppe

Innerhalb des in Kapitel 3.2 beschriebenen Konzepts zur Kooperation kognitiver Automobile hat die Gruppenbildung die Aufgabe, Fahrzeuge zu identifizieren, die im Sinne gemeinsamer Fahrmanöver miteinander kooperieren können. Die Gruppeneinteilung wird laufend an die aktuelle Verkehrssituation angepasst, sodass zu jedem Zeitpunkt festgelegt ist, welche Fahrzeuge als Kooperationspartner in Frage kommen. Dadurch kann ohne Zeitverlust über eine gemeinsame Handlung entschieden werden, sobald eine Gefahrensituation auftritt. Die Notwendigkeit einer Gruppenbildung ergibt sich auch aus der potenziell sehr großen Anzahl kommunizierender Fahrzeuge in einem zusammenhängenden Verkehrssystem. Nur durch die Beschränkung auf eine Teilmenge relevanter Kooperationspartner wird der Kommunikations- und Rechenaufwand für Situationserkennung und Verhaltensentscheidung handhabbar.

Damit die Kooperation innerhalb einer kooperativen Gruppe zur Unfallvermeidung beitragen kann, muss die Gruppe diejenigen Fahrzeuge umfassen, die potenziell in eine gemeinsame Gefahrensituation verwickelt werden können. In diesem Kapitel werden Kriterien und Algorithmen beschrieben, die eine solche Gruppenbildung im verteilten System der kognitiven Fahrzeuge effizient realisieren können. Zunächst wird in Abschnitt 4.2 ein Abstandsbegriff eingeführt, der die speziellen Gegebenheiten für Fahrzeuge in einem Straßennetz berücksichtigt. Auf der Grundlage dieses Abstands wird in Abschnitt 4.3 eine Bewertungsfunktion definiert, welche die gewünschten Eigenschaften einer kooperativen Gruppe abbildet. Die Berechnung der optimalen Gruppeneinteilung bezüglich der Bewertungsfunktion ist Gegenstand von Abschnitt 4.4. Schließlich wird in Abschnitt 4.5 beschrieben, wie die Gruppeneinteilung von den kognitiven Fahrzeugen dezentral ausgehandelt werden kann.

Der hier verwendete Begriff der kooperativen Gruppe ist speziell auf das Anwendungsszenario der kooperativen Fahrmanöver zugeschnitten. Für andere Anwendungen kann eine Kommunikation über die Grenzen einer solchen kooperativen Gruppe hinweg durchaus sinnvoll sein. Beispielsweise ist eine Stauwarnung bereits in einer größeren Entfernung vom Stauende nützlich, wenn der Stau noch umfahren werden kann. Auch bei der kooperativen Wahrnehmung können Fahrzeuge, die nicht zur Gruppe gehören, wichtige Informationen weiterleiten. Für solche Warn- und Informationssysteme sind daher andere Gruppenstrukturen angebracht als die hier verwendeten. Es ist aber durchaus vorstellbar, die hier verwendeten Kriterien zur Bildung kooperativer Gruppen an diese Anwendungen anzupassen.

Zu unterscheiden sind kooperative Gruppen auch von den in Abschnitt 2.2.3.1 beschriebenen Fahrzeugkonvois. Konvois werden zur Verkehrsflussoptimierung aus Fahrzeugen gebildet, die ähnliche Ziele haben, während kooperative Gruppen Fahrzeuge umfassen, die potenziell zueinander in Konflikt stehen. Eine direkte Folge davon ist beispielsweise, dass Konvois nur Fahrzeuge mit gleicher Fahrtrichtung umfassen, kooperative Gruppen sich hingegen auch auf den Gegenverkehr erstrecken können.

4.2 Abstandsmaß

4.2.1 Anforderungen

Im Hinblick auf Kriterien zur Gruppenbildung wird in diesem Abschnitt ein Abstandsbegriff für Fahrzeuge im Straßennetz definiert, der folgende Kriterien erfüllen soll:

1. Der Abstand zweier Fahrzeuge soll gering sein, wenn sie gemeinsam an einer kritischen Verkehrssituation beteiligt sind, d. h. insbesondere wenn die Gefahr der Kollision beider Fahrzeuge besteht.

2. Der Abstand soll ebenfalls gering sein, wenn die Fahrzeuge in naher Zukunft in eine solche kritische Situation geraten könnten. Daher darf der Abstandsbegriff nicht ausschließlich die momentane Verkehrssituation bewerten, sondern muss zusätzlich eine gewisse zeitliche Vorausschau ermöglichen. Für die beabsichtigte Anwendung sollte der Vorausschauhorizont etwa im Bereich von wenigen Sekunden bis zu einer Minute liegen.

3. Wenn eine derartige kritische Verkehrssituation für zwei Fahrzeuge ausgeschlossen werden kann, soll ihnen ein großer Abstand zugewiesen werden.

4. Um die genannten Anforderungen erfüllen zu können, muss das Abstandsmaß die Straßentopologie berücksichtigen. Insbesondere sollte modelliert

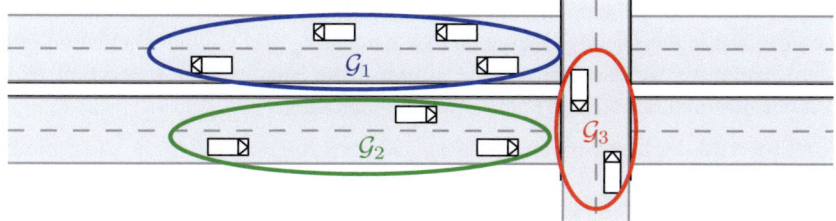

Abbildung 4.1: Mögliche Einteilung von Fahrzeugen in kooperative Gruppen $\mathcal{G}_1$, $\mathcal{G}_2$, $\mathcal{G}_3$ in einem Szenario mit baulich getrennten Fahrbahnen und einer Brücke.

werden, dass Fahrzeuge auf baulich getrennten Straßen sich nicht in einer kritischen Verkehrssituation befinden können, die kooperative Fahrmanöver erfordert. Beispiele für baulich getrennte Fahrspuren sind die beiden Richtungsfahrbahnen einer Autobahn mit Mittelleitplanke sowie die Straßen auf und unterhalb einer Brücke (Abb. 4.1). In der Realität sind bauliche Fahrbahntrenner nicht vollkommen unüberwindlich. Wenn ein Fahrzeug etwa die Mittelleitplanke durchbricht, kommt es aber dennoch nicht als Kooperationspartner in Frage, weil es infolge der Kollision so stark beschädigt sein dürfte, dass es nicht mehr zu kontrollierten kooperativen Fahrmanövern in der Lage ist.

5. Eine effiziente Berechnung des Abstands muss möglich sein.

Anhand dieser Anforderungen wurde die Zeit bis zum nächstmöglichen Treffen zweier Fahrzeuge im Straßennetz als ein sinnvoller Abstandsbegriff identifiziert. Vor einer genaueren Erläuterung dieses Abstandsbegriffs wird zunächst die gewählte Repräsentation des Straßennetzes beschrieben.

4.2.2   Straßengraph

Ein Straßennetz kann auf naheliegende Weise als Graph aufgefasst werden [Russell03]. Ein Knoten des Graphen entspricht einem Ort im Straßennetz, und eine Kante zwischen zwei Knoten entspricht einer Straße bzw. Fahrspur, welche die betreffenden Orte miteinander verbindet.

Häufig werden die Knoten an Straßenkreuzungen und -verzweigungen platziert [Schultes08]. In dieser Arbeit wird jedoch ein etwas anderer Ansatz gewählt. Zunächst wird eine Partition der Straßenfläche konstruiert. Jedem Element dieser Partition entspricht genau ein Knoten v des Straßengraphen $\mathcal{R}$. Ein Vorteil dieser Vorgehensweise ist, dass einem Fahrzeug auf einfache Art und Weise ein Knoten zugeordnet werden kann, an dem es sich aktuell im Straßennetz befindet. Eine gerichtete Kante $e = (v_1, v_2)$ zwischen den Knoten v_1 und v_2 von $\mathcal{R}$ existiert genau dann, wenn der Straßenverlauf eine direkte Fahrt von v_1 nach v_2 erlaubt. Sie ist mit der minimal benötigten Fahrzeit $w(e)$ gewichtet.

Konkret wird der hier verwendete Graph $\mathcal{R}$ nach folgenden Regeln konstruiert:

- Eine Fahrspur wird in Knoten v partitioniert, wobei jeder Knoten einem Abschnitt mit einer Länge von höchstens $l_{v,\mathrm{max}}$ entspricht. Die Geometrie eines Knotens v wird durch ein Polygon $\Omega(v)$ beschrieben.

- Zwischen je zwei in Fahrtrichtung aufeinanderfolgenden Knoten einer Fahrspur wird eine Kante angelegt.

- Am Ende einer Fahrspur werden Kanten zu den ersten Knoten der longitudinal nachfolgenden Fahrspuren eingefügt.

- Sofern Spurwechsel möglich sind, wird von jedem Knoten eine Kante zu einem Knoten der lateral benachbarten Fahrspur angelegt.

- Das Gewicht $w(e)$ einer Kante $e = (v_1, v_2)$ ist gegeben durch die minimal benötigte Fahrzeit t_{min}:

$$w(e) := t_{\mathrm{min}}(e) = \frac{d_2(e)}{vel_{\mathrm{max}}(e)} \, , \tag{4.1}$$

wobei $vel_{\mathrm{max}}(e)$ die maximal mögliche Geschwindigkeit beim Passieren von e und $d_2(e)$ die euklidische Distanz zwischen den Flächenschwerpunkten der Polygone $\Omega(v_1)$ und $\Omega(v_2)$ von v_1 und v_2 bezeichnet. Die Maximalgeschwindigkeit $vel_{\mathrm{max}}(e)$ wird durch den Kurvenverlauf der Straße und durch die dort gültigen Verkehrsregeln begrenzt. Für Letzteres ist relevant, ob es sich um eine Autobahn, Landstraße oder innerstädtische Straße handelt, und ob eine spezifische Höchstgeschwindigkeit vorgeschrieben ist. Nach dieser Definition gilt $w(e) > 0$ für alle Kanten e.

Ein Beispiel eines nach diesen Regeln konstruierten Straßengraphen ist in Abb. 4.2 dargestellt. In dieser Arbeit wird angenommen, dass die für den Aufbau des Graphen benötigte Information im gemeinsamen Lagebild verfügbar ist (siehe Abschnitt 3.3.2).

Die Funktion $v_{\mathcal{R}} : c \mapsto v$ ordnet einem Fahrzeug c denjenigen Knoten v von $\mathcal{R}$ zu, in dessen Polygon $\Omega(v)$ sich der geometrische Mittelpunkt von c befindet. Da sich die Fahrzeugposition mit der Zeit ändert, ist auch $v_{\mathcal{R}}(c)$ zeitvariant. Zur Vereinfachung der Notation wird jedoch auf die explizite Angabe der Abhängigkeit von der Zeit t verzichtet.

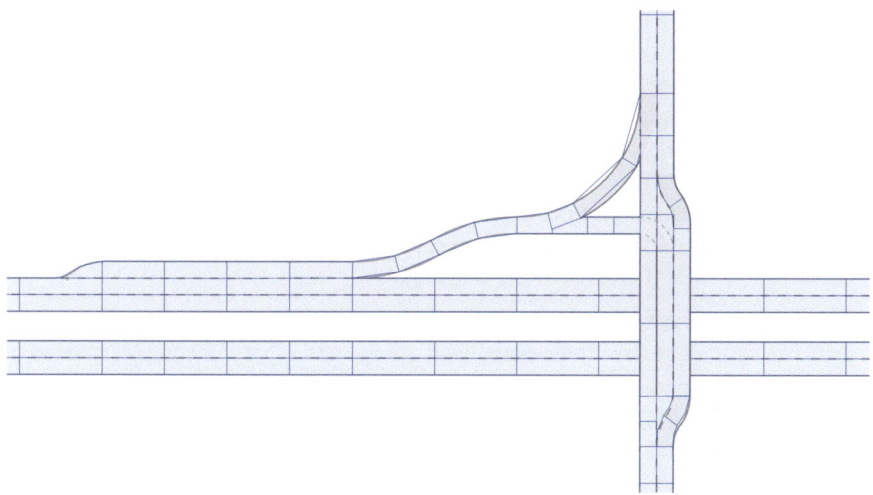

(a) Ausschnitt eines Straßennetzes und Partition in Polygone (blau)

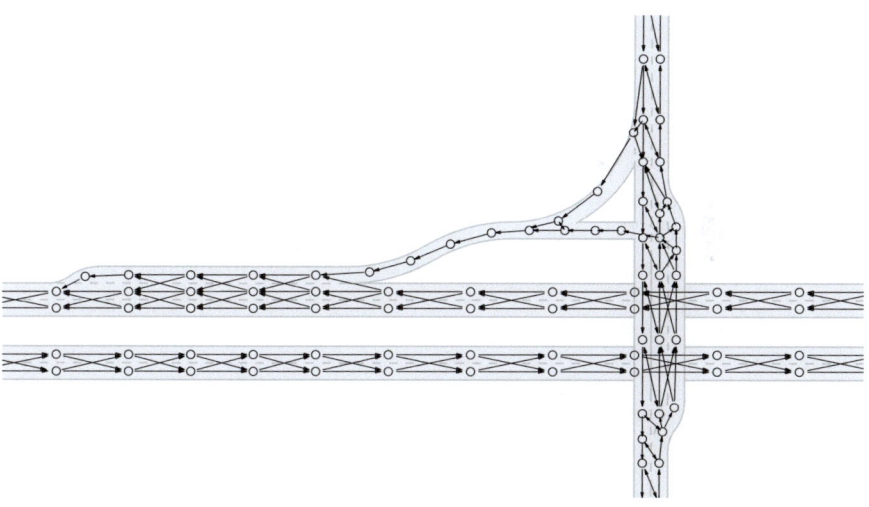

(b) Graph $\mathcal{R}$ zu dem Straßennetz aus (a)

Abbildung 4.2: Beispiel für die Konstruktion des Straßengraphen $\mathcal{R}$.

4.2.3 Definition des Abstandsbegriffs

Ein Weg von v_1 nach v_2 in $\mathcal{R}$ ist eine zusammenhängende Folge von Kanten, sodass v_1 der Anfangspunkt und v_2 der Endpunkt der Folge ist. Der kürzeste Weg von v_1 nach v_2 ist derjenige Weg mit minimaler Summe der Kantengewichte entlang des Wegs. Die Länge des kürzesten Weges ist gegeben durch die Summe seiner Kantengewichte und wird mit $p_\mathcal{R}(v_1, v_2)$ bezeichnet. Sie entspricht der kürzesten möglichen Fahrzeit von v_1 nach v_2 und kann mit dem Algorithmus von Dijkstra berechnet werden [Cormen01, Schultes08].

Die Länge des kürzesten Weges ist im Allgemeinen kein sinnvoller Abstandsbegriff für Fahrzeuge im Straßennetz, weil sie die aktuellen Fahrzeugpositionen als statisch annimmt und die mögliche zeitliche Weiterentwicklung der Verkehrssituation unberücksichtigt lässt. Wenn sich beispielsweise zwei Fahrzeuge aufeinander zu bewegen, können sie sich in der Mitte des Weges treffen. Dann wird bis zum Zusammentreffen nur halb so viel Zeit benötigt wie ein einzelnes Fahrzeug braucht, um den gesamten kürzesten Weg zurückzulegen. Abbildung 4.3 veranschaulicht diesen Effekt anhand der Fahrzeuge c_1 und c_2. Bei Einbahnstraßen und richtungsgetrennten Fahrbahnen ist hingegen ein Treffen in der Mitte nicht möglich. Daher sollte der Abstand der Fahrzeuge c_1 und c_3 in Abb. 4.3 trotz vergleichbarer räumlicher Distanz größer sein als der Abstand der Fahrzeuge c_1 und c_2.

Ein möglicher Treffpunkt zweier Fahrzeuge c_1, c_2 ist ein Knoten v_m von $\mathcal{R}$, den beide Fahrzeuge erreichen können. Der zeitliche Abstand eines Fahrzeugs zu v_m ist durch die Länge des kürzesten Weges in $\mathcal{R}$ gegeben: $p_\mathcal{R}(v_\mathcal{R}(c_i)), v_\mathrm{m})$, $i = 1, 2$. Bis beide Fahrzeuge v_m erreicht haben, vergeht mindestens die Zeit $\max\{p_\mathcal{R}(v_\mathcal{R}(c_1)), v_\mathrm{m}), p_\mathcal{R}(v_\mathcal{R}(c_2)), v_\mathrm{m})\}$. Der früheste erreichbare Treffpunkt ist nun derjenige Knoten $v_\mathrm{m} \in \mathcal{R}$, für den dieser Term sein Minimum annimmt. Damit erhält man folgende Definition für den hier verwendeten Abstandsbegriff $d_\mathcal{R}(c_1, c_2)$:

Definition 4.1 (Abstandsmaß für Fahrzeuge im Straßennetz) Der Abstand $d_\mathcal{R}$ zweier Fahrzeuge c_1, c_2 im Straßengraphen $\mathcal{R}$ wird definiert als

$$d_\mathcal{R}(c_1, c_2) := \min_{v_\mathrm{m} \in \mathcal{R}} \max\{p_\mathcal{R}(v_1, v_\mathrm{m}), p_\mathcal{R}(v_2, v_\mathrm{m})\}, \qquad (4.2)$$

wobei $v_i := v_\mathcal{R}(c_i)$ für $i = 1, 2$.

Der Abstand $d_\mathcal{R}(c_1, c_2)$ kann interpretiert werden als die minimal benötigte Zeit, bis beide Fahrzeuge den nächstmöglichen gemeinsamen Treffpunkt v_m erreicht haben. Dieser Treffpunkt ist virtuell in dem Sinne, dass die Fahrzeuge sich in der Realität möglicherweise erst später, an einem anderen Punkt oder gar nicht treffen

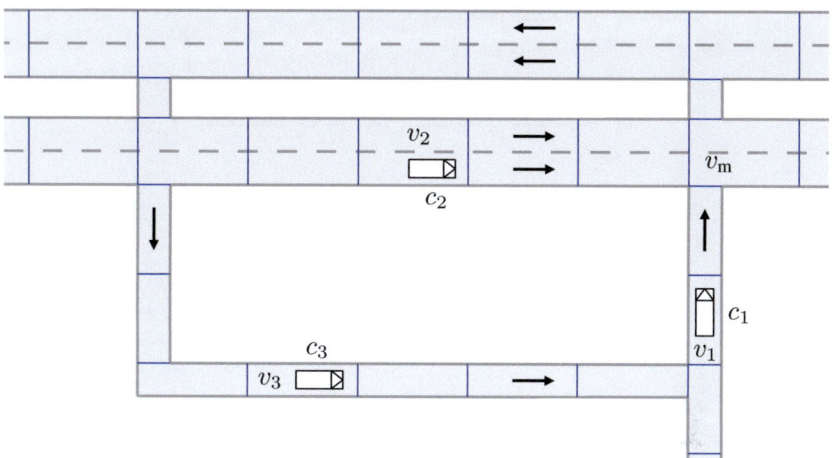

Abbildung 4.3: Veranschaulichung des Konzepts des nächstmöglichen gemeinsamen Treffpunkts v_m. Blaue Trennlinien deuten die Partition der Straßenfläche in Polygone an. Pfeile kennzeichnen die zulässigen Fahrtrichtungen. Unter der Annahme $w(e) = 1$ für alle Kanten e erhält man in diesem Beispiel $p_{\mathcal{R}}(v_1, v_2) = 13$, $p_{\mathcal{R}}(v_2, v_1) = 21$, aber $d_{\mathcal{R}}(c_1, c_2) = \max\{p_{\mathcal{R}}(v_1, v_m), p_{\mathcal{R}}(v_2, v_m)\} = \max\{2, 3\} = 3$. Ferner ist $d_{\mathcal{R}}(c_1, c_3) = p_{\mathcal{R}}(v_3, v_1) = 5$, also $d_{\mathcal{R}}(c_1, c_3) > d_{\mathcal{R}}(c_1, c_2)$.

werden. Mit Hilfe des nächstmöglichen gemeinsamen Treffpunkts erhält man eine untere Schranke für die Zeit bis zu einem möglichen Zusammentreffen der beiden Fahrzeuge, die für die Anwendung der kooperativen Kollisionsvermeidung eine konservative Abschätzung darstellt.

4.2.4 Eigenschaften des Abstandsmaßes

Im Folgenden wird untersucht, ob der Abstandsbegriff aus Definition 4.1 die Axiome einer Metrik erfüllt [LaValle06, Kapitel 5.1].

Lemma 4.2 (Eigenschaften des Abstandsmaßes) Das Abstandsmaß $d_{\mathcal{R}}$ aus Definition 4.1 erfüllt für beliebige c_1, c_2 folgende Eigenschaften:

(a) $d_{\mathcal{R}}(c_1, c_2) \geq 0$ (Nichtnegativität)

(b) $d_{\mathcal{R}}(c_1, c_1) = 0$ (Reflexivität)

(c) $d_{\mathcal{R}}(c_1, c_2) = d_{\mathcal{R}}(c_2, c_1)$ (Symmetrie)

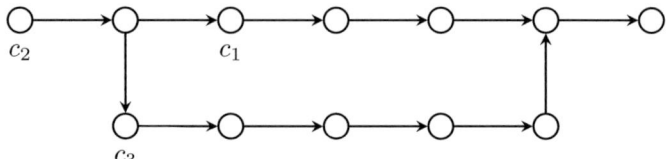

Abbildung 4.4: Dieses Gegenbeispiel zeigt, dass die Dreiecksungleichung für $d_\mathcal{R}$ nicht gilt. Mit $w(e) = 1$ für alle Kanten ist $d_\mathcal{R}(c_1, c_2) = 2$, $d_\mathcal{R}(c_2, c_3) = 2$ und $d_\mathcal{R}(c_1, c_3) = 5$. Somit ist $d_\mathcal{R}(c_1, c_3) = 5 > 4 = d_\mathcal{R}(c_1, c_2) + d_\mathcal{R}(c_2, c_3)$, während die Dreiecksungleichung $d_\mathcal{R}(c_1, c_3) \leq d_\mathcal{R}(c_1, c_2) + d_\mathcal{R}(c_2, c_3)$ fordert.

Beweis: Die Aussagen folgen unmittelbar aus der definierenden Gleichung (4.2) und den Eigenschaften $p_\mathcal{R}(v_1, v_2) \geq 0$, $p_\mathcal{R}(v_1, v_1) = 0$ kürzester Wege. □

Insbesondere die Symmetrie ist eine wünschenswerte Eigenschaft im Hinblick auf eine Bewertung kritischer Verkehrssituationen, da eine Kollisionsgefahr entweder für beide beteiligte Fahrzeuge vorliegt oder für beide Fahrzeuge nicht vorliegt. Eine Metrik ist $d_\mathcal{R}$ jedoch nicht, da die Dreiecksungleichung nicht erfüllt ist. In Abb. 4.4 wird dies anhand eines Gegenbeispiels nachgewiesen. Die Verletzung der Dreiecksungleichung ist nicht als Schwäche des Abstandsbegriffs $d_\mathcal{R}$ zu sehen, sondern als Eigenschaft, die sich unmittelbar aus den gestellten Anforderungen ergibt. Die berechneten Abstände $d_\mathcal{R}$ genügen den gewünschten Anforderungen, und es erscheint nicht sinnvoll, im Beispiel von Abb. 4.4 einen geringeren Wert von $d_\mathcal{R}(c_1, c_3)$ zu verlangen, damit die Dreiecksungleichung erfüllt ist.

4.2.5 Algorithmische Berechnung

Ein effizienter Algorithmus zur Berechnung des Abstands $d_\mathcal{R}(c_1, c_2)$ kann durch geeignete Erweiterung des Algorithmus von Dijkstra zur Berechnung kürzester Wege in Graphen [Cormen01, Kapitel 24.3] hergeleitet werden. Hierzu wird, ausgehend von den beiden Fahrzeugpositionen $v_1 = v_\mathcal{R}(c_1)$ und $v_2 = v_\mathcal{R}(c_2)$, simultan jeweils eine Kürzeste-Wege-Suche gestartet. Der nächste abzuarbeitende Knoten wird mit Hilfe einer Prioritätswarteschlange ausgewählt, die den Knoten v mit minimalem $p_\mathcal{R}(v_1, v)$ bzw. $p_\mathcal{R}(v_2, v)$ zurückliefert. Die Berechnung wird solange fortgeführt, bis sich die beiden Suchfronten an einem Knoten treffen (Abb. 4.5). Bei diesem Knoten muss es sich um den nächstmöglichen gemeinsamen Treffpunkt v_m handeln, da die Bearbeitung der Knoten in aufsteigender Reihenfolge des Abstands vom jeweiligen Startknoten erfolgt. Der gesuchte Abstandswert ergibt sich dann nach (4.2) zu $d_\mathcal{R}(c_1, c_2) = \max\{p_\mathcal{R}(v_1, v_\mathrm{m}), p_\mathcal{R}(v_2, v_\mathrm{m})\}$.

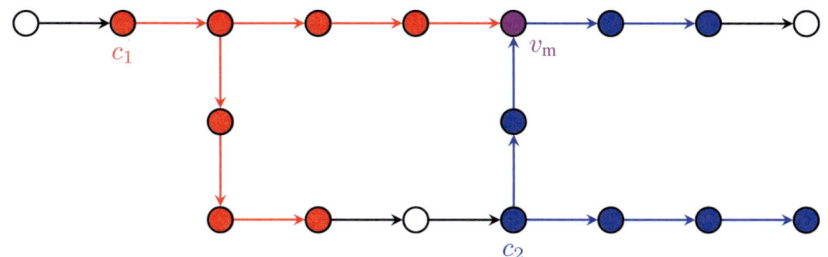

Abbildung 4.5: Veranschaulichung der algorithmischen Berechnung des Abstands $d_\mathcal{R}(c_1, c_2)$ im Graphen $\mathcal{R}$. Bis der früheste gemeinsame Treffpunkt v_m gefunden wird, erreicht die Suche ausgehend von den Positionen der beiden Fahrzeuge die in der jeweiligen Farbe hervorgehobenen Knoten.

In Anhang A.1 wird der skizzierte Algorithmus genauer beschrieben und analysiert. Dort wird auch gezeigt, dass die Berechnung des Abstandsmaßes $d_\mathcal{R}$ für N Fahrzeuge in einem Straßengraphen $\mathcal{R}$ mit V Knoten mit einem Rechenaufwand von $\mathcal{O}(N^2 \cdot V \cdot \log(V))$ möglich ist.

4.3 Bewertungsfunktion

Das im vorangegangenen Abschnitt definierte Abstandsmaß bildet eine wichtige Grundlage für das Kriterium zur Bildung kooperativer Gruppen. Neben einem geringen Abstand in diesem Sinne gibt es allerdings noch weitere Bedingungen, die die Fahrzeuge einer Gruppe erfüllen sollten. Dazu gehört beispielsweise die Anforderung, dass eine Gruppe nicht zu groß werden darf. Folgende Eigenschaften einer Gruppe werden als wünschenswert angesehen:

- Die Fahrzeuge einer Gruppe sollten untereinander geringe Abstände im Sinne des Abstandsbegriffs $d_\mathcal{R}$ aus Definition 4.1 haben.

- Fahrzeuge, die sich bei geringem Abstand aufeinander zu bewegen, sollten in einer Gruppe sein (Abb. 4.6(a)). Ein Fahrzeug, dass sich von allen Gruppenmitgliedern entfernt, muss hingegen selbst im Fall geringer Abstände nicht in die Gruppe aufgenommen werden (Abb. 4.6(b)).

- Eine kooperative Gruppe sollte eine sinnvolle Größe haben. Wie schon in Abschnitt 4.1 erläutert, ist eine effiziente Verhaltensentscheidung nur möglich, wenn die Gruppe nicht zu groß wird. Umgekehrt schränken zu klei-

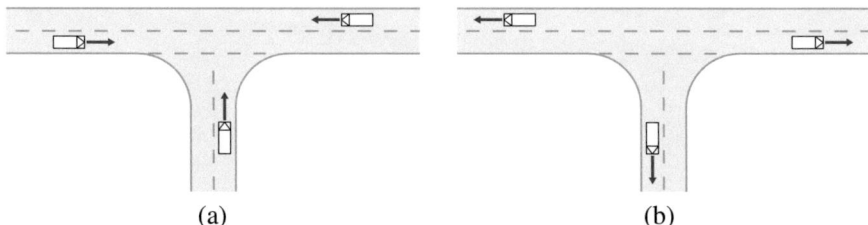

(a)   (b)

Abbildung 4.6: Motivation für das Kriterium der Relativgeschwindigkeit: Wenn
sich Fahrzeuge aufeinander zu bewegen, ist die Entstehung einer Gefahrensituation
wahrscheinlicher, als wenn sie sich voneinander entfernen.

ne Gruppen die Möglichkeiten der Kooperation zu stark ein. Im Extremfall
einer Gruppe, die nur aus einem einzigen Fahrzeug besteht, ist gar keine
Kooperation mehr möglich.

- Die Gruppe sollte über eine gewisse Zeitspanne bestehen bleiben. Insbesondere soll mehrfaches Wechseln zwischen zwei alternativen Gruppeneinteilungen verhindert werden.

Modelliert werden diese Kriterien durch eine zu minimierende Bewertungsfunktion $s(\mathcal{G})$, die sich additiv aus mehreren Termen zusammensetzt. Bei der zu be-
wertenden kooperativen Gruppe $\mathcal{G} = \{c_1, \ldots, c_M\}$ aus M kognitiven Fahrzeugen
kann es sich sowohl um eine existierende als auch um eine hypothetische, d. h. neu
zu bildende, Gruppe handeln. Auf diese Weise ist es möglich, alternative Gruppeneinteilungen miteinander zu vergleichen.

Der Abstandsterm $s_{\mathrm{D}}(\mathcal{G})$ der Bewertungsfunktion berücksichtigt die Abstände
$d_{\mathcal{R}}(c_i, c_j)$ zwischen allen Paaren von Fahrzeugen in der Gruppe $\mathcal{G}$:

$$s_{\mathrm{D}}(\mathcal{G}) := \sum_{i=1}^{M} \frac{1}{M-1} \sum_{j=1}^{M} d_{\mathcal{R}}(c_i, c_j) \tag{4.3}$$

Für jedes Fahrzeug c_i wird der mittlere Abstand zu den $M-1$ anderen Fahrzeugen
c_j berechnet. Diese Mittelwerte werden anschließend aufsummiert, sodass jedes
Fahrzeug der Gruppe einen Beitrag zum Abstandsterm liefert. Die oben formulier-
ten Anforderungen besagen, dass geringe Abstände der Fahrzeuge einer Gruppe
wünschenswert sind, was einer Minimierung von s_{D} entspricht.

Die Relativbewegung der Fahrzeuge wird mit Hilfe der Ableitung des Abstands-
maßes $d_{\mathcal{R}}$ nach der Zeit ausgedrückt. Eine positive Ableitung $\frac{\mathrm{d}}{\mathrm{d}t} d_{\mathcal{R}}(c_i, c_j)$ bedeu-

tet, dass sich die Fahrzeuge c_i und c_j im Sinne des Abstandsbegriffs voneinander entfernen, während sie sich bei negativer Ableitung aufeinander zu bewegen. Die Relativbewegung ist besonders dann von Bedeutung, wenn die Fahrzeuge untereinander geringe Abstände haben. Bei großen Abständen sind ohnehin keine kooperativen Fahrmanöver möglich, weshalb die Relativbewegung in diesem Fall keinen Einfluss auf die Gruppenbildung nehmen sollte. Daher wird die Ableitung des Abstandsmaßes durch den Abstand $d_\mathcal{R}(c_i, c_j)$ dividiert. Analog zu der Vorgehensweise beim Abstandsterm werden diese Quotienten für jedes Fahrzeug gemittelt und die Ergebnisse anschließend über alle Fahrzeuge aufsummiert:

$$s_V(\mathcal{G}) := \sum_{i=1}^{M} \frac{1}{M-1} \sum_{j=1}^{M} \frac{\frac{\mathrm{d}}{\mathrm{d}t} d_\mathcal{R}(c_i, c_j)}{\max\{d_\mathcal{R}(c_i, c_j), d_{\min}\}} \tag{4.4}$$

Die Maximumbildung mit dem Schwellwert $d_{\min}$ im Nenner von (4.4) dient dazu, eine Division durch Null zu verhindern. Bezogen auf die gesamte kooperative Gruppe $\mathcal{G}$ kann der Term s_V als Maß für die Ausdehnungs- bzw. Kompressionsrate der Gruppe interpretiert werden. Eine Gruppe erhält eine bessere Bewertung, wenn die Fahrzeuge sich aufeinander zu bewegen, während die Ausdehnung der Gruppe einen höheren Strafterm in s_V zur Folge hat.

Um die Gruppengröße zu bewerten, wurde ein Intervall $[M_{\min}, M_{\max}]$ für eine sinnvolle Anzahl der Fahrzeuge in einer Gruppe definiert. Bei kleineren Gruppen ist Kooperation nur selten möglich, bei größeren Gruppen ist die verteilte Entscheidungsfindung kaum noch handhabbar. Die Bewertungsfunktion s_S ist innerhalb des gewünschten Intervalls identisch Null und steigt außerhalb quadratisch an:

$$s_S(\mathcal{G}) := \begin{cases} (M - M_{\min})^2 & \text{falls } M < M_{\min} \\ 0 & \text{falls } M_{\min} \le M \le M_{\max} \\ (M - M_{\max})^2 & \text{falls } M > M_{\max} \end{cases} \tag{4.5}$$

Für Gruppen $\mathcal{G} = \{c\}$, die nur aus einem Fahrzeug bestehen, können der Abstandsterm (4.3) und der Geschwindigkeitsterm (4.4) nicht sinnvoll definiert werden, sodass in diesem Fall $s_D(\mathcal{G}) := 0$ und $s_V(\mathcal{G}) := 0$ gesetzt wird. Solche Gruppen können daher nur durch den Strafterm s_S verhindert werden. Die Bildung zu großer Gruppen wird in der Regel bereits durch den Anstieg des Abstandsterms unterbunden, sodass der Größenterm in diesem Fall von geringerer Bedeutung ist.

Die zeitliche Stabilität der Gruppeneinteilung kann gewährleistet werden, indem eine Gruppe während der ersten Zeitspanne $(0, t_T)$ ihres Bestehens eine bessere

Bewertung erhält. Sei t_i die Zeit, die seit dem Beitritt von Fahrzeug c_i zur Gruppe $\mathcal{G}$ vergangen ist. Dann wird der Term für zeitliche Konstanz s_T wie folgt definiert:

$$s_T(\mathcal{G}) := \sum_{i=1}^{M} \begin{cases} t_i & \text{falls } 0 < t_i < t_T \\ t_T & \text{falls } t_i = 0 \text{ oder } t_i \geq t_T \end{cases} \tag{4.6}$$

Der Fall $t_i = 0$ beschreibt den hypothetischen Beitritt von Fahrzeug c_i zu $\mathcal{G}$. Der Term s_T bewirkt eine zeitliche Hysterese und verhindert Oszillationen zwischen zwei oder mehreren alternativen Gruppeneinteilungen. Solche Oszillationen könnten andernfalls durch geringfügige Schwankungen der Abstände oder durch Quantisierungseffekte verursacht werden.

Die Stabilität einer kooperativen Gruppe ist besonders wichtig, wenn tatsächlich eine Gefahrensituation eintritt und ein kooperatives Fahrmanöver durchgeführt wird. In einem solchen Fall muss die Aufteilung der betroffenen Fahrzeuge auf mehrere Gruppen verhindert werden. Dies kann prinzipiell durch einen zusätzlichen Term der Bewertungsfunktion modelliert werden. Einfacher ist es jedoch, die Aufspaltung der Gruppe auf der Ebene des weiter unten beschriebenen Verhandlungsprotokolls zu blockieren.

Die Gesamtbewertung einer kooperativen Gruppe $\mathcal{G}$ wird nun als gewichtete Summe der vorgestellten Terme definiert:

$$s(\mathcal{G}) := \lambda_D \cdot s_D(\mathcal{G}) + \lambda_V \cdot s_V(\mathcal{G}) + \lambda_S \cdot s_S(\mathcal{G}) + \lambda_T \cdot s_T(\mathcal{G}) \tag{4.7}$$

Auf die Wahl der Gewichtungsfaktoren $\lambda_\nu \geq 0$ ($\nu = D, V, S, T$) wird in Abschnitt 6.2.3 eingegangen. Die resultierende Gruppeneinteilung wird überwiegend vom Abstandsterm s_D bestimmt, während die Terme s_V und s_T im Wesentlichen zur Auswahl zwischen Alternativen mit ähnlicher Abstandsbewertung dienen.

4.4 Berechnung der optimalen Partition

Die möglichen Gruppeneinteilungen für eine Fahrzeugmenge $C = \{c_1, \ldots, c_N\}$ sind durch die Menge $\mathcal{P}(C)$ aller Partitionen von C gegeben. Die Bewertung einer Partition P wird definiert als Summe der Bewertungen ihrer Gruppen:

$$s(P) := \sum_{\mathcal{G} \in P} s(\mathcal{G}) \tag{4.8}$$

Die Terme s_D, s_V und s_T der Bewertungsfunktion enthalten einen Beitrag für jedes Fahrzeug der Gruppe, sodass die Gesamtzahl der Summanden in $s(P)$ für alle $P \in$

$\mathcal{P}(C)$ identisch ist. Dadurch wird verhindert, dass sich die Anzahl der Gruppen direkt auf diese Terme auswirken kann. Vielmehr wird die Gruppengröße explizit im Term s_S berücksichtigt.

Die optimale Gruppeneinteilung P^* ist diejenige Partition mit minimaler Gesamtbewertung:

$$P^* = \arg\min_{P \in \mathcal{P}(C)} s(P) = \arg\min_{P \in \mathcal{P}(C)} \sum_{\mathcal{G} \in P} s(\mathcal{G}) \tag{4.9}$$

Mit dieser Berechnungsvorschrift lassen sich sämtliche Ereignisse im Lebenszyklus kooperativer Gruppen einheitlich behandeln. Der Übergang zur neuen optimalen Partition P^* kann beispielsweise einer Vereinigung mehrerer Gruppen zu einer neuen Gruppe, einem Übertritt einiger Fahrzeuge von ihrer bisherigen Gruppe zu einer benachbarten Gruppe oder einer Aufspaltung einer Gruppe in mehrere Gruppen entsprechen. Spezielle Regeln für die einzelnen Ereignisse sind nicht erforderlich, da sämtliche Möglichkeiten durch den Vergleich der aktuellen Gruppeneinteilung mit hypothetischen Alternativen abgedeckt werden.

4.4.1 Nachbarschaftsbedingung

Um den Kommunikations- und Rechenaufwand der verteilten Gruppenbildung zu begrenzen, wird die Berechnung der optimalen Partition innerhalb einer lokalen Nachbarschaft vorgenommen.

Wenn sich kognitive Fahrzeuge dezentral in kooperativen Gruppen organisieren, steht ihnen nur Information über die Fahrzeuge in einer lokalen Umgebung zur Verfügung. Neben dieser kommunikationstechnisch bedingten Einschränkung lässt sich die Menge der relevanten Nachbarn aber auch mit Hilfe des Abstandsbegriffs $d_\mathcal{R}$ beschreiben. Formal kann die Nachbarschaft zweier Gruppen $\mathcal{G}_0$ und $\mathcal{G}_1$ wie folgt charakterisiert werden:

$$NB(\mathcal{G}_0, \mathcal{G}_1) :\Leftrightarrow \tag{4.10}$$
$$\forall \mathcal{G} \; \forall c \in \mathcal{G} \; \exists c_0 \in \mathcal{G}_0 \; \exists c_1 \in \mathcal{G}_1 \; \max\{d_\mathcal{R}(c, c_0), d_\mathcal{R}(c, c_1)\} > d_\mathcal{R}(c_0, c_1)$$

Anschaulich bedeutet dieses Kriterium, dass sich zwischen $\mathcal{G}_0$ und $\mathcal{G}_1$ keine weitere Gruppe $\mathcal{G}$ befindet.

Nun wird für jede Gruppe $\mathcal{G}_0$ die Menge aller benachbarten Fahrzeuge gebildet:

$$C(\mathcal{G}_0) := \mathcal{G}_0 \cup \{c \in \mathcal{G} \mid NB(\mathcal{G}_0, \mathcal{G})\} \tag{4.11}$$

Mit Hilfe von Gleichung (4.9) wird die optimale Gruppeneinteilung für diese Fahrzeugmenge $C(\mathcal{G}_0)$ berechnet. Wenn die bisherige Gruppenzuordnung vom berechneten Optimum abweicht, werden entsprechende Gruppenwechsel durchgeführt.

Durch die Beschränkung der Optimierung auf die lokale Nachbarschaft kann nicht garantiert werden, dass eine global optimale Gruppenstruktur gefunden wird. Es ist aber sichergestellt, dass jeder durchgeführte Gruppenwechsel auch die globale Gesamtbewertung nach (4.8) verbessert.

4.4.2 Komplexität der Partitionierung

Die möglichen Gruppen in einer Menge C von N Fahrzeugen entsprechen den Teilmengen, also den 2^N Elementen[1] der Potenzmenge. Eine Partition entsteht durch Kombination mehrerer Teilmengen. Die Menge $\mathcal{P}(C)$ der Partitionen ist daher noch größer als die Potenzmenge. Ihre Mächtigkeit wird durch die Bell-Zahlen B_N beschrieben, die mit Hilfe der Binomialkoeffizienten wie folgt rekursiv definiert sind [Cameron94]:

$$B_N := \begin{cases} 1 & \text{für } N = 0 \\ \sum_{i=1}^{N} \binom{N-1}{i-1} \cdot B_{N-i} & \text{für } N \geq 1 \end{cases} \tag{4.12}$$

Die exakte Optimierung über alle Partitionen ist für eine realistische Anzahl von Fahrzeugen mit zu großem Rechenaufwand verbunden. Branch-and-Bound-Methoden erlauben zwar, die Suche nach der optimalen Gruppeneinteilung auf eine Teilmenge aller Partitionen einzuschränken, können aber dennoch keine Echtzeitfähigkeit garantieren.

Auch ein Approximationsalgorithmus, der eine Garantie für die maximale Abweichung seines Ergebnisses vom Optimum geben kann, ist offenbar nicht effizient realisierbar: Für das verwandte Problem der Koalitionsbildung in der kooperativen Spieltheorie ist bekannt, dass eine exponentielle Anzahl an Koalitionen evaluiert werden muss, bevor eine Approximationsgarantie gegeben werden kann [Sandholm98].

4.4.3 Approximative Partitionierung

Wegen der geschilderten Problemkomplexität wird zur Berechnung der Gruppeneinteilung ein schneller approximativer Algorithmus ohne Optimalitätsgarantie eingesetzt. Die Vorgehensweise des Algorithmus ähnelt dem Prinzip der hierarchischen Ballung [Everitt11]: Das Verfahren beginnt mit den Gruppen, die aus nur einem Fahrzeug bestehen, und fasst sukzessive Gruppen zusammen, wenn sich dadurch die Gesamtbewertung verbessert. In jedem Schritt wird jede mögliche Kombination zweier Gruppen evaluiert und diejenige mit der größten Verbesserung der

---

[1] mit Ausnahme der leeren Menge, die keiner sinnvollen Gruppe entspricht

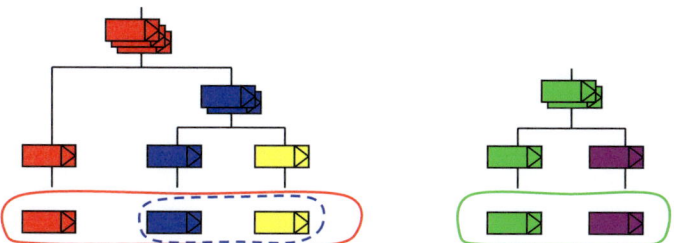

Abbildung 4.7: Illustration der hierarchischen Zusammenfassung von Fahrzeugen zu kooperativen Gruppen mit dem gierigen Algorithmus.

Gesamtbewertung ausgewählt (Abb. 4.7). Damit erhält man einen einfachen gierigen Algorithmus, der sehr schnell eine gute Gruppeneinteilung findet. Der Algorithmus terminiert, sobald eine Verbesserung der Gesamtbewertung durch eine Vereinigung zweier Gruppen aus der aktuellen Einteilung nicht mehr möglich ist.

Anstatt die evaluierten, aber nicht ausgewählten Gruppeneinteilungen P zu verwerfen, kann man sie in eine Prioritätswarteschlange einfügen und sukzessive weiterverfolgen. Die Warteschlange wird nach der Gesamtbewertung $s(P)$ sortiert, und die jeweils beste Gruppeneinteilung wird weiterverfolgt. Mit dieser Erweiterung kann der Algorithmus prinzipiell die optimale Partition finden, allerdings ist dies für größere Fahrzeugmengen wegen des Rechen- und Speicheraufwands nicht praktikabel. Wenn die Suche nach einer festgelegten Zeitspanne abgebrochen wird, ergibt sich ein Any-Time-Verhalten: Es kann bereits sehr schnell ein gutes Ergebnis zurückgegeben werden, das eventuell weiter verbessert werden kann, wenn mehr Rechenzeit zur Verfügung steht. Der beschriebene Algorithmus ist in Anhang A.2 im Pseudocode wiedergegeben.

4.5 Verhandlungsprotokoll

Da beim hier verwendeten Systemkonzept keine infrastrukturbasierte Kommunikation vorausgesetzt wird, gibt es keine zentrale Stelle, an der die gesamte zur Gruppenbildung benötigte Information vorliegt. Vielmehr müssen die kognitiven Fahrzeuge sich ohne Infrastrukturunterstützung in Gruppen organisieren. Um die Gruppenzuordnung berechnen zu können, muss zunächst die benötigte Information zwischen den Fahrzeugen ausgetauscht werden. Bei der Umsetzung der Gruppeneinteilung ist darauf zu achten, dass alle Fahrzeuge eine konsistente Sicht auf die Gruppenstruktur haben.

In diesem Abschnitt wird ein auf Nachrichtenebene spezifiziertes Verhandlungs-protokoll vorgestellt, mit dem die Gruppeneinteilung zwischen den Fahrzeugen ausgehandelt werden kann. Das Protokoll dient lediglich dazu, die Machbarkeit der Gruppenbildung im verteilten System nachzuweisen. Es erhebt nicht den An-spruch, Optimalitätskriterien hinsichtlich der Robustheit oder des Kommunikati-onsaufwands zu erfüllen. Für die Umsetzung in einem realen Assistenzsystem soll-te ein gemeinsames Protokoll für alle Systemkomponenten unter Berücksichtigung des zu Grunde liegenden Kommunikationssystems entworfen werden.

Wichtiger Bestandteil des Verhandlungsprotokolls ist der Gruppenkoordinator, ein ausgezeichnetes Fahrzeug in jeder kooperativen Gruppe. Der Koordinator übernimmt die Verhandlungen mit anderen Gruppen über eine Änderung der Grup-peneinteilung. Durch diese Trennung zwischen der Kommunikation mit anderen Gruppen und der Kommunikation innerhalb einer Gruppe lässt sich eine klare Strukturierung des Protokolls und eine Reduktion des Datenvolumens erreichen. Ähnliche Ansätze werden auch in anderen Arbeiten zur Gruppenbildung verwen-det (siehe Abschnitt 2.2.6).

Der Gruppenkoordinator muss jederzeit über den Zustand aller Fahrzeuge in der kooperativen Gruppe informiert sein, um die erforderlichen Entscheidungen tref-fen zu können. Daher sendet jedes Gruppenmitglied periodisch eine Nachricht mit seiner Identifikationsnummer und seiner aktuellen Position an den Gruppenkoor-dinator. Dabei wird angenommen, dass die Identifikationsnummer netzwerkweit eindeutig ist. Für die durchgeführten Simulationen wurde eine Periode von 10 Hz für die Positionsmeldungen verwendet.

Die Gruppenkoordinatoren senden periodisch eine Broadcast-Nachricht an alle Fahrzeuge in Kommunikationsreichweite, um die Existenz der kooperativen Grup-pe bekannt zu machen. Diese Nachrichten dienen einerseits den Mitgliedern der ei-genen Gruppe als Bestätigung dafür, dass die Kommunikation mit dem Koordina-tor noch funktioniert. Andererseits sind sie erforderlich, um im dezentralen Fahr-zeugnetzwerk ohne Infrastrukturunterstützung neue benachbarte Gruppen entde-cken zu können. Auf der Grundlage der Bekanntmachungsnachrichten wird die Nachbarschaftsbedingung (4.10) ausgewertet. Koordinatoren benachbarter Grup-pen tauschen Information über den Zustand ihrer Gruppen aus, um gemäß (4.9) die optimale Partition P^* für die Fahrzeuge in der lokalen Umgebung berechnen zu können. Sobald ein Koordinator eine Verbesserungsmöglichkeit der Gruppen-einteilung findet, sendet er einen entsprechenden Vorschlag an den anderen betrof-fenen Koordinator. Im Normalfall bestätigt dieser die Änderung der Gruppenein-teilung, und jeder Koordinator informiert die Mitglieder seiner Gruppe über den Gruppenwechsel. Ein Vorschlag wird nur dann abgelehnt, wenn er auf veralteter

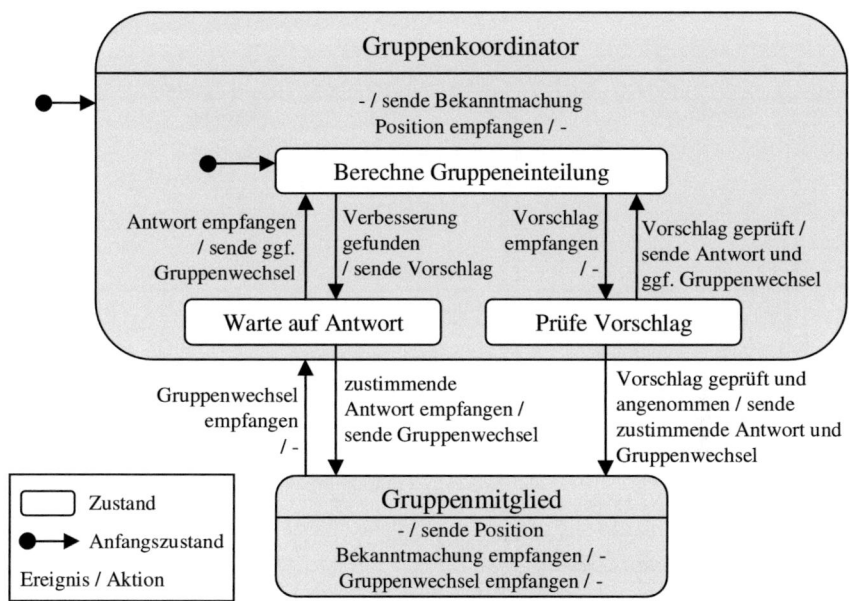

Abbildung 4.8: Vereinfachte Spezifikation des Verhandlungsprotokolls als hierarchischer endlicher Automat (UML-Zustandsdiagramm). Wenn eine neue Gruppeneinteilung realisiert wird, kann der Folgezustand je nach Ergebnis der Einteilung und Koordinatorauswahl entweder Gruppenkoordinator oder Gruppenmitglied sein.

Information basiert, insbesondere wenn der zweite Koordinator zwischenzeitlich bereits einen anderen Gruppenwechsel initiiert oder durchgeführt hat.

Das skizzierte Protokoll wird in Abb. 4.8 in Form eines endlichen Automaten spezifiziert. Abbildung 4.9 illustriert einen beispielhaften Ablauf durch ein Sequenzdiagramm. Um eine Robustheit gegen Nachrichtenverluste im Funknetzwerk zu erreichen, werden für den Verhandlungsablauf bestätigte Nachrichten verwendet: Nachrichten vom Typ Vorschlag, Antwort und Gruppenwechsel werden vom Kommunikationssystem so lange wiederholt, bis eine Bestätigung vom Empfänger eingeht. Für den Fall, dass die Kommunikationsverbindung zu einem Fahrzeug dauerhaft abreißt, sind zusätzliche Maßnahmen erforderlich, die den Systemzustand nach einem erfolglosen Warten zurücksetzen [Dobler11].

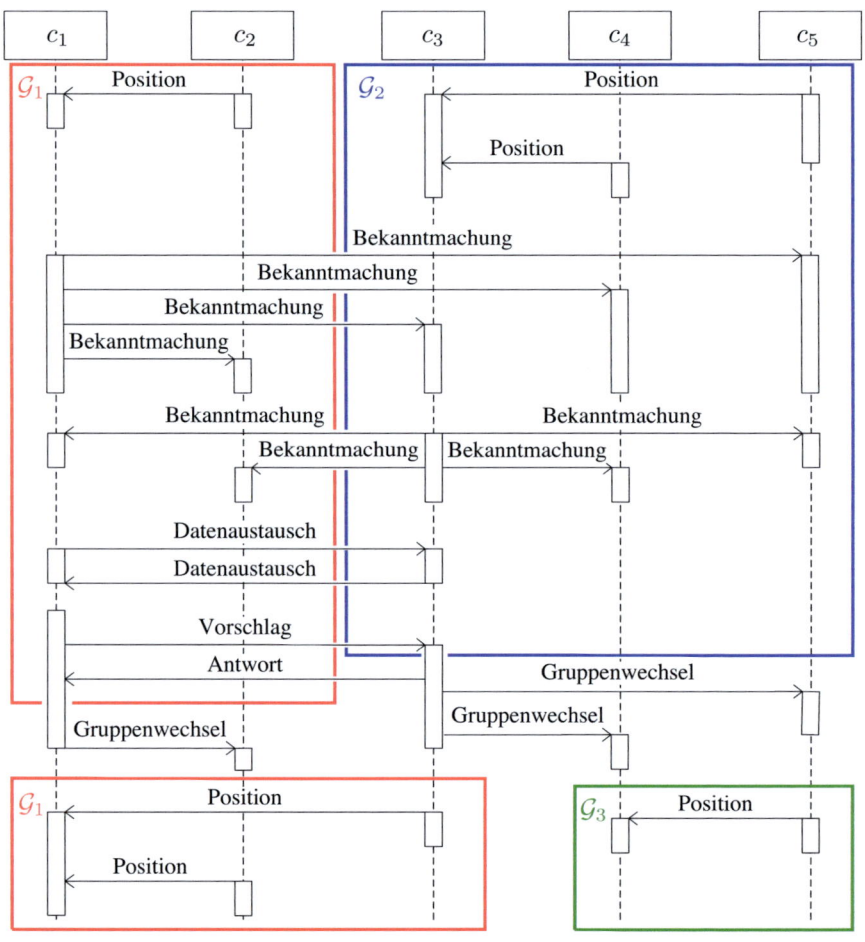

Abbildung 4.9: UML-Sequenzdiagramm des Verhandlungsprotokolls (nach [Frese08b, Dobler11]). Die Gruppenmitglieder versenden periodische Positions-nachrichten an ihren Koordinator. Die Koordinatoren, im Beispiel zunächst c_1 und c_3, machen ihre Gruppe über Broadcast-Nachrichten bekannt. Benachbarte Koordinatoren tauschen Positionsdaten ihrer Gruppen aus, um neue Gruppeneinteilungen berechnen zu können. Im Beispiel sendet c_1 einen Vorschlag für die Anpassung der Gruppeneinteilung an c_3. Koordinator c_3 stimmt zu, und die Gruppenmitglieder werden über die neue Zuordnung informiert, in der c_3 der Gruppe $\mathcal{G}_1$ beitritt und eine neue Gruppe $\mathcal{G}_3$ mit c_4 als Koordinator gebildet wird.

4.5.1 Auswahl des Gruppenkoordinators

Ein Wechsel des Gruppenkoordinators wird nach Möglichkeit vermieden, da er stets mit einem zusätzlichen Kommunikations- und Rechenaufwand für die Initialisierung und daher mit einem Zeitverlust verbunden ist. In manchen Fällen ist jedoch die Bestimmung eines neuen Gruppenkoordinators zwingend notwendig, z. B. wenn sich eine Gruppe aufspaltet. Dann stellt sich die Frage, nach welchen Kriterien der neue Koordinator ausgewählt werden soll. Einfache Möglichkeiten sind eine zufällige Auswahl oder eine Festlegung aufgrund der Identifikationsnummern. Sinnvoll wäre es, einen Koordinator zu finden, welcher der Gruppe noch möglichst lange angehört. Eine entsprechende Heuristik könnte die Wahl des Fahrzeugs sein, das sich gemäß der Bewertungsfunktion in der „Mitte" der kooperativen Gruppe befindet:

$$\arg\min_{c \in \mathcal{G}} \sum_{c' \in \mathcal{G}} \left(\lambda_{\mathrm{D}} \cdot d_{\mathcal{R}}(c, c') + \lambda_{\mathrm{V}} \cdot \frac{\mathrm{d}}{\mathrm{d}t} d_{\mathcal{R}}(c, c') \right) \qquad (4.13)$$

Hierbei wird angenommen, dass der Übertritt zu einer anderen Gruppe für Fahrzeuge am Rand einer Gruppe wahrscheinlicher ist als für das mittlere Fahrzeug. Zudem kann unter Umständen die Sendeleistung der Funkkommunikation reduziert werden, wenn sich der Koordinator in der Mitte der Gruppe befindet und somit die geringsten Abstände zu den anderen Gruppenmitgliedern aufweist. Bei heterogener Ausrüstung der Fahrzeuge wäre eine weitere Alternative, das Fahrzeug mit der besten Rechner-, Kommunikations- oder Sensorausstattung zum Koordinator zu bestimmen.

4.5.2 Kommunikationsaufwand

Für die Realisierbarkeit im realen Straßenverkehr ist eine wichtige Voraussetzung, dass der Kommunikationsaufwand für die Gruppenbildung nicht zu einer Überlastung des Kommunikationssystems führt. Die Paketgröße der einzelnen Nachrichtentypen im beschriebenen Verhandlungsprotokoll wird in [Dobler11] untersucht. Eine grobe Abschätzung ergibt, dass die vom Verhandlungsprotokoll beanspruchte Datenrate deutlich unterhalb der zu erwartenden Bandbreite einer WLAN-basierten Fahrzeug-Fahrzeug-Kommunikation liegt. Da jedoch weitere Systemkomponenten wie die kooperative Wahrnehmung (siehe Abschnitt 2.2.2) einen erheblichen Kommunikationsbedarf haben dürften, sollte jede Möglichkeit zur Reduzierung des Datenvolumens genutzt werden. Bei dem Verhandlungsprotokoll zur Gruppenbildung ergibt sich Einsparpotenzial durch die Zusammenfassung mehrerer gleichzeitig versendeter Nachrichten zu einem Paket und durch die

Vermeidung redundanter Inhalte. Eine weitere Möglichkeit ist eine inkrementelle Codierung, bei der nur die Änderungen im Vergleich zur vorangegangenen Nachricht übermittelt werden [Robinson07]. Werden diese Maßnahmen umgesetzt, so entfällt ein Großteil des verbleibenden Kommunikationsaufwands auf die Positionsnachrichten. Da die Fahrzeugpositionen auch für andere Komponenten und Anwendungen wichtig sind, ist der Zusatzaufwand für die Gruppenbildung vergleichsweise gering. Periodische Positionsmeldungen mit einer Frequenz von etwa 10 Hz werden auch in vielen Arbeiten zur Fahrzeug-Fahrzeug-Kommunikation verwendet [Mangel11].

4.6 Zusammenfassung

In diesem Kapitel wurde die Bildung kooperativer Gruppen aus Fahrzeugen beschrieben, die potenzielle Gefahrensituationen durch gemeinsame Fahrmanöver vermeiden können. Basierend auf einem Abstandsbegriff für Fahrzeuge im Straßennetz wurden Bewertungskriterien für kooperative Gruppen hergeleitet und effiziente Algorithmen zur verteilten Gruppenbildung vorgestellt. Die Gruppenbildung wurde als Optimierungsproblem formuliert, wodurch alle Ereignisse im Lebenszyklus kooperativer Gruppen einheitlich behandelt werden können. Somit entfällt die Notwendigkeit, für die einzelnen Ereignisse spezielle Regeln aufzustellen, deren Konsistenz nicht ohne weiteres gewährleistet werden kann.

Vergleichbare Kriterien zur Gruppenbildung für kooperative Sicherheitssysteme wurden in der Literatur kaum untersucht. Am ehesten ist noch der regelbasierte Ansatz aus [Chisalita07] mit dem hier vorgeschlagenen Konzept verwandt. Etwas weiter verbreitet ist das alternative Prinzip, die Gruppeneinteilung auf der Grundlage von prädizierten Positionen oder von potenziellen Konflikten vorzunehmen (siehe Abschnitt 2.2.6). Bei diesen Verfahren entsteht jedoch deutlich mehr Rechen- und Kommunikationsaufwand, da für alle Fahrzeuge in Funkreichweite eine Situationsbewertung durchgeführt werden muss. Außerdem können im dichten Verkehr prinzipiell beliebig große Gruppen entstehen, sodass Handlungseinheiten von handhabbarer Größe nicht gewährleistet werden können.

Schließlich wurde in diesem Kapitel ein Verhandlungsprotokoll vorgestellt, mit dem sich kognitive Fahrzeuge dezentral in kooperativen Gruppen organisieren können. Dabei werden ähnliche Mechanismen verwendet wie in der Literatur zur Gruppenbildung für andere Anwendungen. Simulationsergebnisse der verteilten Gruppenbildung werden in Kapitel 6.2 beschrieben.

Kapitel 5

Bewegungsplanung für kooperierende Fahrzeuge

In Kapitel 1.1 wurde erläutert, wie ein automatisches Eingreifen in Gefahrensituationen mit mehreren beteiligten Fahrzeugen zur Vermeidung von Unfällen beitragen kann. In einer Gefahrensituation müssen die kognitiven Fahrzeuge zunächst entscheiden, welches kooperative Fahrmanöver durchgeführt werden soll. Dieses Kapitel behandelt Algorithmen zur Planung solcher Manöver. Nicht diskutiert wird, wie die Entscheidungsfindung im verteilten System einer kooperativen Gruppe ablaufen könnte. Einige Überlegungen zu dieser Frage wurden bereits in Abschnitt 3.2.1 skizziert, siehe dazu auch Abschnitt 7.2.

Zunächst wird in Abschnitt 5.1 das Problem der kooperativen Bewegungsplanung formal definiert. Abschnitt 5.2 erörtert, welche aus der Literatur bekannten Planungsalgorithmen für die vorliegende Anwendung eingesetzt werden können. Anschließend werden drei Algorithmen zur kooperativen Bewegungsplanung ausgearbeitet:

- ein Baumsuchalgorithmus, der sich auf vorberechnete untere Schranken stützt (Abschnitt 5.3),

- eine Formulierung als gemischt-ganzzahliges lineares Programm (MILP, Abschnitt 5.4),

- die Methode der elastischen Bänder (Abschnitt 5.5).

Die Beschreibung des Baumsuchverfahrens wird genutzt, um Grundlagen, Notationen und Modelle für die Nebenbedingungen und Ziele der Bewegungsplanung einzuführen, auf die bei den anderen Planungsalgorithmen zurückgegriffen werden kann. Am Schluss des Kapitels werden verschiedene Nachverarbeitungsschritte kurz beschrieben (Abschnitt 5.6).

5.1 Formulierung des Bewegungsplanungsproblems

In diesem Abschnitt wird das Problem der kooperativen Manöverplanung genauer spezifiziert. Gegeben sind M kooperative Fahrzeuge, die an einer Gefahrensituation beteiligt sind. Es kann sich dabei um alle Fahrzeuge einer kooperativen Gruppe handeln, oder um eine Teilmenge, die mit dem in Abschnitt 3.5.3 erwähnten Verfahren bestimmt wurde. Ein Planungsalgorithmus muss auf der Grundlage der Information aus dem gemeinsamen Lagebild ein kooperatives Fahrmanöver berechnen, das bestimmte Anforderungen erfüllt. Folgende Information über die Fahrzeuge $c_1, \ldots, c_M$ und ihre Umgebung wird als bekannt angenommen:

1. geometrische Beschreibungen der Fahrzeuge: Ω_i, $i = 1, \ldots, M$

2. Zustandsraummodelle der Fahrzeugkinematik und -dynamik: $f_i(\mathbf{x}_i, a_i, \Delta t)$

3. Beschreibung der Topologie und Geometrie Ω_r der relevanten Straßen, $r \in Roads$

4. Geometrie und Position von Hindernissen: Ω_j^{obst}, $j = 1, \ldots, N_{\text{obst}}$

5. Anfangszustand der Fahrzeuge: $\mathbf{x}_i^{\text{start}}$

Der Anfangszustand beschreibt Position und Geschwindigkeit der Fahrzeuge zu Beginn der Manöverausführung. Wenn die benötigte Zeit für Planung und Kommunikation berücksichtigt wird, entspricht der Anfangszustand nicht dem aktuellen Zustand, sondern einer Prädiktion um ein entsprechendes Zeitintervall (siehe dazu Abschnitt 3.5.1). Für diese Prädiktion ausgehend vom aktuellen Zustand müssen gewisse Annahmen getroffen werden, z. B. dass während des Prädiktionsintervalls weiterhin die aktuelle Handlung ausgeführt wird. Im Fall einer iterierten Planung und Ausführung kann dies als gesichert gelten, da die Handlung durch den Plan aus dem vorangegangenen Schritt bestimmt ist.

Für die Zwecke der Kollisionsvermeidung wird die Geometrie der Fahrzeuge mit dem Konzept des Konfigurationsraums modelliert. Unter der Konfiguration eines Körpers versteht man eine parametrische Beschreibung, welche die geometrische Lage aller Punkte des Körpers eindeutig spezifiziert [Lozano-Pérez83]. Der Konfigurationsraum ist die Mannigfaltigkeit aller zulässiger Konfigurationen des Körpers. Die Dimension des Konfigurationsraums entspricht der Anzahl der Freiheitsgrade für mögliche Bewegungen des Körpers [LaValle06].

Ein Automobil c_i kann im vorliegenden Kontext als starrer Körper angesehen werden, wenn man Bewegungen wie das Einschlagen der lenkbaren Räder und das

Öffnen der Türen vernachlässigt. Das Automobil befindet sich stets auf der Straßenfläche, die in ausreichender Näherung als eben modelliert werden kann. Im Fall von übereinander verlaufenden Straßen oder Brücken ist die Kooperation auf eine der Straßen beschränkt, sodass nur die betreffende Ebene betrachtet werden muss (vgl. Kapitel 4). Somit ist die Konfiguration von c_i durch die drei Parameter gegeben, die einen starren Körper auf einer Ebene charakterisieren [LaValle06, Abschnitt 4.2.1]:

$$\mathbf{q}_i = \begin{pmatrix} x_i \\ y_i \\ \phi_i \end{pmatrix} \tag{5.1}$$

Die Position des geometrischen Mittelpunkts des Fahrzeugs auf der Straßenebene wird in einem weltfesten kartesischen Koordinatensystem durch $(x_i, y_i)^{\mathrm{T}}$ beschrieben, die Orientierung durch den Gierwinkel ϕ_i. Der Konfigurationsraum von c_i wird mit $\mathcal{Q}_i$ bezeichnet. Für Gelenkfahrzeuge wie Sattelzüge und Anhänger müssen zusätzliche Parameter eingeführt werden [Laumond98, Stahn07]. Dies wird hier nicht weiter betrachtet, stellt aber keine prinzipielle Schwierigkeit dar.

Die Geometrie des Fahrzeugs c_i lässt sich für die Zwecke der Kollisionsvermeidung durch die Fläche Ω_i charakterisieren, die es auf der Straßenebene einnimmt. Wenn sich das Fahrzeug in Konfiguration $\mathbf{q}_i$ befindet, belegt es die Fläche $\Omega_i(\mathbf{q}_i)$. In den meisten Fällen sollte es ausreichen, die Fahrzeuggeometrie durch ein überapproximierendes Rechteck zu modellieren.

Auf ähnliche Art und Weise kann auch die Geometrie der Hindernisse $\Omega_j^{\mathrm{obst}}(\mathbf{q}_j^{\mathrm{obst}})$, $j = 1, \ldots, N_{\mathrm{obst}}$, beschrieben werden. Weitere Überlegungen zur Modellierung von Hindernissen und Straßen wurden bereits in Kapitel 3.3 vorgestellt.

Straßenfahrzeuge sind in ihrem Bewegungsspielraum durch ihre kinematischen und dynamischen Eigenschaften eingeschränkt. Die Kinematik hat im Wesentlichen zur Folge, dass sich ein Fahrzeug nur in Richtung der Stellung seiner Räder bewegen kann. Die Dynamik bedeutet, dass die zulässigen Beschleunigungen beschränkt sind. Ein Beispiel für die Modellierung dieser Einschränkungen im Rahmen eines Bewegungsplanungsverfahrens wird weiter unten in Abschnitt 5.3.2 gegeben.

Eine Bahn ist eine stetige parametrische Kurve $[0, 1] \to \mathcal{Q}_i$ im Konfigurationsraum [LaValle06, Abschnitt 4.1.3]. Eine Bewegung oder Trajektorie ist eine Abbildung $[t_{\min}, t_{\max}] \to \mathcal{Q}_i$ von einem gegebenen Zeitintervall in den Konfigurationsraum. Im Unterschied zur Bahnplanung wird bei der Bewegungsplanung also der zeitliche Ablauf explizit berücksichtigt. Für die kooperative Kollisionsvermeidung erscheint dies aus den beiden folgenden Gründen notwendig:

• Die Fahrzeugdynamik erlaubt in Abhängigkeit von der Geschwindigkeit unterschiedliche Kurvenradien, d. h. die Menge der zulässigen Bahnen variiert mit dem zeitlichen Verlauf der Bewegung.

- Die Kollisionsvermeidung mit bewegten Hindernissen soll möglich sein.

Bei mehreren kooperativen Fahrzeugen kann jedes Fahrzeug seine Konfiguration unabhängig von den Konfigurationen der anderen Fahrzeuge einnehmen. Daher ist der gemeinsame Konfigurationsraum $\mathcal{Q}$ das kartesische Produkt der einzelnen Konfigurationsräume $\mathcal{Q}_i$:

$$\mathcal{Q} = \overset{M}{\underset{i=1}{\times}} \mathcal{Q}_i \tag{5.2}$$

Eine kooperative Bewegung ist eine Abbildung $[t_{\min}, t_{\max}] \to \mathcal{Q}$. Ein Bewegungsplanungsalgorithmus sollte eine kooperative Bewegung berechnen, die im Anfangszustand der Fahrzeuge beginnt und den Einschränkungen durch die Fahrzeugdynamik, die Kollisionsvermeidung sowie die Straßengeometrie genügt.

Für die hier betrachteten Bewegungsplanungsprobleme werden zusätzlich folgende Voraussetzungen angenommen:

- Die Bewegungsplanung wird als deterministisches Problem aufgefasst. Die untersuchten Algorithmen können probabilistisch modellierte Unsicherheiten nicht direkt berücksichtigen, sondern nur in Form von Sicherheitsreserven in den Geometriemodellen (zur Behandlung unsicherer Information siehe auch Abschnitt 5.3.1 und 7.2).

- Der Planungshorizont t_h wird dem Bewegungsplanungsverfahren von außen vorgegeben. Der Startzeitpunkt wird zur Vereinfachung der Notation mit $t = 0$ bezeichnet, sodass eine Planung für das Zeitintervall $[0, t_\mathrm{h}]$ durchgeführt wird. Zur Wahl des Planungshorizonts siehe Abschnitt 6.4.1.1.

- Das Rückwärtsfahren der Fahrzeuge wird hier ausgeschlossen, d. h. die Fahrzeuge fahren entweder vorwärts oder sie stehen still. In einigen Kreuzungsszenarien könnte Rückwärtsfahren unter Umständen einen sinnvollen Beitrag zur kooperativen Kollisionsvermeidung darstellen. Manche Planungsalgorithmen, etwa das in Abschnitt 5.3 beschriebene Baumsuchverfahren, könnten relativ einfach um die Möglichkeit des Rückwärtsfahrens erweitert werden, dies wird hier jedoch nicht weiter betrachtet. Für Planungsverfahren, die mit Rückwärtsfahren umgehen können, siehe [Schröder09, Montemerlo08, Švestka98].

Zwei Bewegungen mit identischen Anfangs- und Endpunkten heißen homotop, falls sie durch eine stetige Transformation ineinander überführt werden können

[LaValle06, Abschnitt 4.1.3]. Für ein Ausweichmanöver an einem Hindernis bedeutet dies beispielsweise, dass eine Bewegung, die das Hindernis mit 1 m Abstand links passiert, zu einem Ausweichen nach links mit 2 m Abstand homotop ist, nicht jedoch zu einem Ausweichen nach rechts. Die Optimierung, insbesondere Glättung, einer Bewegung ist innerhalb einer Homotopieklasse mit relativ geringem Rechenaufwand möglich [Berchtold94, Dolgov08, Wille10, Mages07, Geraerts06, Hein03, Švestka98]. Bei dem in Kapitel 3.2 vorgeschlagenen Systemkonzept wird dieser Schritt im Rahmen der Feinplanung auf Einzelfahrzeugebene durchgeführt.

Die Aufgabe der kooperative Bewegungsplanung ist daher vor allem die Auswahl einer Homotopieklasse, weniger die Optimierung innerhalb der Homotopieklasse. Die Struktur des Konfigurationsraums kann nicht effizient berechnet werden, sodass die Suche nach einer Homotopieklasse mit einer kollisionsfreien Lösung ein schwieriges Problem ist.

5.2 Mögliche Lösungsansätze

Die Entscheidungsfindung über das auszuführende kooperative Fahrmanöver muss nicht zwangsläufig als Bewegungsplanungsproblem aufgefasst werden. Alternativ könnten beispielsweise Regeln formuliert werden, die in Abhängigkeit von Abständen, Geschwindigkeiten, etc. über das Ausweich- oder Bremsmanöver entscheiden. Solche Regeln werden bei Kollisionsvermeidungssystemen für Einzelfahrzeuge und beim Flugzeugkollisionsvermeidungssystem TCAS eingesetzt (siehe Kapitel 2). Eine weitere Möglichkeit sind vorgegebene Trajektorien für Ausweichmanöver, die entsprechend der konkreten Gefahrensituation parametriert werden [Isermann08]. Diese Ansätze betrachten vergleichsweise einfache Szenarien wie das Ausweichen bei einem einzelnen Hindernis. Im Fall mehrerer Hindernisse ist offenbar bereits der Einsatz von Bewegungsplanungsalgorithmen erforderlich, um ein allgemeines Entscheidungsproblem erfolgreich lösen zu können [Schmidt06]. Dies gilt umso mehr im hier behandelten Szenario mit mehreren kooperativen Fahrzeugen sowie beliebigem Straßenverlauf. Daher wird in dieser Arbeit ausschließlich die Bewegungsplanungsformulierung weiterverfolgt.

Wie in Abschnitt 2.3.4 erläutert, beruhen die meistverwendeten Verfahren zur kooperativen Bewegungsplanung auf Entkopplungsannahmen. Durch die Entkopplung wird einerseits der Rechenaufwand stark reduziert, andererseits aber auch die Menge der zulässigen Pläne eingeschränkt. In Gefahrensituationen ist es jedoch von besonderer Bedeutung, dass ein möglichst großer kooperativer Handlungsspielraum zur Unfallvermeidung zur Verfügung steht. Daher wird bei den in dieser Arbeit untersuchten Algorithmen auf Entkopplungsannahmen verzichtet. In Kapitel 6.4 werden die Algorithmen hinsichtlich ihrer Leistungsfähigkeit mit einem Entkopplungsverfahren verglichen. Ein weiteres Argument gegen Entkopplungsannahmen ergibt sich aus juristischen Überlegungen: Ein Fahrerassistenzsystem sollte erst zum spätestmöglichen Zeitpunkt eingreifen, sodass die Fahrer nur dann überstimmt werden, wenn ein Unfall anders nicht mehr zu verhindern ist [Winner09a]. Ein entkoppeltes Planungsverfahren, das bestimmte Handlungskombinationen ausschließt und daher in manchen Fällen einen früheren Eingriff zur Kollisionsvermeidung erfordert, kann diese Anforderung nicht erfüllen.

Der Entwurf eines Verfahrens zur kooperativen Bewegungsplanung in Gefahrensituationen kann entweder ausgehend von Bahnplanungsalgorithmen für mehrere Roboter oder ausgehend von Bewegungsplanungsverfahren für Einzelfahrzeuge erfolgen. Viele Bahnplanungsalgorithmen für mehrere Roboter können Dynamikbegrenzungen nicht in dem Maße berücksichtigen, wie es bei der kooperativen Kollisionsvermeidung im Straßenverkehr erforderlich ist. Zu dieser Gruppe von Algorithmen gehören die entkoppelte Bahn- und Geschwindigkeitsplanung und die Roadmap-Koordinierung (vgl. Abschnitte 2.3.4 und 2.3.6). Reaktive Verfahren ohne Vorausplanung, darunter viele Potenzialfeldansätze und die meisten Arbeiten zur kooperativen Formationsregelung, erscheinen für dynamische Fahrzeuge mit höheren Geschwindigkeiten wenig geeignet. Navigationsfunktionen lassen sich nur für eingeschränkte Umgebungen effizient berechnen. Eine Verallgemeinerung auf schwierigere Szenarien mit mehreren Fahrzeugen und Hindernissen hat wenig Aussicht auf Erfolg, da die Berechnung einer solchen Navigationsfunktion die gleiche Rechenkomplexität hätte wie die vollständige Lösung des Bewegungsplanungsproblems [LaValle06, Kapitel 8]. Neben der prioritätsbasierten Planung als weiteres Entkopplungsverfahren verbleiben im Wesentlichen noch die gemischt-ganzzahlige lineare Programmierung und die RRT-Planung im gemeinsamen Konfigurationsraum als mögliche Ansatzpunkte. Im folgenden Abschnitt wird ein Verfahren vorgestellt, das mit der RRT-Planung verwandt ist. Es basiert ebenfalls auf einer Baumstruktur, ist jedoch nicht randomisiert. Abschnitt 5.4 behandelt die Anwendung der gemischt-ganzzahligen linearen Programmierung auf die kooperative Kollisionsvermeidung.

Beim Versuch, Bewegungsplanungsverfahren für Einzelfahrzeuge auf den kooperativen Fall zu erweitern, geht oft die Echtzeitfähigkeit verloren. Der Aufwand vieler Algorithmen wächst exponentiell mit der Dimension des Konfigurationsraums, nach (5.2) also exponentiell mit der Anzahl der Fahrzeuge [Latombe91, Abschnitt 8.2.2]. Gitterbasierte Verfahren, die den diskretisierten Konfigurations- oder Zustandsraum explizit konstruieren, sind für mehrere Fahrzeuge nicht mehr praktikabel. Einer der wenigen Ansätze, die relativ gut mit der Anzahl der Fahrzeuge skalieren könnten, ist die Methode der elastischen Bänder. Sie wird in Abschnitt 5.5 auf die kooperative Kollisionsvermeidung angewandt. In dieser Arbeit werden mehrere alternative Algorithmen untersucht und verglichen. Der Grund für diese Vorgehensweise ist einerseits, dass Bewegungsplanungsverfahren zur kooperativen Kollisionsvermeidung mehrerer Fahrzeuge in der Literatur kaum untersucht wurden und somit keine unmittelbare Vergleichsgrundlage zur Bewertung solcher Verfahren verfügbar ist. Andererseits ist zu erwarten, dass die verschiedenen Verfahren unterschiedliche Stärken und Schwächen aufweisen, sodass die Auswahl eines Verfahrens entsprechend der betrachteten Verkehrssituation oder die Kombination mehrerer Verfahren sinnvoll sein könnten (vgl. Kapitel 6.4 und 7.2).

5.3 Baumsuche mit Vorberechnungen

5.3.1 Entscheidungstheoretische Formulierung

Die Grundidee für den Baumsuchalgorithmus besteht darin, die statistische Entscheidungstheorie auf das Problem der Bewegungsplanung anzuwenden. In der statistischen Entscheidungstheorie werden die verfügbaren Handlungsalternativen anhand einer Verlustfunktion bewertet, um die optimale Handlung zu ermitteln [Bamberg08]:

$$\text{EL}(a|ev) = \sum_x L(x)P(x|a, ev) \qquad (5.3)$$

$$a^* = \arg\min_{a \in \mathcal{A}} \text{EL}(a|ev) \qquad (5.4)$$

Dabei bezeichnet L die Verlustfunktion,[1] a die Handlungsalternativen, x den Systemzustand nach der Ausführung von a, ev die verfügbare Information (Evidenz), EL den erwarteten Verlust und a^* die optimale Handlung. Die bedingte Wahrscheinlichkeit $P(x|a, ev)$ beschreibt die Wahrscheinlichkeit, dass bei Ausführung von Handlung a unter der Information ev der Zustand x eintritt.

In dieser Arbeit wird jedoch aufgrund der Problemkomplexität der kooperativen Bewegungsplanung auf eine probabilistische Modellierung verzichtet. Der nachfolgend vorgestellte Algorithmus kann zwar prinzipiell auch auf die probabilistische Formulierung angewandt werden, jedoch steigt der Rechenaufwand bedingt durch die unsichere Zustandsbeschreibung in (5.3) stark an. Im deterministischen

---

[1]Ein äquivalentes Problem erhält man beim Einsatz einer Nutzenfunktion $U = -L$ und Maximierung des erwarteten Nutzens EU.

Fall kann auf die Übergangswahrscheinlichkeit $P(x|a, ev)$ verzichtet werden, und (5.3) vereinfacht sich zu

$$EL(a|ev) = L(f(a, ev)),\qquad(5.5)$$

wobei $f(a, ev)$ das deterministische Systemmodell darstellt.

Bei der Anwendung dieses Kalküls auf das Problem der kooperativen Fahrmanöverplanung können bekannte Fahrzeugmodelle als Systemmodell dienen. Die Verlustfunktion kann Kriterien wie Kollisionen, Verkehrsregeln und Fahrkomfort abbilden. Eine Herausforderung ist hingegen die Strukturierung der Handlungsalternativen: Erstens muss jedes Fahrzeug nicht nur zu einem Zeitpunkt eine Handlung auswählen, sondern die optimale Handlung kann sich mit der Zeit ändern, und zweitens ist die Kombination der Handlungsalternativen mehrerer kooperierender Fahrzeuge zu berücksichtigen. Daher erhält man Sequenzen von kooperativen Handlungen, die sich in einem Baum anordnen lassen. Techniken zur effizienten Suche in einem solchen Baum werden in den nachfolgenden Abschnitten beschrieben.

Ein großer Vorteil dieser Vorgehensweise ist die explizite Modellierung der Fahrzeuge und der Verlustfunktion. Dadurch kann die exakte Einhaltung von Beschränkungen wie der nichtholonomen Kinematik und der Fahrzeugdynamik gewährleistet werden, und die Ergebnisse können direkt auf die zu Grunde liegende Verlustfunktion zurückgeführt werden. Sie bilden damit eine Referenz für andere Algorithmen zur kooperativen Bewegungsplanung.

5.3.2 Modellierung

Der Baumsuchalgorithmus verwendet explizite Modelle für Geometrie, Kinematik, Dynamik und Handlungsoptionen des Fahrzeugs sowie für das Verlustfunktional. Es wurden vergleichsweise einfache Modelle gewählt, weil bei der kooperativen Verhaltensentscheidung lediglich ein grober Plan ermittelt wird, der anschließend auf Einzelfahrzeugebene unter Verwendung detaillierterer Modelle verfeinert werden kann. Sollte eine genauere Planung auf kooperativer Ebene gewünscht werden, wird lediglich der Austausch des entsprechenden Modells erforderlich. Der Baumsuchalgorithmus kann prinzipiell mit beliebigen Modellen verwendet werden.

5.3.2.1 Fahrzeugkinematik und -dynamik

Wie bereits in Abschnitt 5.1 erläutert, ist die geometrische Konfiguration eines Fahrzeugs durch $\mathbf{q}_i = (x_i, y_i, \phi_i)^{\mathrm{T}}$ gegeben. Für ein Modell der Fahrzeugdynamik sollte zumindest die Längsgeschwindigkeit vel_i als weitere Zustandsvariable hinzugenommen werden, sodass man den Zustandsvektor $\mathbf{x}_i = (x_i, y_i, \phi_i, vel_i)^{\mathrm{T}}$ erhält. Unter der Längsgeschwindigkeit wird die Momentangeschwindigkeit in Richtung der Fahrzeugorientierung ϕ_i verstanden. Der Zustandsraum wird mit $\mathcal{X}_i$ bezeichnet. Den Zustand $\mathbf{x}$ einer Gruppe von M Fahrzeugen erhält man durch Konkatenation der einzelnen Zustandsvektoren: $\mathbf{x} = (\mathbf{x}_1^{\mathrm{T}}, \dots, \mathbf{x}_M^{\mathrm{T}})^{\mathrm{T}}$. Der gemeinsame Zustandsraum $\mathcal{X}$ ist das kartesische Produkt der einzelnen Zustandsräume: $\mathcal{X} = \mathcal{X}_1 \times \dots \times \mathcal{X}_M$.

Automobile haben eine nichtholonome Kinematik, d. h. sie können sich im Konfigurationsraum nicht in beliebige Richtungen bewegen. Vielmehr muss die instantane Bewegungsrichtung mit der Orientierung der Räder übereinstimmen. Dennoch sind prinzipiell alle Konfigurationen aus dem dreidimensionalen Raum $\mathcal{Q}_i$ erreichbar. Die nichtholonome Fahrzeugkinematik lässt sich vereinfacht durch folgendes Zustandsraummodell beschreiben (vgl. [LaValle06], [Choset05, Abschnitt 12.5.6]):

$$
\begin{pmatrix} \dot{x}_i^{\mathrm{H}} \\ \dot{y}_i^{\mathrm{H}} \\ \dot{\phi}_i \\ \dot{vel}_i \end{pmatrix} = \begin{pmatrix} vel_i \cdot \cos \phi_i \\ vel_i \cdot \sin \phi_i \\ 0 \\ 0 \end{pmatrix} + \begin{pmatrix} 0 \\ 0 \\ vel_i \cdot \frac{\tan \alpha_i}{l_i} \\ acc_i \end{pmatrix} \tag{5.6}
$$

Der erste Summand auf der rechten Seite von (5.6) beschreibt die Systemdynamik, der zweite die Eingangsgrößen. Dabei bezeichnet α_i den Lenkwinkel, l_i den Radstand und acc_i die Längsbeschleunigung.[2] Der Lenkwinkel ist der Winkel zwischen Vorder- und Hinterradstellung, der Radstand der Abstand von Vorder- und Hinterachse. Längs- und Querbeschleunigung sind die Beschleunigung des Fahrzeugs parallel bzw. senkrecht zu seiner Orientierung ϕ_i. Der Bezugspunkt $(x_i^{\mathrm{H}}, y_i^{\mathrm{H}})^{\mathrm{T}}$ für (5.6) liegt in der Mitte der Hinterachse (Abb. 5.1). Mit dem sonst als Referenzpunkt verwendeten geometrischen Mittelpunkt $(x_i, y_i)^{\mathrm{T}}$ hängt er wie folgt zusammen, wenn l_i^{H} den Abstand der Hinterachse vom Fahrzeugmittelpunkt bezeichnet:

$$
\begin{pmatrix} x_i \\ y_i \end{pmatrix} = \begin{pmatrix} x_i^{\mathrm{H}} \\ y_i^{\mathrm{H}} \end{pmatrix} + l_i^{\mathrm{H}} \cdot \begin{pmatrix} \cos \phi_i \\ \sin \phi_i \end{pmatrix} \tag{5.7}
$$

Das Fahrzeugmodell (5.6) gehört zu den Einspurmodellen, da anstatt der beiden Räder jeder Achse jeweils nur ein virtuelles, in der Fahrzeugmitte liegendes Rad modelliert wird. Detailliertere Ein- und Zweispurmodelle finden sich in [Zomotor87, vHundelshausen08, Mitschke04]. Auch Sattelzüge und Anhänger können modelliert werden [LaValle06, Choset05, Laumond98].

---

[2]Zur Vereinfachung der Notation wird die Abhängigkeit der Zustandsgrößen von der Zeit t nur dann explizit angegeben, wenn mehrere Zeitpunkte auftreten.

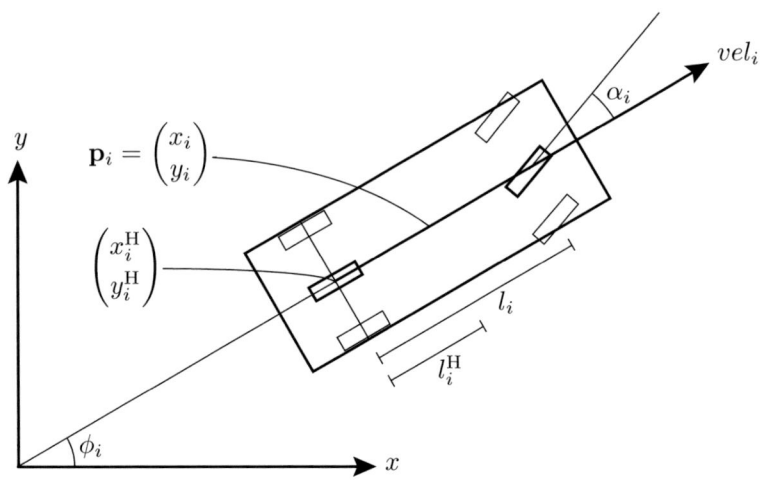

Abbildung 5.1: Notation für das Fahrzeugmodell (5.6).

Das Fahrzeugmodell (5.6) lässt sich analytisch integrieren, wodurch eine effiziente Berechnung des Zustands $x(t + \Delta t)$, $\Delta t > 0$, ausgehend vom Zustand $x(t)$ möglich wird (vgl. auch [Latombe91, Abschnitt 9.6.1], [vdBroek10]):

$$vel_i(t + \Delta t) = vel_i(t) + acc_i(t) \cdot \Delta t \qquad (5.8)$$

$$\phi_i(t + \Delta t) = \phi_i(t) + \frac{\tan \alpha_i(t)}{l_i} \cdot (vel_i(t) + \tfrac{1}{2} \cdot acc_i(t) \cdot \Delta t) \cdot \Delta t$$

$$x_i^{\mathrm{H}}(t + \Delta t) = \begin{cases} x_i^{\mathrm{H}}(t) + (vel_i(t) + \tfrac{1}{2} \cdot acc_i(t) \cdot \Delta t) \cdot \Delta t \cdot \cos \phi_i(t), & \alpha_i(t) = 0 \\ x_i^{\mathrm{H}}(t) + \frac{l_i}{\tan \alpha_i(t)} \cdot (\sin \phi_i(t + \Delta t) - \sin \phi_i(t)), & \alpha_i(t) \neq 0 \end{cases}$$

$$y_i^{\mathrm{H}}(t + \Delta t) = \begin{cases} y_i^{\mathrm{H}}(t) + (vel_i(t) + \tfrac{1}{2} \cdot acc_i(t) \cdot \Delta t) \cdot \Delta t \cdot \sin \phi_i(t), & \alpha_i(t) = 0 \\ y_i^{\mathrm{H}}(t) - \frac{l_i}{\tan \alpha_i(t)} \cdot (\cos \phi_i(t + \Delta t) - \cos \phi_i(t)), & \alpha_i(t) \neq 0 \end{cases}$$

Hierbei sind die Eingangsgrößen $acc_i(t)$ und $\alpha_i(t)$ als konstant auf dem Intervall $[t, t + \Delta t]$ angenommen. Diese Gleichungen können durch Differenzieren nach Δt verifiziert werden.

Die Eingangsgrößen α_i und acc_i können nicht beliebig gewählt werden, sondern müssen kinematische und dynamische Grenzen einhalten. Der Lenkwinkel α_i ist durch die Fahrzeugkinematik i. d. R. auf ein symmetrisches Intervall $[-\alpha_{i,\mathrm{max}}, \alpha_{i,\mathrm{max}}]$ beschränkt. Diese Begrenzung hat zur Folge, dass ein Fahrzeug sich nicht an Ort und Stelle drehen kann, sondern einen Wendekreis von nicht vernachlässigbarem Radius benötigt. Zusätzlich begrenzt die Fahrdynamik die Querbeschleunigung $acc_{i,\text{lat}}$. Die Querbeschleunigung bei Kurvenfahrt wird auch Zentripetalbeschleunigung genannt und hängt über die momentane Bahnkrümmung κ_i mit dem Lenkwinkel zusammen [Latombe91, Abschnitt 9.1.2]:

$$acc_{i,\text{lat}} = \kappa_i \cdot vel_i^2 \qquad (5.9a)$$

$$\kappa_i = \frac{\tan \alpha_i}{l_i} \qquad (5.9b)$$

Wenn die Querbeschleunigung im Intervall $[-acc_{i,\text{lat,max}}, acc_{i,\text{lat,max}}]$ liegen soll, muss für den Lenkwinkel gelten:

$$|\alpha_i| \leq \arctan(l_i \cdot \kappa_i) = \arctan \frac{l_i \cdot acc_{i,\text{lat,max}}}{vel_i^2} \qquad (5.10)$$

Insgesamt muss der Lenkwinkel folgende Ungleichung erfüllen:

$$|\alpha_i| \leq \min \left\{ \alpha_{i,\text{max}}, \arctan \frac{l_i \cdot acc_{i,\text{lat,max}}}{vel_i^2} \right\} \qquad (5.11)$$

Bereits bei mittleren Geschwindigkeiten ist i. d. R. die fahrdynamische Beschränkung restriktiver als die kinematische.

Die Längsbeschleunigung acc_i ist ebenfalls auf ein Intervall $[acc_{i,\text{min}}, acc_{i,\text{max}}]$ beschränkt. Dabei kann $acc_{i,\text{min}} < 0$ als Bremsfähigkeit und $acc_{i,\text{max}} > 0$ als Beschleunigungsfähigkeit des Fahrzeugs interpretiert werden. Die Beschleunigungsfähigkeit hängt unter anderem von der Motorleistung und dem Luftwiderstand des Fahrzeugs ab.

Längs- und Querbeschleunigung sind nicht unabhängig voneinander zu betrachten, sondern müssen folgende Ungleichung erfüllen [Zomotor87, Schmidt06]:

$$\sqrt{acc_{i,\text{lat}}^2 + acc_i^2} \leq \mu_i \cdot g_\text{e} \qquad (5.12)$$

Dieses vereinfachte Modell wird als Kamm'scher Kreis bezeichnet, da der Beschleunigungsvektor innerhalb eines Kreises mit Radius $\mu_i \cdot g_\text{e}$ liegt (Abb. 5.2). Darin ist $g_\text{e} \approx 9.8 \text{ m/s}^2$ die Erdbeschleunigung und $\mu_i < 1$ der Haftreibungskoeffizient zwischen Reifen- und Straßenoberfläche. Letzterer variiert mit verschiedenen Faktoren wie Straßenbelag, Feuchtigkeit und Reifentyp [Burg09]. Der Reibungskoeffizient ist daher im Allgemeinen orts- und zeitvariant (siehe Abschnitt 3.3.2). Auch die Beschleunigungsschranken $acc_{i,\text{min}}$, $acc_{i,\text{max}}$, $acc_{i,\text{lat,max}}$ sind bei genauer Betrachtung nicht als Konstanten anzusehen, sondern als Funktionen verschiedener Einflussfaktoren wie etwa Geschwindigkeit und Beladung des Fahrzeugs. In dieser Arbeit wird angenommen, dass die benötigten Daten aus dem gemeinsamen Lagebild bekannt sind.

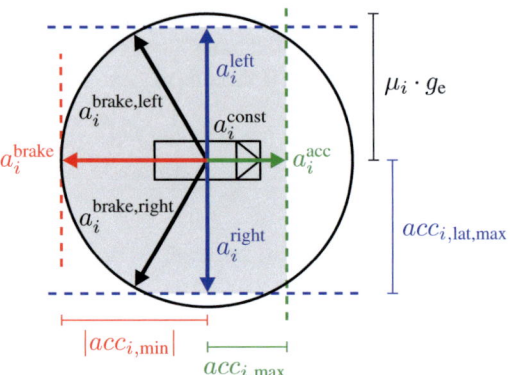

Abbildung 5.2: Veranschaulichung der Handlungsmenge $\mathcal{A}_i$ im Raum der fahrdynamisch zulässigen Beschleunigungsvektoren.

5.3.2.2 Handlungen

Die Handlungsmöglichkeiten eines Fahrzeugs lassen sich zunächst über die Eingangsgrößen α_i, acc_i des Fahrzeugmodells (5.6) charakterisieren. Die Beschreibung einer Handlung a_i beinhaltet somit ein Paar (α_i, acc_i). Innerhalb der kinematischen und dynamischen Grenzen ergibt sich ein zweidimensionales Kontinuum von Handlungen. Für den Baumsuchalgorithmus muss daraus eine endliche Menge $\mathcal{A}_i$ von möglichen Handlungen ausgewählt werden.

Es ist bekannt, das extreme Handlungen wie maximales Bremsen oder maximaler Lenkeinschlag in eine der beiden Richtungen optimal sind, wenn ein einzelnes Fahrzeug die Kollision mit einem einzelnen bewegten Hindernis vermeiden soll [Schmidt06, Hillenbrand07, Busch05]. Dies gilt nicht mehr, sobald mehrere kooperative Fahrzeuge beteiligt sind, oder auch nur die Grenzen der Straßenfläche berücksichtigt werden sollen. Dennoch kann man vermuten, dass extreme Handlungen auch für die kooperative Unfallvermeidung eine sinnvolle Wahl sind, die selbst bei grober Diskretisierung noch einen großen Handlungsspielraum ermöglicht (vgl. hierzu auch Abschnitt 5.3.7).

Auf der Grundlage dieser Überlegungen wurden die folgenden Handlungen definiert (Abb. 5.2):

1. Geradeausfahrt mit konstanter Geschwindigkeit: $a_i^{\text{const}} = (0, 0)$

2. Geradeausfahrt mit maximaler Bremsverzögerung: $a_i^{\text{brake}} = (0, acc_{i,\text{min}})$

3. maximales Ausweichen nach links mit konstanter Längsgeschwindigkeit:
$$a_i^{\text{left}} = (\alpha_i^{\text{left}}, 0)$$
mit $\alpha_i^{\text{left}} = \min\left\{\alpha_{i,\text{max}}, \arctan\frac{l_i \cdot acc_{i,\text{lat,max}}}{vel_i^2}\right\}$ gemäß (5.11)

4. maximales Ausweichen nach rechts mit konstanter Längsgeschwindigkeit:
$$a_i^{\text{right}} = (\alpha_i^{\text{right}}, 0) \text{ mit } \alpha_i^{\text{right}} = -\alpha_i^{\text{left}}$$

5. kombiniertes Bremsen und Ausweichen nach links:
$$a_i^{\text{brake,left}} = (\alpha_i^{\text{brake,left}}, \tfrac{1}{2}acc_{i,\text{min}})$$
mit $\alpha_i^{\text{brake,left}} = \min\left\{\alpha_i^{\text{left}}, \arctan\frac{l_i \cdot \sqrt{(\mu_i \cdot g_{\text{e}})^2 - (\frac{1}{2}acc_{i,\text{min}})^2}}{vel_i^2}\right\}$
gemäß (5.11) und (5.12)

6. kombiniertes Bremsen und Ausweichen nach rechts:
$$a_i^{\text{brake,right}} = (\alpha_i^{\text{brake,right}}, \tfrac{1}{2}acc_{i,\text{min}}) \text{ mit } \alpha_i^{\text{brake,right}} = -\alpha_i^{\text{brake,left}}$$

7. Geradeausfahrt mit maximaler Längsbeschleunigung: $a_i^{\text{acc}} = (0, acc_{i,\text{max}})$

Die Instanziierung der gleichen Handlung in verschiedenen Fahrzeugzuständen resultiert i. d. R. in unterschiedlichen Zahlenwerten für Lenkwinkel und Beschleunigung, da die im vorigen Abschnitt hergeleiteten fahrdynamischen Beschränkungen von α_i und acc_i vom Fahrzeugzustand abhängig sind. Diese Beschränkungen können sich auch während der über ein Zeitintervall fortgesetzten Ausführung einer Handlung ändern.

Neben diesen fahrdynamisch charakterisierten Handlungen lassen sich auf einem etwas höheren Abstraktionsniveau auch Handlungen definieren, die von Umgebungsinformation abhängig sind. Sinnvoll erscheinen beispielsweise Handlungen, die ein Fahrspurfolgeverhalten beschreiben:

8. Spurfolgen mit konstanter Geschwindigkeit: $a_i^{\text{lane,const}} = (\alpha_i^{\text{lane}}, 0)$, wobei der Lenkwinkel α_i^{lane} unter Einhaltung von (5.11) so gewählt wird, dass das Fahrzeug seiner aktuellen Fahrspur folgt

9. Spurfolgen mit maximaler Bremsverzögerung:
$$a_i^{\text{lane,brake}} = (\alpha_i^{\text{lane}}, acc_i^{\text{lane,brake}})$$
mit $acc_i^{\text{lane,brake}} = \max\left\{acc_{i,\text{min}}, -\sqrt{(\mu_i \cdot g_{\text{e}})^2 - \left(\frac{vel_i^2 \cdot \tan\alpha_i^{\text{lane}}}{l_i}\right)^2}\right\}$
gemäß (5.9) und (5.12)

Denkbar sind ferner Handlungen, die einen Spurwechsel des Fahrzeugs beschreiben [Resende10].

Wenn eine Handlung a_i beginnend im Zustand $\mathbf{x}_i(t)$ über ein Zeitintervall Δt ausgeführt wird, ergibt sich ein neuer Fahrzeugzustand $\mathbf{x}_i(t + \Delta t)$. Dieser Vorgang
lässt sich mit der Zustandsübergangsfunktion f_i beschreiben:

$$\mathbf{x}_i(t + \Delta t) = f_i(\mathbf{x}_i(t), a_i, \Delta t) \tag{5.13}$$

Nachdem die Handlung a_i zu einem Paar (α_i, acc_i) instanziiert wurde, kann die
Zustandsübergangsfunktion mittels der integrierten Gleichungen (5.8) des Fahrzeugmodells sowie der Transformation (5.7) effizient berechnet werden. Die Tra-
jektorie $[t, t + \Delta t] \rightarrow \mathcal{X}_i$ im Zustandsraum wird mit $\gamma_i(\mathbf{x}_i(t), a_i, \Delta t)$ bezeichnet.

Eine kooperative Handlung von M Fahrzeugen kann als Vektor von Einzelhand-
lungen geschrieben werden: $\mathbf{a} = (a_1, \ldots, a_M)^\mathrm{T}$ mit $a_i \in \mathcal{A}_i$ für $i = 1, \ldots, M$. Die
Zustandsübergangsfunktion kann auf den gemeinsamen Zustandsraum und auf ko-
operative Handlungen erweitert werden, $\mathbf{x}(t + \Delta t) = f(\mathbf{x}(t), \mathbf{a}, \Delta t)$, sodass die
Einschränkung auf den Konfigurationsraum eines einzelnen Fahrzeugs die indivi-
duelle Zustandsübergangsfunktion ergibt: $f|_{\mathcal{X}_i} \equiv f_i$. Entsprechend kann auch die
Trajektorie $\gamma(\mathbf{x}(t), \mathbf{a}, \Delta t) : [t, t + \Delta t] \rightarrow \mathcal{X}$ der kooperativen Fahrzeuge definiert
werden, sodass $\gamma = (\gamma_1, \ldots, \gamma_M)^\mathrm{T}$ gilt.

5.3.2.3 Verlustfunktional

Das Verlustfunktional L wird eingesetzt, um Präferenzen über geplante Trajek-
torien γ auszudrücken. Einer Trajektorie $\gamma : [t_{\min}, t_{\max}] \rightarrow \mathcal{X}$ wird ein nicht-
negativer Verlust $L(\gamma) \geq 0$ zugeordnet. Die Trajektorie γ wird genau dann gegenüber $\tilde{\gamma}$ bevorzugt, wenn $L(\gamma) < L(\tilde{\gamma})$. Verglichen werden hierbei nur Trajektorien mit identischem Definitionsbereich $[t_{\min}, t_{\max}]$ innerhalb des Planungshorizonts ($0 \leq t_{\min} < t_{\max} \leq t_\mathrm{h}$). Das Verlustfunktional macht lediglich relative Aussagen über Trajektorien, sein absoluter Wert ist nicht von Bedeutung.

Das Verlustfunktional wird als additiv über Trajektoriensegmente angenommen:
Für beliebige $t_{\min} < t_\mathrm{m} < t_{\max}$, $\gamma : [t_{\min}, t_\mathrm{m}] \rightarrow \mathcal{X}$, $\tilde{\gamma} : [t_\mathrm{m}, t_{\max}] \rightarrow \mathcal{X}$,
$\gamma_\mathrm{c} : [t_{\min}, t_{\max}] \rightarrow \mathcal{X}$ mit $\gamma_\mathrm{c}(t) = \gamma(t)$ für alle $t \in [t_{\min}, t_\mathrm{m}]$ und $\gamma_\mathrm{c}(t) = \tilde{\gamma}(t)$
für alle $t \in [t_\mathrm{m}, t_{\max}]$ gelte $L(\gamma_\mathrm{c}) = L(\gamma) + L(\tilde{\gamma})$.

Entsteht die Trajektorie durch die Ausführung einer kooperativen Handlung $\mathbf{a}$, so
erhält man mit Hilfe der Abbildung $\gamma(\mathbf{x}, \mathbf{a}, \Delta t)$ aus Abschnitt 5.3.2.2 eine Verlustfunktion $L(\mathbf{x}, \mathbf{a}, \Delta t) := L(\gamma(\mathbf{x}, \mathbf{a}, \Delta t))$ als Funktion des Zustands und der kooperativen Handlung. Entsprechendes gilt auch für die einzelnen Summanden des
Verlustfunktionals, die nachfolgend definiert werden.

Das Verlustfunktional setzt sich additiv aus mehreren Termen zusammen, welche die in Abschnitt 5.1 aufgeführten Anforderungen widerspiegeln:

$$L(\gamma) = L^{\text{coll}}(\gamma) + L^{\text{obst}}(\gamma) + L^{\text{road}}(\gamma) + L^{\text{goal}}(\gamma) + L^{\text{control}}(\gamma) \tag{5.14}$$

Das Funktional $L^{\text{coll}}(\gamma)$ bewertet Kollisionen zwischen kooperativen Fahrzeugen innerhalb des Trajektoriensegments γ. Eine einfache Formulierung addiert für jede Kollision zweier Fahrzeuge c_i, c_j einen konstanten Strafterm $L_0^{\text{coll}} \gg 0$:

$$L_{i,j}^{\text{coll}}(\gamma_i, \gamma_j) = \int_{t_{\min}}^{t_{\max}} L_0^{\text{coll}} \cdot \delta_{i,j}(\gamma_i, \gamma_j, t) \, \mathrm{d}t, \tag{5.15}$$

wobei

$$\delta_{i,j}(\gamma_i, \gamma_j, t) = \delta_{i,j}^0(\gamma_i(t), \gamma_j(t)) \cdot (1 - \delta_{i,j}^0(\gamma_i(t - \varepsilon_{\text{coll}}), \gamma_j(t - \varepsilon_{\text{coll}}))), \tag{5.16a}$$

$$\delta_{i,j}^0(\mathbf{q}_i, \mathbf{q}_j) = \begin{cases} 0 & \text{falls } \Omega_i(\mathbf{q}_i) \cap \Omega_j(\mathbf{q}_j) = \emptyset \\ 1 & \text{falls } \Omega_i(\mathbf{q}_i) \cap \Omega_j(\mathbf{q}_j) \neq \emptyset. \end{cases} \tag{5.16b}$$

Der Faktor $\delta_{i,j}^0(\mathbf{q}_i, \mathbf{q}_j)$ ist 1 genau dann, wenn die Schnittmenge der Fahrzeugpolygone Ω_i und Ω_j in den Konfigurationen $\mathbf{q}_i$ bzw. $\mathbf{q}_j$ nicht leer ist. Der zweite Faktor in (5.16a) bewirkt, dass der Verlust lediglich am Beginn der Kollision für die infinitesimale Zeitspanne $\varepsilon_{\text{coll}} > 0$ angerechnet wird. Ob im Anschluss daran weiterhin eine geometrische Überlappung der Fahrzeugpolygone vorliegt, spielt für das Verlustfunktional keine Rolle. Somit ist der Verlust im Wesentlichen proportional zur Anzahl der Kollisionen. Andernfalls könnte es passieren, dass mehrere Kollisionen mit kurzer geometrischer Überlappung der Fahrzeugpolygone günstiger bewertet werden als eine Kollision mit länger andauernder Überlappung. Damit dieser Faktor auch für $t \to t_{\min}$ wohldefiniert ist, wird für $t < t_{\min}$ formal $\gamma_i(t) := \gamma_i(t_{\min})$ gesetzt.

Zur Berechnung von $\delta_{i,j}(\mathbf{q}_i, \mathbf{q}_j, t)$ wird ein Test für die Überlappung zweier Polygone benötigt. Implementiert werden kann dies über geometrische Algorithmen [O'Rourke94]. Aufgrund des Rechenaufwands sollte diesem Kollisionstest ein einfacher abstandsbasierter Test vorgeschaltet werden. Die Überlappung zweier Polygone kann ausgeschlossen werden, falls der euklidische Abstand ihrer Mittelpunkte größer ist als die Summe ihrer Umkreisradien. Nur wenn die Mittelpunkte einen geringeren Abstand haben, muss der Polygon-Kollisionstest durchgeführt werden. Das Integral in (5.15) wird durch eine diskrete Summe konservativ approximiert, sodass für jede geometrisch detektierte Kollision mindestens der Verlust L_0^{coll} addiert wird.

Schließlich wird die Kollisionsbewertung über alle Paare von Fahrzeugen aufsummiert:

$$L^{\text{coll}}(\gamma) = \sum_{i=1}^{M} \sum_{j=i+1}^{M} L_{i,j}^{\text{coll}}(\gamma_i, \gamma_j) \tag{5.17}$$

Mit dem beschriebenen Modell wird die Anzahl der Kollisionen minimiert. Ein weiterführendes Ziel ist die Minimierung der Kollisionsschwere. Hierzu kann in (5.15) anstelle des konstanten Faktors L_0^{coll} ein Maß für die Kollisionsschwere verwendet werden:

$$L_{i,j}^{\text{collm}}(\gamma_i, \gamma_j) = \int_{t_{\min}}^{t_{\max}} L_{i,j,0}^{\text{collm}}(\gamma_i, \gamma_j, t) \cdot \delta_{i,j}(\gamma_i, \gamma_j, t) \, \mathrm{d}t, \tag{5.18}$$

Eine aussagefähige Bewertung $L_{i,j,0}^{\text{collm}}(\gamma_i, \gamma_j, t)$ für die Schwere einer Kollision muss die physikalischen Vorgänge beim Aufeinanderprallen zweier Fahrzeuge in ausreichender Näherung berücksichtigen. Die Verletzungsschwere bei Fahrzeuginsassen hängt wesentlich von der Beschleunigung ab, die auf den menschlichen Körper einwirkt. Diese Beschleunigung wird vor allem durch zwei Faktoren bestimmt: die relative Aufprallgeschwindigkeit der beiden Fahrzeuge und die Deformationsstrukturen der Karosserie, die so genannte Knautschzone.

In dieser Arbeit wird ein stark vereinfachtes Modell verwendet, um die Berücksichtigung der Kollisionsschwere bei der Bewegungsplanung demonstrieren zu können. Das Modell beinhaltet die Abhängigkeit der Kollisionsschwere vom Aufprallwinkel und unterscheidet sich dadurch von alternativen Kriterien wie der Relativgeschwindigkeit und der Aufprallenergie [Glaser10]. Für eine Ausgestaltung der Parameter und eine Verfeinerung des Modells wären umfangreiche Daten aus der Unfallforschung erforderlich [Digges01, Kramer09, Burg09, Wood02].

Das hier verwendete Verlustfunktional basiert auf dem Feder-Masse-Modell für Frontalkollisionen aus [Mooi00]. Damit ist im Gegensatz zum physikalischen Modell eines instantanen Stoßes eine Abschätzung der auftretenden Beschleunigungen möglich.

Zusätzlich wird die Abhängigkeit von der Richtung des Aufpralls berücksichtigt, um beispielsweise zwischen frontalen und seitlichen Kollisionen differenzieren zu können. Hierzu werden aus der geometrischen Konstellation der beiden Fahrzeuge die Stoßrichtung[3] ψ und die Aufprallwinkel β_i, β_j bestimmt (Abb. 5.3).

Die Anfangsgeschwindigkeiten in Stoßrichtung ergeben sich durch die Projektion

$$vel_{i,\psi}^0 = vel_i \cdot \begin{pmatrix} \cos\phi_i & \sin\phi_i \end{pmatrix} \cdot \begin{pmatrix} \cos\psi \\ \sin\psi \end{pmatrix}. \tag{5.19}$$

---

[3] Bei den folgenden Variablen wird zur Vereinfachung der Notation die Abhängigkeit von (γ_i, γ_j, t) nicht explizit angegeben.

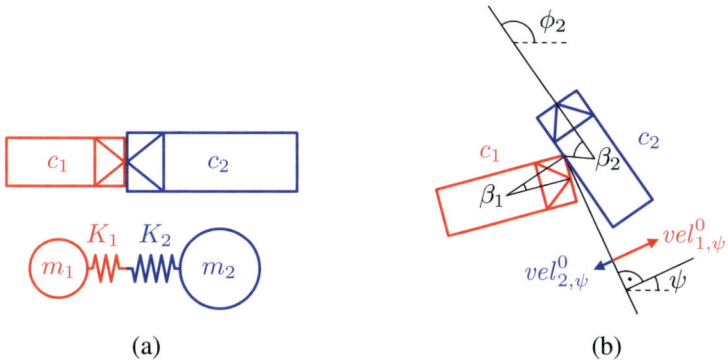

(a)   (b)

Abbildung 5.3: Modellierung der Kollisionsschwere. (a) Feder-Masse-Modell des Aufpralls nach [Mooi00], (b) Stoßrichtung ψ und Aufprallwinkel β_i.

Damit erhält man nach [Mooi00] die folgenden Maximalbeschleunigungen während der Kollision:

$$acc_{i,\psi} = -\eta \cdot \omega^2 \cdot m_j \qquad (5.20a)$$

$$acc_{j,\psi} = \eta \cdot \omega^2 \cdot m_i \qquad (5.20b)$$

$$\omega^2 = \frac{K_i(\beta_i) \cdot K_j(\beta_j) \cdot (m_i + m_j)}{(K_i(\beta_i) + K_j(\beta_j)) \cdot m_i \cdot m_j} \qquad (5.20c)$$

$$\eta = \frac{vel_{i,\psi}^0 - vel_{j,\psi}^0}{\omega \cdot (m_i + m_j)} \qquad (5.20d)$$

Darin ist m_i die Masse des Fahrzeugs c_i und $K_i(\beta_i)$ die Steifigkeit der Fahrzeugkarosserie am Punkt des Aufpralls. Das Verlustfunktional bewertet letztlich die Verletzungsschwere, die sich als monoton steigende Funktion L_i^{collm} der Beschleunigungen annähern lässt:

$$L_{i,j,0}^{\text{collm}}(\gamma_i, \gamma_j, t) = L_i^{\text{collm}}(acc_{i,\psi}, \beta_i) + L_j^{\text{collm}}(acc_{j,\psi}, \beta_j) + L_0^{\text{collm}} \qquad (5.21)$$

Die Aufprallwinkel werden ebenfalls miteinbezogen, da neben der Beschleunigung weitere Faktoren wie etwa die Eindringtiefe bei einem Seitenaufprall zur Verletzungsschwere beitragen können. Die Konstante L_0^{collm} mit $0 \ll L_0^{\text{collm}} < L_0^{\text{coll}}$ bewirkt, dass auch Kollisionen mit geringen Relativgeschwindigkeiten wenn immer möglich vermieden werden. Zusätzlich könnte es sinnvoll sein, die Restgeschwindigkeiten nach dem Stoß zu berücksichtigen, da die Fahrzeuge durch den Unfall außer Kontrolle geraten und weitere Kollisionen verursachen könnten. Die

Bewertung der Kollisionsschwere wird analog zu (5.17) über alle Paare von kooperativen Fahrzeugen aufsummiert.

Der zweite Term des Verlustfunktionals (5.14) bewertet Kollisionen mit Hindernissen. Unter Hindernissen werden alle Objekte verstanden, mit denen ein kooperatives Fahrzeug nicht kollidieren soll, mit Ausnahme der anderen kooperativen Fahrzeuge, die bereits durch den oben beschriebenen Term L^{coll} abgedeckt sind. Es kann sich um nicht kooperative Fahrzeuge, weitere Verkehrsteilnehmer wie Fußgänger und Radfahrer, geparkte Fahrzeuge, Baustellen oder sonstige Hindernisse auf der Fahrbahn, sowie Häuser, Bäume und andere Objekte am Straßenrand handeln (vgl. Abschnitt 3.4). Von jedem der N_{obst} relevanten Hindernisse muss eine geeignete Geometrie- und Positionsbeschreibung verfügbar sein. In dieser Arbeit wird eine Repräsentation durch Polygone in der Straßenebene gewählt, die für das j-te Hindernis mit $\Omega_j^{\text{obst}}(\gamma_j^{\text{obst}}(t), t)$ bezeichnet wird, $t \in [t_{\min}, t_{\max}]$. Für stehende Hindernisse ist $\gamma_j^{\text{obst}}(t) = \gamma_j^{\text{obst}}$ konstant. Für bewegte Hindernisse muss die Trajektorie $\gamma_j^{\text{obst}}(t)$ als bekannt vorausgesetzt werden. Sie kann beispielsweise durch geeignete Prädiktionsverfahren geschätzt werden, vgl. Abschnitt 3.5.1. Im nachfolgenden Planungsprozess ist eine Unterscheidung zwischen stehenden und bewegten Hindernissen nicht erforderlich.

Das Verlustfunktional $L_{i,j}^{\text{obst}}$ für die Kollision von Fahrzeug i mit Hindernis j kann auf ähnliche Art und Weise definiert werden wie $L_{i,j}^{\text{coll}}$:

$$L_{i,j}^{\text{obst}}(\gamma_i) = \int_{t_{\min}}^{t_{\max}} L_j^{\text{obst}} \cdot \delta_{i,j}^{\text{obst}}(\gamma_i, \gamma_j^{\text{obst}}, t)\, \mathrm{d}t \tag{5.22a}$$

$$\delta_{i,j}^{\text{obst}}(\gamma_i, \gamma_j^{\text{obst}}, t) = \delta_{i,j}^{\text{obst},0}(\gamma_i(t), \gamma_j^{\text{obst}}(t), t) \\ \cdot (1 - \delta_{i,j}^{\text{obst},0}(\gamma_i(t - \varepsilon_{\text{coll}}), \gamma_j^{\text{obst}}(t - \varepsilon_{\text{coll}}), t - \varepsilon_{\text{coll}})) \tag{5.22b}$$

$$\delta_{i,j}^{\text{obst},0}(\mathbf{q}_i, \mathbf{q}_j^{\text{obst}}, t) = \begin{cases} 0 & \text{falls } \Omega_i(\mathbf{q}_i) \cap \Omega_j^{\text{obst}}(\mathbf{q}_j^{\text{obst}}, t) = \emptyset \\ 1 & \text{falls } \Omega_i(\mathbf{q}_i) \cap \Omega_j^{\text{obst}}(\mathbf{q}_j^{\text{obst}}, t) \neq \emptyset \end{cases} \tag{5.22c}$$

$$L^{\text{obst}}(\boldsymbol{\gamma}) = \sum_{i=1}^{M} \sum_{j=1}^{N_{\text{obst}}} L_{i,j}^{\text{obst}}(\gamma_i) \tag{5.22d}$$

Mit dieser Formulierung wird die Anzahl der Kollisionen zwischen kooperativen Fahrzeugen und Hindernissen minimiert. Wiederum kann eine verfeinerte Modellierung vorgenommen werden, um eine Minimierung der Kollisionsschwere zu erreichen. Zusätzlich zu den oben diskutierten Aspekten ist insbesondere die Heterogenität der Objekttypen zu beachten, die einen erhöhten Aufwand beim Entwurf der Kollisionsbewertung zur Folge hat: Offensichtlich sollte die Kollision mit einem Fußgänger anders bewertet werden als beispielsweise mit einer Betonmauer.

Eine stark vereinfachte Modellierung dieses Zusammenhangs lässt sich über eine vom Objekttyp abhängige Gestaltung des Faktors L_j^{obst} in (5.22a) erreichen. Eine detailliertere Ausgestaltung des Verlustfunktionals L^{obst} wird in dieser Arbeit nicht behandelt.

Ein weiterer Term berücksichtigt die Einschränkungen, die durch den Straßenverlauf bedingt sind. Das Verlassen der Straßenfläche wird durch das Verlustfunktional L^{road} bestraft:

$$L_i^{\text{road}}(\gamma_i) = \int_{t_{\min}}^{t_{\max}} L_{i,0}^{\text{road}}(\gamma_i(t))\, \mathrm{d}t \tag{5.23a}$$

$$L_{i,0}^{\text{road}}(\mathbf{x}_i) = \begin{cases} 0 & \text{falls } \Omega_i(\mathbf{q}_i) \subset \bigcup_{r \in Roads} \Omega_r \\ L_{i,\Omega}^{\text{road}}(\Omega_i(\mathbf{q}_i), vel_i) & \text{sonst} \end{cases} \tag{5.23b}$$

$$L^{\text{road}}(\boldsymbol{\gamma}) = \sum_{i=1}^{M} L_i^{\text{road}}(\gamma_i) \tag{5.23c}$$

Zur Auswertung dieses Funktionals wird geometrisch überprüft, ob die Fahrzeugfläche $\Omega_i(\mathbf{q}_i)$ in der gesamten Straßenfläche $\bigcup_{r \in Roads} \Omega_r$ enthalten ist, die sich als Vereinigung der einzelnen Straßen ergibt. Dieser Test kann mit geometrischen Algorithmen durchgeführt werden [Schmitt96]. Die Funktion $L_{i,\Omega}^{\text{road}}(\Omega_i, vel_i)$ in (5.23b) beschreibt in erster Linie die Eigenschaften des Straßenrands und der Fläche, auf die das von der Straße abgekommene Fahrzeug gelangt. Je nach ihrer Beschaffenheit kann das Verlassen der Straße mit einem hohen oder vergleichsweise geringen Risiko verbunden oder aber völlig unmöglich sein. Als Beispiele für diese Fälle seien genannt:

- Eine Mauer oder Leitplanke macht das Verlassen der Straße unmöglich. Trajektorien, die diese Einschränkung verletzen, müssen daher durch einen hohen Strafterm von der weiteren Betrachtung ausgeschlossen werden.

- Ein hohes Risiko für die Fahrzeuginsassen besteht bei bewaldetem Straßenrand oder bei einer steilen Böschung.

- Dagegen stellen Wiesen oder Felder ein geringeres Risiko dar, sodass unter Umständen das Verlassen der Straße gegenüber einer Kollision mit einem anderen Fahrzeug vorzuziehen ist.

Des Weiteren ist der Verlust beim Verlassen der Straße auch von der Geschwindigkeit des Fahrzeugs abhängig. Feste Straßenbegrenzungen können alternativ auch mit dem Funktional L^{obst} bewertet werden. Ebenso wird für einzelne am Straßenrand stehende Hindernisse, wie etwa Laternenmasten, auf L^{obst} zurückgegriffen.

Ein weiterer Term L^{goal} kann zur Bewertung der Ziel- und Regelkonformität der Fahrzeughandlungen eingesetzt werden. Aus dem Fahrtziel können Zwischenziele in Form der zu fahrenden Route abgeleitet werden. Ein Verlust tritt dann ein, wenn von der geplanten Route abgewichen wird. Außerdem sollten die Handlungen soweit möglich den geltenden Verkehrsregeln entsprechen. Die wichtigsten Verkehrsregeln sind in diesem Zusammenhang das Rechtsfahrgebot und die Vorfahrtsregeln. Ein Verstoß gegen die Verkehrsregeln kann ebenfalls mit dem Verlustfunktional L^{goal} bewertet werden.

In dieser Arbeit wurde der Term L^{goal} auf der Grundlage einer Fahrtroutenbeschreibung definiert. Die Route ist in Form einer Liste $(lane_{i,1}, \dots, lane_{i,N_{\text{lane}},i})$ von Fahrspuren gegeben. Das Verlustfunktional bewertet nun das Verlassen der Route mit einem Strafterm $L_0^{\text{goal}} > 0$:

$$L_i^{\text{goal}}(\gamma_i) = \int_{t_{\min}}^{t_{\max}} L_{i,0}^{\text{goal}}(\gamma_i(t)) \, dt \tag{5.24a}$$

$$L_{i,0}^{\text{goal}}(\mathbf{q}_i) = \begin{cases} 0 & \text{falls } \Omega_i(\mathbf{q}_i) \subset (\Omega(lane_{i,1}) \cup \dots \cup \Omega(lane_{i,N_{\text{lane}},i})) \\ L_0^{\text{goal}} & \text{sonst} \end{cases} \tag{5.24b}$$

$$L^{\text{goal}}(\boldsymbol{\gamma}) = \sum_{i=1}^{M} L_i^{\text{goal}}(\gamma_i) \tag{5.24c}$$

Mit dieser Formulierung kann die Zielerreichung und die Einhaltung des Rechtsfahrgebots geprüft werden, da die Fahrspurliste den Anforderungen des Rechtsfahrgebots genügt. Auf die Modellierung der Vorfahrtsregeln wird in dieser Arbeit verzichtet, da sie für die weiteren Untersuchungen nicht von zentraler Bedeutung sind. Falls keine Information über die beabsichtigte Fahrtroute vorliegt, werden alle Fahrspuren, die nach dem Rechtsfahrgebot in Frage kommen, in die Liste eingefügt.

Schließlich bewertet das Funktional L^{control} die unmittelbaren Auswirkungen der Handlungen im Hinblick auf Fahrkomfort und Energieverbrauch. Damit wird sichergestellt, dass Brems- und Ausweichmanöver nur dann ausgewählt werden, wenn sie zur Kollisionsvermeidung notwendig sind. Nicht notwendige Manöver werden vermieden, da sie unangenehm für die Insassen sind und einen zusätzlichen Energieverbrauch zur Folge haben. Die genannten Kriterien lassen sich in erster Näherung als Funktion $L_{i,0}^{\text{control}}(acc_i, acc_{i,\text{lat}})$ der Längs- und der Querbeschleunigung beschreiben. Diese sind gegeben durch die zweite Ableitung der Trajektorie nach der Zeit, projiziert auf die Fahrtrichtung und ihre Normale.

$$L_i^{\text{control}}(\gamma_i) = \int_{t_{\min}}^{t_{\max}} L_{i,0}^{\text{control}} \left((\ddot{x}_i(t) \quad \ddot{y}_i(t)) \cdot \begin{pmatrix} \cos\phi_i(t) & -\sin\phi_i(t) \\ \sin\phi_i(t) & \cos\phi_i(t) \end{pmatrix} \right) \, dt$$

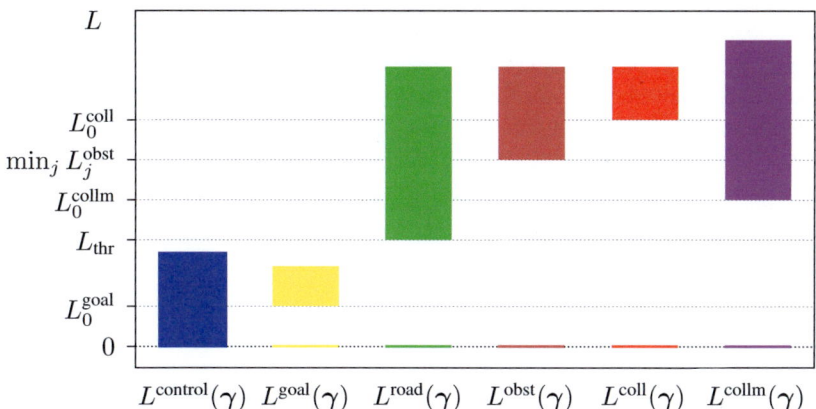

Abbildung 5.4: Wertebereiche der Terme des Verlustfunktionals. Alle Terme können im Optimalfall den Wert 0 annehmen, sehen aber bei einer Verletzung der jeweiligen Anforderung unterschiedlich hohe Minimal- und Maximalverluste vor. Für eine korrekte Trajektorie γ ist $L(\gamma) < L_{\text{thr}}$ (siehe Abschnitt 6.3.3).

$$L^{\text{control}}(\gamma) = \sum_{i=1}^{M} L_i^{\text{control}}(\gamma_i) \tag{5.25}$$

Die Verhältnisse der Wertebereiche der einzelnen Terme in (5.14) sind von entscheidender Bedeutung für die Eigenschaften der Trajektorien mit minimalem Verlust. Zur Ausgestaltung der Wertebereiche kann bis zu einem gewissen Grad eine hierarchische Abstufung der einzelnen Kriterien vorgenommen werden. Kollisionen und das Verlassen der Straße sollten wenn immer möglich verhindert werden. Bei einer Verletzung dieser Kriterien muss daher der Wert von L^{coll}, L^{obst} bzw. L^{road} größer sein als der größtmögliche Beitrag von L^{goal} und L^{control}. Die beiden letztgenannten Terme dienen lediglich dazu, eine Auswahl unter verschiedenen kollisionsfreien Trajektorien zu treffen.

Wie weiter oben erläutert, ist das Verhältnis von L^{road} zu L^{coll} und L^{obst} von der Beschaffenheit des Straßenrands abhängig: Entsprechend der möglichen Befahrbarkeit der angrenzenden Fläche werden die Werte von L^{road} entweder kleiner sein oder in einer ähnlichen Größenordnung liegen wie die von L^{coll} und L^{obst}. Die Abstufung zwischen L^{coll} und L^{obst} hängt von der Art des Hindernisses ab. Wenn die Kollisionsschwere modelliert wird, können für L^{collm} und den Hindernisterm die gleichen Modelle eingesetzt werden, sodass ihre Werte ohne Weiteres vergleichbar sind.

Die Beiträge von L^{goal} und L^{control} sollten in einer ähnlichen Größenordnung liegen. Der Zielerreichung und der Einhaltung der Verkehrsregeln wird Vorrang eingeräumt, wenn sie mit Beschleunigungswerten im Rahmen des Normalbereichs möglich ist. Andererseits ist ein Verlassen der geplanten Fahrtroute vermutlich weniger gravierend als ein extremes Ausweichmanöver. In einem solchen Fall sollte daher L^{control} größere Werte annehmen können als L^{goal}.

Die gewählte Ausgestaltung der Wertebereiche wird in Abb. 5.4 veranschaulicht. Die genaue Gewichtung der einzelnen Terme ist letztlich eine Frage der Systemgestaltung, die in dieser Arbeit nicht weiter behandelt wird.

5.3.3 Konstruktion des Baums

In Abschnitt 5.3.2.2 wurde Handlungsmenge $\mathcal{A}_i$ eines Fahrzeugs eingeführt. Darauf aufbauend werden nun zeitliche Sequenzen von Handlungen definiert: Unter einer Handlungssequenz des Fahrzeugs c_i wird eine Folge $(a_{i,0}, a_{i,1}, \ldots, a_{i,T-1})$ mit $a_{i,k} \in \mathcal{A}_i$ für $k = 0, \ldots, T-1$ verstanden. Dabei wird die Handlung $a_{i,k}$ während des Zeitintervalls $(t_k, t_{k+1}]$ ausgeführt. Die Zeitpunkte t_k mit $0 = t_0 < t_1 < \ldots < t_T = t_{\text{h}}$ werden innerhalb des Planungshorizonts fest vorgegeben. Bei der Planung einer Handlungssequenz sind an diesen Zeitpunkten Entscheidungen über die nächste zu wählende Handlung vorzunehmen, daher wird im Folgenden für $t_0, \ldots, t_{T-1}$ die Bezeichnung Entscheidungszeitpunkte verwendet. Eine mögliche Vorgehensweise zur Festlegung dieser Entscheidungszeitpunkte wird in Abschnitt 6.4.1.2 erläutert.

Indem gleiche Anfangsabschnitte von Handlungssequenzen miteinander identifiziert werden, ergibt sich eine Baumstruktur $\mathcal{B}_i$. Jeder Knoten n_i des Baums wird mit der zuletzt ausgeführten Handlung $a_i(n_i)$, dem Fahrzeugzustand $\mathbf{x}_i(n_i)$ und der Nummer $k(n_i)$ des Entscheidungszeitpunkts annotiert (Abb. 5.5). Der Elternknoten von n_i wird mit $pa_i(n_i)$ bezeichnet, die Wurzel von $\mathcal{B}_i$ mit $root_i$. Die Funktion $ch(n_i, a_i)$ liefert den Kindknoten von n_i, der nach Ausführung von Handlung a_i ausgehend von $\mathbf{x}_i(n_i)$ erreicht wird. Mit der Zustandsübergangsfunktion f_i gilt für die Fahrzeugzustände:

$$
\mathbf{x}_i(n_i) = \begin{cases} \mathbf{x}_i^{\text{start}} & \text{falls } n_i = root_i \\ f_i(\mathbf{x}_i(pa_i(n_i)), a_i(n_i), t_{k(n_i)} - t_{k(n_i)-1}) & \text{sonst} \end{cases}
$$

$$
\mathbf{x}_i(ch_i(n_i, a_i)) = f_i(\mathbf{x}_i(n_i), a_i, t_{k(n_i)+1} - t_{k(n_i)}) \tag{5.26}
$$

$$
pa_i(ch_i(n_i, a_i)) = n_i, \quad a_i(ch_i(n_i, a_i)) = a_i, \quad k(ch_i(n_i, a_i)) = k(n_i) + 1
$$

Knoten mit gleicher Tiefe im Baum gehören zum gleichen Entscheidungszeitpunkt. Der Baum $\mathcal{B}_i$ hat A_i^T Blätter, wobei $A_i := |\mathcal{A}_i|$ die Anzahl der Handlungen

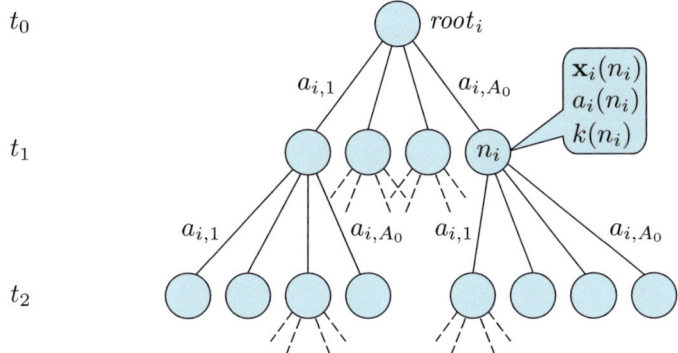

Abbildung 5.5: Baum $\mathcal{B}_i$ der Handlungssequenzen von Fahrzeug c_i.

und T die Anzahl der Entscheidungszeitpunkte ist. Zwischen den Blättern und den Handlungssequenzen besteht eine eindeutige Zuordnung.

Bei der kooperativen Bewegungsplanung kann jede Handlung eines Fahrzeugs mit jeder Handlung der anderen Fahrzeuge kombiniert werden. Die Menge $\mathcal{A}$ der kooperativen Handlungen ist gegeben durch das kartesische Produkt der einzelnen Handlungsmengen:

$$\mathcal{A} = \overset{M}{\underset{i=1}{\times}} \mathcal{A}_i \tag{5.27}$$

Kooperative Handlungssequenzen lassen sich in der Form

$$\left((a_{1,0}, \ldots, a_{M,0})^{\mathrm{T}}, \ldots, (a_{1,T-1}, \ldots, a_{M,T-1})^{\mathrm{T}} \right) \tag{5.28}$$

schreiben, wobei $(a_{1,k}, \ldots, a_{M,k})^{\mathrm{T}} \in \mathcal{A}$ für $k = 0, \ldots, T - 1$. Die Handlungssequenzen lassen sich in einem Baum $\mathcal{B}$ anordnen (Abb. 5.6). Ein Knoten n des Baums wird mit der zuletzt ausgeführten kooperativen Handlung $\mathbf{a}(n) = (a_1(n), \ldots, a_M(n))^{\mathrm{T}}$, dem kooperativen Zustand $\mathbf{x}(n)$ und der Nummer $k(n)$ des Entscheidungszeitpunkts annotiert. Der Elternknoten von n wird mit $pa(n)$ bezeichnet, die Wurzel von $\mathcal{B}$ mit $root$. Die Funktion $ch(n, \mathbf{a})$ liefert den Kindknoten, der mit der Ausführung von Handlung $\mathbf{a}$ erreicht wird. Analog zum Einzelfahrzeugbaum gilt für die Fahrzeugzustände:

$$\mathbf{x}(n) = \begin{cases} \mathbf{x}^{\text{start}} & \text{falls } n = root \\ f(\mathbf{x}(pa(n)), \mathbf{a}(n), t_{k(n)} - t_{k(n)-1}) & \text{sonst} \end{cases} \tag{5.29a}$$

$$\mathbf{x}(ch(n, \mathbf{a})) = f(\mathbf{x}(n), \mathbf{a}, t_{k(n)+1} - t_{k(n)}) \tag{5.29b}$$

$$pa(ch(n, \mathbf{a})) = n, \quad \mathbf{a}(ch(n, \mathbf{a})) = \mathbf{a}, \quad k(ch(n, \mathbf{a})) = k(n) + 1 \tag{5.29c}$$

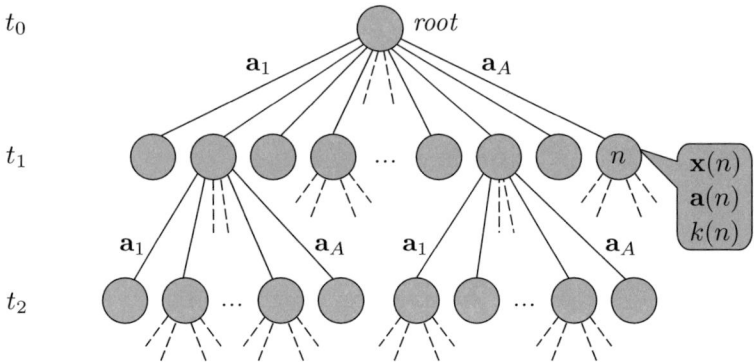

Abbildung 5.6: Baum $\mathcal{B}$ der kooperativen Handlungssequenzen.

Die Blätter von $\mathcal{B}$ korrespondieren eindeutig zu den kooperativen Handlungssequenzen. Der Baum hat A^T Blätter, wobei $A := |\mathcal{A}|$. Im Folgenden wird angenommen, dass die Handlungsmengen der einzelnen Fahrzeuge gleichmächtig sind, $A_0 := |\mathcal{A}_1| = \ldots = |\mathcal{A}_M|$. Diese Annahme ist für den Algorithmus nicht notwendig, sie dient lediglich der Vereinfachung der Analyse. Wegen (5.27) ist unter dieser Voraussetzung $A = A_0^M$. Die Anzahl der Blätter lässt sich nun schreiben als $A^T = A_0^{M \cdot T}$, sie ist also exponentiell in der Anzahl der Fahrzeuge.

Eine alternative Konstruktion des Baums ergibt sich, wenn für jede Einzelfahrzeughandlung $a_{i,k}$ ein innerer Knoten eingefügt wird, anstatt die Handlungen für jeden Entscheidungszeitpunkt zu einer kooperativen Handlung zusammenzufassen. Der resultierende Baum $\mathcal{B}'$ hat zwar mehr innere Knoten als $\mathcal{B}$, jedoch einen deutlich geringeren Verzweigungsgrad von A_0 gegenüber $A = A_0^M$ (Abb. 5.7). Im Folgenden wird überwiegend diese Form zur graphischen Darstellung genutzt, da sich bestimmte Sachverhalte mit ihr besser veranschaulichen lassen.

Für die Bewertung einer Handlungssequenz wird die Verlustfunktion L ausgewertet. Hierzu werden die Knoten von $\mathcal{B}$ mit dem Verlust der zuletzt ausgeführten kooperativen Handlung annotiert:

$$
L(n) := \begin{cases} 0 & \text{falls } n = root \\ L(\mathbf{x}(pa(n)), \mathbf{a}(n), t_{k(n)} - t_{k(n)-1}) & \text{sonst} \end{cases} \tag{5.30}
$$

Diese Werte können entlang des Weges von der Wurzel zu einem Knoten n akkumuliert werden:

$$
L(root, n) := \begin{cases} 0 & \text{falls } n = root \\ L(root, pa(n)) + L(n) & \text{sonst} \end{cases} \tag{5.31}
$$

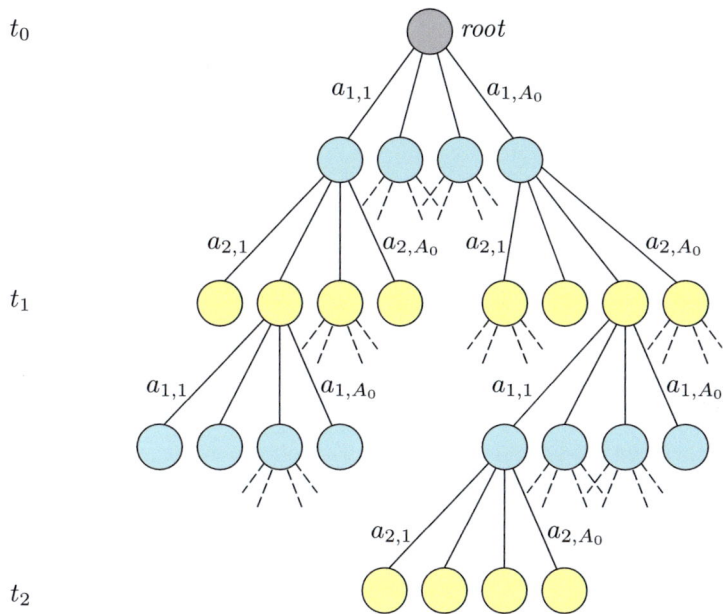

Abbildung 5.7: Alternative Baumstruktur $\mathcal{B}'$ der kooperativen Handlungssequenzen. Die Farben der Knoten deuten an, welchem der beiden kooperativen Fahrzeuge die zuletzt ausgeführte Handlung zugeordnet ist.

Die beste Handlungssequenz innerhalb von $\mathcal{B}$ entspricht dem Blatt n^* mit minimalem akkumulierten Verlust:

$$n^* = \underset{n \in \mathcal{B},\; k(n)=T}{\arg\min}\; L(root, n) \tag{5.32}$$

Wegen der eindeutigen Zuordnung zwischen Blättern und Handlungssequenzen ist mit n^* auch die beste Handlungssequenz eindeutig bestimmt. Algorithmisch lässt sie sich durch rekursive Auswertung der Handlungen $\mathbf{a}(pa(n))$ in den Elternknoten rekonstruieren.

Der naive Ansatz zur Ermittlung von n^* wäre die vollständige Abarbeitung von $\mathcal{B}$. Dies erweist sich bereits für moderate Werte von A_0, M und T als nicht praktikabel. Beispielsweise erhält man für $A_0 = 10$, $M = 3$ und $T = 3$ eine Milliarde Blattknoten, sodass die Berechnung, selbst wenn 10 000 Knoten pro Sekunde verarbeitet werden, länger als einen Tag dauern würde. Um eine echtzeitfähige Bewegungsplanung zu ermöglichen, sind daher wesentliche Verbesserungen gegenüber

der naiven Vorgehensweise erforderlich. Hierzu bestehen prinzipiell zwei Ansatzpunkte:

1. Die durchschnittlich benötigte Rechenzeit zur Abarbeitung eines Knotens
   kann reduziert werden.

2. Die Anzahl der besuchten Knoten kann reduziert werden.

Die Qualität der Lösung soll durch diese Maßnahmen nicht beeinträchtigt werden.
Bevor Knoten von der Suche ausgeschlossen werden dürfen, muss daher sicher-
gestellt werden, dass diese Knoten nicht zur optimalen Lösung n^* führen können.
Hierzu muss geeignete Information über diese Knoten und insbesondere über ihre
Verlustfunktionswerte L bekannt sein.

Im Folgenden werden die beiden genannten Ansatzpunkte ausgearbeitet. Die eingesetzten Methoden sind insofern miteinander verwandt, als sie beide ausnutzen,
dass das kooperative Problem auf bestimmte Art und Weise aus mehreren Einzel-
fahrzeugproblemen zusammengesetzt ist.

5.3.4 Wiederverwendung von Zwischenergebnissen

Bei der naiven Traversierung des Baums werden für jeden Knoten die Zustände und Verlustfunktionswerte gemäß Gleichungen (5.29a), (5.30) berechnet. Zwar
wird insgesamt gesehen für jeden Knoten n eine individuelle Berechnung durchgeführt. Jedoch sind zahlreiche Rechenschritte nicht vom vollen kooperativen Zustand $\mathbf{x}(n)$ abhängig, sondern nur vom Zustand $\mathbf{x}_i$ eines einzelnen Fahrzeugs
c_i. Diese Rechenschritte können bei der Abarbeitung von $\mathcal{B}$ mehrfach auftreten.
Durch die Wiederverwendung der entsprechenden Zwischenergebnisse lässt sich
die Rechenzeit für diese redundanten Schritte einsparen.

Abbildung 5.8 veranschaulicht das Auftreten redundanter Rechenschritte an einem Beispiel. Die Handlung $(a_{1,0}, a_{2,0})^{\mathrm{T}}$ führe zu Knoten n, die Handlung
$(a'_{1,0}, a_{2,0})^{\mathrm{T}}$ zu n'. Für $a'_{1,0} \neq a_{1,0}$ ist $n' \neq n$. Das Fahrzeug c_2 hat jedoch in
beiden Knoten denselben Zustand $\mathbf{x}_2(n) = \mathbf{x}_2(n') = f_2(\mathbf{x}_2(root), a_{2,0}, t_1 - t_0)$,
da sich die kooperativen Handlungen nur in der Handlung des ersten Fahrzeugs
unterscheiden. Die beiden Handlungssequenzen $((a_{1,0}, a_{2,0})^{\mathrm{T}}, (a_{1,1}, a_{2,1})^{\mathrm{T}})$ und
$((a'_{1,0}, a_{2,0})^{\mathrm{T}}, (a_{1,1}, a_{2,1})^{\mathrm{T}})$ führen ebenfalls zu verschiedenen Knoten. Dennoch
tritt bei ihrer Berechnung weitere Redundanz auf: Der Zustand des zweiten Fahr-
zeugs ist in beiden Fällen gegeben durch $f_2(\mathbf{x}_2(n), a_{2,1}, t_2 - t_1)$, da $\mathbf{x}_2(n) =$
$\mathbf{x}_2(n')$.

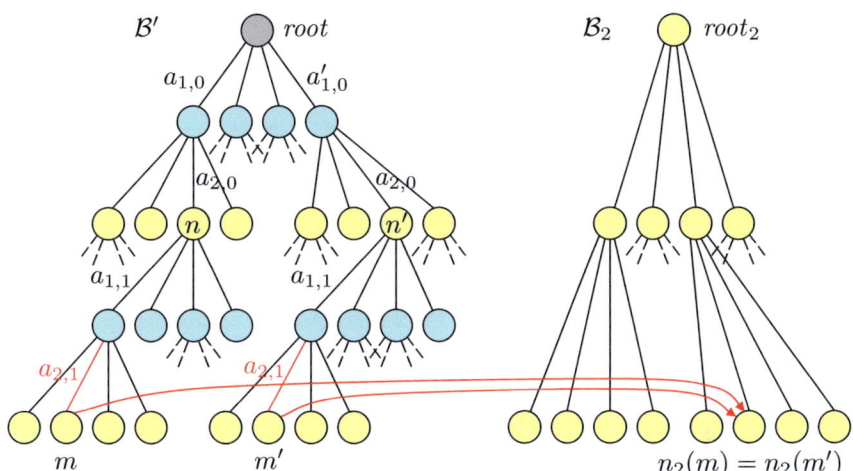

Abbildung 5.8: Beim Aufbau von $\mathcal{B}'$ werden an den Knoten m und m' dieselben Zwischenergebnisse benötigt. Redundante Berechnungen können durch Nachschlagen im Einzelfahrzeugbaum $\mathcal{B}_2$ vermieden werden.

Die folgenden Zwischenergebnisse hängen nur von den Handlungsentscheidungen eines einzelnen Fahrzeugs c_i ab:

- Fahrzeugzustand $\mathbf{x}_i(n)$

- Komponenten der Verlustfunktion:

  - $L_i^{\text{obst}}(n)$ (Vermeidung von Kollisionen mit Hindernissen)
  - $L_i^{\text{road}}(n)$ (Einschränkungen durch die Straßengeometrie)
  - $L_i^{\text{goal}}(n)$ (Fahrziele und Rechtsfahrgebot)
  - $L_i^{\text{control}}(n)$ (Bewertung der Handlungen hinsichtlich Fahrkomfort und Energieverbrauch)

  Diese Komponenten werden zu $L_i^{\text{SV}}(n)$ zusammengefasst:

$$L_i^{\text{SV}}(n) = L_i^{\text{obst}}(n) + L_i^{\text{road}}(n) + L_i^{\text{goal}}(n) + L_i^{\text{control}}(n) \qquad (5.33)$$

Die Beiträge $L_{i,j}^{\text{coll}}$ zum Term für die Kollisionsvermeidung zwischen kooperativen Fahrzeugen hängen nur von den Entscheidungen jeweils zweier Fahrzeuge c_i, c_j ab [Judaschke94]. Daher können für $M \geq 3$ Redundanzen in der Berechnung der

$L_{i,j}^{\mathrm{coll}}(n)$ auftreten, sodass sich durch geeignete Wiederverwendung von Zwischenergebnissen ebenfalls Rechenzeit einsparen lässt. Die Abhängigkeit von nur zwei Fahrzeugen bewirkt zylindrische Strukturen im Konfigurationsraum [LaValle98].

Die Unabhängigkeit von den Handlungen anderer Fahrzeuge gilt nur für Zustände vor einer möglichen Kollision mit einem anderen kooperativen Fahrzeug. Nach der Kollision zweier Fahrzeuge c_i und c_j sind deren Zustände miteinander verkoppelt, da sich beispielsweise eine kollisionsvermeidende Handlung von c_j auch auf die Zustände und Verlustfunktionswerte von c_i auswirkt. Somit ist die Wiederverwendung von Zwischenergebnissen in der beschriebenen Form für einen Teilbaum unterhalb einer möglichen Kollision zweier kooperativer Fahrzeuge nicht mehr möglich. Solche Teilbäume enthalten in aller Regel nur einen sehr geringen Anteil der Knoten von $\mathcal{B}$, sodass sich der Zusatzaufwand durch die erneute Berechnung der Zustände und Verlustfunktionswerte in Grenzen hält. In dieser Arbeit wird jedoch auf die Modellierung des Fahrzeugverhaltens nach einer Kollision verzichtet, vor allem wegen der Schwierigkeit, in solchen Situationen Vorhersagen mit ausreichender Sicherheit zu machen. Für das Ergebnis der Planung bedeutet dies, dass lediglich die Schwere der ersten Kollision zuverlässig minimiert werden kann (siehe Abschnitt 6.5.5). In Fällen, in denen ein kollisionsvermeidender Plan existiert, wirkt sich diese Einschränkung nicht auf das Ergebnis aus.

Als Datenstrukturen für das Speichern und Nachschlagen der Zwischenergebnisse bieten sich die Einzelfahrzeugbäume $\mathcal{B}_i$, $i = 1, \ldots, M$, an. Ihre Knoten n_i werden mit $\mathbf{x}_i(n_i)$ und $L_i^{\mathrm{SV}}(n_i)$ annotiert, sobald diese Werte beim Traversieren von $\mathcal{B}$ das erste Mal berechnet werden. Wenn sie im weiteren Verlauf nochmals benötigt werden, können sie in $\mathcal{B}_i$ nachgeschlagen werden, sodass der Aufwand für eine erneute Berechnung eingespart wird (Abb. 5.8). Für dieses Vorgehen wird eine Zuordnung zwischen den Knoten n von $\mathcal{B}$ und den Knoten n_i von $\mathcal{B}_i$ benötigt. Hierzu kann eine Abbildung

$$n_i : \begin{cases} \mathcal{B} & \to & \mathcal{B}_i \\ n & \mapsto & n_i \end{cases} \tag{5.34}$$

konstruiert werden, die jedem Knoten n von $\mathcal{B}$ den eindeutig bestimmten Knoten $n_i(n)$ von $\mathcal{B}_i$ zuordnet, in dem Fahrzeug c_i den gleichen Zustand und das gleiche Anfangsstück der Handlungssequenz hat wie in n. Es gilt also

$$\mathbf{x}_i(n_i(n)) = \mathbf{x}_i(n) \qquad\qquad a_i(n_i(n)) = a_i(n) \tag{5.35a}$$
$$k(n_i(n)) = k(n) \qquad\qquad pa_i(n_i(n)) = n_i(pa(n)) \tag{5.35b}$$

oder anders ausgedrückt

$$\mathbf{x}(n) = \begin{pmatrix} \mathbf{x}_1(n_1(n)) \\ \vdots \\ \mathbf{x}_M(n_M(n)) \end{pmatrix} \qquad \mathbf{a}(n) = \begin{pmatrix} a_1(n_1(n)) \\ \vdots \\ a_M(n_M(n)) \end{pmatrix}. \qquad (5.36)$$

Auf ähnliche Weise wird die Kollisionsinformation $L_{i,j}^{\mathrm{coll}}(n)$ in den Zwei-Fahrzeug-Bäumen $\mathcal{B}_{i,j}$, $1 \le i < j \le M$, gespeichert. Das Nachschlagen erfolgt über die Abbildungen

$$n_{i,j} : \begin{cases} \mathcal{B} & \to & \mathcal{B}_{i,j} \\ n & \mapsto & n_{i,j}, \end{cases} \qquad (5.37)$$

die folgende Bedingungen erfüllen:

$$\begin{array}{llll} \mathbf{x}_i(n_{i,j}(n)) = \mathbf{x}_i(n) & \qquad & a_i(n_{i,j}(n)) = a_i(n) & \qquad (5.38\text{a}) \\ \mathbf{x}_j(n_{i,j}(n)) = \mathbf{x}_j(n) & & a_j(n_{i,j}(n)) = a_j(n) & \qquad (5.38\text{b}) \\ k(n_{i,j}(n)) = k(n) & & pa_{i,j}(n_{i,j}(n)) = n_{i,j}(pa(n)) & \qquad (5.38\text{c}) \end{array}$$

Die Implementierung der Abbildungen n_i und $n_{i,j}$ wird in Anhang A.3.1 beschrieben.

Ein Einzelfahrzeugbaum $\mathcal{B}_i$ hat $\mathcal{O}(A_i^T)$ Knoten, ein Zwei-Fahrzeug-Baum $\mathcal{B}_{i,j}$ hat $\mathcal{O}(A_0^{2T})$ Knoten. Wegen des Speicheraufwands und der Kosten für Initialisierung und Pflege der Datenstrukturen kann es unter Umständen sinnvoll sein, die Bäume nicht vollständig aufzubauen, sondern nur bis zu einer Tiefe von S_{SV} bzw. S_{coll}. Insgesamt haben die Datenstrukturen dann einen Speicheraufwand von $\mathcal{O}(M \cdot A_0^{S_{\mathrm{SV}}})$ bzw. $\mathcal{O}(M^2 \cdot A_0^{2S_{\mathrm{coll}}})$. Diese Abschätzungen stellen auch obere Schranken für den gesamten Rechenaufwand zur Bestimmung der $\mathbf{x}_i(n)$ und $L_i^{\mathrm{SV}}(n)$ bzw. der $L_{i,j}^{\mathrm{coll}}(n)$ dar. Somit skaliert die Anzahl der Kollisionstests quadratisch mit der Anzahl der Fahrzeuge [LaValle98, Judaschke94]. Der gesamte asymptotische Rechenaufwand für die Suche nach n^* in $\mathcal{B}$ verringert sich durch die Wiederverwendung von Zwischenergebnissen dennoch nur um einen konstanten Faktor, da die Anzahl der besuchten Knoten unverändert bleibt und lediglich der durchschnittliche Zeitaufwand je Knoten sinkt.

5.3.5 Vorberechnung von Schranken

Eine weiterer Ansatz zur Beschleunigung des Baumsuchverfahrens besteht darin, die Anzahl der besuchten Knoten zu reduzieren. Dies ist möglich, wenn Teilbäume identifiziert werden können, die nicht zur optimalen Lösung n^* führen können. Um Letzteres beurteilen zu können, ist Information über den Verlust innerhalb des Teilbaums hilfreich. In diesem Abschnitt wird beschrieben, wie eine Abschätzung in Form von unteren Schranken bestimmt werden kann. Wie diese Schranken zur Beschleunigung der Suche eingesetzt werden können, wird anschließend in Abschnitt 5.3.6 erläutert.

Um die unteren Schranken zu erhalten, wird wie im vorangegangenen Abschnitt auf die Einzelfahrzeugbäume zurückgegriffen. Die Einzelfahrzeugbäume $\mathcal{B}_i$, $i = 1, \ldots, M$, werden in einem Vorverarbeitungsschritt bis zu einer Tiefe von P_{SV} vollständig aufgebaut. Wegen des Rechenaufwands für die Vorberechnung kann es unter Umständen vorteilhaft sein, die Vorberechnungstiefe geringer zu wählen als die Tiefe, bis zu der die Einzelfahrzeugbäume zur Wiederverwendung von Zwischenergebnissen genutzt werden: $0 \leq P_{SV} \leq S_{SV} \leq T$.

In der Vorverarbeitungsphase werden die Fahrzeugzustände $\mathbf{x}_i(n_i)$ und Verlustfunktionswerte $L_i^{SV}(n_i)$ für alle Knoten n_i mit $k(n_i) \leq P_{SV}$ berechnet. Aus dieser Information werden untere Schranken für den akkumulierten Verlust entlang einer Handlungssequenz konstruiert.

Der akkumulierte Verlust $L_i^{SV}(n_i, n_i')$ auf dem Weg von n_i nach n_i' wird in Verallgemeinerung von (5.31) wie folgt rekursiv definiert:

$$
L_i^{SV}(n_i, n_i') := \begin{cases} 0 & \text{falls } n_i = n_i' \\ L_i^{SV}(n_i, pa_i(n_i')) + L_i^{SV}(n_i') & \text{falls } n_i \neq n_i' \end{cases} \tag{5.39}
$$

Diese Definition ist nur für Paare (n_i, n_i') sinnvoll, bei denen n_i ein Vorfahre von n_i' ist. Mit Hilfe der iterierten Elternfunktion $pa_i^{(k)}$ lässt sich diese Bedingung folgendermaßen formulieren: $n_i = pa_i^{(k)}(n_i')$ für ein $k \geq 0$.

Eine untere Schranke für den akkumulierten Verlust $L_i^{SV}(n_i, n_i')$ erhält man, indem man das Minimum über den akkumulierten Verlust von n_i zu allen in Frage kommenden Nachfolgern bildet (Abb. 5.9). Nach diesem Prinzip können untere Schranken $h_i(n_i)$ wie folgt rekursiv definiert werden:

$$
h_i(n_i) := \begin{cases} \min_{a_i \in \mathcal{A}_i} \left\{ L_i^{SV}(ch_i(n_i, a_i)) + h_i(ch_i(n_i, a_i)) \right\} & \text{falls } k(n_i) < P_{SV} \\ 0 & \text{falls } k(n_i) \geq P_{SV} \end{cases}
$$

$$\tag{5.40}$$

Lemma 5.1 Gleichung (5.40) liefert eine untere Schranke $h_i(n_i)$ für den akkumulierten Verlust $L_i^{SV}(n_i, n_i')$ auf einem Weg von n_i zu einem Blatt n_i':

Für alle $n_i \in \mathcal{B}_i$ und alle $n_i' \in \mathcal{B}_i$ mit $k(n_i') = T$ und $pa_i^{(k)}(n_i') = n_i$ für ein k gilt:

$$
h_i(n_i) \leq L_i^{SV}(n_i, n_i') \tag{5.41}
$$

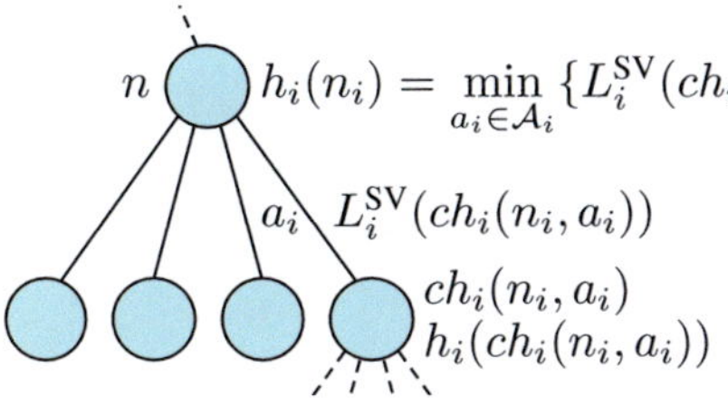

$$n \quad h_i(n_i) = \min_{a_i \in \mathcal{A}_i} \{L_i^{\mathrm{SV}}(ch_i(n_i, a_i)) + h_i(ch_i(n_i, a_i))\}$$

$$a_i \quad L_i^{\mathrm{SV}}(ch_i(n_i, a_i))$$

$$ch_i(n_i, a_i)$$

$$h_i(ch_i(n_i, a_i))$$

Abbildung 5.9: Illustration der Vorgehensweise zur Berechnung unterer Schranken in $\mathcal{B}_i$.

Beweis: Sei zunächst $P_{\mathrm{SV}} = T$ und das Blatt n_i' unter den Bedingungen des Lemmas so gewählt, dass $L_i^{\mathrm{SV}}(n_i, n_i')$ minimal ist: $L_i^{\mathrm{SV}}(n_i, n_i') \leq L_i^{\mathrm{SV}}(n_i, n_i'')$ für alle zulässigen Blätter n_i''. Dann korrespondiert n' zu der Handlungssequenz, die in (5.40) konstruiert wird, somit ist $h_i(n_i) = L_i(n_i, n_i')$. Wegen der Wahl von n_i' ist $h_i(n_i) = L_i^{\mathrm{SV}}(n_i, n_i') \leq L_i^{\mathrm{SV}}(n_i, n_i'')$ für alle anderen in Frage kommenden Blätter n_i''.

Im Fall $P_{\mathrm{SV}} < T$ sind die Werte von $h_i(n_i)$ kleiner oder gleich den Werten aus dem ersten Fall. Somit folgt $h_i(n_i) \leq L_i^{\mathrm{SV}}(n_i, n_i'')$ für alle zulässigen Blätter n_i''. $\square$

Das Konzept zur Definition von unteren Schranken lässt sich auch auf die Kollisionsbewertung L^{coll} übertragen. Hierzu werden die Zwei-Fahrzeug-Bäume $\mathcal{B}_{i,j}$ ($1 \leq i < j \leq M$) mit den $L_{i,j}^{\mathrm{coll}}(n_{i,j})$ bis zu einer Tiefe von P_{coll} vorberechnet ($0 \leq P_{\mathrm{coll}} \leq S_{\mathrm{coll}} \leq T$). Da für die Kollisionstests die Fahrzeugpositionen $\mathbf{x}_i(n_i(n_{i,j}))$, $\mathbf{x}_j(n_j(n_{i,j}))$ aus den Einzelfahrzeugbäumen benötigt werden, ist die Forderung $P_{\mathrm{coll}} \leq P_{\mathrm{SV}}$ sinnvoll. Nach dem gleichen Prinzip wie bei den $h_i(n_i)$ lassen sich nun rekursiv untere Schranken $h_{i,j}(n_{i,j})$ für die akkumulierte Kollisionsbewertung berechnen:

$$h_{i,j}(n_{i,j}) := \begin{cases} 0 & \text{falls } k(n_{i,j}) \geq P_{\mathrm{coll}} \\ \min_{a_i \in \mathcal{A}_i} \min_{a_j \in \mathcal{A}_j} \{h_{i,j}(n_{i,j}, a_i, a_j)\} & \text{falls } k(n_{i,j}) < P_{\mathrm{coll}} \end{cases} \tag{5.42a}$$

$$h_{i,j}(n_{i,j}, a_i, a_j) := L_{i,j}^{\mathrm{coll}}(\mathbf{x}(n_{i,j}), (a_i, a_j)^{\mathrm{T}}, t_{k(n_{i,j})+1} - t_{k(n_{i,j})}) + h_{i,j}(ch_{i,j}(n_{i,j}, (a_i, a_j)^{\mathrm{T}})) \tag{5.42b}$$

Die Fahrzeugzustände $\mathbf{x}_i(n_{i,j})$, $\mathbf{x}_j(n_{i,j})$ können den vorberechneten Einzelfahrzeugbäumen $\mathcal{B}_i$ entnommen werden. Dass es sich um untere Schranken für den akkumulierten Kollisionsverlust $L_{i,j}^{\mathrm{coll}}(n_{i,j}, n_{i,j}')$ bis zu einem Blatt $n_{i,j}'$ von $\mathcal{B}_{i,j}$ handelt, lässt sich ähnlich zeigen wie bei den $h_i(n_i)$, weshalb hier auf einen Beweis der folgenden Aussage verzichtet wird.

Lemma 5.2 Der Ausdruck $h_{i,j}(n_{i,j})$ nach (5.42) ist eine untere Schranke für den Verlust $L_{i,j}^{\text{coll}}$, der auf einem Weg von $n_{i,j}$ bis zu einem Blatt $n'_{i,j}$ von $\mathcal{B}_{i,j}$ akkumuliert wird:

Für alle $n_{i,j} \in \mathcal{B}_{i,j}$ und alle $n'_{i,j} \in \mathcal{B}_{i,j}$ mit $k(n'_{i,j}) = T$ und $pa_{i,j}^{(k)}(n'_{i,j}) = n_{i,j}$ für ein k gilt:

$$h_{i,j}(n_{i,j}) \leq L_{i,j}^{\text{coll}}(n_{i,j}, n'_{i,j}) \qquad (5.43)$$

$\square$

Eine untere Schranke für den akkumulierten Verlust $L(n, n')$ bis zu einem Blatt n' des Baums $\mathcal{B}$ der kooperativen Handlungssequenzen erhält man nun als

$$h(n) := \begin{cases} 0 & \text{falls } k(n) \geq P_{\text{SV}} \\ \sum_{i=1}^{M} h_i(n_i(n)) & \text{falls } P_{\text{coll}} \leq k(n) < P_{\text{SV}} \\ \sum_{i=1}^{M} \left(h_i(n_i(n)) + \sum_{j=i+1}^{M} h_{i,j}(n_{i,j}(n)) \right) & \text{falls } k(n) < P_{\text{coll}}. \end{cases}$$

$$(5.44)$$

Es werden also die unteren Schranken aller Fahrzeuge und Fahrzeugpaare aufsummiert, sofern die entsprechende Vorberechnung durchgeführt wurde. Da für jedes Fahrzeug eine Handlungssequenz bis zu einem Blattknoten ausgeführt werden muss, wird für dieses Fahrzeug mindestens der minimal mögliche Verlust $h_i(n_i)$ eintreten. Entsprechendes gilt für die Kollisionsbewertung der Fahrzeugpaare. Formal folgt die Eigenschaft der unteren Schranke aus der additiven Zusammensetzung der Verlustfunktion aus den einzelnen Termen:

Satz 5.3 Gleichung (5.44) liefert eine untere Schranke $h(n)$ für den akkumulierten Verlust $L(n, n')$ bis zu einem Blattknoten von $\mathcal{B}$:

Für alle $n \in \mathcal{B}$ und alle $n' \in \mathcal{B}$ mit $k(n') = T$ und $pa^{(k)}(n') = n$ für ein k gilt:

$$h(n) \leq L(n, n') \qquad (5.45)$$

Beweis: Sei zunächst $P_{\text{coll}} = P_{\text{SV}} = T$.

$$h(n) = \sum_{i=1}^{M} \left(h_i(n_i(n)) + \sum_{j=i+1}^{M} h_{i,j}(n_{i,j}(n)) \right) \qquad (5.46)$$

$$\leq \sum_{i=1}^{M} \left(L_i^{\text{SV}}(n_i(n), n_i(n')) + \sum_{j=i+1}^{M} L_{i,j}^{\text{coll}}(n_{i,j}(n), n_{i,j}(n')) \right) \qquad (5.47)$$

$$= L(n, n') \qquad (5.48)$$

Die Ungleichung folgt aus den vorangegangenen Lemmata 5.1 und 5.2, die letzte Gleichheit aus der Definition des Verlustfunktionals L (5.14), (5.30), seiner Terme L^{coll} (5.17), L^{obst} (5.22d), L^{road} (5.23c), L^{control} (5.25), L^{goal} (5.24c) sowie des Einzelfahrzeugverlusts L_i^{SV} (5.33).

Für $P_{\text{coll}} \leq P_{\text{SV}} < T$ ist der Wert $h(n)$ nach (5.44) kleiner oder gleich dem Wert aus dem ersten Fall. Somit ist auch hier $h(n) \leq L(n, n')$. $\qquad\qquad$ $\square$

Die unteren Schranken $h(n)$ gemäß (5.44) werden im Gegensatz zu den $h_i(n_i)$ und $h_{i,j}(n_{i,j})$ nicht in der Vorverarbeitungsphase berechnet, sondern erst während der Traversierung von $\mathcal{B}$. Der Grund dafür ist, dass diese Werte für jeden Knoten n von $\mathcal{B}$ verschieden sind und daher nicht in den Datenstrukturen $\mathcal{B}_i$, $\mathcal{B}_{i,j}$ gespeichert werden können. Bei der Berechnung von $h(n)$ werden die benötigten $h_i(n_i)$ und $h_{i,j}(n_{i,j})$ in den vorberechneten Einzelfahrzeugbäumen $\mathcal{B}_i$ und Zwei-Fahrzeug-Bäumen $\mathcal{B}_{i,j}$ nachgeschlagen.

Die unteren Schranken stellen eine wichtige Voraussetzung für eine gezieltere und damit schnellere Suche in $\mathcal{B}$ dar. Andererseits ist die Bestimmung der unteren Schranken mit einem zusätzlichen Rechenaufwand verbunden, der gegen den Gewinn bei der Suche abgewogen werden muss. Da die Berechnung pro Knoten konstante Zeit erfordert, ergibt sich der Rechen- und Speicheraufwand für die unteren Schranken $h_i(n_i)$ und $h_{i,j}(n_{i,j})$ nach den Ergebnissen des vorangegangenen Abschnitts zu $\mathcal{O}(M \cdot A_0^{P_{\text{SV}}} + M^2 \cdot A_0^{2P_{\text{coll}}})$. In Anhang A.3.2 ist das Verfahren zur Vorberechnung unterer Schranken im Pseudocode dargestellt.

Nach dem gleichen Prinzip können auch obere Schranken für die Verlustfunktion L berechnet werden, wenn die Minimumbildung in (5.40) und (5.42) durch eine Maximumbildung ersetzt wird. Um korrekte obere Schranken zu erhalten, müssen allerdings die vollständigen Wege zu den Blattknoten betrachtet werden. Daraus ergibt sich zwingend $P_{\text{SV}} = P_{\text{coll}} = T$, sodass ein erheblicher Vorberechnungsaufwand unvermeidlich ist. Versuche haben gezeigt, dass mit vorberechneten oberen Schranken nur in sehr wenigen Fällen eine geringfügige Effizienzsteigerung der Suche erreicht werden kann. Dies liegt vor allem daran, dass in vielen Knoten eine Handlung existiert, die zu einem hohen Verlust durch eine Kollision oder durch das Verlassen der Straße führt. Somit liefert die Maximumbildung bei der Berechnung oberer Schranken häufig keine gute Näherung für den optimalen Verlust.

5.3.6 Suchstrategien

Der Baum $\mathcal{B}$ der kooperativen Handlungssequenzen wird nicht vollständig aufgebaut. Bei der Suche nach der besten Lösung werden nur die benötigten Teilbereiche inkrementell konstruiert. Welche Knoten in welcher Reihenfolge abgearbei-

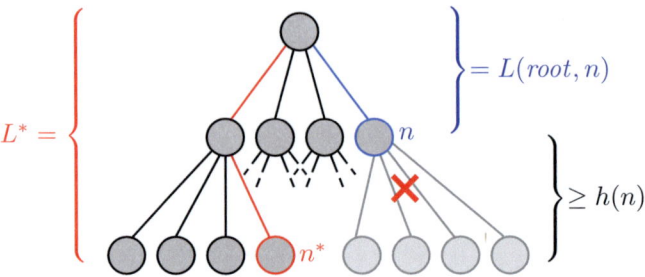

Abbildung 5.10: Kriterium zum Ausschluss eines Teilbaums von der Suche.

tet werden, wird erst während der Suche entschieden. Dieser Abschnitt beschreibt zwei verschiedene Suchstrategien für den Baumsuchalgorithmus. Beide Strategien profitieren erheblich von den vorberechneten unteren Schranken.

5.3.6.1 Branch and Bound

Eine Möglichkeit zur Suche im Baum $\mathcal{B}$ ist die Branch-and-Bound-Strategie [Lawler66, Mehlhorn08]. Die Knoten werden in der Reihenfolge einer Tiefensuche abgearbeitet. Wenn ein Blatt n erreicht wird, ist die vollständige Bewertung der korrespondierenden Handlungssequenz in Form des Verlustfunktionswerts $L(root, n)$ bekannt. Die beste bisher gefundene Handlungssequenz n^* und ihre Bewertung $L^* := L(root, n^*)$ werden gespeichert. Letztere stellt eine obere Schranke für den Verlustfunktionswert der besten Lösung dar.

An einem inneren Knoten n kann sein akkumulierter Verlustfunktionswert $L(root, n)$ mit L^* verglichen werden. Falls $L(root, n) > L^*$ gilt, kann die optimale Handlungssequenz nicht durch n verlaufen. Denn für alle Nachfahren n' von n gilt gemäß den Eigenschaften der Verlustfunktion $L(n, n') \geq 0$, somit ist $L(root, n') = L(root, n) + L(n, n') \geq L(root, n) > L^*$. Daher muss in diesem Fall der Teilbaum mit der Wurzel n nicht weiter betrachtet werden, und die Tiefensuche kann beim Elternknoten $pa(n)$ fortgesetzt werden.

Mit Hilfe der unteren Schranke $h(n)$ kann ein schärferes Kriterium für das Abschneiden von Teilbäumen formuliert werden (Abb. 5.10): Wegen $L(root, n') = L(root, n) + L(n, n') \geq L(root, n) + h(n)$ für alle Blätter n' mit $pa^{(k)}(n') = n$ kann der Teilbaum mit der Wurzel n von der Suche ausgeschlossen werden, falls

$$L(root, n) + h(n) > L^* . \tag{5.49}$$

Die vorberechneten unteren Schranken ermöglichen somit den Ausschluss von Teilbäumen, die nicht die optimale Lösung enthalten. Die Anzahl der besuchten Knoten lässt sich dadurch stark reduzieren (siehe Kapitel 6.3).

Eine weitere Verwendungsmöglichkeit für die unteren Schranken besteht bei der Auswahl des Kindknotens, der als nächster besucht wird. Für jeden Kindknoten $ch(n, \mathbf{a})$ von n wird die untere Schranke $h(ch(n, \mathbf{a}))$ berechnet. Die Kindknoten werden nun in aufsteigender Reihenfolge der Werte $L(ch(n, \mathbf{a})) + h(ch(n, \mathbf{a}))$ abgearbeitet. Mit dieser Heuristik werden gute Lösungen im Durchschnitt früher gefunden als bei zufälliger Auswahl des nächsten Kindknotens. Dadurch erhält man schneller eine niedrige obere Schranke L^*, die ein effektiveres Abschneiden von Teilbäumen ermöglicht.

Der Branch-and-Bound-Algorithmus ist in Anhang A.3.3 im Pseudocode dargestellt. Er hat einen sehr geringen Speicheraufwand, da lediglich der aktuell untersuchte Weg $L(root, n)$ sowie die beste bisher gefundene Lösung n^* und ihre Bewertung L^* im Speicher gehalten werden.

5.3.6.2 A*

Bei der A*-Suche [Hart68] wird die Abarbeitungsreihenfolge der Knoten mit Hilfe einer Bewertungsfunktion $g(n)$ bestimmt. Die bekannten Knoten werden in einer Prioritätswarteschlange gespeichert, die nach dieser Bewertung sortiert ist. Diese Prioritätswarteschlange wird häufig als *open*-Liste bezeichnet. Initialisiert wird die Warteschlange mit dem Startknoten. In dieser Anwendung ist dies die Wurzel von $\mathcal{B}$. Unter den bekannten Knoten in der Warteschlange wird derjenige mit minimalem $g(n)$ ausgewählt. Seine Kindknoten $ch(n, \mathbf{a})$ werden generiert, mittels g bewertet und in die Prioritätswarteschlange eingefügt.

Die Bewertungsfunktion $g(n)$ wird mit Hilfe der unteren Schranke $h(n)$ wie folgt definiert:

$$g(n) := L(root, n) + h(n) \tag{5.50}$$

Bei der A*-Suche muss die Funktion $h(n)$, die in diesem Kontext häufig als Heuristikfunktion bezeichnet wird, eine untere Schranke für den akkumulierten Verlust $L(n, n')$ zu einem Zielpunkt n' liefern, damit die Optimalität des Ergebnisses garantiert ist [Russell03]. Mit $h(n)$ aus (5.44) ist diese Forderung nach Satz 5.3 erfüllt.

Bei der Anwendung zur kooperativen Bewegungsplanung stellt jedes Blatt von $\mathcal{B}$ einen möglichen Zielpunkt dar. Die Suche terminiert, wenn das erste Mal ein Blatt zur weiteren Verarbeitung ausgewählt wird. Dieses Blatt n^* entspricht der optimalen Handlungssequenz.

Da die Suchstrategie auf einen Baum angewandt wird, ergeben sich einige Verein-fachungen gegenüber dem allgemeinen A*-Algorithmus. Jeder Knoten n kann von der Wurzel aus auf genau einem Weg erreicht werden. Daher kann es nicht passie-ren, dass ein anderer Weg mit einem geringeren Verlustfunktionswert $L(root, n)$ gefunden wird. Bei der Generierung des Knotens n ist also sofort der optimale akkumulierte Verlust $L(root, n)$ bekannt. Nachträgliche Änderungen an Knoten, die bereits in die Prioritätswarteschlange eingefügt wurden, sind daher nicht erfor-derlich. Außerdem kann auf die so genannte *closed*-Liste verzichtet werden, in der normalerweise die abgearbeiteten Knoten gespeichert werden. Denn ein bereits abgearbeiteter Knoten kann nicht nochmals angetroffen werden, da Bäume keine Zyklen enthalten.

In der Prioritätswarteschlange werden von einem Knoten n sein Identifikator, sein akkumulierter Verlustfunktionswert $L(root, n)$ und seine Bewertung $g(n)$ gespei-chert. Im Fall $k(n) > S_{SV}$ muss zusätzlich der Zustandsvektor $\mathbf{x}(n)$ gespeichert werden, der ansonsten in den $\mathcal{B}_i$ nachgeschlagen werden kann. Die Handlungs-sequenz zu der Lösung n^* kann rekursiv aus dem Identifikator des Knotens re-konstruiert werden. Die Einzelheiten dieses Verfahrens und der Pseudocode der A*-Suche werden in Anhang A.3.4 dargestellt.

Im Unterschied zur Branch-and-Bound-Suche, die schnell zu einem Blatt absteigt, um eine obere Schranke L^* zu erhalten, zeigt A* eher ein Breitensuchverhalten. Dadurch kann häufig das Besuchen suboptimaler Knoten in den tieferen Schichten vermieden werden. Erkauft wird dieser Vorteil durch die zusätzlichen Kosten für die Prioritätswarteschlange. Der Rechenaufwand für die benötigten Operationen INSERT und REMOVEMINIMUM ist logarithmisch in der Größe der Warteschlan-ge, sodass die Abarbeitung eines Knotens nicht mehr in konstanter Zeit möglich ist. Im schlimmsten Fall kann die Warteschlange alle $A_0^{M \cdot T}$ Blätter enthalten. Da-her ist auch ihr Speicheraufwand von erheblicher Bedeutung.

5.3.7 Analyse der Vollständigkeit

Ein wichtiges Kriterium bei der Analyse von Bewegungsplanungsalgorithmen ist der Begriff der Vollständigkeit bezüglich eines Auflösungsparameters. Viele Al-gorithmen verfügen über Auflösungsparameter, die typischerweise einen Abtast-schritt beschreiben [Choset05, Anhang G.3].

Definition 5.4 (Vollständigkeit bezüglich eines Auflösungsparameters)
Ein Bewegungsplanungsalgorithmus heißt vollständig bezüglich eines Auflö-sungsparameters bzw. Auflösungsparametervektors, falls er für eine geeignete Wahl der Parameter jedes Bewegungsplanungsproblem lösen kann, für das eine kollisionsfreie Lösung existiert [Latombe91, Kapitel 6].

Durch eine schrittweise Verfeinerung der Abtastung kann jede existierende Lösung in endlicher Zeit gefunden werden [LaValle06, Kapitel 5]. Wenn mit dem gewählten Auflösungsparameter keine Lösung gefunden werden kann, wird die Abtastung in der nächsten Iteration verfeinert. Falls keine Lösung existiert, terminiert der Algorithmus nicht.

Beim vorgeschlagenen Baumsuchalgorithmus zur kooperativen Bewegungsplanung werden an mehreren Stellen Diskretisierungen vorgenommen. Über eine geeignete Parametrierung dieser Diskretisierungsschritte lässt sich die Vollständigkeit bezüglich der Auflösung zeigen. Zunächst wird von der Zeitdiskretisierung eine Einschränkung des Lösungsraums verursacht. Zur Vereinfachung der Analyse werden in diesem Abschnitt äquidistante Entscheidungszeitpunkte $t_k = k \cdot \Delta t$ angenommen. Das Zeitintervall Δt hängt dann wie folgt mit dem Planungshorizont t_h und der Anzahl der Entscheidungszeitpunkte T zusammen: $t_h = T \cdot \Delta t$.

Die diskreten Handlungen wurden in Abschnitt 5.3.2.2 aus einem zweidimensionalen Kontinuum ausgewählt. Für die Analyse der Vollständigkeit werden die Handlungen nun über den Beschleunigungsvektor in Polarkoordinatendarstellung parametriert:

$$\begin{pmatrix} acc_i \\ acc_{i,\text{lat}} \end{pmatrix} = acc_{i,\text{res}} \cdot \begin{pmatrix} \cos \theta_i \\ \sin \theta_i \end{pmatrix} \tag{5.51}$$

Den Lenkwinkel α_i erhält man dann aus (5.9). Zur Sicherstellung der Vollständigkeit bezüglich der Auflösung genügt es, wenn die Diskretisierung $\Delta \theta_i$ der Richtung θ_i verfeinert wird. Der Betrag $acc_{i,\text{res}}$ wird unter Einhaltung von (5.12) maximal gewählt, d. h. der Beschleunigungsvektor liegt stets auf der Begrenzungslinie des Kamm'schen Kreises [Schmidt06]. Alle Beschleunigungsvektoren innerhalb des Kreises lassen sich für $\Delta t \rightarrow 0$ durch mehrere aufeinanderfolgende Beschleunigungen mit maximalem Betrag beliebig genau approximieren.

Schließlich werden bei der Modellierung der Geometrie von Fahrzeugen, Hindernissen und Straßen Approximationen vorgenommen, die ebenfalls die Vollständigkeit einschränken können. Hierfür wird der Parameter ε_G eingeführt, der die maximale Abweichung der Modelle von der tatsächlichen Geometrie quantifiziert. Diese Abweichung lässt sich durch die Verfeinerung der Modelle beliebig reduzieren.

Satz 5.5 (Vollständigkeit des Baumsuchplaners) Der Baumsuchalgorithmus ist vollständig bezüglich der Auflösungsparameter Δt, $\Delta \theta_i$ und ε_G.

Beweis: Sei $\gamma(t)$ eine zulässige Lösungstrajektorie eines Bewegungsplanungsproblems. Zu zeigen ist, dass der Algorithmus für geeignete Auflösungsparameter diese Trajektorie finden kann.

Zu den Einzelfahrzeugtrajektorien $\gamma_i(t)$ lassen sich die Beschleunigungsvektoren berechnen, die (5.12) erfüllen müssen. Wie oben erläutert, kann die Abfolge dieser Beschleunigungsvektoren für $\Delta\theta_i \rightarrow 0$ und $\Delta t \rightarrow 0$ beliebig genau approximiert werden. Da der Baumsuchalgorithmus beliebige Sequenzen von Handlungen aus $\mathcal{A}_i$ zulässt, kann auch $\gamma_i(t)$ beliebig genau approximiert werden.

Da alle Kombinationen von Einzelfahrzeughandlungen im Baum $\mathcal{B}$ enthalten sind, kann der Algorithmus auch die entsprechende kooperative Handlungssequenz und die Trajektorie $\gamma(t)$ finden. Zudem ist für $\varepsilon_G \rightarrow 0$ sichergestellt, dass der Algorithmus die Trajektorie als kollisionsfrei erkennt.   □

Die praktische Anwendung dieses Ergebnisses ist kaum möglich: Die für eine annähernde Vollständigkeit notwendige Verfeinerung der Zeit- und Handlungsdiskretisierung lässt sich bei weitem nicht erreichen, da der Rechenaufwand bereits deutlich früher so stark ansteigt, dass eine echtzeitfähige Implementierung unerreichbar scheint. Die Vollständigkeit des Baumsuchverfahrens leidet insbesondere unter einer groben Zeitdiskretisierung, wie in Kapitel 6.4 gezeigt wird.

Der Wert des obigen Satzes liegt vielmehr in der Erkenntnis, dass die Vollständigkeit des Baumsuchplaners ausschließlich durch die genannten Diskretisierungsschritte eingeschränkt wird. Der Algorithmus selbst ist prinzipiell vollständig bezüglich der Auflösungsparameter. Die Approximationen kommen in der Modellierung aus Abschnitt 5.3.2 explizit zum Ausdruck. Damit unterscheidet sich das Baumsuchverfahren von zahlreichen anderen Bewegungsplanern, die aufgrund von Entkopplungsannahmen, einer lokalen Sichtweise oder der Beschränkung auf bestimmte Klassen von Modellen keine Vollständigkeit erreichen können.

5.4 Gemischt-ganzzahlige lineare Programmierung

Das Problem der kooperativen Kollisionsvermeidung im Straßenverkehr wird in diesem Abschnitt als gemischt-ganzzahliges lineares Programm modelliert. Als Grundlage dienen die in Abschnitt 2.3.5.3 erwähnten Arbeiten zur kooperativen Bewegungsplanung für Flugzeuge mittels gemischt-ganzzahliger linearer Programmierung (MILP). Die wesentlichen Erweiterungen für die Anwendung im Straßenverkehr sind eine genauere Berücksichtigung der Fahrzeuggeometrie (Abschnitt 5.4.2), die Modellierung des Straßennetzes (Abschnitt 5.4.3) und die Elimination von binären Variablen durch Erreichbarkeitsbetrachtungen (Abschnitt 5.4.4).

5.4.1 Fahrzeugmodell

Die geplante Bewegung eines Fahrzeugs c_i wird durch eine zeitdiskrete Folge von Positionen $\mathbf{p}_{i,k} = (x_{i,k}, y_{i,k})^{\mathrm{T}}$, $k = 0, \ldots, T$, beschrieben. Es wird eine äquidistante Zeitdiskretisierung mit Abtastintervall Δt verwendet, sodass die Fahrzeugposition $\mathbf{p}_{i,k}$ dem Zeitpunkt $k \cdot \Delta t$ zugeordnet ist. Die Geschwindigkeiten zu den Abtastzeitpunkten werden vektoriell modelliert, $\mathbf{vel}_{i,k} = (vel_{i,k,\mathrm{x}}, vel_{i,k,\mathrm{y}})^{\mathrm{T}}$, wobei die beiden Komponenten des Vektors den Geschwindigkeiten entlang der Achsen des Koordinatensystems entsprechen. Die Orientierung des Fahrzeugs in der Ebene ergibt sich implizit aus der Abfolge der Positions- und Geschwindigkeitsvektoren.

Die Handlungen eines Fahrzeugs werden durch seine vektoriellen Beschleunigungen zu den Abtastzeitpunkten beschrieben: $\mathbf{acc}_{i,k} = (acc_{i,k,\mathrm{x}}, acc_{i,k,\mathrm{y}})^{\mathrm{T}}$. Im Gegensatz zum Baumsuchverfahren aus dem vorangegangenen Abschnitt muss hier keine Diskretisierung der Handlungsoptionen vorgenommen werden. Positionen $\mathbf{p}_{i,k}$, Geschwindigkeiten $\mathbf{vel}_{i,k}$ und Beschleunigungen $\mathbf{acc}_{i,k}$, $i = 1, \ldots, M$, $k = 1, \ldots, T$, stellen die kontinuierlichen Variablen des gemischt-ganzzahligen linearen Programms dar. Die beiden Vektoren $\mathbf{p}_{i,0}$ und $\mathbf{vel}_{i,0}$ bilden den Anfangszustand des Fahrzeugs ab und sind daher Konstanten.

Die Bewegungsgleichungen des Fahrzeugs werden in Form von Nebenbedingungen an diese Variablen spezifiziert. Das Zustandsraummodell (5.6) kann allerdings nicht verwendet werden, da es Nichtlinearitäten enthält. Stattdessen wird die Fahrzeugdynamik durch die folgenden linearen Gleichungen beschrieben:

$$\mathbf{vel}_{i,k} = \mathbf{vel}_{i,k-1} + \Delta t \cdot \mathbf{acc}_{i,k} \tag{5.52a}$$

$$\mathbf{p}_{i,k} = \mathbf{p}_{i,k-1} + \Delta t \cdot \mathbf{vel}_{i,k-1} + \tfrac{1}{2} \cdot (\Delta t)^2 \cdot \mathbf{acc}_{i,k} \tag{5.52b}$$

$$k = 1, \ldots, T, \qquad i = 1, \ldots, M \tag{5.52c}$$

Die Rotation des Fahrzeugs kann nicht explizit berücksichtigt werden, da hierfür nichtlineare trigonometrische Funktionen benötigt werden.

Für die Geschwindigkeiten und Beschleunigungen werden Schranken definiert, die aus den dynamischen Fähigkeiten der Fahrzeuge abgeleitet werden (vgl. Abschnitt 5.3.2.1). Die Beschränkungen durch die nichtholonome Kinematik, die vor allem bei niedrigen Geschwindigkeiten relevant sind, werden nicht explizit modelliert, da sie sich nicht linear formulieren lassen. Die vorgestellte MILP-Bewegungsplanung ist daher bei niedrigen Geschwindigkeiten nur eingeschränkt anwendbar.

Die Dynamik wird durch Intervalle für die Beschleunigungswerte sowie durch eine lineare Approximation des Kamm'schen Kreises modelliert. Bezogen auf die

Orientierung $\phi_{i,0}$ des Fahrzeugs im Anfangszustand können die Intervalle der Beschleunigungsfähigkeit wie folgt formuliert werden:

$$\cos(\phi_{i,0}) \cdot acc_{i,k,\mathrm{x}} + \sin(\phi_{i,0}) \cdot acc_{i,k,\mathrm{y}} \leq acc_{i,\mathrm{max}} \tag{5.53a}$$

$$\cos(\phi_{i,0}) \cdot acc_{i,k,\mathrm{x}} + \sin(\phi_{i,0}) \cdot acc_{i,k,\mathrm{y}} \geq acc_{i,\mathrm{min}} \tag{5.53b}$$

$$-\sin(\phi_{i,0}) \cdot acc_{i,k,\mathrm{x}} + \cos(\phi_{i,0}) \cdot acc_{i,k,\mathrm{y}} \leq acc_{i,\mathrm{lat,max}} \tag{5.53c}$$

$$-\sin(\phi_{i,0}) \cdot acc_{i,k,\mathrm{x}} + \cos(\phi_{i,0}) \cdot acc_{i,k,\mathrm{y}} \geq -acc_{i,\mathrm{lat,max}} \tag{5.53d}$$

$$k = 1, \ldots, T, \qquad i = 1, \ldots, M \tag{5.53e}$$

Die Nebenbedingungen werden in Bezug auf die Anfangsorientierung $\phi_{i,0}$ formuliert, weil die spätere Orientierung während der geplanten Bewegung im linearen Modell nicht berechnet werden kann. Nach einer geplanten Lenkbewegung werden die fahrdynamischen Begrenzungen daher nur noch näherungsweise abgebildet. Dadurch ist die Anwendbarkeit des MILP-Verfahrens bei Kurvenfahrten mit größeren Orientierungsänderungen eingeschränkt.

Die nichtlineare Ungleichung der Kamm'schen Kreisscheibe lässt sich gut durch die Ungleichungen eines regelmäßigen N-Ecks annähern [Richards02, Niedringhaus95]. Bei N_{Kamm} Eckpunkten erhält man folgende Nebenbedingungen (Abb. 5.11):

$$\cos\left(\phi_{i,0} + \frac{2 \cdot \pi \cdot l}{N_{\mathrm{Kamm}}}\right) \cdot acc_{i,k,\mathrm{x}} + \sin\left(\phi_{i,0} + \frac{2 \cdot \pi \cdot l}{N_{\mathrm{Kamm}}}\right) \cdot acc_{i,k,\mathrm{y}}$$
$$\leq \cos\left(\frac{\pi}{N_{\mathrm{Kamm}}}\right) \cdot \mu_i \cdot g_{\mathrm{e}} \tag{5.54a}$$

$$l = 1, \ldots, N_{\mathrm{Kamm}}, \qquad k = 1, \ldots, T, \qquad i = 1, \ldots, M \tag{5.54b}$$

Der Faktor $\cos(\frac{\pi}{N_{\mathrm{Kamm}}}) < 1$ bewirkt eine konservative Approximation durch das einbeschriebene N_{Kamm}-Eck [Bronstejn00, Abschnitt 3.1.5.2]. Im Allgemeinen sind einige Ungleichungen der Systeme (5.53) und (5.54) redundant.

In ähnlicher Weise können Schranken für die Geschwindigkeiten $\mathbf{vel}_{i,k}$ definiert werden, sodass ihr Betrag näherungsweise im Intervall $[0, vel_{\mathrm{max}}]$ liegt.

Als zu minimierende Zielfunktion kann der Betrag der Beschleunigungen verwendet werden [Richards02, Fierro05]. Diese Zielfunktion ist analog zum Term L^{control} des Verlustfunktionals aus Abschnitt 5.3.2.3. Die übrigen Anforderungen werden in der MILP-Formulierung durch harte Nebenbedingungen erzwungen und müssen daher nicht in die Zielfunktion aufgenommen werden.

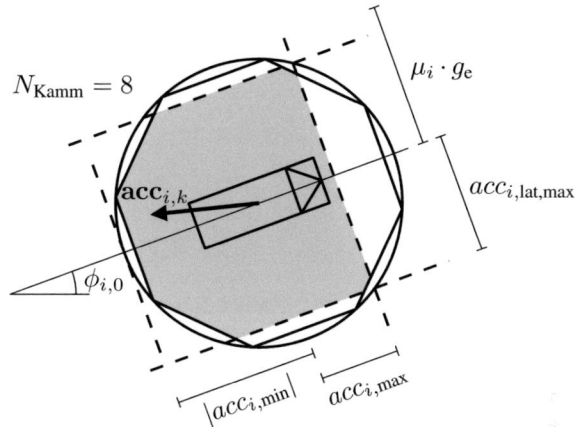

Abbildung 5.11: Zulässiger Bereich für den Beschleunigungsvektor $\mathbf{acc}_{i,k}$ in der MILP-Formulierung.

Zur Modellierung der Beträge der Beschleunigungen werden zunächst Hilfsvariable $accabs_{i,k,\mathrm{x}}$, $accabs_{i,k,\mathrm{y}}$ eingeführt. Mit Hilfe der folgenden Ungleichungen lässt sich die nichtlineare Betragsfunktion abbilden:

$$accabs_{i,k,\mathrm{x}} > acc_{i,k,\mathrm{x}} \tag{5.55a}$$

$$accabs_{i,k,\mathrm{x}} > -acc_{i,k,\mathrm{x}} \tag{5.55b}$$

$$accabs_{i,k,\mathrm{y}} > acc_{i,k,\mathrm{y}} \tag{5.55c}$$

$$accabs_{i,k,\mathrm{y}} > -acc_{i,k,\mathrm{y}} \tag{5.55d}$$

$$k = 1, \ldots, T, \qquad i = 1, \ldots, M \tag{5.55e}$$

Das Optimierungskriterium kann nun wie folgt formuliert werden:

$$\min \sum_{k=1}^{T} \sum_{i=1}^{M} \left(accabs_{i,k,\mathrm{x}} + accabs_{i,k,\mathrm{y}} \right) \tag{5.56}$$

5.4.2 Kollisionsvermeidung

Die Kollisionsvermeidung zwischen den kooperierenden Fahrzeugen c_i und c_j lässt sich erreichen, indem ein Mindestabstand zwischen den Fahrzeugpositionen $\mathbf{p}_{i,k}$ und $\mathbf{p}_{j,k}$ mit gleichem Zeitindex k erzwungen wird. In Arbeiten zur Bewegungsplanung für Flugzeuge wird meistens ein quadratischer Sicherheitsbereich vorgegeben, in dem sich kein anderes Flugzeug befinden darf [Richards02]. Um die Kollisionsfreiheit sicherzustellen, kann die Position des zweiten Flugzeugs auf einer beliebigen Seite außerhalb des Quadrats liegen. Daher erhält man für ein achsenparalleles Quadrat mit Seitenlänge $d_{i,j}$ folgende Bedingungen:

$$x_{j,k} > x_{i,k} + d_{i,j} \tag{5.57a}$$

$$\lor \quad x_{j,k} < x_{i,k} - d_{i,j} \tag{5.57b}$$

$$\lor \quad y_{j,k} > y_{i,k} + d_{i,j} \tag{5.57c}$$

$$\lor \quad y_{j,k} < y_{i,k} - d_{i,j} \tag{5.57d}$$

Die Lösung eines MILPs muss alle Nebenbedingungen gleichzeitig erfüllen. Um die Kollisionsvermeidung im MILP formulieren zu können, müssen die logischen Oder-Verknüpfungen aus (5.57) in Und-Verknüpfungen umgewandelt werden. Dazu wird ein Standardverfahren aus der MILP-Modellierung eingesetzt [Sierksma96]. Es werden binäre Variable $b^{\text{coll}}_{i,j,k,l}$ eingeführt, um zu erreichen, dass nur eine der Ungleichungen erfüllt sein muss:

$$-x_{i,k} + x_{j,k} + K \cdot b^{\text{coll}}_{i,j,k,1} > d_{i,j} \tag{5.58a}$$

$$x_{i,k} - x_{j,k} + K \cdot b^{\text{coll}}_{i,j,k,2} > d_{i,j} \tag{5.58b}$$

$$-y_{i,k} + y_{j,k} + K \cdot b^{\text{coll}}_{i,j,k,3} > d_{i,j} \tag{5.58c}$$

$$y_{i,k} - y_{j,k} + K \cdot b^{\text{coll}}_{i,j,k,4} > d_{i,j} \tag{5.58d}$$

$$\sum_{l=1}^{4} b^{\text{coll}}_{i,j,k,l} \leq 3 \tag{5.58e}$$

$$b^{\text{coll}}_{i,j,k,l} \in \{0,1\}, \qquad l = 1, \ldots, 4 \tag{5.58f}$$

$$k = 1, \ldots, T, \quad i = 1, \ldots, M, \quad j = i+1, \ldots, M \tag{5.58g}$$

Darin ist $K \gg 0$ eine Konstante, die größer ist als alle anderen auftretenden Werte. Somit ist im Fall $b^{\text{coll}}_{i,j,k,l} = 1$ die entsprechende Ungleichung erfüllt. Wegen (5.58e) muss $b^{\text{coll}}_{i,j,k,l} = 0$ für mindestens ein l gelten, sodass mindestens eine der oder-verknüpften Ungleichungen (5.57) greift und die Kollisionsvermeidung sicherstellt.

Nach dem gleichen Prinzip kann auch die Vermeidung von Kollisionen mit Hindernissen modelliert werden. Anstatt der Positionsvariablen $\mathbf{p}_{j,k}$ sind die konstanten Hindernispositionen $\mathbf{p}^{\text{obst}}_{j,k} = (x^{\text{obst}}_{j,k}, y^{\text{obst}}_{j,k})^{\text{T}}$ einzusetzen. Die Sicherheitsabstände $d^{\text{obst}}_{i,j}$ können in Abhängigkeit der Hindernisgeometrie gewählt werden. Die entsprechenden binären Variablen werden mit $b^{\text{obst}}_{i,j,k,l}$ bezeichnet.

Für die vorliegende Anwendung erreicht ein quadratisches Geometriemodell der Fahrzeuge nicht die erforderliche Genauigkeit: Um die Kollisionsfreiheit sicherzustellen, müsste eine konservative Überapproximation der Fahrzeuggeometrie gewählt werden, die das Passieren zweier Fahrzeuge auf benachbarten Fahrspuren unmöglich macht. Daher werden im Folgenden zwei Möglichkeiten untersucht, wie im Rahmen der linearen Modellierung eine detailliertere Geometriebeschreibung konstruiert werden kann.

5.4.2.1 Berücksichtigung der Vorgänger- und Nachfolgerpositionen

Ein denkbarer Ansatz zur genaueren Modellierung der Fahrzeuggeometrie ist eine Überdeckung durch mehrerer Quadrate. Die relative Lage dieser Quadrate bezogen auf den Fahrzeugreferenzpunkt $p_{i,k}$ hängt jedoch von der Orientierung des Fahrzeugs ab, die im linearen Modell nicht verfügbar ist. Einen möglichen Ausweg bieten die kinematischen und dynamischen Nebenbedingungen der Fahrzeugbewegung, die einen Zusammenhang zwischen Geometrie und Positionen des Fahrzeugs herstellen: Bei geeigneter Zeitdiskretisierung befindet sich die Fahrzeugfront zum Zeitschritt k ungefähr dort, wo zum Zeitschritt $k+1$ der Referenzpunkt $p_{i,k+1}$ liegt. Analog dazu stimmt die Position des Fahrzeughecks zum Zeitschritt k ungefähr mit der Lage des Referenzpunkts $p_{i,k-1}$ im vorangehenden Zeitschritt überein. Dieser Zusammenhang kann genutzt werden, um die Fahrzeuggeometrie beispielsweise durch drei überlappende achsenparallele Quadrate zu approximieren (Abb. 5.12(a)). Der Sicherheitsabstand $d_{i,j}$ kann nun geringer gewählt werden, sodass zwei Fahrzeuge auf benachbarten Fahrspuren aneinander vorbeifahren können. Für das gemischt-ganzzahlige lineare Programm ergeben sich zusätzlich zum System (5.58) die folgenden Nebenbedingungen:

$$-x_{i,k+1} + x_{j,k} + K \cdot b_{i,j,k,5}^{\text{coll}} > d_{i,j} \tag{5.59a}$$

$$x_{i,k+1} - x_{j,k} + K \cdot b_{i,j,k,6}^{\text{coll}} > d_{i,j} \tag{5.59b}$$

$$-y_{i,k+1} + y_{j,k} + K \cdot b_{i,j,k,7}^{\text{coll}} > d_{i,j} \tag{5.59c}$$

$$y_{i,k+1} - y_{j,k} + K \cdot b_{i,j,k,8}^{\text{coll}} > d_{i,j} \tag{5.59d}$$

$$\sum_{l=5}^{8} b_{i,j,k,l}^{\text{coll}} \leq 3 \tag{5.59e}$$

$$b_{i,j,k,l} \in \{0,1\}, \qquad l = 5,\ldots,8 \tag{5.59f}$$

$$k = 0,\ldots,T-1, \quad i = 1,\ldots,M, \quad j = i+1,\ldots,M \tag{5.59g}$$

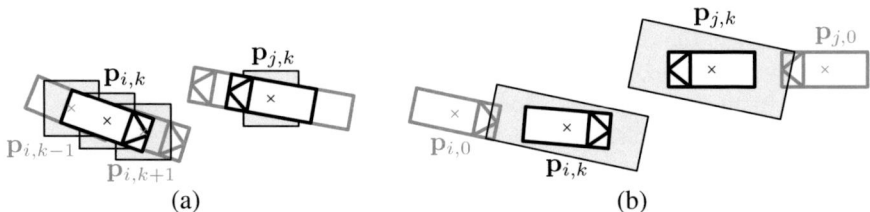

(a)   (b)

Abbildung 5.12: Alternative Modellierungen der Kollisionsvermeidung. (a) Berücksichtigung von Vorgänger- und Nachfolgerpositionen, (b) rechteckige Fahrzeuggeometrie.

$$-x_{i,k-1} + x_{j,k} + K \cdot b^{\text{coll}}_{i,j,k,9} > d_{i,j} \tag{5.60a}$$

$$x_{i,k-1} - x_{j,k} + K \cdot b^{\text{coll}}_{i,j,k,10} > d_{i,j} \tag{5.60b}$$

$$-y_{i,k-1} + y_{j,k} + K \cdot b^{\text{coll}}_{i,j,k,11} > d_{i,j} \tag{5.60c}$$

$$y_{i,k-1} - y_{j,k} + K \cdot b^{\text{coll}}_{i,j,k,12} > d_{i,j} \tag{5.60d}$$

$$\sum_{l=9}^{12} b^{\text{coll}}_{i,j,k,l} \leq 3 \tag{5.60e}$$

$$b^{\text{coll}}_{i,j,k,l} \in \{0,1\}, \qquad l = 9, \dots, 12 \tag{5.60f}$$

$$k = 1, \dots, T, \quad i = 1, \dots, M, \quad j = i+1, \dots, M \tag{5.60g}$$

Die Abstände $d_{i,j}$ müssen an die auftretenden Fahrzeuggeschwindigkeiten und an das Abtastintervall Δt angepasst werden. Je stärker die Geschwindigkeiten variieren, desto konservativer muss die Approximation gestaltet werden, und desto stärker wird die Menge der zulässigen kooperativen Bewegungspläne eingeschränkt. Ein weiterer Nachteil dieser Vorgehensweise ist die deutlich größere Anzahl binärer Variabler, die einen steigenden Rechenaufwand zur Folge hat.

Dieses Vorgehen lässt sich auf eine Überdeckung des Fahrzeugs mit einer größeren Anzahl von Quadraten verallgemeinern, indem weitere zeitlich benachbarte Positionen berücksichtigt werden. Außerdem können anstelle von Quadraten beliebige regelmäßige Polygone mit $N_{i,j,k}$ Kanten verwendet werden, ähnlich wie bei der Approximation des Kamm'schen Kreis im Gleichungssystem (5.54). Auf diese Verfeinerungen wird hier verzichtet, da sie mit einer weiteren Erhöhung des Rechenaufwands verbunden sind.

5.4.2.2 Rechteckige Fahrzeuggeometrie

Eine Alternative zur Miteinbeziehung der zeitlich benachbarten Positionen ist die Approximation der Fahrzeuggeometrie durch ein Rechteck mit fester Orientierung. Dieses Vorgehen erfolgt unter der Annahme einer beschränkten Orientierungsänderung des Fahrzeugs während des Planungshorizonts. Bei höheren Geschwindigkeiten und geringer Fahrspurkrümmung ist diese Annahme häufig gerechtfertigt. Die Orientierung des Rechtecks wird entsprechend der Anfangsorientierung $\phi_{i,0}$ gewählt (Abb. 5.12(b)). Wegen der Zeitdiskretisierung und der Vernachlässigung von Orientierungsänderungen müssen die Abmessungen $d_{i,j,\mathrm{x}}$, $d_{i,j,\mathrm{y}}$ der Rechtecke die Fahrzeuggeometrie überapproximieren. Mit dem Rechteckmodell erhält man folgende Nebenbedingungen, die das System (5.58) ersetzen:

$$\begin{pmatrix} \cos\phi_{i,0} & \sin\phi_{i,0} \end{pmatrix} \cdot \begin{pmatrix} -x_{i,k} + x_{j,k} \\ -y_{i,k} + y_{j,k} \end{pmatrix} + K \cdot b^{\mathrm{coll}}_{i,j,k,1} > d_{i,j,\mathrm{x}} \qquad (5.61\mathrm{a})$$

$$\begin{pmatrix} \cos\phi_{i,0} & \sin\phi_{i,0} \end{pmatrix} \cdot \begin{pmatrix} x_{i,k} - x_{j,k} \\ y_{i,k} - y_{j,k} \end{pmatrix} + K \cdot b^{\mathrm{coll}}_{i,j,k,2} > d_{i,j,\mathrm{x}} \qquad (5.61\mathrm{b})$$

$$\begin{pmatrix} -\sin\phi_{i,0} & \cos\phi_{i,0} \end{pmatrix} \cdot \begin{pmatrix} -x_{i,k} + x_{j,k} \\ -y_{i,k} + y_{j,k} \end{pmatrix} + K \cdot b^{\mathrm{coll}}_{i,j,k,3} > d_{i,j,\mathrm{y}} \qquad (5.61\mathrm{c})$$

$$\begin{pmatrix} -\sin\phi_{i,0} & \cos\phi_{i,0} \end{pmatrix} \cdot \begin{pmatrix} x_{i,k} - y_{j,k} \\ y_{i,k} - y_{j,k} \end{pmatrix} + K \cdot b^{\mathrm{coll}}_{i,j,k,4} > d_{i,j,\mathrm{y}} \qquad (5.61\mathrm{d})$$

$$\sum_{l=1}^{4} b^{\mathrm{coll}}_{i,j,k,l} \leq 3 \qquad (5.61\mathrm{e})$$

$$b^{\mathrm{coll}}_{i,j,k,l} \in \{0,1\}, \qquad l = 1,\dots,4 \qquad (5.61\mathrm{f})$$

$$k = 1,\dots,T, \quad i = 1,\dots,M, \quad j = i+1,\dots,M \qquad (5.61\mathrm{g})$$

Bei der Festlegung der Abstände $d_{i,j,\mathrm{x}}$, $d_{i,j,\mathrm{y}}$ werden die Anfangsbedingungen $\phi_{i,0}$, $\phi_{j,0}$ und $vel_{i,0}$, $vel_{j,0}$ sowie das Abtastintervall Δt berücksichtigt.

5.4.3 Modellierung der Straßenfläche

Die Begrenzung der befahrbaren Straßenfläche stellt eine zusätzliche Nebenbedingung dar, die im Luftverkehr nicht auftritt. Prinzipiell ist es zwar möglich, alle Bereiche außerhalb des Straßennetzes als Hindernisse aufzufassen und wie oben beschrieben in das Modell aufzunehmen. Es ist jedoch naheliegender, die Fahrzeugpositionen $\mathbf{p}_{i,k}$ auf Enthaltensein in der Straßenfläche zu überprüfen. Auf

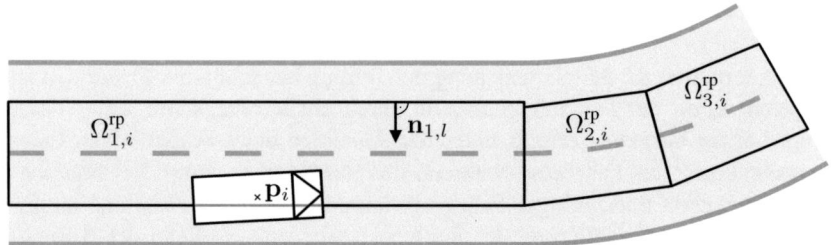

Abbildung 5.13: Approximation der zulässigen Straßenfläche durch konvexe Polygone (speziell Vierecke, $E_r = 4$).

diese Weise werden i. d. R. weniger binäre Variable benötigt als bei der Hindernismodellierung, sodass eine schnellere Lösung des MILPs möglich sein sollte.

Die zulässige Straßenfläche wird in R konvexe Polygone partitioniert (Abb. 5.13). Die mögliche Größe der Polygone hängt vom Straßenverlauf ab: Gerade Straßenabschnitte können als einzelnes Rechteck modelliert werden, während mit zunehmender Krümmung des Straßenverlaufs eine feinere Zerlegung erforderlich wird. Ein Polygon $\Omega_{r,i}^{\mathrm{rp}}$ ist die Schnittmenge von E_r Halbebenen, die durch Ungleichungen in Normalenform beschrieben werden. Ein Punkt $\mathbf{p}_{i,k} = (x_{i,k}, y_{i,k})^{\mathrm{T}}$ ist genau dann im Polygon enthalten, wenn er die folgenden E_r Ungleichungen erfüllt:

$$n_{r,l,\mathrm{x}} \cdot x_{i,k} + n_{r,l,\mathrm{y}} \cdot y_{i,k} \geq d_{r,l,i} , \qquad l = 1, \dots, E_r \qquad (5.62)$$

An den Polygonkanten, die den Straßenrand modellieren, wird die Fahrzeuggeometrie mit eingerechnet, wodurch $d_{r,l,i}$ vom Fahrzeug c_i abhängt. Hierbei muss eine Approximation vorgenommen werden, weil die Information über die Orientierung des Fahrzeugs im linearen Modell nicht vorliegt.

Jedes Fahrzeug muss sich zu jedem Zeitpunkt in einem der Polygone $\Omega_{r,i}^{\mathrm{rp}}$ befinden. Um diese Oder-Verknüpfung abzubilden, werden binäre Variable $b_{i,k,r}^{\mathrm{road}}$ eingeführt. Es ist $b_{i,k,r}^{\mathrm{road}} = 0$, wenn $p_{i,k}$ in $\Omega_{r,i}^{\mathrm{rp}}$ enthalten ist. Die Nebenbedingungen für die übrigen $R-1$ Polygone werden durch $b_{i,k,r}^{\mathrm{road}} = 1$ außer Kraft gesetzt. Insgesamt ergibt sich damit die folgende Formulierung für die Berücksichtigung des Straßennetzes in der MILP-Bewegungsplanung:

$$n_{r,l,\mathrm{x}} \cdot x_{i,k} + n_{r,l,\mathrm{y}} \cdot y_{i,k} + K \cdot b_{i,k,r}^{\mathrm{road}} \geq d_{r,l,i} , \qquad l = 1, \dots, E_r \qquad (5.63a)$$

$$\sum_{r=1}^{R} b_{i,k,r}^{\mathrm{road}} \leq R - 1 \qquad (5.63b)$$

$$b_{i,k,r}^{\mathrm{road}} \in \{0,1\}, \quad r = 1, \dots, R, \quad k = 1, \dots, T, \quad i = 1, \dots, M \qquad (5.63c)$$

5.4.4 Erreichbarkeitsbetrachtungen

Wegen seiner Dynamik kann ein Fahrzeug innerhalb eines gegebenen Zeitintervalls nur eine begrenzte Strecke zurücklegen. Daraus lassen sich mit einfachen Überlegungen Schranken für seine Positionen $\mathbf{p}_{i,k}$ herleiten. Wenn sich ein Hindernis außerhalb der erreichbaren Positionen befindet, ist eine Kollision zu diesem Zeitpunkt ausgeschlossen. Daher kann im MILP auf die entsprechenden Nebenbedingungen und binären Variablen verzichtet werden. Auf diese Weise kann i. d. R. bei der Lösung des MILPs Rechenzeit eingespart werden. Ähnliches ist auch für die Nebenbedinungen möglich, welche die kooperative Kollisionsvermeidung und das Straßennetz beschreiben.

Ausgehend von der Anfangsposition $\mathbf{p}_{i,0}$ muss sich Fahrzeug c_i nach der Zeit $k \cdot \Delta t$ innerhalb eines Bereichs mit den folgenden Grenzen befinden:

$$x_{i,k,\text{min}} \leq x_{i,k} \leq x_{i,k,\text{max}} \tag{5.64a}$$

$$y_{i,k,\text{min}} \leq y_{i,k} \leq y_{i,k,\text{max}} \tag{5.64b}$$

$$x_{i,k,\text{min}} := x_{i,0} + vel_{i,0,\text{x}} \cdot k \cdot \Delta t + \tfrac{1}{2} \cdot (k \cdot \Delta t)^2 \cdot acc_{i,\text{x,min}} \tag{5.64c}$$

$$x_{i,k,\text{max}} := x_{i,0} + vel_{i,0,\text{x}} \cdot k \cdot \Delta t + \tfrac{1}{2} \cdot (k \cdot \Delta t)^2 \cdot acc_{i,\text{x,max}} \tag{5.64d}$$

$$y_{i,k,\text{min}} := y_{i,0} + vel_{i,0,\text{y}} \cdot k \cdot \Delta t + \tfrac{1}{2} \cdot (k \cdot \Delta t)^2 \cdot acc_{i,\text{y,min}} \tag{5.64e}$$

$$y_{i,k,\text{max}} := y_{i,0} + vel_{i,0,\text{y}} \cdot k \cdot \Delta t + \tfrac{1}{2} \cdot (k \cdot \Delta t)^2 \cdot acc_{i,\text{y,max}} \tag{5.64f}$$

Die minimalen und maximalen Beschleunigungen $acc_{i,\text{x,min}}, \ldots, acc_{i,\text{y,max}}$ entlang der Koordinatenachsen ergeben sich wie in Abschnitt 5.4.1 aus dem Fahrdynamikmodell.

Im Folgenden wird zunächst auf die Nebenbedingungen aus der kooperativen Kollisionsvermeidung und anschließend auf die des Straßennetzes eingegangen. Das Vorgehen für die Hindernisse ist sehr ähnlich und wird deshalb nicht weiter erläutert.

Zunächst wird ein Block von $N_{i,j,k}$ Ungleichungen betrachtet, der die Kollisionsvermeidung zwischen den Fahrzeugen c_i und c_j zum Zeitpunkt $k \cdot \Delta t$ modelliert. Die Ungleichungen sind durch binäre Variable oder-verknüpft. Im Beispiel des Ungleichungssystems (5.58) ist $N_{i,j,k} = 4$. Unter Umständen kann mit Hilfe der Erreichbarkeitsbetrachtungen festgestellt werden, dass einzelne dieser Ungleichungen für jeden möglichen kooperativen Bewegungsplan erfüllt sind. Bei Ungleichung (5.58a) ist dies beispielsweise der Fall, wenn

$$x_{j,k,\text{min}} > x_{i,k,\text{max}} + d_{i,j} \tag{5.65}$$

gilt. Anschaulich bedeutet dies, dass alle erreichbaren Positionen von Fahrzeug c_j weit genug östlich von allen erreichbaren Positionen von Fahrzeug c_i liegen, um

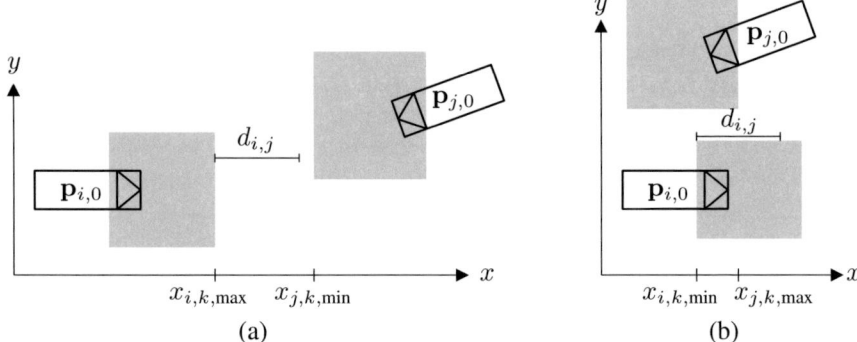

Abbildung 5.14: Erreichbarkeitsbetrachtungen zur Elimination von binären Variablen in der MILP-Formulierung. (a) nach (5.65), $N_{i,j,k}^{\text{true}} > 0$, (b) nach (5.66), $N_{i,j,k}^{\text{false}} > 0$.

eine Kollisionsvermeidung sicherzustellen (Abb. 5.14(a)). Entsprechende Bedingungen lassen sich auch für die anderen Ungleichungen aus (5.58) formulieren. Die Anzahl der auf diese Weise als erfüllt erkannten Ungleichungen in dem Block wird mit $N_{i,j,k}^{\text{true}}$ bezeichnet. Wegen der Oder-Verknüpfung genügt $N_{i,j,k}^{\text{true}} \geq 1$, um eine Kollision von c_i und c_j zum Zeitpunkt $k \cdot \Delta t$ für alle kooperativen Bewegungspläne auszuschließen. Daher kann in diesem Fall der entsprechende Block (5.58) aus dem MILP entfernt werden. Die zugehörigen binären Variablen $b_{i,j,k,l}^{\text{coll}}$, $l = 1, \ldots, N_{i,j,k}$, werden nicht mehr benötigt.

Umgekehrt können mittels Erreichbarkeitsbetrachtungen auch Ungleichungen identifiziert werden, die auf keinen Fall erfüllt sein können. Für Ungleichung (5.58a) lautet die entsprechende Bedingung

$$x_{j,k,\text{max}} < x_{i,k,\text{min}} + d_{i,j}, \qquad (5.66)$$

d. h. es gibt keinen kooperativen Bewegungsplan, in dem sich Fahrzeug c_j zum Zeitpunkt $k \cdot \Delta t$ so weit östlich von Fahrzeug c_i befindet, dass dadurch eine Kollisionsvermeidung erzielt wird (Abb. 5.14(b)). Sei $N_{i,j,k}^{\text{false}}$ die Anzahl der Ungleichungen, die gemäß den Erreichbarkeitsbetrachtungen nicht erfüllbar sind. Diese Ungleichungen und die zugehörigen binären Variablen $b_{i,j,k,l}^{\text{coll}}$ können aus der Oder-Verknüpfung (5.58) entfernt werden. Ungleichung (5.58e) muss angepasst werden zu

$$\sum_l b_{i,j,k,l}^{\text{coll}} \leq N_{i,j,k} - N_{i,j,k}^{\text{false}} - 1, \qquad (5.67)$$

um weiterhin eine Oder-Verknüpfung der verbleibenden Nebenbedinungen zu erzwingen. Die Summation in (5.67) erfolgt über die Indizes l der verbleibenden binären Variablen $b^{\text{coll}}_{i,j,k,l}$. Ein Sonderfall ergibt sich, wenn nur noch eine Ungleichung übrig bleibt, $N^{\text{false}}_{i,j,k} = N_{i,j,k} - 1$. Dann können alle binären Variablen $b^{\text{coll}}_{i,j,k,l}$, $l = 1, \ldots, N_{i,j,k}$, sowie Ungleichung (5.67) entfallen. Es gilt stets $N^{\text{true}}_{i,j,k} + N^{\text{false}}_{i,j,k} \leq N_{i,j,k}$.

Zusammenfassend können folgende Fälle unterschieden werden:

1. $N^{\text{true}}_{i,j,k} \geq 1$: Eine Kollision der Fahrzeuge c_i und c_j zum Zeitpunkt $k \cdot \Delta t$ ist ausgeschlossen. Daher kann auf die binären Variablen $b^{\text{coll}}_{i,j,k,l}$ für alle $l = 1, \ldots, N_{i,j,k}$ und auf die entsprechenden Nebenbedingungen (5.58) verzichtet werden.

2. $N^{\text{true}}_{i,j,k} = 0 \ \wedge \ 0 \leq N^{\text{false}}_{i,j,k} \leq N_{i,j,k} - 2$: Es werden $N_{i,j,k} - N^{\text{false}}_{i,j,k}$ Nebenbedingungen aus (5.58) und ebensoviele binäre Variable $b^{\text{coll}}_{i,j,k,l}$ in das MILP aufgenommen. Zusätzlich wird (5.58e) modifiziert zu $\sum_l b^{\text{coll}}_{i,j,k,l} \leq N_{i,j,k} - N^{\text{false}}_{i,j,k} - 1$. Damit werden $N^{\text{false}}_{i,j,k}$ binäre Variable eingespart. Im Fall $N^{\text{false}}_{i,j,k} = 0$ sind keine Nebenbedingungen aufgrund dieser Erreichbarkeitsbetrachtungen verzichtbar, und es ergibt sich die ursprüngliche Formulierung (5.58).

3. $N^{\text{true}}_{i,j,k} = 0 \ \wedge \ N^{\text{false}}_{i,j,k} = N_{i,j,k} - 1$: Es wird genau eine der Nebenbedingungen aus (5.57) benötigt. Auf die binären Variablen $b^{\text{coll}}_{i,j,k,l}$, $l = 1, \ldots, N_{i,j,k}$, kann verzichtet werden.

4. $N^{\text{false}}_{i,j,k} = N_{i,j,k}$: Im Rahmen der Approximationsgenauigkeit des MILP-Modells existiert kein kooperativer Bewegungsplan, der die Kollision der Fahrzeuge c_i und c_j zum Zeitpunkt $k \cdot \Delta t$ verhindern kann. Durch die Erreichbarkeitsbetrachtung wird in diesem Fall frühzeitig festgestellt, dass die betreffende Probleminstanz für das Verfahren nicht lösbar ist.

Bei dem Modell mit Vorgänger- und Nachfolgerpositionen aus Abschnitt 5.4.2.1 werden die Ungleichungssysteme (5.58), (5.59) und (5.60) separat betrachtet. Für das rechteckige Geometriemodell aus Abschnitt 5.4.2.2 können die beschriebenen Erreichbarkeitsbetrachtungen auf das System (5.61) angewendet werden.

Ein ähnliches Vorgehen ist auch für die Nebenbedingungen möglich, welche die Straßenfläche beschreiben. Hier wird untersucht, welche Polygone der Straßenfläche eine nichtleere Schnittmenge mit den erreichbaren Positionen von Fahrzeug c_i zum Zeitpunkt $k \cdot \Delta t$ haben. Nur diese $R_{i,k}$ Polygone und ebensoviele binäre

Variable $b_{i,k,r}^{\text{road}}$ werden in das Ungleichungssystem (5.63) aufgenommen. Die Ungleichung (5.63b) wird modifiziert zu $\sum_r b_{i,k,r}^{\text{road}} \leq R_{i,k} - 1$. Im Fall $R_{i,k} = 1$ kann auf sämtliche binäre Variable $b_{i,k,r}^{\text{road}}$, $r = 1, \ldots, R$, verzichtet werden. In den meisten Fällen ist $R_{i,k} \ll R$, sodass zahlreiche binäre Variable eingespart werden können. Auf geraden Straßenabschnitten und für kleine k ist häufig sogar $R_{i,k} = 1$.

5.5 Elastische Bänder

Ein elastisches Band ist eine Folge von Knoten, bei der an jedem Knoten eine Position annotiert ist. Auf die Knoten wirken Kräfte ein, die das Band von Hindernissen abstoßen und einen glatten Verlauf des elastischen Bands erzwingen. Ursprünglich wurde die Methode der elastischen Bänder zur lokalen Anpassung von Roboterbahnen an veränderte Umgebungsbedingungen, insbesondere an bewegte Hindernisse, entwickelt und eingesetzt [Quinlan93, Quinlan94, Khatib97, Brock99, Philippsen03, Komainda03]. Hierbei ist jedem Knoten zusätzlich zu der Position des mobilen Roboters auch eine Freiraumbeschreibung zugeordnet. Die Vereinigung aller Freiraumbereiche des elastischen Bands garantiert die Kollisionsfreiheit der Bahn. Bei der Bahnanpassung kann es erforderlich sein, neue Knoten in das Band einzufügen. Die initiale Bahnplanung muss mit einem anderen Verfahren durchgeführt werden, da diese Variante der elastischen Bänder nur zur Anpassung einer bereits bekannten kollisionsfreien Bahn eingesetzt werden kann.

Die Methode der elastischen Bänder wird auch zur Bahn- und Bewegungsplanung für Fahrzeuge eingesetzt [Hilgert03, Hesse07b, Hesse07a, Wille10]. Da bei dieser Anwendung keine kollisionsfreie initiale Bahn bekannt ist, wird auf das Konzept der Freiraumbeschreibungen verzichtet [Gehrig07]. Ein Knoten repräsentiert die Fahrzeugposition zu einem festgelegten Zeitpunkt, wodurch eine Bewegungsplanung möglich wird [Brandt05b]. Bei dieser Variante des Verfahrens ist die Anzahl der Knoten konstant. Es werden keine Knoten eingefügt oder gelöscht.

Die virtuellen Kräfte zur Abstoßung des Bands von Hindernissen können ähnlich modelliert werden wie bei lokalen Potenzialfeldplanungsalgorithmen [Khatib86, Barraquand92]. Zusätzlich wirken jedoch innere Kräfte entlang des elastischen Bands, die einen glatten Verlauf erzwingen und notwendige Ausweichbewegungen entlang des Bands propagieren, sodass eine Vorausschau innerhalb des gewählten Zeithorizonts möglich wird.

Häufig werden die Knoten und die virtuellen Kräfte eines elastischen Bands in Analogie zu einem mechanischen Feder-Masse-System und den darin auftretenden realen Kräften gesehen [Brandt05b]. Auch zu den chemischen Bindungskräften in Molekülen besteht eine gewisse Ähnlichkeit [LaValle00].

Im Folgenden wird ein Verfahren zur kooperativen Bewegungsplanung in Gefahrensituationen vorgestellt, das auf der zweiten, für den Fahrzeugbereich angepassten, Variante der elastischen Bänder aufbaut.

5.5.1 Notation

Die geplante Bewegung des Fahrzeugs c_i, $i \in \{1, \ldots, M\}$, wird durch ein elastisches Band modelliert. Ein Band besteht aus $T + 1$ Knoten. Jeder Knoten repräsentiert die Position des Fahrzeugs zu einem festgelegten Zeitpunkt innerhalb des Planungshorizonts. Es wird eine äquidistante Zeitdiskretisierung mit einem Abtastintervall von Δt gewählt. Somit ergibt sich ein Planungshorizont von $t_h = T \cdot \Delta t$. Eine nicht äquidistante Zeitdiskretisierung ist grundsätzlich denkbar, würde aber die Modellierung der Kräfte erschweren. Die Knoten werden mit $\mathbf{p}_{i,k}$ bezeichnet und mit der Fahrzeugposition $\mathbf{p}_{i,k} = (x_{i,k}, y_{i,k})^\mathrm{T}$ zum Zeitpunkt $t_k := k \cdot \Delta t$ identifiziert ($k = 0, \ldots, T$). Der Knoten $\mathbf{p}_{i,0}$ entspricht der Anfangsposition des Fahrzeugs c_i.

Die Orientierung ϕ_i des Fahrzeugs in der Straßenebene stellt bei dieser Modellierung keinen expliziten Parameter dar, sondern ergibt sich aus der Abfolge der Knoten. Eine Näherung für die Orientierung $\phi_{i,k}$ zum Zeitpunkt $k \cdot \Delta t$ kann wie folgt berechnet werden:

$$\phi_{i,k} = \arctan \frac{y_{i,k} - y_{i,k-1}}{x_{i,k} - x_{i,k-1}}, \qquad k = 1, \ldots, T \qquad (5.68)$$

In ähnlicher Weise ist die Geschwindigkeit $vel_{i,k}$ zum Zeitpunkt $k \cdot \Delta t$ näherungsweise gegeben durch

$$vel_{i,k} = \frac{\sqrt{(x_{i,k} - x_{i,k-1})^2 + (y_{i,k} - y_{i,k-1})^2}}{\Delta t}, \qquad k = 1, \ldots, T. \qquad (5.69)$$

Orientierung $\phi_{i,0}$ und Geschwindigkeit $vel_{i,0}$ zum Zeitpunkt $t = 0$ sind aus dem Anfangszustand $\mathbf{x}_i^{\mathrm{start}}$ des Fahrzeugs bekannt.

Auf einen Knoten $\mathbf{p}_{i,k}$ wirkt die virtuelle Kraft $\mathbf{f}_{i,k} = (f_{i,k,\mathrm{x}}, f_{i,k,\mathrm{y}})^\mathrm{T}$ ein. Diese resultierende Kraft setzt sich aus mehreren Einzelkräften zusammen, die im folgenden Abschnitt beschrieben werden.

5.5.2 Modellierung der Kräfte

Die Einzelkräfte können unterteilt werden in innere Kräfte, äußere Kräfte und kooperative Kräfte. Die inneren Kräfte wirken zwischen benachbarten Knoten $\mathbf{p}_{i,k}$,

$\mathbf{p}_{i,k+1}$ eines elastischen Bands. Sie erzwingen die Einhaltung der kinematischen und dynamischen Beschränkungen des Fahrzeugs. Zu den inneren Kräften gehören die longitudinale Kraft $\mathbf{f}^{\text{lon}}$ und die laterale Kraft $\mathbf{f}^{\text{lat}}$.

Die kooperative Kraft $\mathbf{f}^{\text{coop}}$ wirkt zwischen Knoten $\mathbf{p}_{i,k}$, $\mathbf{p}_{j,k}$ zweier verschiedener elastischer Bänder $(i \neq j)$, um eine Kollision der beiden kooperativen Fahrzeuge c_i und c_j zu verhindern.

Die äußeren Kräfte wirken zwischen einem Knoten $\mathbf{p}_{i,k}$ und einem anderen Objekt. Hierzu zählen die Straßenrandkraft $\mathbf{f}^{\text{road}}$, die das elastische Band auf der Straße hält, und die Hinderniskraft $\mathbf{f}^{\text{obst}}$, die das Band von unbewegten oder bewegten Hindernissen abstößt.

Alternativ zu der in dieser Arbeit verwendeten Kräfteformulierung können skalare Potenzialfelder für die einzelnen Anforderungen definiert werden [Brandt05b]. Für wirbelfreie Kraftfelder sind beide Betrachtungsweisen weitgehend äquivalent: Die Kräfte entsprechen den Gradienten der Potenzialfelder [Masoud96, Košecká97].

5.5.2.1 Longitudinale Kraft $\mathbf{f}^{\text{lon}}$

Die longitudinale Kraft bewirkt einen glatten Verlauf der Längsbewegung und erzwingt die Einhaltung der fahrdynamischen Beschränkungen in longitudinaler Richtung. Indem ein Knoten von seinen beiden Nachbarn angezogen oder abgestoßen wird, wird eine Bewegung mit konstanter Längsgeschwindigkeit bevorzugt:

$$\mathbf{f}_{i,k}^{\text{lon}} := \tilde{\mathbf{f}}_{i,k}^{\text{lon}} - \tilde{\mathbf{f}}_{i,k+1}^{\text{lon}} \,, \qquad\qquad k = 1,\ldots,T-1 \qquad (5.70\text{a})$$

$$\tilde{\mathbf{f}}_{i,k}^{\text{lon}} := w_{i,k}^{\text{lon}} \cdot \frac{1}{\|\mathbf{p}_{i,k} - \mathbf{p}_{i,k-1}\|} \cdot (\mathbf{p}_{i,k} - \mathbf{p}_{i,k-1}) \,, \qquad k = 1,\ldots,T \qquad (5.70\text{b})$$

$$\begin{aligned} w_{i,k}^{\text{lon}} := &- \Delta p_{i,k} + (\max\{0,\, acc_{i,\min} - acc_{i,k} + 1\})^2 \\ &- (\max\{0,\, acc_{i,k} - acc_{i,\max} + 1\})^2 \\ &- \text{sgn}(acc_{i,k}) \cdot (\max\{0,\, acc_{i,k,\text{res}} - \mu_i \cdot g_{\text{e}} + 1\})^2 \end{aligned} \qquad (5.70\text{c})$$

$$\Delta p_{i,k} := l_{i,k} - \frac{vel_{i,k} + vel_{i,k-1}}{2} \cdot \Delta t \qquad (5.70\text{d})$$

$$l_{i,k} := \sqrt{(x_{i,k} - x_{i,k-1})^2 + (y_{i,k} - y_{i,k-1})^2} \qquad (5.70\text{e})$$

$$acc_{i,k} = 2 \cdot \frac{\Delta p_{i,k}}{(\Delta t)^2} \qquad (5.70\text{f})$$

Die einseitige Kraft $\tilde{\mathbf{f}}_{i,k}^{\text{lon}}$ wirkt immer entlang des elastischen Bands (Abb. 5.15(a)). Die skalare Gewichtung $w_{i,k}^{\text{lon}}$ hängt zunächst von der Differenz $\Delta p_{i,k}$ zwischen

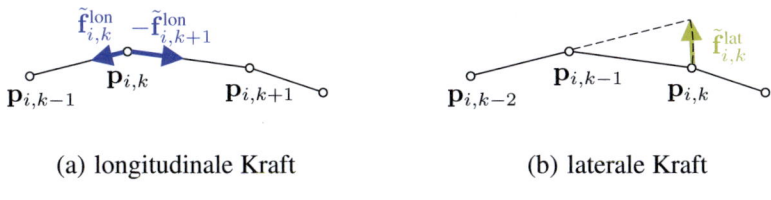

(a) longitudinale Kraft   (b) laterale Kraft

Abbildung 5.15: Veranschaulichung der inneren Kräfte.

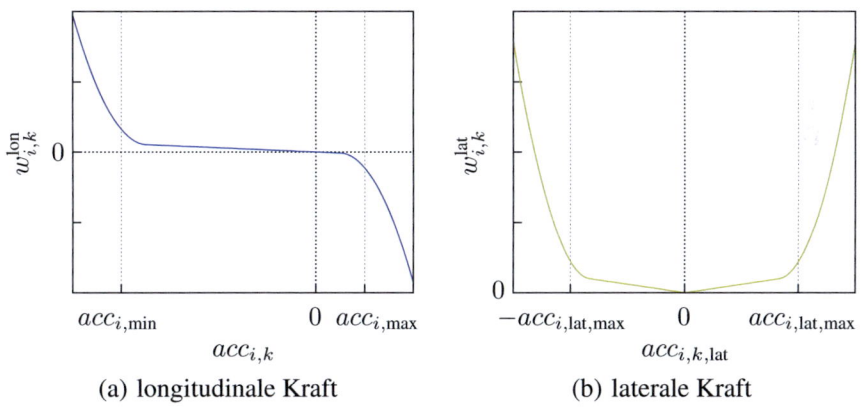

(a) longitudinale Kraft   (b) laterale Kraft

Abbildung 5.16: Skalierungsfunktionen der inneren Kräfte.

dem Abstand bei konstanter Geschwindigkeit und dem aktuell vorliegenden Knotenabstand ab. Im Fall einer Längsbeschleunigung ist $\Delta p_{i,k} > 0$, und die longitudinale Kraft $\tilde{\mathbf{f}}_{i,k}^{\text{lon}}$ zieht $\mathbf{p}_{i,k}$ in Richtung $\mathbf{p}_{i,k-1}$. Bei einer geplanten Bremsverzögerung ist $\Delta p_{i,k} < 0$, und der Knoten $\mathbf{p}_{i,k}$ wird von $\mathbf{p}_{i,k-1}$ abgestoßen. Für eine Bewegung mit konstanter Längsgeschwindigkeit ist $\Delta p_{i,k} = 0$, und die longitudinale Kraft verschwindet. Zusätzlich bewirken die quadratischen Terme in (5.70c) einen steilen Anstieg von $w_{i,k}^{\text{lon}}$, sobald die approximierte Beschleunigung $acc_{i,k}$ die fahrdynamischen Grenzen aus Abschnitt 5.3.2.1 überschreitet (Abb. 5.16(a)). Die ersten beiden Terme setzen die Intervallbegrenzung $[acc_{i,\min}, acc_{i,\max}]$ für die Längsbeschleunigung durch, der dritte Term die Bedingung des Kamm'schen Kreises (5.12). Die darin auftretende Gesamtbeschleunigung $acc_{i,k,\text{res}}$ wird im folgenden Abschnitt bestimmt.

Für den Knoten $\mathbf{p}_{i,0}$ müssen keine virtuellen Kräfte berechnet werden, da er unveränderlich an die Anfangsposition des Fahrzeugs gekoppelt ist. Beim letzten Knoten wird $\mathbf{f}_{i,T}^{\text{lon}} := \tilde{\mathbf{f}}_{i,T}^{\text{lon}}$ gesetzt.

5.5.2.2 Laterale Kraft $\mathbf{f}^{\text{lat}}$

Die laterale Kraft glättet die geplante Bewegung quer zur Fahrtrichtung und setzt
die fahrdynamischen Beschränkungen an die Querbeschleunigung durch. Der be-
vorzugte Gleichgewichtszustand ist die Geradeausfahrt. Ebenso wie die longitudinale Kraft wird die laterale Kraft in symmetrischer Weise für die beiden benachbarten Knoten definiert:

$$\mathbf{f}_{i,k}^{\text{lat}} := \tilde{\mathbf{f}}_{i,k}^{\text{lat}} - \tilde{\mathbf{f}}_{i,k+1}^{\text{lat}}, \qquad k = 1,\dots,T-1, \qquad \mathbf{f}_{i,T}^{\text{lat}} := \tilde{\mathbf{f}}_{i,T}^{\text{lat}} \tag{5.71a}$$

$$\tilde{\mathbf{f}}_{i,k}^{\text{lat}} := w_{i,k}^{\text{lat}} \cdot \left(\mathbf{p}_{i,k-1} + l_{i,k} \cdot \begin{pmatrix} \cos\phi_{i,k-1} \\ \sin\phi_{i,k-1} \end{pmatrix} - \mathbf{p}_{i,k} \right), \quad k = 1,\dots,T \tag{5.71b}$$

$$w_{i,k}^{\text{lat}} := |\phi_{i,k} - \phi_{i,k-1}| + (\max\{0, |acc_{i,k,\text{lat}}| - acc_{i,\text{lat},\max} + 1\})^2 \\ + (\max\{0, acc_{i,k,\text{res}} - \mu_i \cdot g_e + 1\})^2 \tag{5.71c}$$

$$acc_{i,k,\text{lat}} = \kappa_{i,k} \cdot vel_{i,k}^2 \tag{5.71d}$$

$$acc_{i,k,\text{res}} = \sqrt{acc_{i,k}^2 + acc_{i,k,\text{lat}}^2} \tag{5.71e}$$

Der Richtungsvektor von $\tilde{\mathbf{f}}_{i,k}^{\text{lat}}$ zieht den Knoten $\mathbf{p}_{i,k}$ zu der Position, die sich
bei Geradeausfahrt in Richtung $\phi_{i,k-1}$ vom Knoten $\mathbf{p}_{i,k-1}$ ergibt (Abb. 5.15(b)).
Der Knotenabstand $l_{i,k}$ wird dabei nicht verändert, sodass laterale und longitudinale Kräfte weitgehend voneinander entkoppelt sind. Die skalare Gewichtung
$w_{i,k}^{\text{lat}}$ wird für kleine Querbeschleunigungen proportional zur Orientierungsdiffe-
renz $|\phi_{i,k} - \phi_{i,k-1}|$ gewählt, bei deren Berechnung selbstverständlich die Identi-
tät der Winkel 0 und 2π berücksichtigt werden muss. Ebenso wie bei der longi-
tudinalen Kraft werden zusätzliche quadratische Terme definiert, die im Fall einer Verletzung der fahrdynamischen Grenzen einen steilen Anstieg von $w_{i,k}^{\text{lat}}$ bewirken (Abb. 5.16(b)). Der erste dieser Terme modelliert die Beschränkung der
Querbeschleunigung $acc_{i,k,\text{lat}}$ auf das Intervall $[-acc_{i,\text{lat},\max}, acc_{i,\text{lat},\max}]$, der zweite den Kamm'schen Kreis (5.12). Die Querbeschleunigung $acc_{i,k,\text{lat}}$ am Knoten
$\mathbf{p}_{i,k}$ wird aus Geschwindigkeit und Bahnkrümmung berechnet. Die momentane
Bahnkrümmung $\kappa_{i,k}$ wird unter der Annahme einer Kreisfahrt von $\mathbf{p}_{i,k-1}$ nach
$\mathbf{p}_{i,k}$ approximiert. Für den Kamm'schen Kreis wird der Betrag $acc_{i,k,\text{res}}$ der Gesamtbeschleunigung benötigt, der sich aus der Längsbeschleunigung $acc_{i,k}$ und
der Querbeschleungigung $acc_{i,k,\text{lat}}$ bestimmen lässt. Die nichtholonome Kinematik wird hier nicht explizit berücksichtigt, weil bei höheren Geschwindigkeiten
die dynamischen Beschränkungen restriktiver sind. Zur Verwendung eines detaillierteren Fahrzeugmodells im Rahmen der Methode der elastischen Bänder siehe
[Hesse07a].

5.5.2.3 Straßenrandkraft $\mathbf{f}^{\text{road}}$

Die Kraft $\mathbf{f}_{i,k}^{\text{road}}$ stößt den Knoten $\mathbf{p}_{i,k}$ vom Straßenrand ab, um die Bewegung des Fahrzeugs c_i auf der Straßenfläche zu halten. Für einen Straßenabschnitt r beschreiben die Funktionen $d_{r,\text{left}}^{\text{road}}(\mathbf{p})$ und $d_{r,\text{right}}^{\text{road}}(\mathbf{p})$ den Abstand des Punktes $\mathbf{p}$ vom linken bzw. rechten Straßenrand. Sie nehmen positive Werte an, wenn sich der Punkt auf der Straßenfläche befindet, und negative Werte, wenn der Punkt in der entsprechenden Richtung außerhalb der Straße liegt. Die Berechnung erfolgt mit Hilfe des Geometriemodells der Straße (siehe Abschnitt 3.3.2). Das Minimum dieser beiden Funktionen stellt den Abstand vom relevanten Straßenrand dar:

$$d_r^{\text{road}}(\mathbf{p}) := \min\{d_{r,\text{left}}^{\text{road}}(\mathbf{p}),\ d_{r,\text{right}}^{\text{road}}(\mathbf{p})\} \tag{5.72}$$

Nun wird derjenige Straßenabschnitt bestimmt, auf dem sich der Knoten $\mathbf{p}_{i,k}$ aktuell befindet:[4]

$$r_{i,k} := \underset{r \in Roads}{\arg\max}\, d_r^{\text{road}}(\mathbf{p}_{i,k}) \tag{5.73}$$

Im Fall von mehreren überlappend modellierten Straßenabschnitten stellt der am weitesten entfernte Straßenrand die tatsächlich relevante Begrenzung dar. Dies wird durch die Maximierung in (5.73) berücksichtigt.

Der gewünschte Mindestabstand $d_{i,\text{min}}^{\text{road}}$ des Fahrzeugs c_i vom Straßenrand wird in Abhängigkeit der Fahrzeugabmessungen bestimmt. Falls der Knoten $\mathbf{p}_{i,k}$ zu nah am Straßenrand liegt, wird er in Richtung des Normalenvektors $\mathbf{n}_{r_{i,k}}(\mathbf{p}_{i,k})$ des Straßenverlaufs am Ort $\mathbf{p}_{i,k}$ zur Straßenmitte gezogen:

$$\mathbf{f}_{i,k}^{\text{road}} := \begin{cases} 0 & \text{falls } d_{r_{i,k}}^{\text{road}}(\mathbf{p}_{i,k}) \geq d_{i,\text{min}}^{\text{road}} \\ (d_{i,\text{min}}^{\text{road}} - d_{r_{i,k}}^{\text{road}}(\mathbf{p}_{i,k})) \cdot \mathbf{n}_{r_{i,k}}(\mathbf{p}_{i,k}) & \text{falls } d_{r_{i,k}}^{\text{road}}(\mathbf{p}_{i,k}) < d_{i,\text{min}}^{\text{road}} \end{cases} \tag{5.74}$$

Auf der linken und auf der rechten Seite der Straße gibt es jeweils eine Fläche der Breite $d_{i,\text{min}}^{\text{road}}$, in der ein Knoten $\mathbf{p}_{i,k}$ vom Straßenrand abgestoßen wird. In der verbleibenden Fläche in der Straßenmitte verschwindet die Kraft $\mathbf{f}_{i,k}^{\text{road}}$.

Nach dem gleichen Prinzip kann ein Knoten, der sich außerhalb des Straßennetzes befindet, zurück auf die Straßenfläche gezogen werden. Ferner können Kräfte nicht nur bezogen auf Straßen, sondern auch bezogen auf Fahrspuren definiert werden. Beispielsweise ist es möglich, die Knoten hin zur Fahrspurmitte zu ziehen, sodass eine Bewegung entlang einer Trennlinie zwischen zwei Fahrspuren vermieden wird. Außerdem können Kräfte definiert werden, die den Term L^{goal} aus (5.24a) abbilden und eine Bewegung auf der gewünschten Fahrspur bevorzugen. Auf solche Erweiterungen wird in dieser Arbeit verzichtet, da sie für die kooperative Kollisionsvermeidung zweitrangig sind.

---

[4]Hier und im restlichen Abschnitt 5.5.2 durchläuft k die Werte $1, \ldots, T$ und i wie bisher $1, \ldots, M$.

5.5.2.4　Kraft zwischen kooperativen Fahrzeugen f^{coop}

Um Kollisionen zwischen kooperativen Fahrzeugen zu vermeiden, wird eine abstoßende Kraft $f^{\text{coop}}_{i,j,k}$ zwischen den Knoten $p_{i,k}$, $p_{j,k}$ zweier Fahrzeuge c_i, c_j definiert. Die Kraft wirkt nur zwischen Knoten mit dem gleichen Zeitindex k, sodass Fahrzeuge zeitlich nacheinander denselben Bereich der Straße befahren können. Voraussetzung für eine erfolgreiche Kollisionsvermeidung ist eine ausreichende örtliche Auflösung durch die diskreten Knoten der elastischen Bänder. Daher muss das Abtastintervall Δt in Abhängigkeit der Fahrzeuggeschwindigkeiten entsprechend gewählt werden (siehe auch Abschnitt 6.4.1.4).

Ein erster Ansatz für die Kraft zwischen kooperativen Fahrzeugen könnte wie folgt aussehen:

$$
\begin{aligned}
\tilde{f}^{\text{coop}}_{i,j,k} := {}& e^{-\rho_{i,j} \cdot \|p_{i,k} - p_{j,k}\|} \cdot \frac{1}{\|p_{i,k} - p_{j,k}\|} \cdot (p_{i,k} - p_{j,k}) \\
& + \lambda^{\text{rot}} \cdot \max\{0, |\phi_{i,k} - \phi_{j,k}| - \tfrac{\pi}{2}\} \cdot \begin{pmatrix} \sin \phi_{i,k} \\ -\cos \phi_{i,k} \end{pmatrix}
\end{aligned}
\tag{5.75}
$$

Der erste Summand bewirkt, dass $p_{i,k}$ umso stärker von $p_{j,k}$ abgestoßen wird, je geringer der euklidische Abstand zwischen den beiden Knoten ist. In den Faktor $\rho_{i,j} > 0$, der den exponentiellen Abfall der Kraft mit zunehmendem Abstand beeinflusst, gehen die Abmessungen der Fahrzeuge ein. Der zweite Summand bevorzugt bei entgegenkommendem Verkehr ($|\phi_{i,k} - \phi_{j,k}| > \frac{\pi}{2}$) ein Ausweichen nach rechts. Er wird über den Faktor $\lambda^{\text{rot}} > 0$ deutlich geringer gewichtet, sodass er lediglich die Auswahl der Ausweichrichtung im Fall von sehr nahe beieinander liegenden Fahrzeugpositionen steuert.

Mit dieser Modellierung tritt jedoch das Problem auf, dass die Kräfte benachbarter Knoten in unterschiedliche Richtungen zeigen und so zu einer gegenseitigen Blockierung führen können. Dieser Effekt ist bei entgegenkommenden Fahrzeugen besonders ausgeprägt (Abb. 5.17(a)). Die inneren Kräfte verhindern ein beliebiges Auseinanderziehen der Knoten und heben dadurch die Wirkung der abstoßenden Kräfte auf. Die elastischen Bänder „verklemmen" sich und können nicht mehr gegeneinander verschoben werden. Um diesen Effekt zu verhindern, wird eine Mittelung der Kraftvektoren über das gesamte elastische Band hinweg durchgeführt. Dadurch greift an allen Knoten eine Kraft $f^{\text{coop}}_{i,j,k}$ mit identischem Richtungsvektor an, die wie bisher mit einem exponentiellen Faktor in Abhängigkeit des Abstands zum anderen Fahrzeug skaliert wird:

$$
f^{\text{coop}}_{i,j,k} := e^{-\rho_{i,j} \cdot \|p_{i,k} - p_{j,k}\|} \cdot \frac{1}{T} \cdot \sum_{l=1}^{T} \tilde{f}^{\text{coop}}_{i,j,l}
\tag{5.76}
$$

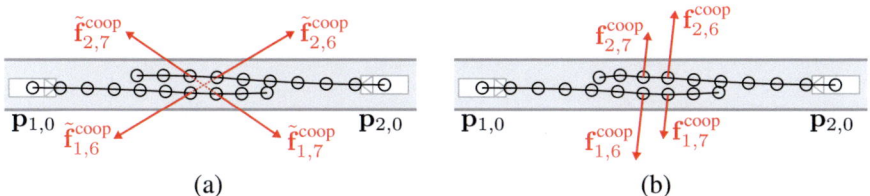

Abbildung 5.17: Veranschaulichung der Kräfte zwischen kooperativen Fahrzeugen.

Durch die Mittelung werden alle Knoten parallel in eine gemeinsame Ausweichrichtung verschoben (Abb. 5.17(b)). Gleichzeitig wird das andere beteiligte Fahrzeug c_j in die entgegengesetzte Richtung gedrückt. Außerdem werden die inneren Kräfte nicht mehr daran gehindert, das elastische Band senkrecht zu dieser Ausweichrichtung zu modifizieren. Damit sind beispielsweise Bremsmanöver vor dem gegenseitigen Passieren der beiden Fahrzeuge möglich.

Schließlich wird die Kraft $\mathbf{f}_{i,j,k}^{\mathrm{coop}}$ über alle von c_i verschiedenen Fahrzeuge aufsummiert:

$$\mathbf{f}_{i,k}^{\mathrm{coop}} := \sum_{\substack{j=1,\dots,M \\ j\neq i}} \mathbf{f}_{i,j,k}^{\mathrm{coop}} \tag{5.77}$$

5.5.2.5 Hinderniskraft $\mathbf{f}^{\mathrm{obst}}$

Die Vermeidung von Kollisionen mit stehenden und bewegten Hindernissen kann in ähnlicher Weise mit einer Kraft $\mathbf{f}_{i,k}^{\mathrm{obst}}$ erreicht werden (Abb. 5.18):

$$\tilde{\mathbf{f}}_{i,j,k}^{\mathrm{obst}} := \mathrm{e}^{-\rho_{i,j}^{\mathrm{obst}} \cdot (\|\mathbf{p}_{i,k}-\mathbf{p}_{j,k}^{\mathrm{obst}}\|-d_{i,j}^{\mathrm{obst}})} \cdot \frac{1}{\|\mathbf{p}_{i,k}-\mathbf{p}_{j,k}^{\mathrm{obst}}\|} \cdot (\mathbf{p}_{i,k}-\mathbf{p}_{j,k}^{\mathrm{obst}}) \tag{5.78a}$$

$$\mathbf{f}_{i,j,k}^{\mathrm{obst}} := \mathrm{e}^{-\rho_{i,j}^{\mathrm{obst}} \cdot (\|\mathbf{p}_{i,k}-\mathbf{p}_{j,k}^{\mathrm{obst}}\|-d_{i,j}^{\mathrm{obst}})} \cdot \frac{1}{T} \cdot \sum_{l=1}^{T} \tilde{\mathbf{f}}_{i,j,l}^{\mathrm{obst}} \tag{5.78b}$$

$$\mathbf{f}_{i,k}^{\mathrm{obst}} := \sum_{j=1}^{N_{\mathrm{obst}}} \mathbf{f}_{i,j,k}^{\mathrm{obst}} \tag{5.78c}$$

Die Position des j-ten der N_{obst} Hindernisse zum Zeitpunkt $k \cdot \Delta t$ wird darin mit $\mathbf{p}_{j,k}^{\mathrm{obst}}$ bezeichnet. Die Hindernis- und Fahrzeuggeometrie geht in die Konstanten $\rho_{i,j}^{\mathrm{obst}}$ und $d_{i,j}^{\mathrm{obst}}$ ein.

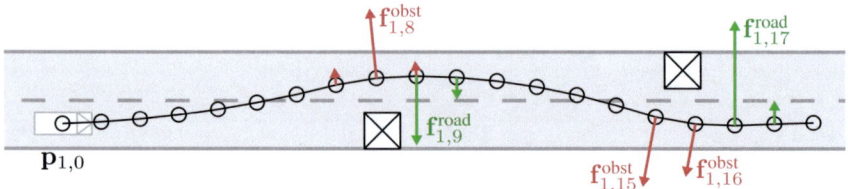

Abbildung 5.18: Veranschaulichung der äußeren Kräfte.

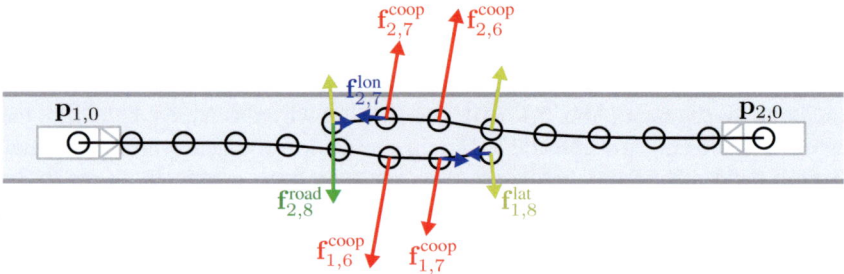

Abbildung 5.19: Visualisierung elastischer Bänder und ausgewählter Einzelkräfte.

Die Modellierung der Kräfte $\mathbf{f}^{\text{obst}}$, $\mathbf{f}^{\text{coop}}$ und $\mathbf{f}^{\text{road}}$ basiert auf einer kreisförmigen Hindernis- und Fahrzeuggeometrie. Beispielsweise entspricht $d_{i,j}^{\text{obst}}$ in (5.78) der Summe der Radien der approximierenden Kreise zum i-ten Fahrzeug und j-ten Hindernis. Objekte mit einer stark von einer Kreisform abweichenden Geometrie können durch eine Überdeckung mehrerer Kreise modelliert werden [Hilgert03]. In vielen Fällen reicht aber die grobe Approximation durch einen Kreis bereits aus, da sich die abstoßenden Kräfte von benachbarten Knoten über die inneren Kräfte auf das elastische Band ausbreiten und somit eine weiträumige Abstoßung von Hindernissen, von anderen Fahrzeugen und vom Straßenrand bewirken. Daher wird hier nicht näher auf die Überdeckung von Objekten durch mehrere Kreise eingegangen.

Abbildung 5.19 veranschaulicht die verschiedenen Einzelkräfte an einem Beispiel.

5.5.3   Berechnung des Kräftegleichgewichts

Zur Bewegungsplanung werden die virtuellen Kräfte iterativ auf die elastischen Bänder angewandt, bis sich ein Kräftegleichgewicht einstellt. Die Knotenpositionen in diesem Gleichgewichtszustand beschreiben dann den resultierenden kooperativen Bewegungsplan.

Zunächst müssen die elastischen Bänder geeignet initialisiert werden. Die Wahl der Initialisierung ist wichtig, da sie das Ergebnis der lokalen Optimierung beeinflussen kann. Daher sollte sie dem gewünschten Bewegungsplan bereits möglichst nahe kommen. Aus diesem Grund wird eine Initialisierung verwendet, die zwei Anforderungen aus Abschnitt 5.1 bereits erfüllt, nämlich die Straßengeometrie berücksichtigt und Längsbeschleunigungen vermeidet.

Die Knotenpositionen $\mathbf{p}_{i,0}^{(0)}$ zum Startzeitpunkt der Bewegung ergeben sich aus den Anfangszuständen $\mathbf{x}_i^{\text{start}}$ der Fahrzeuge. Die weiteren Knoten $\mathbf{p}_{i,k}^{(0)}$, $k = 1, \ldots, T$, werden so initialisiert, dass sie ein Fahrspurfolgeverhalten mit konstanter Geschwindigkeit abbilden. Dies entspricht der Handlung $a_i^{\text{lane,const}}$ aus Abschnitt 5.3.2.2. Initial verschwinden daher die Kräfte $\mathbf{f}_{i,k}^{\text{lon}}$ und $\mathbf{f}_{i,k}^{\text{road}}$, da die Knoten mit konstanten Abständen in der Fahrspurmitte liegen.

Die Knoten $\mathbf{p}_{i,0}$ bleiben fest an den Anfangspositionen. Für die übrigen Knoten $\mathbf{p}_{i,k}$, $k = 1, \ldots, T$, wird die resultierende Kraft $\mathbf{f}_{i,k}$ berechnet, die sich als gewichtete Summe der modellierten Einzelkräfte ergibt:

$$\mathbf{f}_{i,k} := \lambda^{\text{lon}} \cdot \mathbf{f}_{i,k}^{\text{lon}} + \lambda^{\text{lat}} \cdot \mathbf{f}_{i,k}^{\text{lat}} + \lambda^{\text{road}} \cdot \mathbf{f}_{i,k}^{\text{road}} + \lambda^{\text{coop}} \cdot \mathbf{f}_{i,k}^{\text{coop}} + \lambda^{\text{obst}} \cdot \mathbf{f}_{i,k}^{\text{obst}} \quad (5.79)$$

In jeder Iteration $j = 1, 2, \ldots$ werden die Knoten entsprechend den virtuellen Kräften verschoben:

$$\mathbf{p}_{i,k}^{(j+1)} := \mathbf{p}_{i,k}^{(j)} + \nu_j \cdot \mathbf{f}_{i,k}^{(j)} \qquad k = 1, \ldots, T \quad (5.80)$$

$$\mathbf{p}_{i,0}^{(j+1)} := \mathbf{p}_{i,0}^{(0)} \quad (5.81)$$

Die Knotenpositionen nach der j-ten Iteration werden mit $\mathbf{p}_{i,k}^{(j)}$ und die daraus berechneten resultierenden Kräfte mit $\mathbf{f}_{i,k}^{(j)}$ bezeichnet. Die Schrittweite ν_j wird für jede Iteration invers proportional zum maximalen Betrag der Kräfte $\max_{i,k} \|\mathbf{f}_{i,k}^{(j)}\|$ bestimmt. Dadurch bleibt die maximale Verschiebung eines Knotens auf einen Bruchteil der Knotenabstände beschränkt. Zusätzlich wird in manchen Fällen die Konvergenz der Optimierung beschleunigt, wenn die Schrittweite im Laufe der Iterationen reduziert wird [Gehrig07].

Dieses Optimierungsverfahren entspricht im Wesentlichen einem Gradientenabstieg. Eine Alternative stellt das Newton-Verfahren dar, das allerdings die zusätzliche Berechnung von Ableitungen erfordert [Quinlan94, Brandt05b]. Beide Verfahren nehmen eine lokale Optimierung vor und können das Erreichen des globalen Optimums nicht garantieren.

Eine Sonderbehandlung wird erforderlich, wenn eines der Fahrzeuge auf eine sehr niedrige Geschwindigkeit abbremst. Dann ist die Definition der inneren Kräfte nicht mehr anwendbar, da die Knoten zu dicht beieinander oder im Extremfall des Fahrzeugstillstands sogar exakt aufeinander liegen. Ein solches Segment eines elastischen Bands wird im kooperativen Bewegungsplan durch die Ausführung der Handlung a_i^{brake} aus Abschnitt 5.3.2.2 ersetzt.

Die Optimierung terminiert, wenn das Kräftegleichgewicht erreicht ist, d. h. wenn alle resultierenden Kräfte näherungsweise verschwinden:

$$\forall i \in \{1, \ldots, M\} \ \ \forall k \in \{1, \ldots, T\} \ \ \|\mathbf{f}_{i,k}^{(j)}\| < \varepsilon_{\text{EB}} \qquad \text{mit } \varepsilon_{\text{EB}} > 0 \qquad (5.82)$$

Anschaulich gesprochen stellt der kooperative Bewegungsplan im Gleichgewichtszustand einen Kompromiss zwischen den verschiedenen durch die Einzelkräfte modellierten Anforderungen dar.

Die positiven Gewichtungsfaktoren in (5.79) werden so gewählt, dass die Beträge der Einzelkräfte in einer vergleichbaren Größenordnung liegen. Damit wird der Tatsache Rechnung getragen, dass jede Einzelkraft eine Anforderung an den kooperativen Bewegungsplan modelliert, die für eine korrekte Kollisionsvermeidung unverzichtbar ist. Die genauen Werte der Gewichtungsfaktoren sind nicht von entscheidender Bedeutung, da eine Einzelkraft stark ansteigt, sobald die von ihr durchzusetzende Forderung verletzt ist, und somit die anderen Einzelkräfte betragsmäßig deutlich übertrifft.

Es ist auch möglich, die Parameter des Kräftemodells während der Optimierung anzupassen, falls bestimmte Anforderungen dauerhaft verletzt sind. In der vorliegenden Arbeit wird diese Vorgehensweise für die Durchsetzung der fahrdynamischen Nebenbedingungen eingesetzt. Sobald ein Gleichgewichtszustand erreicht ist, wird überprüft, ob die fahrdynamischen Grenzen aus Abschnitt 5.3.2 eingehalten werden. Falls sie verletzt sind, werden die Gewichtungsfaktoren λ^{lon} bzw. λ^{lat} des betroffenen elastischen Bands erhöht. Anschließend wird die Optimierung mit den angepassten Parametern fortgesetzt. Ein ähnliches Vorgehen ist auch für die anderen Einzelkräfte $\mathbf{f}_{i,k}^{\text{road}}$, $\mathbf{f}_{i,k}^{\text{coop}}$ und $\mathbf{f}_{i,k}^{\text{obst}}$ denkbar.

Der Rechenaufwand für die Methode der elastischen Bänder hängt von der Anzahl der Iterationen ab, die bis zum Erreichen des Kräftegleichgewichts erforderlich sind. In jeder Iteration müssen die Kräfte gemäß den Gleichungen (5.77), (5.78), etc. berechnet werden. Der Aufwand dafür beträgt im schlimmsten Fall $\mathcal{O}(M^2 \cdot T + M \cdot N_{\text{obst}} \cdot T)$, ist also polynomiell in der Anzahl der Fahrzeuge und Hindernisse. Ähnlich wie bei der gemischt-ganzzahligen linearen Programmierung in Abschnitt 5.4.4 lässt sich durch Erreichbarkeitsbetrachtungen der Aufwand zur Berechnung der äußeren und kooperativen Kräfte reduzieren.

5.6 Nachverarbeitung der kooperativen Bewegungspläne

Bevor ein kooperativer Bewegungsplan zur Ausführung an die Einzelfahrzeuge übermittelt wird, müssen in Abhängigkeit vom verwendeten Planungsalgorithmus verschiedene Nachverarbeitungsschritte durchgeführt werden. Hierzu gehören die Interpolation diskreter Positionsangaben zu einer kontinuierlichen Trajektorie, die Korrektheitsprüfung und die Berechnung des verbleibenden Toleranzspielraums.

5.6.1 Interpolation

Die gemischt-ganzzahlige lineare Programmierung und die Methode der elastischen Bänder liefern als Ergebnis eine diskrete Folge von Fahrzeugpositionen. Um daraus eine kontinuierliche Trajektorie über der Zeit zu erhalten, wird eine Interpolation durchgeführt. Als Interpolationsmethode werden kubische Splines verwendet, die sich wegen ihrer Glattheitseigenschaften und der Verfügbarkeit effizienter Algorithmen zu ihrer Berechnung und Auswertung anbieten. Kubische Splines wurden in ähnlicher Weise bereits in zahlreichen anderen Arbeiten eingesetzt [Hilgert03, Brandt05b, Wille10]. Zur Eignung kubischer Splines gibt es in der Literatur allerdings auch gegenteilige Ansichten [Dolgov08].

Die Interpolation wird für jedes Fahrzeug c_i separat durchgeführt. Eingabedaten sind die diskreten Stützpunkte $\mathbf{p}_{i,k}$ zu den Zeitpunkten $t_k = k \cdot \Delta t$, $k = 0, \ldots, T$, sowie als Randbedingungen die Orientierung und Geschwindigkeit des Fahrzeugs zu den Zeitpunkten t_0 und t_T. Damit ist die B-Spline-Repräsentation der interpolierenden Kurve eindeutig bestimmt. In der Kontrollpunktdarstellung kann sie durch die Lösung eines dünn besetzten, $2 \cdot (T + 3)$-dimensionalen linearen Gleichungssystems berechnet werden [Prautzsch02]. Damit hat man eine parametrische Kurve

$$\gamma_i : \begin{cases} [0, t_T] & \to & \mathbb{R}^2 \\ t & \mapsto & \mathbf{p}_i = (x_i, y_i)^\mathrm{T} \end{cases} \tag{5.83}$$

mit $\gamma_i(t_k) = \mathbf{p}_{i,k}$. Die Auswertung der Kurve an der Stelle t ist mit dem Algorithmus von de Boor effizient möglich. Dabei erhält man ohne zusätzlichen Aufwand auch den Tangentenvektor an $\gamma_i(t)$, aus dem sich Orientierung und Geschwindigkeit des Fahrzeugs zum Zeitpunkt t bestimmen lassen.

5.6.2   Korrektheitsprüfung

Manche Bewegungsplanungsverfahren können aufgrund ihres approximativen Charakters nicht garantieren, dass ein korrektes Ergebnis zurückgeliefert wird. Vielmehr kann es in seltenen Fällen zu einem kooperativen Bewegungsplan kommen, der nicht kollisionsfrei ist oder die fahrdynamischen Beschränkungen verletzt. Das ist schon deshalb nicht zu vermeiden, weil nicht bekannt ist, ob zu der aktuell vorliegenden Situation überhaupt eine korrekte Lösung existiert und weil diese Information auch nicht effizient berechnet werden kann. Je nach Anwendungsszenario bleiben im Falle eines nicht korrekten Bewegungsplans folgende Handlungsmöglichkeiten:

- Unter Umständen kann es trotzdem sinnvoll sein, den kooperativen Bewegungsplan auszuführen. Voraussetzung ist, dass der zu erwartende Verlust geringer ausfällt als beim Verzicht auf einen kooperativen Eingriff. Dies kann mit dem nachfolgend erläuterten Verfahren vor der Ausführung des kooperativen Manövers überprüft werden.

- Sofern mehrere Planungsverfahren parallel ausgeführt werden, kann auf das Ergebnis eines anderen Verfahrens zurückgegriffen werden.

- Es kann eine Rückfallstrategie angewandt werden, beispielsweise eine Notbremsung aller gefährdeten Fahrzeuge.

- Auf einen kooperativen Eingriff wird verzichtet. Die Kollisionsvermeidung wird den Einzelfahrzeugen überlassen.

- Auf einen automatischen Eingriff wird ganz verzichtet. Stattdessen werden die Fahrer der beteiligten Fahrzeuge vor der drohenden Kollision gewarnt, sodass sie ihrerseits kollisionsvermeidend handeln können.

Die Korrektheit der geplanten Bewegung bezüglich der Fahrzeugdynamik kann anhand der zur Ausführung notwendigen Beschleunigungen geprüft werden. Sie ergeben sich aus den zweiten Ableitungen der parametrischen Trajektorie $\gamma_i(t)$ aus Abschnitt 5.6.1. Wenn die dynamischen Grenzen vom Planungsverfahren nur approximativ berücksichtigt werden, kann es erforderlich sein, einzelne Stützpunkte der Bewegung nachträglich zu korrigieren. Hierzu wird mit dem Fahrzeugmodell (5.6) eine Bewegung des Fahrzeugs in Richtung des ursprünglichen Stützpunkts unter Einhaltung der kinematischen und dynamischen Beschränkungen simuliert.

Die Kollisionsfreiheit eines Bewegungsplans lässt sich ebenfalls effizient überprüfen. Hierzu werden die in einem Zeitintervall $[t, t + \delta t]$ von den Fahrzeugen überstrichenen Flächen auf Disjunktheit getestet. Für $\delta t \to 0$ erhält man ein bezüglich des Auflösungsparameters δt vollständiges Verfahren. Aus Gründen der einfachen Repräsentation wird hier allerdings eine Überapproximation der überstrichenen Flächen durch ein konvexes Polygon verwendet. Das Enthaltensein dieser Polygone in der Straßenfläche kann ebenfalls effizient überprüft werden.

Mit kooperativer Kollisionsvermeidung lassen sich in zahlreichen Verkehrssituationen Unfälle verhindern. Auch wenn der eingesetzte Bewegungsplanungsalgorithmus in seltenen Fällen versagen kann, stellen die beschriebenen Maßnahmen sicher, dass selbst dann keine Verschlechterung gegenüber einem Fahrzeug ohne kooperative Kollisionsvermeidung eintreten kann.[5]

5.6.3 Berechnung der Toleranz

Wie in Kapitel 3.2 erläutert, wird die detaillierte Trajektorienplanung und -glättung innerhalb der Toleranzvorgaben eines kooperativen Bewegungsplans von den Einzelfahrzeugen durchgeführt. Hierzu muss den Einzelfahrzeugen eine geeignete Repräsentation des Plans und der Toleranz übermittelt werden. Dies kann auf verschiedenen Abstraktionsebenen erfolgen. Die Auswahl der Abstraktionsebene hängt unter anderem von den Anforderungen der in den Einzelfahrzeugen eingesetzten Algorithmen ab. Eine symbolische Repräsentation könnte beispielsweise – in geeigneter Formalisierung – die folgende Anweisung enthalten: „Nach 2 Sekunden links an Fahrzeug 7 vorbeifahren, anschließend auf Fahrspur 1 wechseln."

Eine weniger abstrahierte Repräsentation wird im Folgenden exemplarisch vorgestellt. Die Fahrzeugpositionen werden durch eine diskrete Folge von Konfigurationen $\mathbf{q}_{i,k}$ in der Ebene beschrieben. Die Zeitdiskretisierung kann ähnlich gewählt werden wie in den Abschnitten 5.4 und 5.5. Die Folge der $\mathbf{q}_{i,k}$ hat den gleichen Informationsgehalt wie die interpolierende Kurve γ_i aus Abschnitt 5.6.1, da diese durch die Punkte und die Anfangsbedingungen eindeutig bestimmt ist.

Toleranzangaben $\varepsilon_{i,k}$ lassen sich im einfachsten Ansatz durch den räumlichen Freiraum an den Konfigurationen $\mathbf{q}_{i,k}$ beschreiben. Dieser kann wie folgt definiert werden:

$$\varepsilon_{i,k}^{\mathrm{coop}} := \min_{\substack{j=1,\ldots,M \\ j \neq i}} \left\{ \tfrac{1}{2} d_2(\Omega_i(\mathbf{q}_i(t_k)), \Omega_j(\mathbf{q}_j(t_k))) \right\} \tag{5.84a}$$

$$\varepsilon_{i,k}^{\mathrm{obst}} := \min_{j=1,\ldots,N_{\mathrm{obst}}} \left\{ d_2(\Omega_i(\mathbf{q}_j(t_k)), \Omega_j^{\mathrm{obst}}(\mathbf{q}_j^{\mathrm{obst}}(t_k), t_k)) \right\} \tag{5.84b}$$

---

[5]Fehler in der Umfeldrepräsentation, verursacht durch Sensorfehler, fehlerhaftes Kartenmaterial, Fehlinterpretationen der Wahrnehmungsdaten oder sonstige falsche Annahmen können natürlich trotzdem zu einem ungültigen Bewegungsplan führen. Solche Fehler werden aber nicht vom Planungsalgorithmus verursacht, sondern müssen durch geeignete Maßnahmen in den Wahrnehmungskomponenten verhindert bzw. erkannt werden.

$$\varepsilon_{i,k} := \min\{\varepsilon_{i,k}^{\text{coop}}, \varepsilon_{i,k}^{\text{obst}}, \varepsilon_{i,k}^{\text{road}}\} \tag{5.84c}$$

Darin bezeichnet $d_2(\Omega, \Omega')$ den minimalen euklidischen Abstand zweier Polygone, $\Omega_i(\mathbf{q}_i(t))$ die polygonale Repräsentation der Geometrie des i-ten Fahrzeugs zum Zeitpunkt t, $\Omega_j^{\text{obst}}(\mathbf{q}_j^{\text{obst}}(t), t)$ die entsprechende Repräsentation des j-ten der N_{obst} Hindernisse und $\varepsilon_{i,k}^{\text{road}}$ den Freiraum zwischen $\Omega_i(\mathbf{q}_i(t_k))$ und dem Straßenrand, der ähnlich berechnet werden kann wie $d_{r_{i,k}}^{\text{road}}$ aus (5.72), (5.73). Der Freiraum zwischen zwei kooperativen Fahrzeugen wird jedem Fahrzeug zur Hälfte zugeschlagen. Alternativ könnte auch eine Berechnung der Toleranz getrennt nach Richtungen, z. B. longitudinal und lateral, durchgeführt werden.

Die Folge $(\mathbf{q}_{i,k}, \varepsilon_{i,k})$, $k = 0, \ldots, T$, stellt eine kompakte Repräsentation des Bewegungsplans dar, die über Funkkommunikation ausgetauscht werden und dem i-ten Fahrzeug als Grundlage für die Feinplanung dienen kann.

5.7 Zusammenfassung

Anders als in vielen Robotikanwendungen oder im Luftverkehr wird der Freiraum im Straßenverkehr durch den Straßenverlauf und das enge Passieren anderer Fahrzeuge stark eingeschränkt, sodass nur vergleichsweise wenige Handlungssequenzen überhaupt einen zulässigen Plan darstellen. Deshalb bestehen bei der Planung kooperativer Fahrmanöver besondere Anforderungen an Planungsalgorithmen. Einerseits ist es schwierig, unter den vielen möglichen Handlungssequenzen eine der wenigen zulässigen zu finden. Andererseits kann der Suchraum durch eine geeignete Berücksichtigung der verschiedenen Einschränkungen erheblich verkleinert werden. Zusätzlich müssen die Algorithmen die Grenzen der Fahrdynamik beachten.

In diesem Kapitel wurden drei Algorithmen beschrieben, die unter Verzicht auf Entkopplungsannahmen einen möglichst großen kooperativen Handlungsspielraum ausschöpfen. Dennoch kann die spezielle Struktur eines gemeinsamen Konfigurationsraums, der aus mehreren Einzelfahrzeugkonfigurationsräumen entsteht, zur Aufwandsreduktion beitragen. Beispielsweise nutzt das Baumsuchverfahren diese Struktur zur Vorberechnung von unteren Schranken in den Einzelfahrzeug- und Zwei-Fahrzeug-Bäumen. Diese Schranken bewerten den Verlust im weiteren Verlauf der Bewegung, der z. B. infolge von Kollisionen entsteht. Ein vergleichbarer Ansatz ist dem Verfasser aus der Literatur nicht bekannt. Bei der gitterbasierten Bahnplanung werden untere Schranken eingesetzt, die den Abstand bis zum Zielpunkt abschätzen (siehe Abschnitt 2.3.3). Dieses Prinzip ist hier nicht anwendbar, da für die kooperative Kollisionsvermeidung kein fester Zielpunkt vorgegebenen wird. Interessante Parallelen ergeben sich zur RRT-Planung, bei der zufällig ge-wählte Zustände zu einem Baum verknüpft werden (vgl. Abschnitt 2.3.2). Die in Abschnitt 5.3.2.2 beschriebenen extremen Manöver der Fahrzeuge haben vergli-chen mit zufälligen Manövern den Vorteil, dass der Handlungsspielraum zur Un-fallvermeidung besser ausgeschöpft werden kann. Ferner ist anzunehmen, dass auch eine RRT-Planung im gemeinsamen Konfigurationsraum erheblich von den hier vorgeschlagenen Techniken der Wiederverwendung und Vorberechnung pro-fitieren kann.

Der zweite in der vorliegenden Arbeit untersuchte Algorithmus basiert auf ge-mischt-ganzzahliger linearer Programmierung. Dieses Verfahren wird bereits in der Literatur zur kooperativen Bewegungsplanung beschrieben. Für die hier be-trachtete Anwendung wurden wesentliche Modifikationen und Erweiterungen vor-genommen, insbesondere eine genauere Geometriebeschreibung und die Model-lierung der Straßenfläche.

Das dritte Verfahren ist die Methode der elastischen Bänder, die aus der Literatur zur Einzelfahrzeugplanung bekannt ist. Sie wurde in Abschnitt 5.5 dieser Arbeit auf die kooperative Bewegungsplanung erweitert.

Eine vergleichende Bewertung dieser drei Algorithmen, die auf grundlegend ver-schiedenen Prinzipien basieren, folgt in Kapitel 6.4.

Kapitel 6

Ergebnisse

In diesem Kapitel werden die Ergebnisse vorgestellt und bewertet, die bei der Simulation des Konzepts zur Kooperation kognitiver Automobile und der vorgeschlagenen Algorithmen erzielt wurden. Zunächst wird kurz auf den verwendeten Verkehrssimulator und die Implementierung der Systemkomponenten eingegangen. Anschließend werden in Abschnitt 6.2 die Ergebnisse der Gruppenbildung dargestellt und evaluiert. Abschnitt 6.3 beschreibt Untersuchungen über den Einfluss der Vorberechnung unterer Schranken und weiterer Parameter im Baumsuchalgorithmus zur kooperativen Bewegungsplanung. In Abschnitt 6.4 folgt der Vergleich der verschiedenen Algorithmen zur kooperativen Bewegungsplanung hinsichtlich ihres Rechenaufwands und ihrer Erfolgsrate bei der Kollisionsvermeidung in zahlreichen simulierten Szenarien. Verschiedene Varianten und Erweiterungen der Bewegungsplanung werden in Abschnitt 6.5 vorgestellt, darunter die Minimierung der Kollisionsschwere. Schließlich wird in Abschnitt 6.6 das Zusammenwirken der Komponenten Gruppenbildung, Situationsbewertung und Bewegungsplanung zur kooperativen Kollisionsvermeidung demonstriert.

6.1 Simulationssystem

Als Grundlage für die Bewertung der in dieser Arbeit vorgestellten Verfahren dient der in [Vacek07] beschriebene Verkehrssimulator. Ein Straßennetz entsprechend der Modellierung aus Abschnitt 3.3.2 wird dem Simulator als statische Szenenbeschreibung vorgegeben. Die dynamische Szene enthält die Eigenschaften und Anfangszustände der simulierten Fahrzeuge. Die Fahrtroute kann in Form einer Liste von aufeinanderfolgenden Fahrspuren spezifiziert werden.

Der Simulator arbeitet zeitdiskret mit einem wählbaren Abtastintervall. Das Fahrzeugfolgeverhalten wird in Anlehnung an das Wiedemann-Modell simuliert [Wiedemann74]. Der Ablauf von Spurwechseln und Überholvorgängen orientiert sich an den Ergebnissen von [Fritzsche99]. Der Simulator unterstützt sowohl Autobahnen und Landstraßen als auch Stadtverkehr. An Kreuzungen beachten die Fahr-

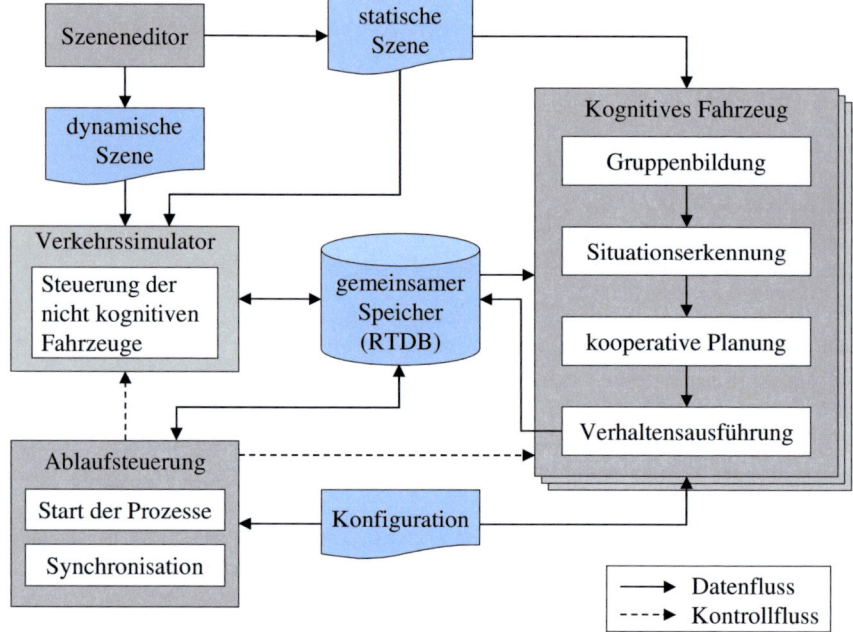

Abbildung 6.1: Softwarearchitektur zur Simulation der Kooperation.

zeuge Vorfahrts- und Stoppschilder. Wenn keine Schilder vorhanden sind, wird die Rechts-vor-Links-Regel angewendet.

Die Eigenschaften und Zustände der simulierten Fahrzeuge sind zur Laufzeit für externe Prozesse zugänglich. Als Schnittstelle dient die Realzeitdatenbasis (RTDB), die auf gemeinsamem Speicher basiert [Goebl09]. Um die Verhaltensentscheidung kognitiver Fahrzeuge simulieren zu können, werden die von externen Prozessen berechneten Zustände über die RTDB in den Simulator zurückgeschrieben.

Für die Simulation der Kooperation werden externe Softwareprozesse für mehrere kognitive Fahrzeuge an den Simulator angebunden (Abb. 6.1). Diese Prozesse werden von einem zusätzlichen Ablaufsteuerungsmodul gestartet, das über eine XML-Datei konfiguriert werden kann. Außerdem werden Synchronisationsobjekte in der RTDB angelegt, um einen zeitsynchronen Ablauf aller Prozesse gewährleisten zu können. Dadurch muss die simulierte Zeit nicht mit der realen Zeit übereinstimmen, sodass die Komponenten für die Simulation nicht echtzeitfähig sein müssen.

Die Implementierung der Kooperation wurde auf drei eigenständige Prozesse aufgeteilt, die nebenläufig ausgeführt werden können. Die Gruppenbildung wurde in Java implementiert, die Bewegungsplanung in C++. Die Situationserkennung ist zum Teil in MATLAB realisiert und wird über eine Java-Schnittstelle aufgerufen [Batz09].

Für die verschiedenen Bewegungsplanungsalgorithmen gibt es eine einheitliche Schnittstelle in Form einer abstrakten Oberklasse. Der zu verwendende Algorithmus wird in der Konfigurationsdatei ausgewählt, die auch die Parameter für Bewegungsplanung und Gruppenbildung festlegt. Es wurde auf eine effiziente Implementierung geachtet, ohne jedoch spezielle Laufzeitoptimierungen durchzuführen. Auf eine Parallelisierung der Algorithmen wurde verzichtet.

Die nachfolgend beschriebenen Simulationsergebnisse wurden auf einem Standard-Desktop-PC erzielt, der mit einem 1.8-GHz-Zwei-Kern-Prozessor und 1 GB Hauptspeicher ausgestattet ist. Als Betriebssystem wird Linux verwendet. Die Situationserkennung wurde auf einem separaten Rechner ausgeführt und über die Java-RMI-Schnittstelle angesteuert [Schnebel09].

6.2 Kooperative Gruppen

Dieser Abschnitt beschreibt die Simulationsergebnisse zur Bildung kooperativer Gruppen. Zunächst werden einige Beispielszenarien vorgestellt und die Optimierung der Parameter in der Bewertungsfunktion s beschrieben. In Abschnitt 6.2.4 wird auf die Ergebnisse des Partitionierungsalgorithmus eingegangen. Anschließend wird die Robustheit des Verhandlungsprotokolls untersucht. Schließlich wird eine Auswertung von simulierten Unfällen vorgenommen, um eine Aussage darüber zu erhalten, in welchem Anteil der Unfälle die beteiligten Fahrzeuge derselben kooperativen Gruppe angehören.

6.2.1 Beispielszenarien

Zur Bewertung der Gruppenbildung wurden verschiedene Simulationsszenen erstellt, die Stadt-, Überland- und Autobahnverkehr abdecken:

- Weststadt: Nachbildung eines Ausschnitts aus dem Straßennetz der Karlsruher Weststadt, der sowohl mehrspurige Hauptverkehrsstraßen als auch enge Nebenstraßen umfasst.

- Landstraße: eine zweispurige Landstraße, auf der das Überholen bei Gegenverkehr simuliert wird.

- Autobahnauffahrt: ein Autobahnabschnitt mit einer Halbanschlussstelle und den zugehörigen Kreuzungen mit einer zweispurigen Straße.

- Ettlingen: eine ähnliche Szene mit einer Vollanschlussstelle, die in Anlehnung an die Ausfahrt Ettlingen der A5 modelliert wurde.

- Autobahn: eine vierspurige Autobahn zur Simulation von Überholmanövern und von Einfädelvorgängen an einer Anschlussstelle.

Die Abbildungen 6.2 bis 6.4 zeigen berechnete Gruppeneinteilungen in einigen dieser Szenen mit bis zu 60 kooperativen Fahrzeugen. Zur Visualisierung werden alle Fahrzeuge einer kooperativen Gruppe in der gleichen Farbe dargestellt. In Abb. 6.2(a) bilden sich getrennte Gruppen in jeder Fahrtrichtung der Autobahn und auf der Überführung. Das auffahrende Fahrzeug schließt sich der Gruppe auf der Autobahn an, da die Auffahrt einen gemeinsamen Treffpunkt darstellt. Im weiteren Verlauf verlassen zwei Fahrzeuge die Autobahn, und die weiß gekennzeichnete Gruppe spaltet sich auf. Die beiden ausfahrenden Fahrzeuge schließen sich der rot markierten Gruppe an, die an der Kreuzung einen gemeinsamen Treffpunkt hat.

Abbildung 6.4 zeigt die Gruppeneinteilung in einem Stau auf der Autobahn. Bei den im Stau stehenden Fahrzeugen sind die Gruppengrenzen letztlich willkürlich. Die kooperative Unfallvermeidung dürfte aber bei stehenden oder sehr langsam fahrenden Fahrzeugen ohnehin kaum Anwendungen haben. Wichtiger ist es, Auffahrunfälle am Stauende verhindern zu können. Einzelne Fahrzeuge, die sich einem Stauende nähern, bilden i. d. R. eine gemeinsame Gruppe mit den hintersten stehenden Fahrzeugen. Dies wird u. a. durch den Term s_V der Bewertungsfunktion aus (4.4) erreicht, der die Relativbewegungen der Fahrzeuge berücksichtigt.

6.2.2 Vergleichskriterium

Zur Bewertung der Gruppenbildung wird die für ein Szenario berechnete Gruppenzuordnung G_1 mit einer anderen Gruppenzuordnung verglichen. Diese Gruppenzuordnung G_2 kann entweder als Grundwahrheit manuell vorgegeben werden oder unter idealisierten Bedingungen berechnet werden. Formal lässt sich das verwendete Gütemaß J mit Hilfe des Kronecker-Symbols δ wie folgt ausdrücken:

$$J(G_1, G_2) = \frac{1}{T} \cdot \frac{1}{N} \cdot \sum_{k=1}^{T} \sum_{i=1}^{N} \delta(G_1(c_i, k), G_2(c_i, k)) \cdot 100\,\% \qquad (6.1)$$

Dabei bezeichnet $G_1(c_i, k)$ die Gruppe, in die Fahrzeug c_i zum diskreten Zeitschritt k eingeteilt ist, und $G_2(c_i, k)$ die entsprechende Gruppeneinteilung in der

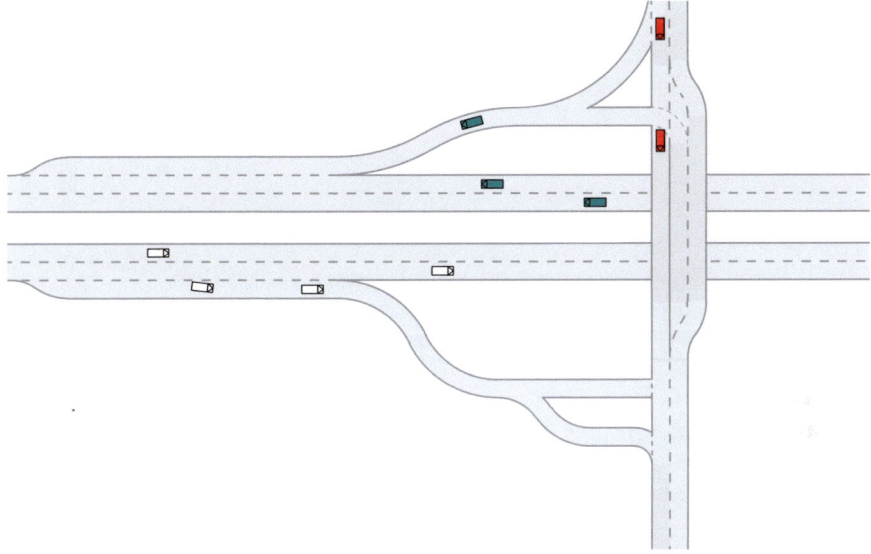

(a) kooperative Gruppen zum Simulationszeitpunkt $t = 9.5$ s

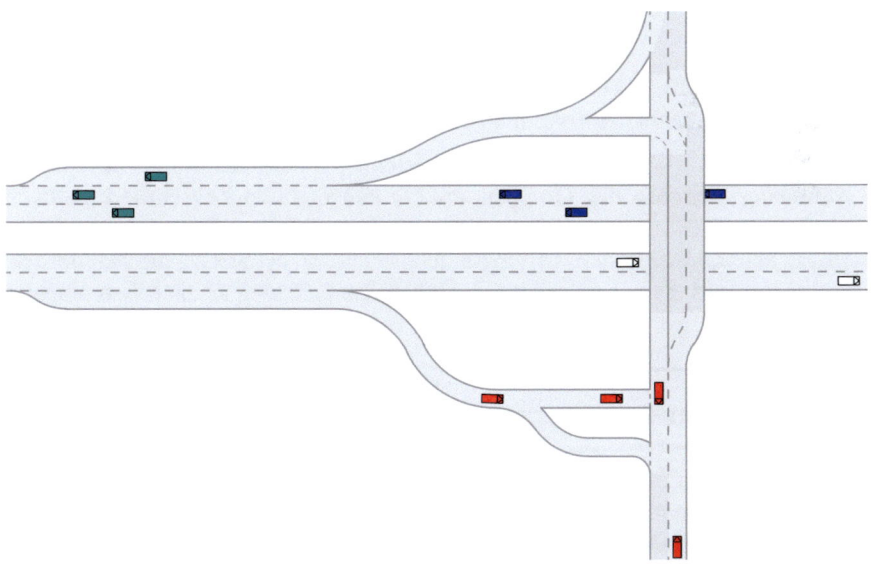

(b) kooperative Gruppen zum Simulationszeitpunkt $t = 16$ s

Abbildung 6.2: Simulation der Bildung kooperativer Gruppen in der Szene Autobahnauffahrt.

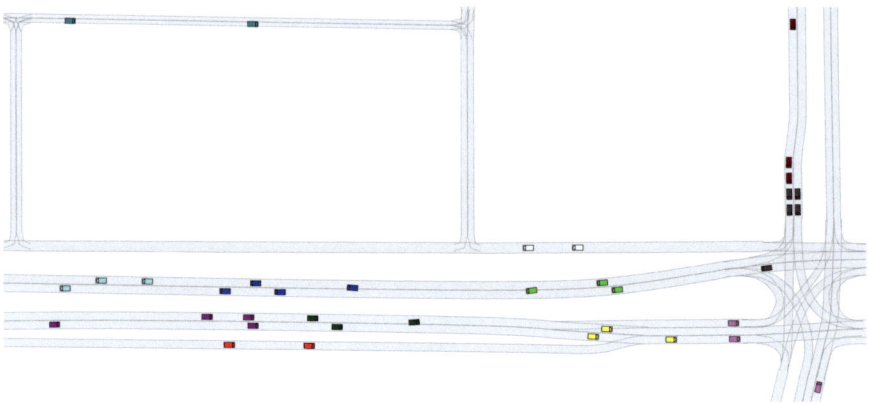

Abbildung 6.3: Kooperative Gruppen im Szenario Weststadt.

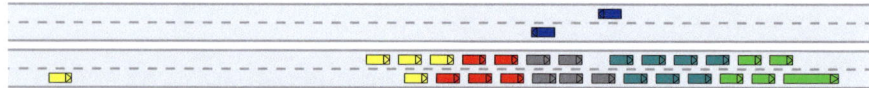

Abbildung 6.4: Gruppenbildung im Stau.

Vergleichsgrundlage. Die Gesamtzahl der simulierten Fahrzeuge wird mit N bezeichnet, die Anzahl der diskreten Zeitschritte mit T.

Um den Term $\delta(G_1(c_i, k), G_2(c_i, k))$ berechnen zu können, muss zunächst eine Abbildung zwischen den Gruppen aus G_1 und G_2 zum Zeitschritt k gefunden werden. Beispielsweise erhält man für die Gruppen $\mathcal{G}_1 = \{c_1, c_2, c_3\}$ und $\mathcal{G}_1' = \{c_4, c_5\}$ aus G_1 sowie $\mathcal{G}_2 = \{c_1, c_2\}$ und $\mathcal{G}_2' = \{c_3, c_4, c_5\}$ aus G_2 die Zuordnungen $G_1 \mapsto G_1'$ und $G_2 \mapsto G_2'$, sodass lediglich das Fahrzeug c_3 als falsch eingeteilt gewertet wird.

6.2.3   Parameteroptimierung

Die Bewertungsfunktion $s(\mathcal{G})$ aus Kapitel 4.3 enthält einige Gewichtungsfaktoren und sonstige Parameter. Da nicht unmittelbar klar ist, nach welchen Kriterien diese Parameter gewählt werden sollen, wird hier ein Optimierungsansatz verwendet: Ausgehend von einer initial berechneten Gruppeneinteilung wird ein Szenario an einzelnen Zeitpunkten manuell annotiert, um die Gruppenbildung im Hinblick auf die Chancen zur Kollisionsvermeidung gezielt zu verbessern. Der Parametervektor $\boldsymbol{\lambda}$ wird nun so optimiert, dass die Abweichung $J(G_{\boldsymbol{\lambda}}, G_{\text{annot}})$ zwischen der mit dem Parametersatz λ berechneten Gruppeneinteilung G_λ und der manuell annotierten Einteilung G_{annot} minimal wird. Zur Optimierung wird ein evolutionärer Algorithmus verwendet, der in [Frese07a] beschrieben ist. Durch die Parameteroptimierung konnte die Abweichung von der manuell erstellten Grundwahrheit um mehr als 75 % reduziert werden.

6.2.4 Partitionierungsalgorithmus

Der Any-Time-Algorithmus zur approximativen Berechnung der optimalen Partition (Abschnitt 4.4.3) wird an einem Beispielszenario mit 17 Fahrzeugen evaluiert. Für dieses Beispiel aus der Szene Autobahnauffahrt können die global optimalen Partitionen gemäß (4.9) mit einer Branch-and-Bound-Suche exakt berechnet und als Grundwahrheit für das Gütemaß J verwendet werden. Die Partitionierung mit dem Any-Time-Algorithmus unter Verwendung der Nachbarschaftsbedingung (4.10) liefert bei 50 ms zugelassener Rechenzeit eine Übereinstimmung von $J = 99.12\,\%$. Für eine Rechenzeit von 1 s erhöht sich die Übereinstimmung auf 99.85 %, bei 100 s ist die Einteilung identisch mit der Grundwahrheit. Zum Vergleich sei noch das Ergebnis des gierigen Partitionierungsalgorithmus angegeben: Er erreicht eine Übereinstimmung von 87.65 %. Szenarien mit einer größeren Anzahl kooperativer Fahrzeuge konnten nicht evaluiert werden, da die Ermittlung des globalen Optimums aufgrund des Rechenaufwands nicht möglich war.

Eine Gruppenbildung mit einer Aktualisierungsfrequenz von 10 Hz ist bei einem Zeitlimit von 50 ms für den Partitionierungsalgorithmus in Echtzeit möglich, da der gesamte sonstige Rechenaufwand, in den insbesondere die Abstandsberechnung eingeht, bei der momentanen Implementierung ebenfalls im Bereich von 50 ms liegt.

6.2.5 Verhandlungsprotokoll

Bezüglich des Verhandlungsprotokolls ist vor allem die Robustheit gegenüber Latenzen und Paketverlusten in der Funkkommunikation von Interesse. In der Simulation werden die Nachrichten des Verhandlungsprotokolls mit Paketen der Kommunikationsebene gleichgesetzt, d. h. jede Nachricht besteht aus genau einem Paket. Diese Annahme ist angesichts des vergleichsweise geringen Umfangs der Nachrichten gerechtfertigt. Das einfachste Modell für Paketverluste besteht darin, dass eine Nachricht mit einer Wahrscheinlichkeit p_V verloren geht, unabhängig vom Verlust anderer Nachrichten. Etwas realistischer ist die Annahme, dass die Verbindung zwischen einem bestimmten Sender-Empfänger-Paar für einen längeren Zeitraum gestört ist, sodass mehrere aufeinanderfolgende Pakete verloren

p_V	0.0	0.2	0.5	0.1	0.5
p_F	0.0	0.2	0.5	0.9	0.9
$J(G_{p_V,p_F}, G_Z)$	96.3 %	93.7 %	90.3 %	81.3 %	64.9 %

Tabelle 6.1: Einfluss von Paketverlusten auf die Gruppeneinteilung (aus [Frese07a]).

gehen. Dies kann dadurch modelliert werden, dass eine Nachricht mit einer höheren Wahrscheinlichkeit $p_F > p_V$ verloren geht, wenn bereits die vorhergehende Nachricht auf der gleichen Sender-Empfänger-Verbindung nicht angekommen ist. Der verteilte Gruppenbildungsalgorithmus wurde für verschiedene Werte von p_V und p_F simuliert. Die Bewertung erfolgt durch Vergleich des Ergebnisses G_{p_V,p_F} mit der Gruppeneinteilung G_Z, die mit dem zentral ablaufenden Algorithmus unter sonst gleichen Bedingungen berechnet wurde. In Tabelle 6.1 ist jeweils die relative Übereinstimmung unter dem Gütemaß $J(G_{p_V,p_F}, G_Z)$ aus Gleichung (6.1) angegeben.

Die Verschlechterung selbst bei ungestörter Kommunikation kommt durch den geringfügig verzögerten Gruppenwechsel infolge der Latenzzeiten für den Nachrichtenaustausch zustande. Mit steigender Fehlerwahrscheinlichkeit nehmen auch diese Latenzen immer weiter zu. Dennoch bilden sich bei mäßig gestörter Kommunikation die gleichen Gruppen wie im ungestörten Fall, wenn auch entsprechend verzögert. Bei stark gestörter Kommunikation kommt es gelegentlich zur Bildung anderer Gruppen, die aber häufig nur unwesentlich schlechter bewertet sind und eine gute Approximation an die optimale Einteilung darstellen. Lediglich im letzten untersuchten Fall ($p_V = 0.5$, $p_F = 0.9$) ist die Kommunikationsqualität zu schlecht für eine sinnvolle Gruppenbildung.

Die Auswahl des Gruppenkoordinators nach dem Kriterium (4.13) reduzierte die Anzahl der Koordinatorwechsel im Vergleich mit einer willkürlichen Auswahl auf Grundlage der Identifikationsnummern um etwa 15 %.

6.2.6 Auswertung von simulierten Unfällen

Mit der verteilten Kooperation wird das Ziel verfolgt, durch kooperative Fahrmanöver zu einer verbesserten Verkehrssicherheit beizutragen. Für das Systemkonzept aus Kapitel 3 ist es von entscheidender Bedeutung, dass die an einer Gefahrensituation beteiligten Fahrzeuge in eine gemeinsame kooperative Gruppe eingeteilt werden, da nur in diesem Fall eine kooperative Unfallvermeidung möglich ist. Um zu untersuchen, inwieweit die Gruppenbildungskriterien aus Kapitel 4 dieses

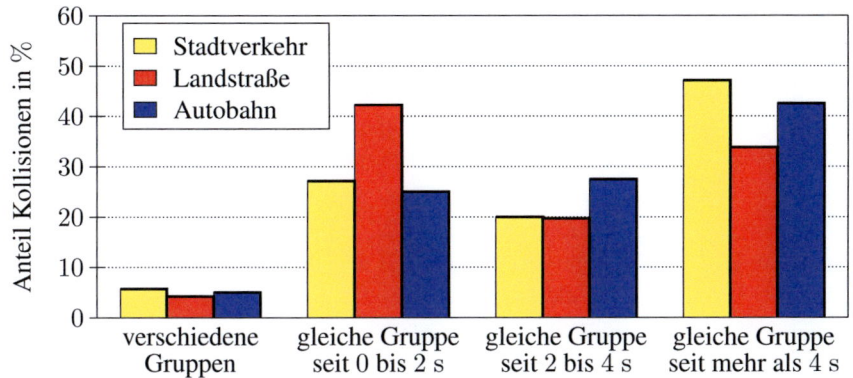

Abbildung 6.5: Gruppenzugehörigkeit der Unfallbeteiligten im simulierten Stadt-, Überland- und Autobahnverkehr.

Ziel erreichen, wird die Gruppenbildung in Szenarien mit provozierten Unfällen simuliert. Anschließend wird ausgewertet, ob die am Unfall beteiligten Fahrzeuge derselben kooperativen Gruppe angehören.

Die simulierten Szenarien decken den Stadt-, Überland- und Autobahnverkehr ab. Der Verkehrssimulator wird so parametriert, dass Kollisionen zwischen den Fahrzeugen provoziert werden. Auf der Autobahn entstehen vorwiegend Unfälle durch Spurwechselmanöver und Auffahrunfälle am Stauende. Im Landstraßenszenario treten beim Überholen Kollisionen mit dem Gegenverkehr auf. Im Stadtverkehr werden die Missachtung der Vorfahrt an Kreuzungen sowie ebenfalls Spurwechsel- und Auffahrunfälle simuliert. Da die simulierten Unfälle keine repräsentative Stichprobe des tatsächlichen Unfallgeschehens darstellen, können die Ergebnisse nur ein erstes Indiz über den Erfolg der Gruppenbildung liefern.

Die Auswertung ist in Abb. 6.5 dargestellt. Die Zielsetzung, dass die an einem Unfall beteiligten Fahrzeuge derselben Gruppe angehören, wird weitgehend erreicht: In allen drei Szenarien sind nur an ca. 5 % der Kollisionen Fahrzeuge beteiligt, die in verschiedene kooperative Gruppen eingeteilt sind. Dieses Ergebnis belegt, dass mit der Vorgehensweise aus Kapitel 4 in den unterschiedlichen Verkehrsszenarien sinnvolle kooperative Gruppen gebildet werden können.

Allerdings ist auch zu erkennen, dass sich die Fahrzeuge häufig erst kurz vor dem Unfall einer gemeinsamen Gruppe anschließen, sodass es für einen kollisionsvermeidenden Eingriff möglicherweise bereits zu spät ist. Die Ursache dafür ist meistens, dass der Abstand zu anderen potenziellen Kooperationspartnern bis kurz vor der Kollision geringer ist als zum späteren Unfallgegner. Besonders aus-

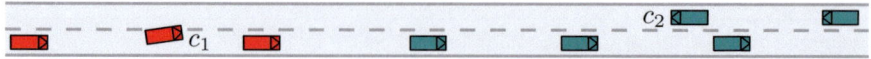

Abbildung 6.6: Typisches Szenario, in dem der Beitritt der späteren Unfallbeteiligten c_1 und c_2 zu einer gemeinsamen kooperativen Gruppe zu spät erfolgt, weil zahlreiche weitere mögliche Kooperationspartner vorhanden sind.

geprägt ist dieser Effekt auf der Landstraße, wo in kurzer Zeit zahlreiche Fahrzeuge im Gegenverkehr passiert werden, die alle als Kooperationspartner in Frage kommen (Abb. 6.6). Da die Möglichkeit eines Unfalls mit diesen anderen Fahrzeugen ebenfalls in Betracht gezogen werden muss, sind die Ergebnisse weniger als Folge unzureichender Gruppenbildungskriterien, sondern vielmehr als unvermeidliche Auswirkung dichten Verkehrs zu bewerten. Die Kriterien können im besten Fall bewirken, dass ein Fahrzeug eine gemeinsame Gruppe mit denjenigen Fahrzeugen bildet, die innerhalb eines kurzen Zeithorizonts als Unfallgegner in Frage kommen. Falls dies mehr Fahrzeuge sind als die zugelassene Gruppengröße erlaubt, beschränkt sich die Gruppe auf die nächsten Nachbarn im Sinne des Abstandsbegriffs. Dann kann es vorkommen, dass die Unfallbeteiligten zu spät derselben Gruppe beitreten. In Situationen mit geringem Verkehrsaufkommen erfolgt die Gruppenbildung überwiegend rechtzeitig. Eine nennenswerte Verbesserung im dichten Verkehr kann vermutlich nicht ohne eine deutliche Vergrößerung der Gruppen erreicht werden. Eine solche Maßnahme ist aber aus Gründen des Kommunikations- und Rechenaufwands problematisch.

Nimmt man an, dass ein Eingriff zwei Sekunden vor dem Unfall im Durchschnitt ausreichend ist, können insgesamt gesehen etwa zwei Drittel der simulierten Unfälle mit dem Ansatz der verteilten Kooperation adressiert werden. In den übrigen Fällen müsste die Unfallvermeidung wie im heutigen Straßenverkehr ausschließlich durch geeignete Entscheidungen der Einzelfahrzeuge erfolgen.

6.3 Experimentelle Analyse des Baumsuchverfahrens zur kooperativen Bewegungsplanung

In diesem Abschnitt wird der Einfluss verschiedener Parameter auf die Laufzeit des Baumsuchplaners aus Kapitel 5.3 untersucht. Darunter sind die Suchstrategie und das Ausmaß der Vorberechnung. Des Weiteren wird gezeigt, wie das Verfahren unter Verzicht auf bestimmte Anforderungen an die Lösung beschleunigt werden kann.

6.3.1 Einfluss der Vorberechnung und Zwischenspeicherung

Der Einfluss der Vorberechnungs- und Zwischenspeicherungstiefen P_{SV}, P_{coll}, S_{SV}, S_{coll} wird anhand eines Kreuzungsszenarios mit drei bzw. vier Fahrzeugen gezeigt. Eingesetzt wird der Baumsuchalgorithmus zur Minimierung der Anzahl Kollisionen mit $T = 4$ Entscheidungszeitpunkten. In Abb. 6.7 ist für verschiedene Parameterkombinationen jeweils die durchschnittliche Rechenzeit über die Planungsprobleme des Szenarios und das Maximum der Rechenzeiten dargestellt. Dabei werden die A*-Suche und die Branch-and-Bound-Strategie (BB) miteinander verglichen. Der Vorberechnungsaufwand ist ebenfalls aufgetragen.

Im schwierigeren Szenario mit $M = 4$ kooperierenden Fahrzeugen führt die A*-Suche ohne Vorberechnung zu einem Speicherüberlauf, sodass für diese Parameterkonfigurationen keine Rechenzeit angegeben werden kann. Ebenfalls verzichtet wird auf die Messung der BB-Strategie ohne Vorberechnung und Zwischenspeicherung, da hier bereits für einfache Planungsaufgaben Rechenzeiten von mehreren Stunden zu beobachten sind. Mit Vorberechnung der unteren Schranken aus der Einzelfahrzeuginformation müssen erheblich weniger Knoten besucht werden, sodass der Baumsuchalgorithmus insgesamt weniger als eine Sekunde benötigt. Der Aufwand zur Vorberechnung der Kollisionsinformation übersteigt allerdings die Einsparungen durch die verbesserten unteren Schranken.

Die A*-Suche erreicht im Szenario mit $M = 3$ Fahrzeugen die besten Ergebnisse mit $S_{SV} = 4$, $P_{SV} = 3$ und $S_{coll} = P_{coll} = 0$. Bei $M = 4$ Fahrzeugen lohnt sich zusätzlich die Zwischenspeicherung der Kollisionsinformation in der Konfiguration $S_{SV} = P_{SV} = 4$, $S_{coll} = 3$, $P_{coll} = 0$. Die BB-Strategie erreicht die geringste durchschnittliche Laufzeit in beiden Fällen mit $S_{SV} = P_{SV} = S_{coll} = 4$ und $P_{coll} = 0$, ist also stärker auf die Vorberechnung und Zwischenspeicherung angewiesen als die A*-Strategie.

Die dargestellten Ergebnisse zeigen, dass es möglich ist, den größten Teil des Rechenaufwands in die Vorverarbeitungsphase zu verlagern. Damit kann die Varianz der Laufzeit über verschiedene Planungsprobleme deutlich reduziert werden, da der Vorberechnungsaufwand nahezu konstant bleibt. Dies ist eine wichtige Beobachtung im Hinblick auf die Echtzeitfähigkeit des Baumsuchalgorithmus.

6.3.2 Einfluss der Handlungsmenge und des Verlustfunktionals

Beim hier vorgeschlagenen Algorithmus bilden die Handlungsalternativen die Grundlage für den Aufbau der Baumstruktur, nicht die möglichen Konfigurationen

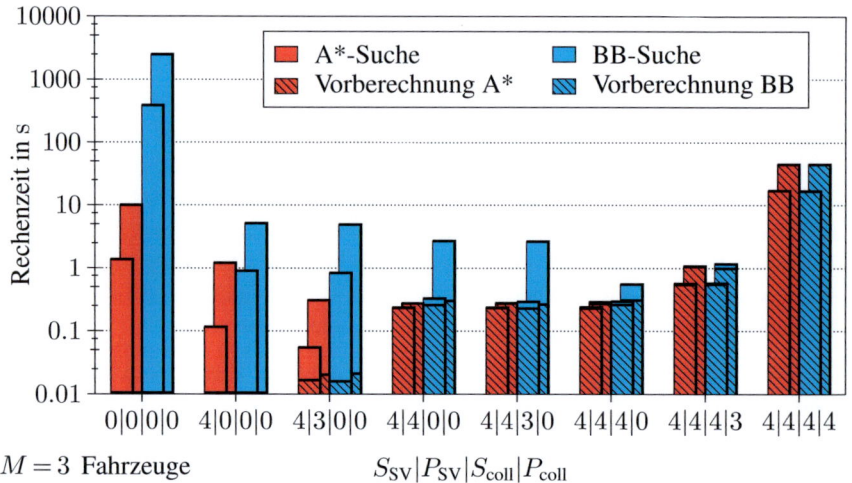

$M = 3$ Fahrzeuge $S_{SV}|P_{SV}|S_{coll}|P_{coll}$

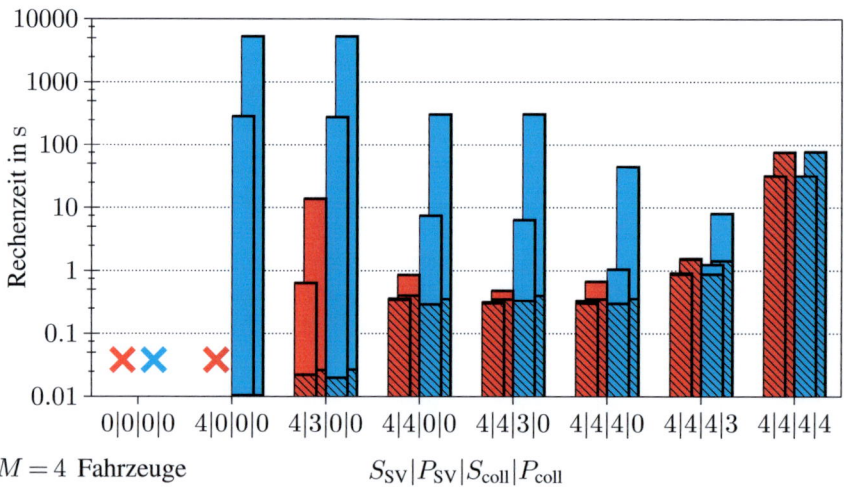

$M = 4$ Fahrzeuge $S_{SV}|P_{SV}|S_{coll}|P_{coll}$

Abbildung 6.7: Einfluss der Vorberechnungsparameter auf die Laufzeit des Baumsuchverfahrens mit $T = 4$ Entscheidungszeitpunkten. Die Vorberechnung nimmt von links nach rechts zu. Der vordere Balken entspricht jeweils der mittleren Rechenzeit über den Planungsproblemen des Szenarios Kreuzung 1 in logarithmischer Darstellung, der hintere Balken der maximalen Rechenzeit. Der Vorberechnungsaufwand ist im unteren Teil der Balken wiedergegeben. Parametersätze, mit denen die Suche nicht in akzeptabler Zeit terminiert, sind durch ein Kreuz gekennzeichnet.

oder Zustände wie bei den Graphen aus gitterbasierten Planungsverfahren (siehe Kapitel 2.3). Daher kann es passieren, dass mehrere Knoten des Baums den identischen Zustand beschreiben. Bei der geringen Anzahl Entscheidungszeitpunkte, mit der eine echtzeitfähige kooperative Planung möglich ist, sind solche mehrfach im Baum auftretenden Zustände aber sehr selten. Auf Maßnahmen zur Erkennung und Vermeidung doppelter Zustände wird daher verzichtet, da sie mit zusätzlichem Verwaltungsaufwand für geeignete Datenstrukturen verbunden sind und daher den Gesamtaufwand vermutlich nicht reduzieren können. Im Fall einer feineren Zeitdiskretisierung, wie sie in Abschnitt 6.4.1.5 beim Einsatz des Baumsuchverfahrens als Einzelfahrzeugplaner im Rahmen der prioritätsbasierten Planung verwendet wird, spielt das Problem mehrfach auftretender Zustände dagegen eine deutlich größere Rolle. Dies ist ein wesentlicher Grund, warum diese Implementierung der prioritätsbasierten Planung suboptimal hinsichtlich des Rechenaufwands ist.

Ein weiterer Fall, in dem identische Zustände Probleme verursachen können, tritt auf, wenn ein Fahrzeug c_i im Bewegungsplan bis zum Stillstand abbremst. Dann entsprechen alle Handlungen außer dem Beschleunigen a_i^{acc} dem Stehenbleiben des Fahrzeugs, führen somit zum gleichen Folgezustand und erhalten die gleiche Bewertung durch das Verlustfunktional. Deshalb kann der Baumsuchalgorithmus nicht zwischen den Handlungsalternativen differenzieren und müsste alle Folgeknoten explorieren, was einen sprunghaften Anstieg der Rechenzeit zur Folge hätte. Dieses Problem wird behoben, indem im Fall des Stillstands von Fahrzeug c_i lediglich die Handlungsalternativen a_i^{const} und a_i^{acc} zugelassen werden.

In ähnlicher Weise können sich auch bestimmte Modifikationen des Verlustfunktionals auf die Laufzeit der Suche auswirken. Prinzipiell ist ein Verlustfunktional günstig, das möglichst stark zwischen den Alternativen diskriminiert. Dadurch wird die Suche frühzeitig auf die erfolgversprechenden Teilbäume beschränkt. Erhalten hingegen viele Alternativen ähnliche Bewertungen, so muss eine größere Anzahl Knoten exploriert werden. Wie in Abschnitt 6.4.4.2 gezeigt wird, können ähnliche Effekte auch von bestimmten Probleminstanzen verursacht werden. Ergebnisse mit einem modifizierten Verlustfunktional werden in den Abschnitten 6.5.3 und 6.5.5 vorgestellt.

6.3.3 Einschränkung auf das Problem der Kollisionsvermeidung

Wie in Abschnitt 5.3.2.3 erläutert, wird mit dem Verlustfunktional die Anzahl der Kollisionen minimiert. Beschränkt man hingegen die Aufgabenstellung auf das Finden von Plänen, die frei von Kollisionen sind und alle Fahrzeuge auf der Straße halten, kann ein leicht modifizierter Baumsuchalgorithmus eine deutliche Reduktion des Rechenaufwands erreichen. Dazu wird ein Schwellwert L_{thr} für das Verlustfunktional vorgegeben, unterhalb dessen die Bewertung des gesuchten Plans liegen soll. Existiert ein solcher Plan, so wird dieselbe optimale Lösung innerhalb von $\mathcal{B}$ gefunden wie vom Baumsuchalgorithmus mit Minimierung der Anzahl Kollisionen. Andernfalls kann der modifizierte Algorithmus keine Lösung finden und gibt eine Fehlermeldung zurück. Wie in Abb. 5.4 auf Seite 89 zu sehen ist, kann der Schwellwert L_{thr} so gewählt werden, dass alle Pläne ausgeschlossen werden, die Kollisionen oder ein Verlassen der Straße beinhalten. Das Verlustfunktional muss dazu nicht verändert werden.

Bei der Branch-and-Bound-Suche kann durch die Einschränkung auf reine Kollisionsvermeidung das Kriterium (5.49) zum Ausschluss eines Teilbaums wie folgt modifiziert werden:

$$L(root, n) + h(n) > \min\{L^*, L_{thr}\} \tag{6.2}$$

Damit wird ein Teilbaum ausgeschlossen, sobald erkannt wird, dass er zu einer Kollision oder zu einem Verlassen der Straße führt. Falls eine Kollisionsvermeidung nicht möglich ist, dringt die Suche nie bis zu einem Blatt von $\mathcal{B}$ vor. Mit dem Kriterium (6.2) können bereits in der Vorberechnungsphase Teilbäume der $\mathcal{B}_i$ und $\mathcal{B}_{i,j}$ ausgeschlossen werden.

Bei der A*-Suche wird auf das Einfügen eines Knotens n in die Prioritätswarteschlange verzichtet, falls $g(n) > L_{thr}$ ist für $g(n)$ aus (5.50). Stattdessen wird ein solcher Knoten sofort verworfen. Falls eine Kollision unvermeidbar ist, läuft die Prioritätswarteschlange leer, ohne dass ein Blatt erreicht wird. Dann liefert der Algorithmus eine entsprechende Fehlermeldung zurück.

Diese Variante des Baumsuchverfahrens wird für den Vergleich in Abschnitt 6.4 verwendet, da sich die anderen untersuchten Algorithmen ebenfalls auf die Kollisionsvermeidung beschränken. Abbildung 6.8 zeigt die Auswirkung der Modifikation auf den Rechenaufwand in einem Kreuzungsszenario. Bei der Suche in $\mathcal{B}$ kann der Rechenaufwand deutlich reduziert werden, da weniger Knoten besucht werden. Die Einsparung bei der Vorberechnung ist hingegen eher gering.

6.3.4 Beschleunigung durch Verzicht auf Optimalität

Der bisher beschriebene Algorithmus findet die bezüglich des Verlustfunktionals optimale Handlungssequenz in $\mathcal{B}$. Auf die Optimalität kann zugunsten eines geringeren Rechenaufwands verzichtet werden. Zur suboptimalen Planung kann bei der Branch-and-Bound-Suche das Kriterium (5.49) für den Ausschluss eines Teilbaums wie folgt modifiziert werden:

$$\varepsilon_{subopt} \cdot (L(root, n) + h(n)) > L^*, \qquad \varepsilon_{subopt} > 1 \tag{6.3}$$

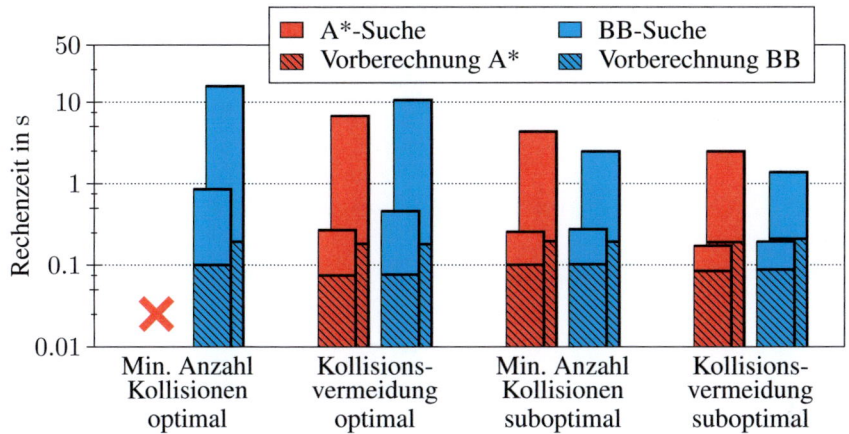

Abbildung 6.8: Beschleunigung des Baumsuchverfahrens durch Abschwächung der Problemformulierung: reine Kollisionsvermeidung und suboptimale Planung im Szenario Kreuzung 2, $M = 4$ mit den Parametern $T = 3$, $P_{SV} = S_{SV} = S_{coll} = 3$, $P_{coll} = 2$ (Darstellungsweise wie bei Abb. 6.7 erläutert).

Damit werden auch Teilbäume ausgeschlossen, deren Bewertung höchstens um den Faktor ε_{subopt} besser ist als das bisherige Optimum L^*.

Bei der A*-Suche wird ein ähnlicher Effekt durch die folgende Modifikation der Knotenbewertungsfunktion (5.50) erreicht:

$$g_{subopt}(n) := L(root, n) + \varepsilon_{subopt} \cdot h(n), \qquad \varepsilon_{subopt} > 1 \qquad (6.4)$$

Auch hier kann garantiert werden, dass die gefundene Lösung höchstens um den Faktor ε_{subopt} schlechter ist als die optimale [Likhachev03]. Der Parameter ε_{subopt} kann so gewählt werden, dass stets eine kollisionsfreie kooperative Bewegung zurückgeliefert wird, sofern eine solche existiert (vgl. Abb. 5.4 auf Seite 89). Anders als bei der Variante aus dem vorangegangenen Abschnitt wird aber auch dann ein Bewegungsplan gefunden, wenn eine Kollision unvermeidbar ist. Im Grenzfall $\varepsilon_{subopt} = 1$ erhält man den ursprünglichen Algorithmus. Die Auswirkung einer suboptimalen Planung auf die Rechenzeit ist ebenfalls in Abb. 6.8 dargestellt.

6.3.5 Vergleich von Branch-and-Bound- und A*-Suche

In den vorangegangenen Analysen (Abb. 6.7 und 6.8) wurden die Laufzeiten der Branch-and-Bound- und der A*-Suche gegenübergestellt. In der Mehrzahl der Fäl-

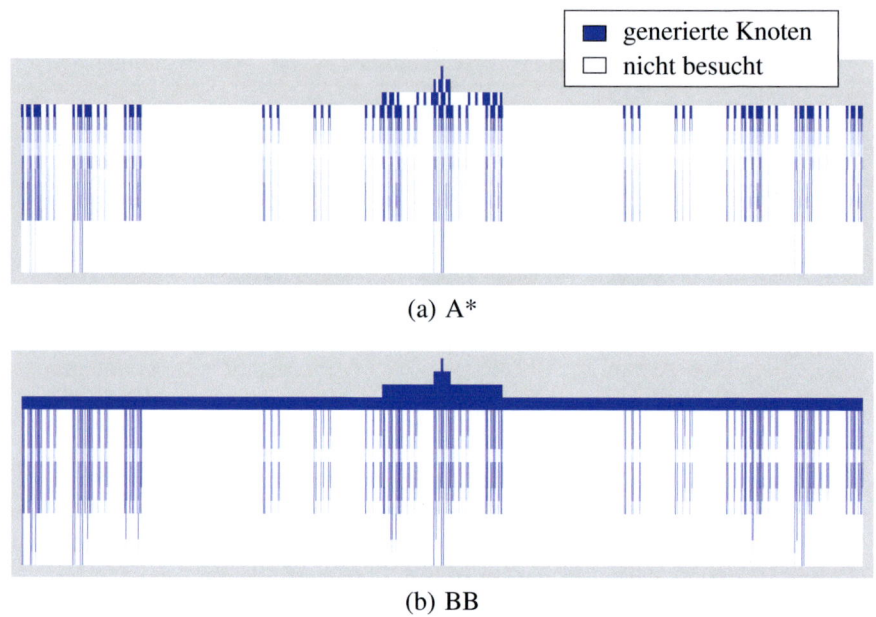

(a) A*

(b) BB

Abbildung 6.9: Visualisierung der generierten Knoten von $\mathcal{B}'$ (vgl. Abb. 5.7 auf Seite 93) in einem Überholszenario mit $M = 4$, $T = 4$, $P_{\mathrm{SV}} = 4$, $P_{\mathrm{coll}} = 0$.

le ist die A*-Suche effizienter, weil sie weniger Knoten besuchen muss, um die optimale Handlungssequenz zu finden. Die Optimalität der A*-Strategie im Hinblick auf die Anzahl besuchter Knoten ist auch theoretisch nachgewiesen [Dechter85]. Für die kooperative Bewegungsplanung zeigt Abb. 6.9 eine Visualisierung der von A* und BB besuchten Knoten von $\mathcal{B}$. Zunächst fällt auf, dass die Suche auf einen sehr kleinen Anteil des Baums beschränkt werden kann. Des Weiteren werden alle von A* besuchten Knoten auch von BB besucht. Im dargestellten Beispiel aus einem Überholszenario mit $M = 4$ kooperativen Fahrzeugen und $T = 4$ Entscheidungszeitpunkten hat der Baum $\mathcal{B}$ mehr als 10^{13} Knoten. Von der A*-Suche werden etwa 10^7 Knoten von $\mathcal{B}'$ in die Prioritätswarteschlange eingefügt. Die BB-Strategie evaluiert ca. 10^8 Knoten von $\mathcal{B}$ und wählt davon 10^5 zur Weiterverarbeitung aus. Insgesamt benötigen beide Suchstrategien in diesem Beispiel in etwa die gleiche Rechenzeit.

Wie in Abschnitt 6.3.1 gezeigt wurde, ist bei der A*-Strategie i. d. R. weniger Vorberechnungsaufwand für eine effiziente Suche erforderlich. Dennoch gibt es auch Probleminstanzen, auf denen BB schneller ist. Häufig sind dies vergleichsweise schwierige Instanzen, in denen eine Kollision unvermeidbar ist. Wenn eine kollisionsfreie Lösung existiert, kann die A*-Strategie die Suche deutlich effizienter auf die kollisionsfreien Bereiche von $\mathcal{B}$ beschränken. Sobald eine Kollisionsvermeidung nicht mehr möglich ist, entfällt dieser Vorteil. Die Anzahl besuchter Knoten nimmt deutlich zu, und der Zusatzaufwand für die Verwaltung der Prioritätswarteschlange fällt stärker ins Gewicht. Bei manchen Problemen bzw. Parametereinstellungen übersteigt der Speicherbedarf der Prioritätswarteschlange sogar den verfügbaren Arbeitsspeicher. In diesen Fällen ist allerdings auch die BB-Strategie deutlich von einer Echtzeitfähigkeit entfernt. Vorteile für die BB-Strategie ergeben sich außerdem bei der suboptimalen Planung aus Abschnitt 6.3.4.

6.4 Vergleich der Algorithmen zur Bewegungsplanung

Anhand verschiedener Simulationsszenarien werden vier Algorithmen zur kooperativen Bewegungsplanung miteinander verglichen. Dabei handelt es sich um die in Kapitel 5 beschriebenen Algorithmen sowie um einen prioritätsbasierten Planer. Als quantitative Vergleichskriterien dienen der Anteil der erfolgreich gelösten Probleminstanzen und der Rechenaufwand. Bevor die Ergebnisse der Auswertung beschrieben werden, wird auf die verwendete Parametrierung der Algorithmen und auf die simulierten Szenarien eingegangen.

6.4.1 Parametrierung der Algorithmen

In diesem Abschnitt wird kurz erläutert, welche Varianten und Parametrierungen der Bewegungsplanungsalgorithmen für den Vergleich verwendet werden. Ergebnisse mit anderen Varianten werden weiter unten in Abschnitt 6.5 dargestellt.

6.4.1.1 Planungshorizont

Zunächst wird an dieser Stelle auf die Wahl des Planungshorizonts t_h eingegangen. Ein kooperativer Bewegungsplan zur Abwendung einer Gefahrensituation kann offensichtlich nur dann erstellt werden, wenn die Gefahrensituation innerhalb des Planungshorizonts auftritt. Der Planungshorizont muss daher mindestens so groß gewählt werden, dass er unabhängig von der betrachteten Handlung die Gefahrensituation abdeckt. Zusätzlich sollte eine gewisse Reserve vorhanden sein, um zu verhindern, dass ein Fahrzeug beispielsweise unmittelbar nach einer erfolgreichen Kollisionsvermeidung von der Straße abkommt.

Im Fall einer drohenden Kollision mit einem stehenden Hindernis fordert dieses
Kriterium, dass die betreffenden Fahrzeuge innerhalb des Planungshorizonts zum
Stillstand kommen können:

$$t_h > \max_{i=1}^{M} t_{\text{stop},i}\,, \tag{6.5}$$

wobei $t_{\text{stop},i}$ die Zeit bezeichnet, die Fahrzeug c_i ausgehend vom Zustand x_i^{start}
zum Anhalten benötigt. Der Planungshorizont muss also mit zunehmenden Anfangsgeschwindigkeiten vergrößert werden. Anhand dieser Überlegungen wird für
die untersuchten Szenarien je nach auftretenden Geschwindigkeiten ein Planungshorizont im Bereich von 1.6 s bis 4 s gewählt. Als eine sinnvolle Erweiterungs-
möglichkeit könnte man die Ergebnisse der aktuellen Situationsbewertung bei der
Bestimmung des Planungshorizonts miteinbeziehen.

Bei den meisten Algorithmen geht der Planungshorizont linear in den Rechenaufwand ein. Für das Baumsuchverfahren werden dazu bei konstantem T die Entscheidungszeitpunkte t_k auf das Intervall $[0, t_h]$ verteilt. Bei den elastischen Bändern ist es empfehlenswert, den zeitlichen Knotenabstand Δt konstant zu lassen
und einen vergrößerten Planungshorizont durch eine größere Knotenanzahl wider-
zuspiegeln.

Ähnlich muss bei der gemischt-ganzzahligen linearen Programmierung vorgegan-
gen werden, da hier das Abtastintervall Δt nicht beliebig vergrößert werden kann,
ohne die Kollisionsvermeidung zu beeinträchtigen. Daher müssen zusätzliche Abtastpunkte eingefügt werden. Somit wird sich in der Regel bei wachsendem Planungshorizont auch die Anzahl der binären Variablen vergrößern, sodass der Rechenaufwand überproportional ansteigt. Das MILP-Verfahren kann daher keinen
linearen Zusammenhang zwischen Planungshorizont und Rechenaufwand garantieren.

6.4.1.2 Baumsuche

Für das Baumsuchverfahren werden die in Abschnitt 5.3.2 beschriebenen Modelle
eingesetzt. Die Handlungsmenge jedes Fahrzeugs beinhaltet die folgenden Handlungen aus Abschnitt 5.3.2.2:

$$\mathcal{A}_i = \{a_i^{\text{const}}, a_i^{\text{brake}}, a_i^{\text{left}}, a_i^{\text{right}}, a_i^{\text{brake,left}}, a_i^{\text{brake,right}}, a_i^{\text{acc}}\} \tag{6.6}$$

Auf die Spurfolgehandlungen $a_i^{\text{lane,const}}$ und $a_i^{\text{lane,brake}}$ wird verzichtet, da ihre Hin-
zunahme die Erfolgsrate des Planers nur unwesentlich steigern kann, aber einen
deutlichen Anstieg der Rechenzeit zur Folge hat.

Folgendes Verlustfunktional wird verwendet:

$$L(\gamma) = L^{\text{coll}}(\gamma) + L^{\text{obst}}(\gamma) + L^{\text{road}}(\gamma) + L^{\text{control}}(\gamma) \qquad (6.7)$$

Die einzelnen Terme wurden in Abschnitt 5.3.2.3 beschrieben. Verzichtet wird auf die Bewertung der Kollisionsschwere und auf den Term $L^{\text{goal}}(\gamma)$, der für die Kollisionsvermeidung keine Rolle spielt. Ergebnisse mit anderen Varianten des Verlustfunktionals werden in Abschnitt 6.5 vorgestellt.

Wie in Abschnitt 6.3.3 beschrieben, wird der Algorithmus so modifiziert, dass er ausschließlich kollisionsvermeidende Pläne finden kann, dafür aber eine höhere Effizienz erreicht. Damit wird ein gerechter Vergleich mit den anderen Algorithmen ermöglicht, die sich auf eine reine Kollisionsvermeidung beschränken und keine Minimierung der Anzahl Kollisionen oder gar der Kollisionsschwere vornehmen können.

Je nach Schwierigkeit des Szenarios und Anzahl beteiligter Fahrzeuge erweist sich eine Anzahl der Entscheidungspunkte zwischen $T = 3$ und $T = 6$ als praktikabel. Die Entscheidungszeitpunkte t_k werden nicht äquidistant über den gesamten Planungshorizont verteilt, sondern gemäß folgender Heuristik: Die ersten Zeitintervalle $[t_k, t_{k+1}]$ werden relativ kurz gestaltet, um zu Beginn der Gefahrensituation möglichst fein manövrieren zu können. Daran werden ein oder zwei längere Zeitintervalle angefügt, die bis zum Ende des Planungshorizonts reichen. In diesem Zeitraum genügen häufig konstante Handlungen, um die Unfallgefahr endgültig abzuwenden. Beispielsweise kann zunächst ein Ausweich- oder Spurwechselmanöver mit einer feineren Zeitdiskretisierung geplant werden, die für ein anschließendes Brems- oder Spurfolgemanöver nicht erforderlich ist. Mit dieser Festlegung der Entscheidungszeitpunkte kann im Vergleich zu einer Gleichverteilung der Entscheidungszeitpunkte über den gesamten Planungshorizont ein etwas größerer Anteil der Probleminstanzen erfolgreich gelöst werden. Insgesamt hat die genaue Festlegung der Entscheidungszeitpunkte jedoch einen relativ geringen Einfluss auf den Planungserfolg. Zu beachten ist auch, dass durch die beschriebene Vorgehensweise im Allgemeinen der Rechenaufwand gegenüber dem äquidistanten Fall vergrößert wird. Der Grund dafür ist, dass die Gesamtlänge der zu simulierenden Fahrzeughandlungen ansteigt, da in den letzten Zeitintervallen der Handlungssequenz eine große Anzahl an Alternativen untersucht werden muss. Bei den ersten Handlungen eines Plans nutzt hingegen die Baumstruktur gemeinsame Anfangsstücke der Handlungssequenz zur Aufwandsreduktion. Der Zeitaufwand für die Auswertung des Fahrzeugmodells und des Verlustfunktionals ist näherungsweise proportional zur Gesamtdauer der simulierten Handlungen.

Weitere Parameter des Baumsuchverfahrens betreffen die Suchstrategie und die Vorberechnung unterer Schranken. Diese Parameter wirken sich nur auf die Laufzeit des Verfahrens aus, nicht jedoch auf die Planungsergebnisse. Auf den Einfluss dieser Parameter wurde bereits in Abschnitt 6.3 eingegangen. Für den Vergleich mit anderen Verfahren wird i. d. R. die A*-Suche mit $P_{SV} = S_{SV} = S_{coll} = T$ und $P_{coll} = 0$ verwendet. Lediglich im Szenario Kreuzung 2 für $M \geq 4$ Fahrzeuge wird $P_{coll} = T$ gewählt. Bei $M = 2$ kooperativen Fahrzeugen kann $S_{coll} = 0$ gesetzt werden, da in diesem Fall keine Redundanzen bei der Berechnung der Kollisionsbewertung auftreten können.

6.4.1.3 Gemischt-ganzzahlige lineare Programmierung

Die Wahl des Abtastintervalls Δt ist bei der gemischt-ganzzahligen linearen Programmierung kritisch, da die Kollisionsvermeidung über harte Nebenbedingungen zu den Abtastzeitpunkten durchgesetzt wird. Das Abtastintervall muss daher gemeinsam mit den räumlichen Abständen $d_{i,j}$ passend zu den auftretenden Fahrzeuggeschwindigkeiten gewählt werden. Für die untersuchten Szenarien werden Abtastintervalle zwischen 0.09 s und 0.17 s verwendet. Die Anzahl T der Abtastpunkte ergibt sich zu $T = \lceil \frac{t_h}{\Delta t} \rceil$. Sie kann einen erheblichen Einfluss auf die Laufzeit des Verfahrens haben, da für jeden Zeitschritt binäre Variable eingeführt werden müssen.

Zur Lösung der gemischt-ganzzahligen linearen Programme wird die frei verfügbare C-Bibliothek `lp_solve 5.5` verwendet [Berkelaar08]. Die Bibliothek verfügt über zahlreiche einstellbare Parameter, die einen Einfluss auf die Laufzeit haben. Insbesondere kann die Lösung von Bewegungsplanungsproblemen durch eine Änderung der Heuristik für die Branch-and-Bound-Suche des MILP-Lösers um Größenordnungen beschleunigt werden [Frese11a]. Mit weiteren Parametereinstellungen kann die Laufzeit jeweils um etwa 5–10 % verkürzt werden. Die Elimination eines beträchtlichen Teils der binären Variablen mit Hilfe der Erreichbarkeitsbetrachtungen aus Abschnitt 5.4.4 kann den Rechenaufwand in manchen Szenarien ebenfalls um mehrere Größenordnungen reduzieren.

Die Berechnung wird angehalten, sobald die erste zulässige Lösung gefunden ist. Diese repräsentiert einen kollisionsfreien kooperativen Bewegungsplan, der für die gefundene Belegung der binären Variablen die Zielfunktion bezüglich der kontinuierlichen Variablen optimiert. Die Berechnung der global optimalen Lösung dauert im Durchschnitt etwa doppelt so lange und bringt häufig nur geringe Verbesserungen.

Trotz dieser Maßnahmen kann die Lösung des MILPs für manche Planungsaufgaben sehr lange dauern. Für die Durchführung der Evaluation wird daher die MILP-Berechnung für eine Planungsaufgabe abgebrochen und als fehlgeschlagen gewertet, sobald eine Rechenzeit von einer Stunde überschritten wird.

Zur Modellierung der Fahrzeuggeometrie werden die beiden Varianten aus Abschnitt 5.4.2 evaluiert: die Berücksichtigung der Vorgänger- und Nachfolgerpositionen (bezeichnet als „MILP Vorgänger/Nachfolger") und das rechteckige Geometriemodell („MILP Rechtecke").

6.4.1.4 Elastische Bänder

Bei den elastischen Bändern ist vor allem die Wahl des zeitlichen Knotenabstands Δt von Bedeutung. Um eine annähernd konstante Ortsauflösung zu erreichen, wird Δt bei größeren Geschwindigkeiten verkleinert. Konkret werden in Abhängigkeit von der maximalen im Szenario auftretenden Geschwindigkeit Werte zwischen 0.1 s und 0.2 s gewählt. Die Knotenanzahl T ergibt sich dann aus dem Planungshorizont t_h zu $T = \lceil \frac{t_h}{\Delta t} \rceil$.

6.4.1.5 Prioritätsbasierte Planung

Als Vergleichsgrundlage für die drei kooperativen Bewegungsplaner aus Kapitel 5 wird ein prioritätsbasiertes Planungsverfahren herangezogen. Das Prinzip der prioritätsbasierten Bewegungsplanung wurde bereits in Abschnitt 2.3.4.2 erläutert. Mathematisch lässt sich eine Prioritätszuordnung für M Fahrzeuge durch eine Permutation $\sigma \in \mathcal{S}_M$ beschreiben. Die symmetrische Gruppe $\mathcal{S}_M$ aller Permutationen einer M-elementigen Menge hat $M!$ Elemente. Das Ergebnis der Bewegungsplanung mit der Prioritätszuordnung σ wird mit $\boldsymbol{\gamma}_\sigma$ bezeichnet. Mit Hilfe des Verlustfunktionals L können diese Trajektorien bewertet werden und die beste Permutation σ^* ermittelt werden:

$$\sigma^* = \arg\min_{\sigma \in \mathcal{S}_M} L(\boldsymbol{\gamma}_\sigma) \qquad (6.8)$$

Die prioritätsbasierte Planung wird für alle $\sigma \in \mathcal{S}_M$ durchgeführt. Für die Auswertung wird einerseits das Ergebnis bei optimaler Prioritätsfestlegung nach (6.8) herangezogen. Andererseits wird der durchschnittliche Planungserfolg über alle Permutationen berechnet. Dies entspricht dem Erwartungswert bei zufälliger Auswahl einer Permutation aus einer Gleichverteilung über $\mathcal{S}_M$.

In der Literatur wurden verschiedene Ansätze zur Auswahl oder Optimierung der Prioritätsreihenfolge vorgeschlagen [Erdmann87, vdBerg05, Bennewitz04]. Spezielle Regeln für die Prioritätsfestlegung bei der kooperativen Kollisionsvermeidung sind ebenfalls denkbar. In der Simulation hat sich beispielsweise gezeigt, dass einem vorausfahrenden Fahrzeug eine höhere Priorität eingeräumt werden sollte als einem in derselben Spur nachfolgenden Fahrzeug. Die Verkehrsregeln könnten ebenfalls als Grundlage herangezogen werden. So könnte etwa dem vor-fahrtsberechtigten Fahrzeug an einer Kreuzung die höchste Priorität eingeräumt werden. Ferner ist es vorstellbar, auf den Ergebnissen der Situationsbewertung aufzubauen und denjenigen Fahrzeugen höhere Priorität zu gewähren, die sich in einer besonders kritischen Situation befinden (vgl. [Findler93]). Verfahren zur Prioritätsfestlegung werden in der vorliegenden Arbeit nicht weiter untersucht. Der Planungserfolg bei einer solchen Vorgehensweise wird zwischen dem Wert für die zufällige und dem Wert für die optimale Prioritätsauswahl liegen.

Zur Implementierung der prioritätsbasierten Planung ist ein Bewegungsplanungs-algorithmus für Einzelfahrzeuge erforderlich, der mit bewegten Hindernissen um-gehen kann. Für die hier durchgeführte Evaluation wird auf das Baumsuchver-fahren aus Kapitel 5.3 zurückgegriffen. Da anstatt der kooperativen Handlungs-kombinationen (5.27) nur die Handlungsalternativen $\mathcal{A}_i$ eines einzelnen Fahrzeugs untersucht werden müssen, ist bei ähnlicher Laufzeit eine deutlich feinere Zeit-diskretisierung möglich. Für die hier vorgestellte Auswertung werden $T = 8$ Ent-scheidungszeitpunkte verwendet. Das Verlustfunktional (6.7) wird um den Term $L^{\text{goal}}(\gamma)$ aus Abschnitt 5.3.2.3 ergänzt. Damit wird erreicht, dass die Fahrzeu-ge auf ihrer Fahrspur bleiben, sofern dies kollisionsfrei möglich ist. Ohne diesen Term kann es beispielsweise passieren, dass Fahrzeuge mit hoher Priorität in Kur-ven auf die Gegenfahrbahn wechseln und die entgegenkommenden Fahrzeuge mit niedriger Priorität zu Ausweichmanövern zwingen. Beim kooperativen Baumsuch-verfahren tritt dieser Effekt nicht auf, weil die Kollisionsvermeidung stets in die Entscheidungsfindung einbezogen wird, während bei der Priorisierung mögliche Kollisionen mit Fahrzeugen niedrigerer Priorität zunächst ignoriert werden. Mit den Spurfolgehandlungen $a_i^{\text{lane,const}}$ und $a_i^{\text{lane,brake}}$ kann bei der prioritätsbasierten Planung in den untersuchten Szenarien kein zusätzlicher Gewinn erreicht werden. Auf die Vorberechnung von Schranken wird verzichtet, da sie für die Einzelfahr-zeugplanung keine Verbesserung bewirken kann.

Die Implementierung der prioritätsbasierten Planung mit Hilfe des Baumsuchver-fahrens ist hinsichtlich des Rechenaufwands keineswegs optimal. Arbeiten zur prioritätsbasierten Planung und zur Bewegungsplanung für Einzelfahrzeuge zei-gen jedoch, dass für die vorliegende Anwendung eine echtzeitfähige Realisierung möglich sein sollte [vdBerg05, Ziegler09]. Die Optimierung über alle Permuta-tionen wurde naiv implementiert. Durch Ausnutzung gemeinsamer Teilstücke von Prioritätsreihenfolgen könnte sie noch deutlich beschleunigt werden. Die gemesse-nen Rechenzeiten des prioritätsbasierten Planers werden der Vollständigkeit halber dennoch aufgeführt.

6.4.2 Simulationsszenarien

Unter einem Szenario wird im Folgenden ein Straßennetz zusammen mit einer Menge von Fahrzeugen und ihren Anfangszuständen verstanden. Die Spezifikation des Szenarios bildet die Eingabe für den Verkehrssimulator. Aus einem Szenario können zahlreiche Probleminstanzen erzeugt werden, indem periodisch die aktuellen Fahrzeugzustände aus dem Simulator ausgelesen und als Anfangszustände eines Bewegungsplanungsproblems angesehen werden. Das geplante kooperative Fahrmanöver wird bei den hier beschriebenen Untersuchungen jedoch nicht von den simulierten Fahrzeugen ausgeführt. Vielmehr werden die Fahrzeuge ohne kooperativen Eingriff weiterhin vom Simulator gesteuert, um zusätzliche Probleminstanzen zu erhalten.

Die untersuchten Szenarien erfordern die folgenden kooperativen Fahrmanöver:

- kooperatives Ausweichen,

- kooperatives Einfädeln,

- kooperatives Überholen,

- kooperative Kreuzungsüberquerung.

Für jeden der genannten Fälle wurden mehrere Szenarien definiert, die sich durch die Anzahl und den Kurvenverlauf der Fahrspuren sowie die Anzahl, die Anfangspositionen und die Geschwindigkeiten der Fahrzeuge unterscheiden. Der Simulator wurde jeweils so parametriert, dass Gefahrensituationen entstehen. Jedoch sind nicht alle Probleminstanzen eines Szenarios als Gefahrensituationen einzustufen. Zu Beginn des Szenarios ist ein kollisionsvermeidender Eingriff innerhalb des Planungshorizonts noch nicht erforderlich. Die Kollisionsgefahr steigt im Verlauf des Szenarios immer weiter an, sodass zunächst moderate und dann immer stärkere Brems- oder Ausweichmanöver nötig sind, um Kollisionen zu verhindern. In vielen Fällen ist dann ein abgestimmtes Eingreifen aller kooperativer Fahrzeuge erforderlich (siehe z. B. Abb. 6.13(b), (c)). Schließlich tritt in den meisten Szenarien ein Zustand ein, in dem eine Kollision nicht mehr vermieden werden kann.

Tabelle 6.2 zeigt eine Übersicht über die verwendeten Szenarien. Die Szenarien decken ein breites Spektrum hinsichtlich der Unfalltypen, der Fahrzeuggeschwindigkeiten und des Straßenverlaufs ab. Für genauere Analysen werden insbesondere die Kreuzungs- und Überholszenarien herangezogen, da andere Szenarien wie Gegenverkehr und Hindernis als vereinfachte Spezialfälle des Überholens aufgefasst werden können. Das Szenario Kreuzung 1 (übernommen aus [Vacek07]) beinhaltet drei Kreuzungen in einem innerstädtischen Straßennetz. Es wird genutzt, um

Szenario	M	vel	Instanzen	Straßenverlauf
Gegenverkehr 1	2	[19, 21]	26	Gerade
Gegenverkehr 2	2	[10, 32]	30	Kurve
Hindernis 1	2	[24, 27]	35	Kurve, 3-spurig
Hindernis 2	3	[19, 22]	30	Gerade
Hindernis 3	3	[29, 40]	26	Gerade
Hindernis 4	3	[27, 40]	20	Gerade
Überholen 1	4	[19, 21]	38	Gerade
Überholen 2	4	[19, 21]	38	Gerade
Überholen 3	4	[20, 31]	30	Gerade
Überholen 4	4	[29, 35]	30	Gerade
Überholen 5	4	[19, 23]	30	Kurve
Kreuzung 1	4	11.5	151	rechtwinklig, Kurven
Kreuzung 2	$2, \ldots, 6$	[15, 25]	41	rechtwinklig
Kreuzung 3	$2, \ldots, 6$	30	20	rechtwinklig
Kreuzung 4	4, 6	[15, 30]	20	rechtwinklig, 4-spurig
Kreuzung 5	2, 3, 4	[10, 30]	40	spitzwinklig

Tabelle 6.2: Liste der Szenarien zum Vergleich der kooperativen Bewegungsplanungsverfahren. Zu jedem Szenario sind die Anzahl M der beteiligten Fahrzeuge, das Intervall der auftretenden Geschwindigkeiten vel in m/s, die Anzahl der generierten Probleminstanzen und Besonderheiten beim Straßenverlauf aufgeführt. Wenn nichts anderes angegeben ist, werden 2-spurige Straßen verwendet.

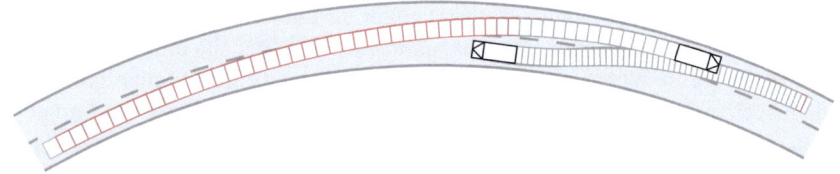

Abbildung 6.10: Kooperative Fahrmanöver im Szenario Gegenverkehr 2, berechnet mit der Methode der elastischen Bänder (vgl. Abb. 1.2 auf Seite 3).

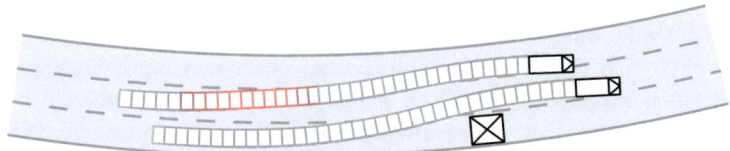

Abbildung 6.11: Kooperativer Bewegungsplan im Szenario Hindernis 1, berechnet mit der Methode der elastischen Bänder.

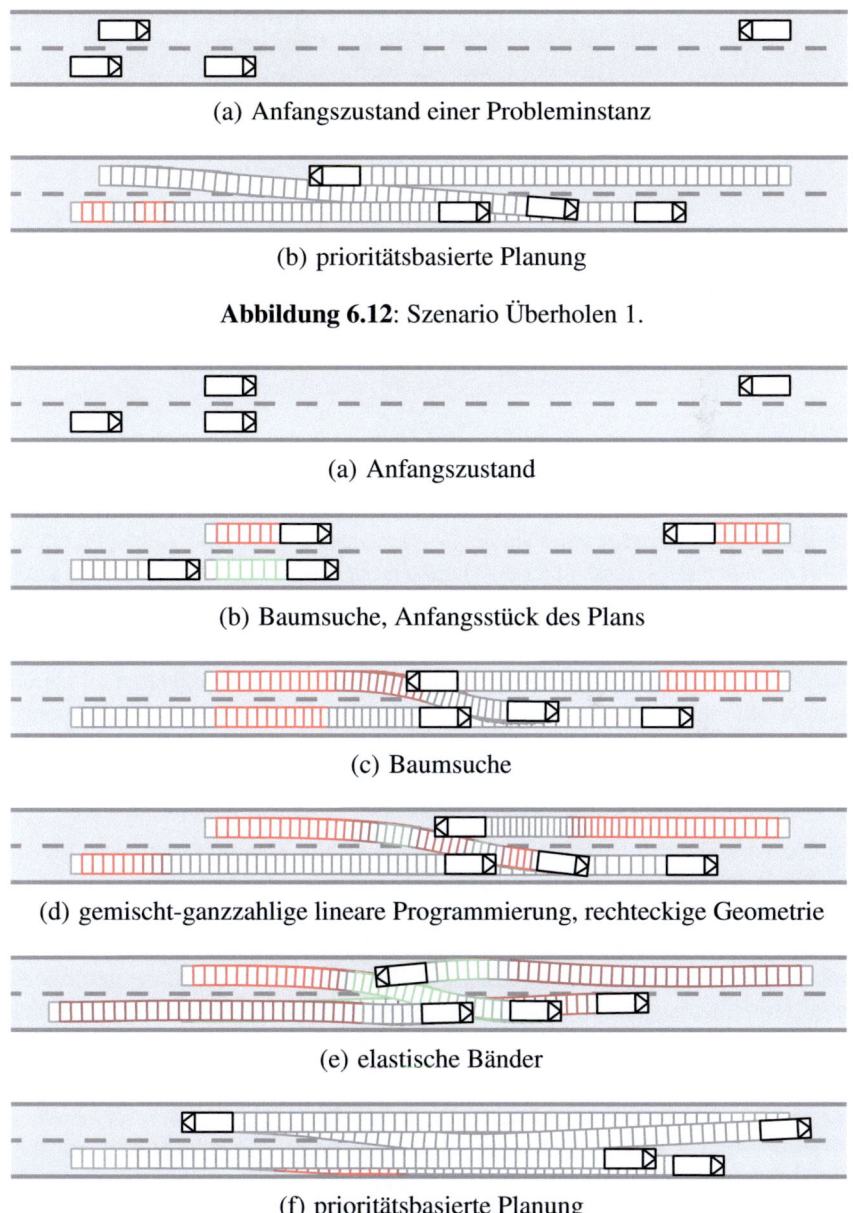

(a) Anfangszustand einer Probleminstanz

(b) prioritätsbasierte Planung

Abbildung 6.12: Szenario Überholen 1.

(a) Anfangszustand

(b) Baumsuche, Anfangsstück des Plans

(c) Baumsuche

(d) gemischt-ganzzahlige lineare Programmierung, rechteckige Geometrie

(e) elastische Bänder

(f) prioritätsbasierte Planung

Abbildung 6.13: Geplante kooperative Fahrmanöver im Szenario Überholen 2.

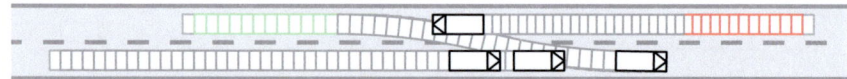

Abbildung 6.14: In einer anderen Probleminstanz von Szenario Überholen 2 findet der Baumsuchalgorithmus eine alternative Manöverkombination.

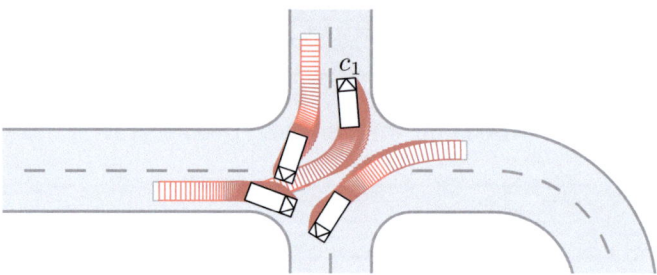

Abbildung 6.15: Kooperative Fahrmanöver in einer Probleminstanz von Szenario Kreuzung 1, berechnet mit dem Baumsuchalgorithmus. Die Gefahrensituation wird in diesem Beispiel von Fahrzeug c_1 verursacht, dass beim Abbiegen die Vorfahrt der entgegenkommenden und kreuzenden Fahrzeuge missachtet. Im kooperativen Bewegungsplan bremsen alle vier Fahrzeuge bis zum Stillstand ab.

Abbiegemanöver mit vergleichsweise langsamen Geschwindigkeiten zu simulieren. In den anderen Kreuzungsszenarien wird eine Kreuzung von den Fahrzeugen mit höheren Geschwindigkeiten geradeaus überquert. Die verschiedenen Überhol- und Hindernisszenarien unterscheiden sich vorwiegend durch die auftretenden Geschwindigkeiten und die relativen Fahrzeugpositionen im Anfangszustand.

In den Abbildungen 6.10 bis 6.17 sind ausgewählte Planungsergebnisse für einige Szenarien dargestellt. Zur Visualisierung werden die Fahrzeugpositionen gemäß dem kooperativen Bewegungsplan mit einer Abtastzeit von 50 ms dargestellt. Längsbeschleunigungen werden farblich hervorgehoben: Bremsverzögerungen in rot, positive Längsbeschleunigungen in grün. Meistens wird nicht der gesamte Planungshorizont dargestellt, damit die Interpretierbarkeit der Abbildungen möglichst wenig durch die gegenseitige Verdeckung der Bewegungen verschiedener Fahrzeuge beeinträchtigt wird.

Sofern korrekte Pläne gefunden werden, sind die Ergebnisse der verschiedenen Algorithmen i. d. R. ähnlich in dem Sinne, dass sie der gleichen Homotopieklasse angehören (vgl. Abschnitt 5.1). Daher können die resultierenden Bewegungspläne nach einem Glättungsschritt als weitgehend äquivalent gelten. Nur in wenigen Fällen werden deutlich abweichende Lösungen gefunden, z. B. das Einscheren in eine andere Lücke im Überholszenario (Abb. 6.13 und 6.14).

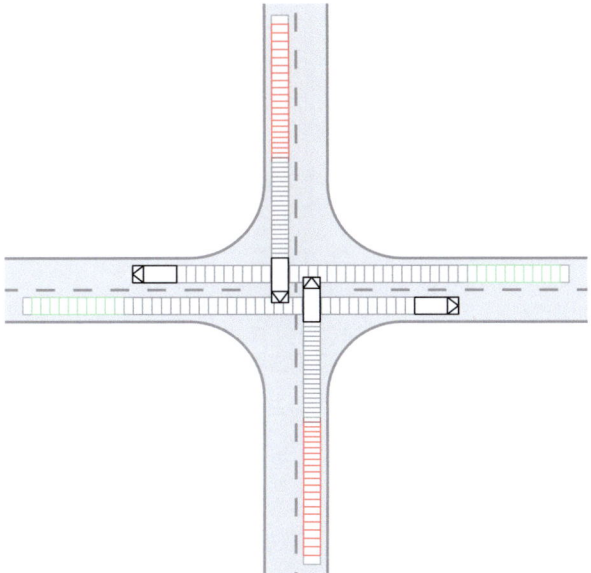

(a) Probleminstanz zur Simulationszeit $t = 2.2$ s

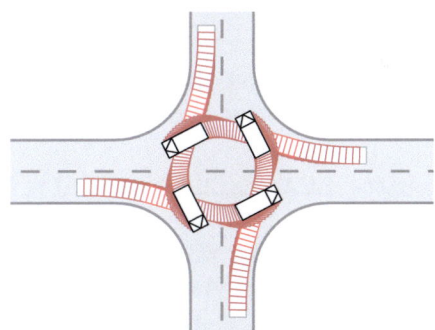

(b) Probleminstanz zur Simulationszeit $t = 3.0$ s

Abbildung 6.16: Kooperative Fahrmanöver im Szenario Kreuzung 2, $M = 4$, geplant mit dem Baumsuchalgorithmus.

6.4.3   Auswertung des Planungserfolgs

Zur Auswertung eines Szenarios werden die untersuchten Algorithmen auf alle erzeugten Probleminstanzen angewandt. Anschließend werden die resultierenden Bewegungspläne auf Korrektheit geprüft. Ein Plan wird als korrekt klassifiziert,

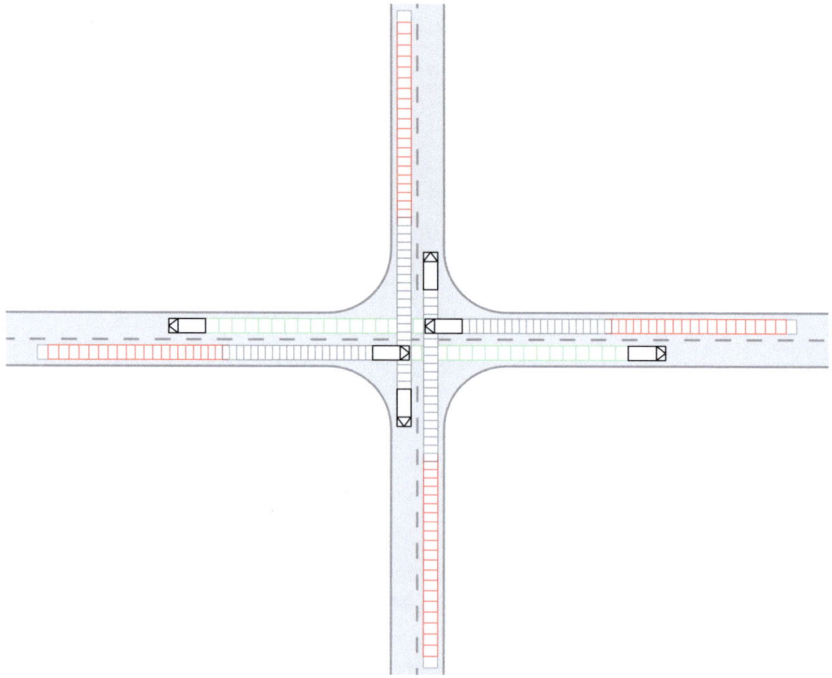

Abbildung 6.17: Kollisionsvermeidung durch Geschwindigkeitsanpassung im Szenario Kreuzung 3, $M = 6$, geplant mit dem Baumsuchalgorithmus.

wenn er die Anforderungen aus Abschnitt 5.1 erfüllt, d. h. wenn Kollisionen vermieden werden, alle Fahrzeuge auf der zulässigen Straßenfläche bleiben und die fahrdynamischen Grenzen eingehalten werden. Diese Überprüfung wird wie in Abschnitt 5.6.2 beschrieben automatisiert durchgeführt.

Als Kriterium für den Planungserfolg wird der relative Anteil der korrekt gelösten Probleminstanzen eines Szenarios herangezogen. Da nicht bekannt ist, für welche Probleminstanzen eine korrekte Lösung existiert, wird als Bezugsgröße die Anzahl der von mindestens einem Algorithmus erfolgreich gelösten Instanzen verwendet. Ein höherer Planungserfolg kann in vielen Fällen auch so interpretiert werden, dass ein späterer Eingriff noch die Verhinderung eines Unfalls ermöglicht. In einigen Szenarien erreicht auch der beste Algorithmus weniger als 100 % relativen Planungserfolg. Das bedeutet, dass ein anderer Algorithmus zusätzliche Probleminstanzen lösen kann, insgesamt jedoch eine geringere Erfolgsrate hat.

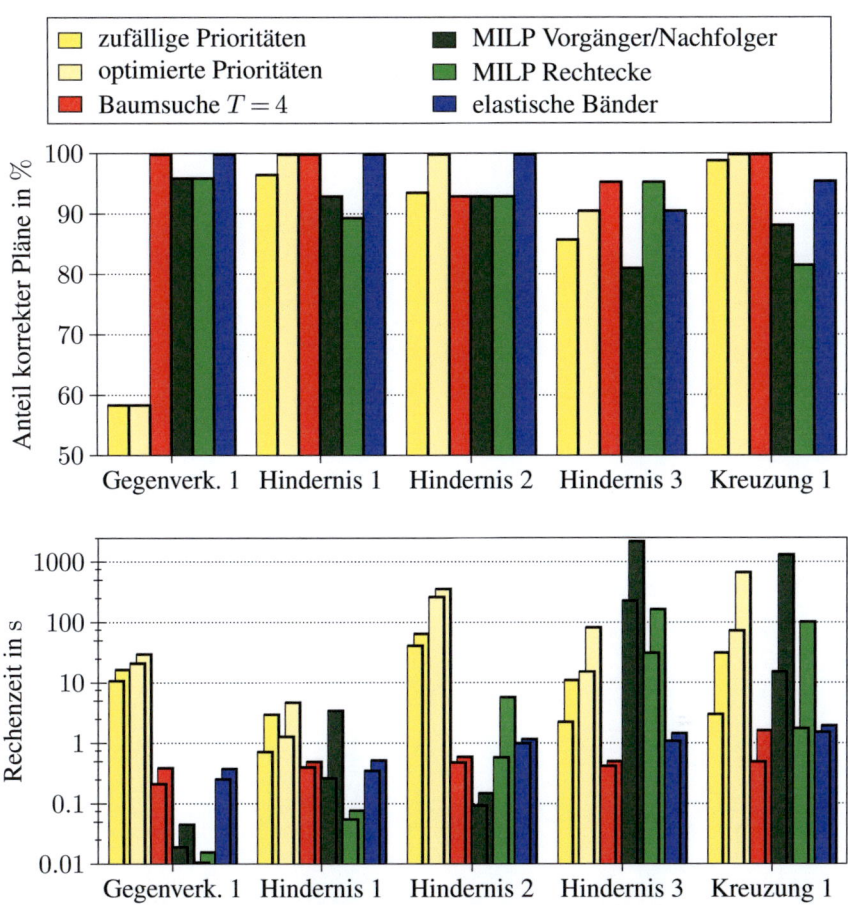

Abbildung 6.18: Vergleich der Algorithmen in verschiedenen Szenarien. Das obere Diagramm zeigt den relativen Planungserfolg in %. Unten zeigen die vorderen Balken die Mittelwerte der Rechenzeit über die gelösten Probleminstanzen in logarithmischer Darstellung. Die hinteren Balken entsprechen der maximalen Rechenzeit.

Abbildung 6.18 zeigt den Planungserfolg in verschiedenen Szenarien. In dem einfachen Gegenverkehrsszenario aus Abb. 2.1 auf Seite 23 zeigt sich eine deutliche Überlegenheit der kooperativen Algorithmen gegenüber der prioritätsbasierten Planung. Ausweichmanöver bei einem stehenden Hindernis können hingegen auch von der prioritätsbasierten Planung gefunden werden, wenn den ausweichenden

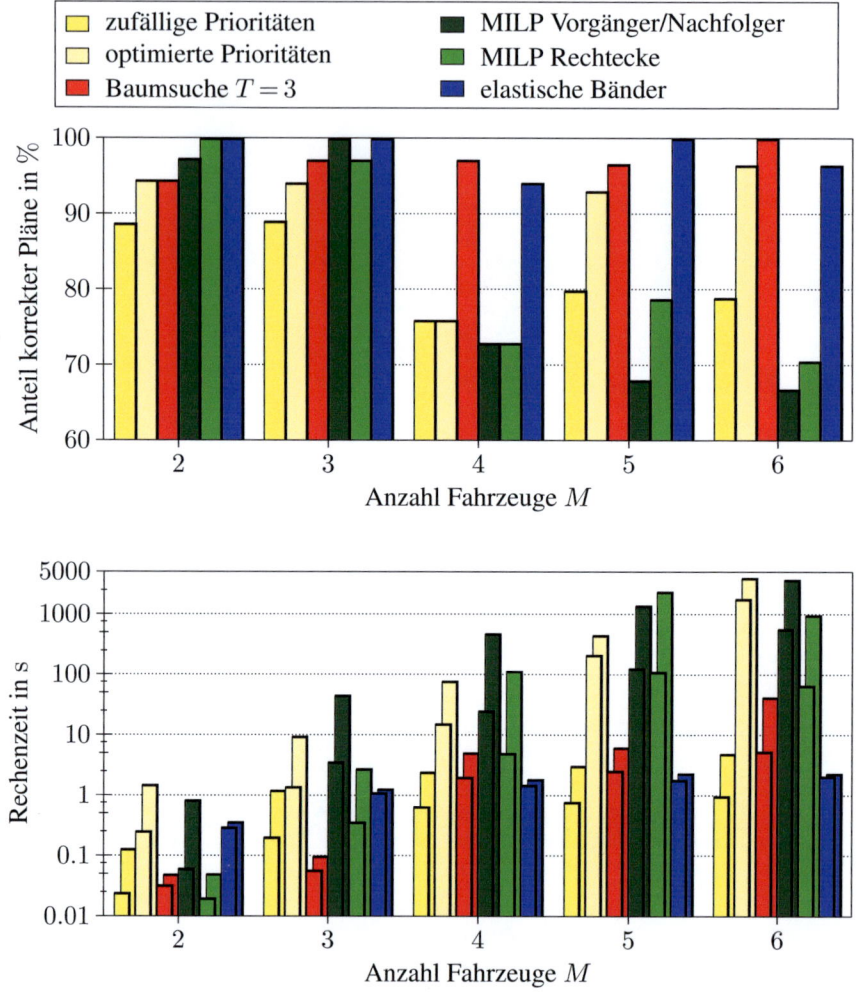

Abbildung 6.19: Vergleich der Bewegungsplanungsverfahren im Szenario Kreuzung 2.

Fahrzeugen die höchste Priorität zugewiesen wird. Vorteile für die kooperativen Algorithmen ergeben sich nur dann, wenn das ausweichende Fahrzeug vor dem Spurwechsel seine Geschwindigkeit anpassen muss, um eine Kollision mit den Fahrzeugen auf der Zielspur zu vermeiden. Neben der prioritätsbasierten Planung gehört in den Hindernisszenarien die Methode der elastischen Bänder zu den er-

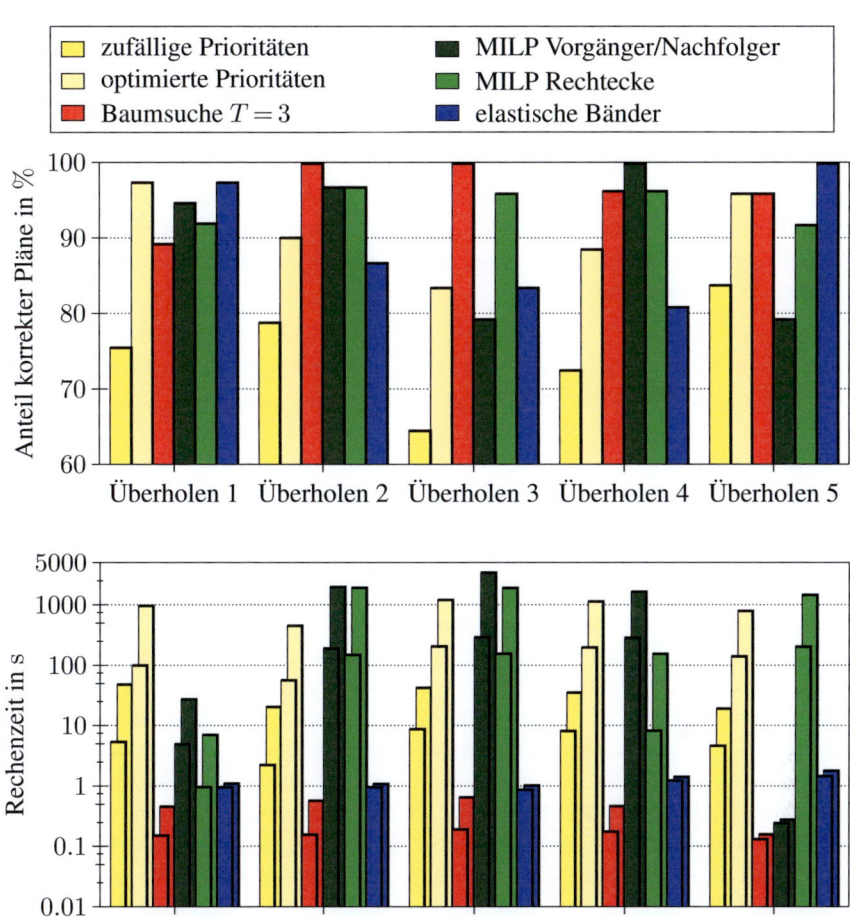

Abbildung 6.20: Vergleich der Algorithmen in verschiedenen Überholszenarien (vgl. Tabelle 6.2).

folgreichsten Verfahren. Die Baumsuche zeigt ebenfalls eine hohe Erfolgsrate, die lediglich im Szenario Hindernis 2 von der groben Zeitdiskretisierung beeinträchtigt wird. Die gemischt-ganzzahlige lineare Programmierung schneidet aufgrund der linearen Approximation der Geometrie und Dynamik insbesondere im Szenario Hindernis 1 etwas schlechter ab.

Im Szenario Kreuzung 1 können Baumsuche und optimale prioritätsbasierte Planung alle Probleminstanzen korrekt lösen. Bei der Methode der elastischen Bänder ist wegen der lokalen Optimierung die Abbiegerichtung der Fahrzeuge an einer Kreuzung bereits durch die Initialisierung festgelegt. Wenn zur Kollisionsvermeidung eine andere Abbiegerichtung gewählt werden müsste, schlägt die Planung fehl. Die eingeschränkte Berücksichtigung der Fahrzeugdynamik wirkt sich ebenfalls in einigen Instanzen negativ aus. Am schlechtesten schneidet in diesem Szenario die gemischt-ganzzahlige lineare Programmierung ab, da der Approximationsfehler in den linearen Modellen für Fahrzeug- und Straßengeometrie bei den Abbiegevorgängen mit relativ niedrigen Geschwindigkeiten stärker ins Gewicht fällt als in anderen Szenarien.

Im Szenario Kreuzung 2 (Abb. 6.19) kann eine Kollisionsvermeidung in vielen Fällen durch Geschwindigkeitsanpassung, also durch longitudinale Verzögerung oder Beschleunigung, erreicht werden (Abb. 6.16(a) und 6.17). Wegen der höheren Geschwindigkeiten sind anders als im Szenario Kreuzung 1 Abbiegemanöver nur selten möglich. Bei einer prioritätsbasierten Planung werden für die höher priorisierten Fahrzeuge konstante Geschwindigkeiten eingeplant, während die niedriger priorisierten Fahrzeuge nötigenfalls abbremsen. Die anderen Verfahren können gleichzeitig zum Bremsen des einen Fahrzeugs ein Beschleunigen des anderen Fahrzeugs planen. Wegen der im Vergleich zur Bremsfähigkeit betragsmäßig geringer anzusetzenden Beschleunigungsfähigkeit können dadurch nur relativ wenige Probleminstanzen zusätzlich gelöst werden. In anderen Probleminstanzen ist eine Kollisionsvermeidung nicht mehr durch reine Geschwindigkeitsanpassung möglich, sondern nur noch durch kombinierte Brems- und Ausweichmanöver wie in Abb. 6.16(b). Hier zeigen sich deutlichere Nachteile für die prioritätsbasierte Planung, da kooperative Handlungen mehrerer Fahrzeuge erforderlich sind, die durch die Entkopplungsannahmen der Priorisierung ausgeschlossen werden. Solche Probleminstanzen sind im Szenario mit $M = 4$ besonders relevant. Die drei Algorithmen aus Kapitel 5 können prinzipiell die erforderlichen kooperativen Manöver finden. Beim Baumsuchalgorithmus wirkt sich allerdings die grobe Zeitdiskretisierung negativ auf den Planungserfolg aus, während bei den beiden anderen Verfahren der Handlungsspielraum wegen der approximativen Modellierung der Dynamik nicht voll ausgeschöpft werden kann. Über alle Szenarien hinweg halten sich diese Effekte in etwa die Waage. Der Planungserfolg der gemischt-ganzzahligen linearen Programmierung lässt ab $M \geq 4$ deutlich nach, da die Berechnung in vielen Instanzen nicht innerhalb des Zeitlimits von einer Stunde terminiert.

Ein differenziertes Bild zeigt sich in den Überholszenarien (Abb. 6.20). Sie erfordern einerseits die Kollisionsvermeidung mit dem Gegenverkehr, andererseits einen abgestimmten Spurwechsel wie in den Hindernisszenarien. Der Erfolg der prioritätsbasierten Planung hängt wesentlich davon ab, welches der beiden Manöver aufgrund der jeweiligen Anfangszustände zeitkritischer ist, da sie wie oben gezeigt bei Spurwechseln deutlich erfolgreicher ist als in Gegenverkehrssituationen. Des Weiteren hat die Breite der Straße einen großen Einfluss. Wenn genügend lateraler Spielraum zur Verfügung steht, findet die prioritätsbasierte Planung häufig Lösungen, in denen drei Fahrzeuge nebeneinander manövrieren (Abb. 6.13(f)). Bei den anderen Algorithmen ist ein Nebeneinanderfahren mit sehr geringem Abstand wegen der Zeitdiskretisierung oder wegen der überapproximierenden Geometriemodellierung nur eingeschränkt möglich. Die beobachtete Erfolgsrate der prioritätsbasierten Planung ist nur mit der feineren Zeitdiskretisierung erreichbar. Wenn die gleiche Anzahl an Entscheidungszeitpunkten verwendet wird wie für den Baumsuchalgorithmus, fallen die Ergebnisse erheblich schlechter aus. Dieser Unterschied ist in den Hindernisszenarien deutlich geringer. Insgesamt gesehen sind Baumsuche und MILP die erfolgreichsten Verfahren in den fünf Überholbeispielen. Die elastischen Bänder sind das beste Verfahren in Überholen 1 und in Überholen 5, zeigen aber in den anderen drei Szenarien einen deutlich geringeren Planungserfolg. In den meisten Fällen finden sie zwar eine vielversprechende Handlungskombination, können aber bedingt durch die implizite Modellierung nicht immer einen korrekten Bewegungsplan daraus ableiten. Dies gilt besonders dann, wenn wenig Freiraum zwischen den Fahrzeugen zur Verfügung steht.

Die beiden Varianten der gemischt-ganzzahligen linearen Programmierung erreichen in den meisten Szenarien einen vergleichbaren Planungserfolg. Nachteile für das rechteckige Geometriemodell ergeben sich erwartungsgemäß in Szenarien wie Kreuzung 1 und Hindernis 1, da es die dort auftretenden Rotationen der Fahrzeuge nicht ausreichend berücksichtigt. Das bessere Abschneiden in den Szenarien Hindernis 3 und Kreuzung 2 sowie in einigen Überholszenarien ist überwiegend darauf zurückzuführen, dass die Variante mit Kollisionsvermeidung über die Vorgänger- und Nachfolgerposition öfter am Zeitlimit von einer Stunde scheitert.

Bei der prioritätsbasierten Planung ist generell festzustellen, dass die Ergebnisse mit optimierten Prioritäten erheblich besser ausfallen als mit willkürlichen Prioritäten. Dieser Effekt nimmt außerdem mit der Anzahl der kooperativen Fahrzeuge zu. Für den Einsatz der prioritätsbasierten Planung ist es daher essentiell, eine gute Prioritätszuordnung für die jeweilige Probleminstanz zu finden. Dies kann entweder mit einer Optimierung über alle Permutationen erreicht werden, was aber mit erheblichem Rechenaufwand verbunden ist, oder eventuell mit geeigneten Heuristiken für die Wahl der Prioritäten, wie in Abschnitt 6.4.1.5 erläutert. Unabhängig von der Wahl der Prioritätsreihenfolge ist der Planungserfolg lediglich in den Szenarien Gegenverkehr 1 und Kreuzung 2, $M = 4$, die eine symmetrische Konstellation der Fahrzeuge aufweisen.

6.4.4   Auswertung des Rechenaufwands

Als zweites quantitatives Evaluationskriterium wird die gemessene Rechenzeit der Bewegungsplanungsalgorithmen verwendet. Da die Rechenzeit von verschiedenen Faktoren wie Rechnerhardware, Betriebssystem und Implementierung beeinflusst wird, können die gemessenen Werte lediglich als Anhaltspunkt für die erreichbare Größenordnung der Laufzeit und für die Abhängigkeit vom untersuchten Szenario dienen. Die Zeiten wurden bei der sequenziellen Ausführung der Algorithmen auf einem einzelnen Prozessorkern gemessen. Auf eine Mittelung über mehrere Durchläufe wird verzichtet, da es sich um deterministische Algorithmen handelt und äußere Einflüsse beispielsweise durch das Betriebssystem gegenüber den untersuchten Effekten vernachlässigbar sind. Der gemessene Rechenaufwand der prioritätsbasierten Planung wird nicht bewertet, da die hier verwendete Implementierung diesbezüglich nicht optimal ist.

Für ein echtzeitfähiges kooperatives Kollisionsvermeidungssystem muss die Bewegungsplanung zuverlässig innerhalb weniger Zehntelsekunden möglich sein, sodass ein automatischer Eingriff eine kürzere Reaktionszeit hat als menschliche Fahrer. Es kann davon ausgegangen werden, dass dieses Potenzial für einen Algorithmus vorhanden ist, wenn er in den hier durchgeführten Messungen Rechenzeiten in der Größenordnung von einer Sekunde erreicht. Mit schnelleren Rechnern, einer verbesserten Implementierung und vor allem einer Parallelisierung der Algorithmen sollte dann eine echtzeitfähige Realisierung möglich sein.

6.4.4.1   Rechenaufwand in verschiedenen Szenarien

Die unteren Diagramme in den Abbildungen 6.18 bis 6.20 zeigen die gemessenen Rechenzeiten in den analysierten Szenarien. Da die Werte in unterschiedlichen Größenordnungen liegen, wird eine logarithmische Skalierung verwendet. Der vordere Balken stellt jeweils den mittleren Rechenaufwand über alle gelösten Probleminstanzen des Szenarios dar, der hintere die maximale gemessene Rechenzeit. Eine weitergehende statistische Auswertung der Messwerte erscheint nicht sinnvoll, da die Probleminstanzen keine Zufallsstichprobe darstellen. In der Auswertung des Rechenaufwands wurden nur diejenigen Probleminstanzen berücksichtigt, für die der jeweilige Algorithmus eine korrekte Lösung finden konnte. Für den realen Einsatz eines Algorithmus könnte dann eine entsprechende Maximalzeit vorgegeben werden, bei deren Überschreitung das Problem als unlösbar eingestuft wird. Wenn die nicht gelösten Probleminstanzen ebenfalls in die Auswertung einbezogen würden, wären für die gemischt-ganzzahlige lineare Programmierung erheblich höhere Rechenzeiten zu verzeichnen. Bei den anderen Algorithmen hätte dies hingegen geringe Auswirkungen, insbesondere bliebe die maximale Rechenzeit in den meisten Fällen unverändert. Die maximale Rechenzeit ist im Hinblick auf die Echtzeitfähigkeit von großer Bedeutung, zumal sie häufig in besonders kritischen Gefahrensituationen beobachtet wird, in denen kooperative Fahrmanöver einen Gewinn gegenüber dem Einzelfahrzeugverhalten erreichen können.

In den vergleichsweise einfachen Szenarien aus Abb. 6.18 liegen Baumsuche und elastische Bänder durchgehend im für die Echtzeitfähigkeit angestrebten Bereich. Für die gemischt-ganzzahlige lineare Programmierung ist dies lediglich in den ersten drei Szenarien der Fall. Im Szenario Kreuzung 1 mit vier kooperativen Fahrzeugen und im Szenario Hindernis 3, das wegen der höheren Geschwindigkeiten eine feinere Zeitdiskretisierung erfordert, ist der Rechenaufwand bereits deutlich größer.

Das Szenario Kreuzung 2 wird genutzt, um die Skalierbarkeit mit der Anzahl M der kooperativen Fahrzeuge zu untersuchen (Abb. 6.19). Zu beachten ist dabei, dass die Schwierigkeit der Planungsaufgabe nicht nur direkt in Abhängigkeit der mit M wachsenden Anzahl der Freiheitsgrade ansteigt, sondern dass auch zunehmend komplexe Fahrmanöver zur Abwendung der Gefahrensituationen erforderlich werden. Die beste Skalierbarkeit mit der Anzahl der Fahrzeuge zeigt die Methode der elastischen Bänder, bei der nur die Berechnung der Kraftkomponente $\mathbf{f}^{coop}$ quadratischen Aufwand in M hat, während alle anderen Schritte linear mit der Anzahl Fahrzeuge skalieren. Beim Baumsuchalgorithmus mit $T = 3$ Entscheidungszeitpunkten steigt die benötigte Rechenzeit ab $M \geq 4$ kooperativen Fahrzeugen deutlich an. Der gemessene Aufwand ist im Kreuzungsszenario erheblich größer als in anderen Szenarien mit vier Fahrzeugen, in denen zum Teil $T = 4$ Entscheidungszeitpunkte praktikabel sind. Der Grund könnte in der direkten Wechselwirkung aller beteiligten Fahrzeuge liegen, wodurch eine große Zahl von Handlungskombinationen exploriert werden muss. Anders als in den anderen Szenarien wird für Kreuzung 2 mit $M \geq 4$ auch die Kollisionsinformation vorberechnet ($P_{coll} = T$). Für $M = 4$ ist die durchschnittliche Rechenzeit bei Verzicht auf die Vorberechnung der Kollisionsinformation ($P_{coll} = 0$) etwas geringer, die maximale Rechenzeit hingegen höher. Für $M \geq 5$ überwiegen die Vorteile der vollständigen Vorberechnung eindeutig. Dennoch entfällt ein großer Teil des Rechenaufwands auf die Suche nach der besten Handlungssequenz in $\mathcal{B}$. Erklären lässt sich dies dadurch, dass die unteren Schranken wegen der gleichzeitigen Wechselwirkung von mehr als zwei Fahrzeugen in diesem Szenario keine gute Abschätzung darstellen. Die gemischt-ganzzahlige lineare Programmierung zeigt einen noch stärkeren Anstieg des Rechenaufwands mit der Anzahl der Fahrzeuge. Während das Verfahren für $M = 2$ und $M = 3$ innerhalb von etwa einer Zehntelsekunde bzw. einer Sekunde korrekte Lösungen finden kann, wird bereits bei $M = 4$ in vielen Probleminstanzen das Zeitlimit von einer Stunde überschritten. Für eine Probleminstanz

wurde nach mehr als zehn Stunden eine kollisionsfreier Plan gefunden. Um festzustellen, dass eine Kollision unvermeidbar ist, braucht das Verfahren häufig noch
deutlich länger.

In den Überholszenarien mit $M = 4$ Fahrzeugen erreichen wiederum Baumsuche
mit $T = 3$ und elastische Bänder Rechenzeiten in der angestrebten Größenordnung
(Abb. 6.20). Der Baumsuchalgorithmus ist auch mit der feineren Zeitdiskretisierung von $T = 4$ in den meisten Probleminstanzen noch praktikabel und zeigt einen
etwas besseren Planungserfolg. Die maximale Rechenzeit steigt auf etwa eine
Minute. Dieses Maximum wird aber nicht in den zusätzlich gelösten Probleminstanzen angenommen, sondern in weniger kritischen Situationen, in denen noch
ein größerer Handlungsspielraum besteht (siehe dazu auch Abschnitt 6.4.4.2). Die
gemischt-ganzzahlige lineare Programmierung benötigt in den meisten Überholszenarien deutlich längere Rechenzeiten. Gegen einen Einsatz unter Echtzeitbe-
dingungen spricht außerdem die große Varianz des Rechenaufwands über die verschiedenen Probleminstanzen und Szenarien.

Wie zu erwarten, ist die Variante mit rechteckiger Fahrzeuggeometrie i. d. R.
schneller, da sie weniger binäre Variable benötigt. In den Szenarien Kreuzung 2,
Hindernis 3, Überholen 3 und Überholen 5 kann mit diesem Modell eine deutlich größere Anzahl Probleminstanzen innerhalb des Zeitlimits von einer Stunde
gelöst werden als mit der Modellierung über Vorgänger- und Nachfolgerposition. Der Unterschied zu den anderen Überholszenarien erklärt sich in Überholen 3
durch die feinere Zeitdiskretisierung aufgrund der höheren Geschwindigkeit und
in Überholen 5 durch die zusätzlichen binären Variablen für die Modellierung des
Kurvenverlaufs. Durch zusätzlich erforderliche binäre Variable kann der Aufwand
exponentiell mit der Anzahl der Hindernisse, Straßenpolygone und Abtastzeit-
punkte ansteigen. Der erhebliche Einfluss der Anzahl Hindernisse wurde bereits in
anderen Arbeiten beobachtet [Branca06]. Dies ist ein grundsätzlicher Nachteil des
MILP-Ansatzes, da die theoretische obere Schranke für den Rechenaufwand der
Bewegungsplanung polynomiell in der Anzahl der Hindernisse ist [Latombe91,
Abschnitt 1.6].

6.4.4.2   Rechenaufwand in verschiedenen Probleminstanzen eines Szenarios

Abbildung 6.21 zeigt den Verlauf der Rechenzeiten für die drei kooperativen Bewegungsplanungsalgorithmen über die Probleminstanzen eines Überholszenarios.
Zunächst ist noch kein Eingriff innerhalb des Planungshorizonts von $t_h = 2.4$ s
notwendig. Für diese Probleminstanzen fällt beim Baumsuchalgorithmus im Wesentlichen der Vorberechnungsaufwand an, während die Rechenzeit für die Suche
im Baum $\mathcal{B}$ der kooperativen Handlungssequenzen vernachlässigt werden kann.

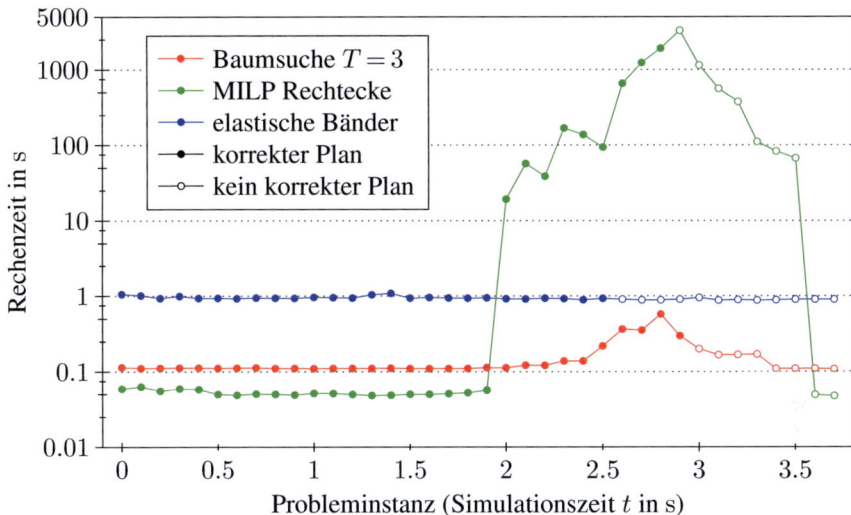

Abbildung 6.21: Verlauf der Rechenzeit über die Probleminstanzen von Szenario Überholen 2.

Ab einer Simulationszeit von etwa $t = 2$ s wird ein kollisionsvermeidendes Manöver erforderlich. Während der Vorberechnungsaufwand nahezu konstant bleibt, steigt die benötigte Rechenzeit für die Suche in $\mathcal{B}$ inklusive der Kollisionstests nun deutlich an. Der Aufwand ist für diejenigen Probleminstanzen am größten, bei denen eine große Anzahl kollisionsfreier Alternativen in den oberen Ebenen des Baums exploriert wird. Wenn die Situation so kritisch wird, dass die Kollisionsgefahr bereits zu Beginn des Planungshorizonts besteht, sinkt der Rechenaufwand wieder, da die Teilbäume mit Kollisionen nun früher von der Suche ausgeschlossen werden können. Diese Tendenz setzt sich auch in den Probleminstanzen fort, für die der Baumsuchalgorithmus keine korrekte Lösung finden kann. Dies lässt sich damit erklären, dass bereits in den oberen Ebenen von $\mathcal{B}$ eine Kollision als unvermeidbar erkannt wird.

Für die anfänglichen Probleminstanzen sind beim MILP-Verfahren die kürzesten Rechenzeiten aller Algorithmen zu beobachten. Anschließend steigt der Planungsaufwand jedoch deutlich an, sodass ein echtzeitfähiger Einsatz des Verfahrens nicht praktikabel erscheint. Das MILP-Verfahren benötigt häufig auch sehr lange, um zu erkennen, dass eine Probleminstanz nicht lösbar ist. Am Ende des Szenarios ($t \geq 3.6$ s) kann bereits durch die Erreichbarkeitsbetrachtungen festgestellt werden, dass eine Kollision nicht mehr verhindert werden kann (siehe Abschnitt 5.4.4).

Bei der Methode der elastischen Bänder ist der Rechenaufwand über alle Probleminstanzen nahezu konstant.

6.4.5 Vergleichende Bewertung

Beim Vergleich der Planung im Raum der kooperativen Handlungen aus Kapitel 5 mit dem Standardverfahren der prioritätsbasierten Planung zeigt sich, dass die Auswirkungen der einschränkenden Priorisierungsannahmen auf den Planungserfolg stark vom untersuchten Szenario abhängen. Ausweichmanöver vor einem stehenden Hindernis können i. d. R. auch mit einer geeigneten Prioritätszuordnung gefunden werden, während die Priorisierungsannahme selbst mit optimal gewählten Prioritäten die Möglichkeiten zum kooperativen Handeln in Gegenverkehrs- und Kreuzungsszenarien erheblich einschränkt. In komplexen Szenarien wie z. B. bei Überholmanövern variieren die Auswirkungen in Abhängigkeit von der konkreten Probleminstanz, da der Straßenrand und andere Fahrzeuge häufig einige der kooperativen Handlungsmöglichkeiten blockieren. Somit ist die Erfolgsrate der prioritätsbasierten Planung in komplexen Szenarien höher als im einfachen Szenario Gegenverkehr 1, das sozusagen den schlimmsten Fall für einen prioritätsbasierten Planer darstellt.

Die vorgestellten Simulationen zeigen, dass die Ergebnisse der Algorithmen zur kooperativen Planung je nach Szenario und Anzahl der beteiligten Fahrzeuge variieren. Je nach Szenario, zum Teil auch bei sehr ähnlichen Szenarien, erreichen unterschiedliche Algorithmen den höchsten Planungserfolg. Die Baumsuche zeigt insgesamt eine gute Erfolgsrate, allerdings wirkt sich in manchen Probleminstanzen die grobe Zeitdiskretisierung negativ aus. Die Methode der elastischen Bänder gehört in vielen Szenarien zu den erfolgreichsten Planern, liegt aber in anderen deutlich zurück, was vor allem auf die impliziten und damit approximativen Geometrie- und Dynamikmodelle sowie auf die lokale Optimierung zurückgeführt werden kann. Die gemischt-ganzzahlige lineare Programmierung erreicht ebenfalls in manchen Szenarien den höchsten Planungserfolg, scheitert aber bei einer größeren Anzahl kooperativer Fahrzeuge häufig am stark ansteigenden Rechenaufwand. Die Einschränkungen der linearen Modelle wirken sich besonders bei niedrigen Geschwindigkeiten und bei größerer Krümmung des Straßenverlaufs aus, z. B. in den Szenarien Kreuzung 1 und Hindernis 1.

Hinsichtlich des Rechenaufwands zeigt der Baumsuchalgorithmus in Szenarien mit bis zu vier kooperativen Fahrzeugen das Potenzial für eine echtzeitfähige Implementierung. Die Methode der elastischen Bänder weist die beste Skalierbarkeit mit der Anzahl kooperativer Fahrzeuge auf und ist auch für sechs kooperative Fahrzeuge potenziell in Echtzeit einsetzbar. Der Rechenaufwand des MILP-Verfahrens variiert sehr stark mit der Probleminstanz, sodass eine Echtzeitfähigkeit in komplexeren Szenarien momentan kaum erreichbar scheint. Bereits im Szenario Hindernis 3 mit drei kooperativen Fahrzeugen und einem Hindernis treten Rechenzeiten von mehreren Stunden auf, ebenso in Szenarien mit vier oder mehr kooperativen Fahrzeugen.

Insgesamt kann festgestellt werden, dass die kooperative Planung im Raum der gemeinsamen Handlungen in manchen Szenarien deutlich erfolgreicher ist als die prioritätsbasierte Planung und dennoch zumindest für bis zu vier kooperative Fahrzeuge das Potenzial für eine echtzeitfähige Realisierung aufweist.

Im Folgenden werden einige Ursachen für die unterschiedliche Leistungsfähigkeit untersucht und die Algorithmen anhand weiterer Bewertungskriterien gegenübergestellt. Abschließend werden einige dieser Kriterien in Tabelle 6.3 auf Seite 176 zusammengefasst. Die prioritätsbasierte Planung ist dort nicht aufgeführt, da sie die meisten Eigenschaften vom darunterliegenden Einzelfahrzeugplaner übernimmt.

6.4.5.1 Diskretisierung

Für den Baumsuchalgorithmus werden sowohl die Handlungen als auch die Zeit vergleichsweise grob diskretisiert. In manchen Szenarien wie Überholen 1 und Kreuzung 2 wird der Planungserfolg dadurch beeinträchtigt. Insbesondere die Zahl der Entscheidungszeitpunkte kann einen großen Einfluss auf den Planungserfolg haben. Das zeigt sich auch bei der Implementierung der prioritätsbasierten Planung mit dem Baumsuchalgorithmus als Einzelfahrzeugplaner. Hier können deutlich mehr Entscheidungszeitpunkte verwendet werden, wodurch sich der Planungserfolg im Vergleich zu einer prioritätsbasierten Planung mit grober Zeitdiskretisierung erheblich verbessert. Dass der kooperative Baumsuchplaner dennoch häufig besser abschneidet, zeigt die prinzipielle Unvollständigkeit der prioritätsbasierten Planung.

MILP und elastische Bänder können die Handlungen in Form von Beschleunigungsvektoren kontinuierlich wählen. Die verwendete Zeitdiskretisierung ist fein genug, dass sie keine nennenswerte Einschränkung darstellt.

Interessant ist in diesem Zusammenhang, dass sowohl für die Suche im Baum $\mathcal{B}$ als auch für die Lösung von MILPs Branch-and-Bound-Methoden verwendet werden können. Bei der Baumsuche erfolgt die Verzweigung des Branch-and-Bound-Verfahrens über die möglichen kooperativen Handlungen $\mathbf{a} \in \mathcal{A}$ der Fahrzeuge.

In Abhängigkeit der gewählten Handlung wird anschließend das Verlustfunktional ausgewertet und somit geprüft, ob die Anforderungen an einen kollisionsfreien Bewegungsplan erfüllt sind. Bei der MILP-Lösung erfolgt hingegen die Verzweigung über die binären Variablen, die bei der Bewegungsplanung die Koordinatenrichtung modellieren, in der ein Fahrzeug an einem anderen vorbeifährt. Es wird also erst die Entscheidung über die Art der Kollisionsvermeidung getroffen und anschließend die dafür erforderliche Handlung in Form der kontinuierlichen Beschleunigungswerte optimiert. Aufgrund dieser unterschiedlichen Herangehensweise wirken sich die Parameter der Modelle und des Szenarios unterschiedlich auf den Aufwand der Algorithmen aus. Beim MILP-Verfahren können feinere Geometriemodelle für Fahrzeuge und Straßen sowie zusätzliche Hindernisse einen exponentiellen Anstieg der Rechenzeit zur Folge haben, da sie mit zusätzlichen binären Variablen verbunden sind. Für die Baumsuche sind die Diskretisierung der Handlungen und die Anzahl der Entscheidungszeitpunkte ausschlaggebend für die Laufzeit, während Geometriemodelle und Hindernisse nur linear in den Aufwand eingehen.

6.4.5.2 Optimierung

Baumsuche und gemischt-ganzzahlige lineare Programmierung können innerhalb der jeweiligen Annahmen und Modelle die global optimale kooperative Handlungssequenz finden. Die Methode der elastischen Bänder nimmt hingegen nur eine lokale Optimierung vor, sodass die Lösung von der Initialisierung abhängig ist. In der Evaluation wirkt sich dies vor allem bei den Abbiegemanövern im Szenario Kreuzung 1 aus. Ferner kann vor einem Hindernis eine falsche Ausweichrichtung gewählt werden, sodass beispielsweise das Verlassen der Straße unvermeidbar wird. In vielen anderen Szenarien verursacht die lokale Optimierung keine nennenswerten Nachteile. Die Planung kooperativer Fahrmanöver unterscheidet sich darin offenbar von Anwendungen aus der Robotik, in denen vielfach labyrinthartige Umgebungen betrachtet werden. Für den Planungserfolg mit elastischen Bändern ist es wesentlich, dass während der Berechnung des Kräftegleichgewichts Zustände eingenommen werden können, in denen die Anforderungen an korrekte Pläne verletzt sind. Beispielsweise kann ein elastisches Band zur Kollisionsvermeidung zunächst so verschoben werden, dass die fahrdynamischen Nebenbedingungen nicht mehr erfüllt sind. Anschließend werden diese Nebenbedingungen von den inneren Kräften wiederhergestellt. Wenn hingegen wie in [Brandt05a] vorgeschlagen eine harte Durchsetzung der Nebenbedingungen während des gesamten Optimierungsprozesses gefordert wird, können sich die elastischen Bänder häufig nicht ausreichend vom Initialisierungszustand lösen.

Die prioritätsbasierte Planung kann keine globale Zielfunktion optimieren, da sie jedes Fahrzeug separat betrachtet und die Auswirkungen der Einzelfahrzeugentscheidung auf andere Fahrzeuge ignoriert. Eine Folge ist beispielsweise, dass der Term L^{goal} aus (5.24), obwohl er gar nicht die Kollisionsvermeidung beschreibt, Auswirkungen darauf hat, ob ein korrekter kollisionsfreier Plan gefunden werden kann.

6.4.5.3 Modellierung und Erweiterbarkeit

Der Baumsuchalgorithmus verwendet explizite Modelle und kann daher die Fahrzeuggeometrie, dynamische Nebenbedingungen und Zielvorgaben exakt berücksichtigen. Bei der gemischt-ganzzahligen linearen Programmierung sind wegen der Beschränkung auf lineare Modelle konservative Approximationen der Fahrzeug- und Straßengeometrie erforderlich. Dadurch wird insbesondere bei einem Straßenverlauf mit kleinen und mittleren Kurvenradien der Manöverspielraum eingeschränkt. Besonders stark wirkt sich dies bei vergleichsweise niedrigen Geschwindigkeiten wie im Szenario Kreuzung 1 aus, da nur dann Manöver mit einer erheblichen Rotation des Fahrzeugs möglich sind. Die Methode der elastischen Bänder berücksichtigt alle Anforderungen nur approximativ, auch die Kollisionsvermeidung und die Fahrzeugdynamik. Dadurch wird in manchen Fällen kein korrekter Plan zurückgeliefert, obwohl das Verfahren eigentlich eine erfolgversprechende Manöverkombination findet. Dieser Effekt zeigt sich beispielsweise in den Szenarien Überholen 2 und Gegenverkehr 2.

Die verwendete Art der Modellierung wirkt sich auch auf die Möglichkeiten zur Integration weiterer Anforderungen und Zielvorgaben aus. Am einfachsten sind Erweiterungen bei der Baumsuche, die beliebige explizite Modelle für die Fahrzeuge und das Verlustfunktional berücksichtigen kann. Problematisch ist lediglich der Rechenaufwand für detailliertere Modelle, der allerdings durch die Wiederverwendung von Zwischenergebnissen auf die Berechnung der Einzelfahrzeugbäume beschränkt bleibt.

Bei der gemischt-ganzzahligen linearen Programmierung werden die Erweiterungsmöglichkeiten durch die Linearitätsforderung eingeschränkt. Erweiterungen, die zusätzliche ganzzahlige Variable benötigen, können einen deutlichen Anstieg des Rechenaufwands zur Folge haben.

Bei der Methode der elastischen Bänder können weitere Nebenbedingungen implizit durch zusätzliche Kräfte berücksichtigt werden. Da keine explizite Modellierung möglich ist, sind Erweiterungen mit einem höheren Entwicklungsaufwand verbunden.

	Baumsuche	MILP	elastische Bänder
Handlungen	grobe Diskretisierung	kontinuierlich	kontinuierlich
Zeitdiskretisierung	grob	fein	fein
Optimierung	global	global	lokal
Modelle	explizit beliebig	explizit linear	implizit
Min. Kollisionsschwere	möglich	eingeschränkt	nicht möglich

Tabelle 6.3: Vergleichende Gegenüberstellung der drei kooperativen Bewegungsplanungsalgorithmen aus Kapitel 5.

6.4.5.4 Parallelisierbarkeit

Das Baumsuchverfahren bietet gute Möglichkeiten für eine Parallelverarbeitung auf einem Mehrprozessorrechner. Insbesondere kann in der Vorverarbeitungsphase die Berechnung jedes Einzelfahrzeugbaums auf einem eigenen Prozessor durchgeführt werden. In der Suchphase können den Prozessoren unterschiedliche Teilbäume zugewiesen werden. Mit einer solchen grobgranularen Parallelisierung sollte sich eine hohe Effizienz erreichen lassen.

Die Parallelisierung des MILP-Verfahrens ist ebenfalls möglich, da parallel arbeitende MILP-Löser verfügbar sind.

Bei der Methode der elastischen Bänder bietet sich eine Aufteilung der Knoten $\mathbf{p}_{i,k}$ auf die zur Verfügung stehenden Prozessoren an. Jeder Prozessor berechnet die resultierende Kraft für die ihm zugeteilten Knoten. Anschließend ist für jede Iteration des Verfahrens ein Synchronisierungsschritt erforderlich, um die Konsistenz der Ergebnisse sicherzustellen.

Obwohl die prioritätsbasierte Planung die Aufgabe in mehrere Teilschritte zerlegt, können diese nicht ohne weiteres parallel ausgeführt werden. Denn für jede Teilaufgabe werden die Planungsergebnisse der höher priorisierten Fahrzeuge benötigt. Die Parallelisierbarkeit bleibt daher zunächst auf den verwendeten Einzelfahrzeugplaner beschränkt. Darüber hinaus könnte allenfalls eine Auslagerung von Vorberechnungsschritten zu einer teilweise parallelen Berechnung der Einzelprobleme beitragen.

Während alle Algorithmen das Potenzial für eine Parallelisierung auf einem Mehrprozessorrechner bieten, dürfte es kaum möglich sein, die Berechnung auf mehrere kognitive Fahrzeuge zu verteilen, da der notwendige Datenaustausch die Leistungsfähigkeit des Funknetzwerks übersteigt.

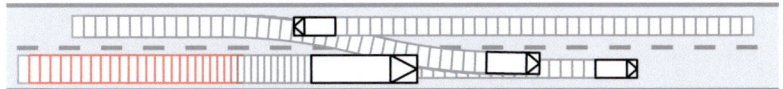

Abbildung 6.22: Variante von Szenario Überholen 1 (Abb. 6.12 auf Seite 159) mit heterogenen Fahrzeugen.

6.5 Varianten und Erweiterungen der Bewegungsplanung

Die Flexibilität der Bewegungsplanungsalgorithmen erlaubt die Umsetzung verschiedener Erweiterungen und Varianten, auf die im vorangegangenen Abschnitt aus Gründen der besseren Vergleichbarkeit verzichtet wurde. Die meisten dieser Erweiterungen und Varianten wurden im Rahmen der vorliegenden Arbeit mit allen drei Algorithmen aus Kapitel 5 realisiert. Die folgende Darstellung erfolgt im Wesentlichen am Beispiel des Baumsuchalgorithmus.

6.5.1 Heterogene Fahrzeugtypen

In den bisher vorgestellten Simulationen wurde einheitlich das Fahrzeugmodell eines Mittelklasse-Pkws verwendet. Es stellt jedoch keine prinzipielle Schwierigkeit dar, eine Bewegungsplanung für heterogene Fahrzeuge durchzuführen, sofern ihre Eigenschaften und Fähigkeiten aus dem gemeinsamen Lagebild bekannt sind. Relevant sind hierbei in erster Linie die Abmessungen und die fahrdynamischen Fähigkeiten. Als Beispiel zeigt Abb. 6.22 eine Überholsituation, an der ein Lastwagen und zwei kleinere Fahrzeuge beteiligt sind. Zur Planung wird der Baumsuchalgorithmus eingesetzt. Beim Vergleich mit dem Fall homogener Fahrzeuge fällt auf, dass der Lastwagen wegen seiner Größe und seiner geringeren Verzögerungsfähigkeit während eines längeren Zeitintervalls bremst als das entsprechende Fahrzeug in Abb. 6.12(b). Die Rechenzeit steigt gegenüber dem Szenario mit homogenen Fahrzeugen um etwa 20 %, was zum Teil auf den höheren Aufwand für Kollisionstests infolge der Geometrie des Lastwagens, zum Teil auf die größere Anzahl im Baum B besuchter Knoten zurückzuführen ist.

6.5.2 Gemischter Verkehr

Die kooperative Kollisionsvermeidung ist mit Einschränkungen auch dann möglich, wenn ein gemischter Verkehr aus kognitiven und nicht kognitiven Fahrzeu-

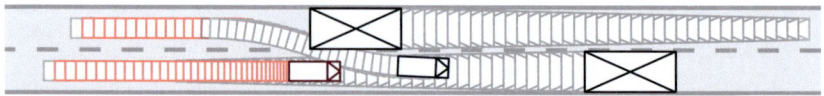

Abbildung 6.23: Variante von Szenario Überholen 1 (Abb. 6.12 auf Seite 159) mit gemischtem Verkehr.

Abbildung 6.24: Planung bis zum Stillstand im Szenario Überholen 2 (Abb. 6.13 auf Seite 159).

gen angenommen wird. In diesem Fall werden die nicht kognitiven Fahrzeuge bei der Bewegungsplanung als bewegte Hindernisse angesehen. Als Beispiel ist in Abb. 6.23 eine Überholsituation dargestellt, an der zwei kognitive und zwei nicht kognitive Fahrzeugen beteiligt sind. Die Bewegungen der nicht kognitiven Fahrzeuge müssen mit Hilfe von Prädiktionsverfahren ermittelt werden (siehe Abschnitt 3.5.1). Die resultierende Prädiktionsunsicherheit wird ebenfalls bei der Planung berücksichtigt. Dadurch ist eine mit der Zeit wachsende Fläche zu vermeiden, was in der Abbildung durch die zunehmende Größe der bewegten Hindernisse veranschaulicht wird. Der Rechenaufwand des Baumsuchalgorithmus verringert sich deutlich, da nur $M = 2$ kooperative Fahrzeuge beteiligt sind.

6.5.3   Planung bis zum Stillstand

In manchen Arbeiten zu Kollisionsvermeidungssystemen wird angenommen, dass nur der Stillstand des Fahrzeugs einen ausreichend sicheren Zustand darstellt [Kirchner05]. Dies gilt insbesondere dann, wenn der Fahrer nach einer Gefahrensituation wieder die Steuerung des Fahrzeugs übernehmen muss. Bei dem in der vorliegenden Arbeit betrachteten Konzept ist dies nicht zwangsläufig der Fall, da die kognitiven Fahrzeuge über Fähigkeiten zum autonomen Fahren auf Einzelfahrzeugebene verfügen. Außerdem stellen starke Bremsmanöver und stehende Fahrzeuge ein Risiko für weitere Unfälle dar und behindern den Verkehrsfluss. Aus diesen Gründen wurde hier auf die Forderung verzichtet, dass ein kooperatives Fahrmanöver mit dem Stillstand aller Fahrzeuge enden muss. Mit den vorgeschlagenen Bewegungsplanungsalgorithmen kann dies aber sehr wohl erreicht werden, wie das Beispiel in Abb. 6.24 zeigt. Beim Baumsuchalgorithmus wird die Funktion $\Gamma_{i,0}^{control}(acc, acc_{lat})$ in (5.25) so modifiziert, dass Bremsverzögerungen gegenüber einem Fahren mit konstanter Geschwindigkeit bevorzugt werden. Die prinzipiell zulässigen Fahrmanöver werden dadurch nicht eingeschränkt, insbesondere kann ein Fahrzeug weiterhin beschleunigen, wenn dies zur Kollisionsvermeidung erforderlich ist. Der Rechenaufwand in dem Beispiel sinkt durch die Modifikation geringfügig, da weniger Knoten des Baums $\mathcal{B}$ besucht werden.

6.5.4 Iterierte Planung und Ausführung

Häufig müssen Planung und Ausführung miteinander verzahnt werden, d. h. nach der ersten Planung wird mit der Ausführung des Anfangsstücks des Plans begonnen und währenddessen ein neuer Plan erstellt. Eine iterierte Planung kann einerseits erforderlich sein, weil der Planungshorizont aus Gründen des Rechenaufwands begrenzt werden muss. Wenn die Gefahrensituation innerhalb des ursprünglichen Plans nicht vollständig abgewendet werden kann, wird eine Neuplanung erforderlich. Andererseits können neue Beobachtungen eine Anpassung des Plans erfordern, wenn beispielsweise auf ein unerwartetes Verhalten eines nicht kooperativen Verkehrsteilnehmers oder auf ein erstmals erkanntes Hindernis reagiert werden muss.

Im Fall einer iterierten Planung und Ausführung muss der maximale Zeitabstand von t_{it} zwischen den Planungsschritten bei der Wahl des Planungshorizonts berücksichtigt werden. Kriterium (6.5) verschärft sich dadurch zu

$$t_{\mathrm{h}} > t_{\mathrm{it}} + \max_{i=1}^{M} t_{\mathrm{stop},i} \, . \tag{6.9}$$

Die einzelnen Bewegungsplanungsalgorithmen können in unterschiedlicher Weise für die iterierte Planung und Ausführung angepasst werden. Bei der Methode der elastischen Bänder kann die Initialisierung der Knoten anhand des Plans aus der vorigen Iteration erfolgen. Da sich diese Knoten bereits im Kräftegleichgewicht befinden, wird häufig die Konvergenz des Verfahrens beschleunigt. Lediglich die Knoten im Intervall $(t_{\mathrm{h}} - t_{\mathrm{it}}, t_{\mathrm{h}}]$ werden wie in Abschnitt 5.5.3 beschrieben gemäß einem prädizierten Fahrspurfolgeverhalten initialisiert.

Für den Baumsuchalgorithmus sollte das Planungsintervall t_{it} in Übereinstimmung mit den Entscheidungszeitpunkten gewählt werden: $t_{\mathrm{it}} = t_k$ für ein $k \in \{1, \ldots, T-1\}$. Damit wird sichergestellt, dass die Fortführung des begonnenen Plans in der nächsten Iteration nicht durch eine ungünstige Wahl der Zeitdiskretisierung unmöglich wird. Außerdem können Teilbäume mit Information aus den Vorberechnungsschritten weiterverwendet werden. Da jedoch mindestens die unterste Ebene der Bäume neu hinzukommt, ist die mögliche Reduktion des Rechenaufwands eher gering. Die Problematik unterscheidet sich erheblich von der inkrementellen gitterbasierten Planung mit dem D*-Algorithmus (siehe Abschnitt 2.3.3): Dort beschreiben die Knoten des Gitters feste räumliche Positionen und die inkrementelle Anpassung bezieht sich auf aktualisierte Hindernisinformation, während bei der kooperativen Kollisionsvermeidung die Knoten von $\mathcal{B}$ Fahrzeugzustände in Abhängigkeit der Anfangspositionen beschreiben und das zeitliche Planungsintervall in jeder Iteration verschoben wird. Daher ist die inkrementelle Graphensuche nach dem D*-Prinzip hier nicht gewinnbringend einsetzbar.

Simulationsergebnisse mit iterierter Planung und Ausführung werden weiter unten in Abschnitt 6.6 vorgestellt.

6.5.5 Minimierung der Kollisionsschwere

Die Minimierung der Kollisionsschwere wird an zwei Beispielen mit jeweils drei beteiligten Fahrzeugen demonstriert. Im ersten Beispiel ist die Straße für ein schnell herannahendes Fahrzeug durch zwei langsam nebeneinander fahrende Fahrzeuge blockiert. In diesem Fall wird die Kollision mit dem schnelleren der beiden Fahrzeuge bevorzugt, sodass die Relativgeschwindigkeit beim Aufprall möglichst gering ist (Abb. 6.25(a), (b)). Die Relativgeschwindigkeit wird zusätzlich durch geeignete Brems- bzw. Beschleunigungsmanöver reduziert. Das Auffahren auf ein in gleicher Richtung vorausfahrendes Fahrzeug wird gegenüber einem Zusammenstoß mit dem Gegenverkehr bevorzugt (Abb. 6.25(c)).

Das zweite Beispiel zeigt die Vermeidung eines Seitenaufpralls mit einem Fahrzeug, das infolge eines vorangegangenen Unfalls oder eines Fahrfehlers auf einer Kreuzung zum Stillstand gekommen ist (Abb. 6.26(a)). Zum Vergleich ist in Abb. 6.26(b) eine ähnliches Szenario dargestellt, in dem ein Auffahrunfall mit einem in Fahrtrichtung stehenden Fahrzeug in Kauf genommen wird.

Zur Planung wird der Baumsuchalgorithmus mit dem Verlustfunktional

$$L(\gamma) = L^{\text{collm}}(\gamma) + L^{\text{obst}}(\gamma) + L^{\text{road}}(\gamma) + L^{\text{control}}(\gamma) \tag{6.10}$$

aus Abschnitt 5.3.2.3 eingesetzt. Dabei wird die A*-Suchstrategie mit den Parametern $M = 3$, $T = 4$, $P_{\text{SV}} = S_{\text{SV}} = T$, $S_{\text{coll}} = T$, $P_{\text{coll}} = 0$ verwendet. Die Laufzeit steigt gegenüber der Minimierung der Anzahl Kollisionen nach dem Verlustfunktional (6.7) um etwa $40\,\%$ bis $50\,\%$ an. Dies ist hauptsächlich auf eine größere Anzahl besuchter Knoten von $\mathcal{B}$ infolge des geänderten Verlustfunktionals zurückzuführen, weniger auf den Aufwand für die Berechnung der Kollisionsschwere. Zum Vergleich werden auch Fälle untersucht, in denen eine Kollision gerade noch vermieden werden kann (z. B. Abb. 6.27). In solchen Situationen liefern beide Varianten identische kooperative Bewegungspläne, und der Rechenaufwand unterschei-

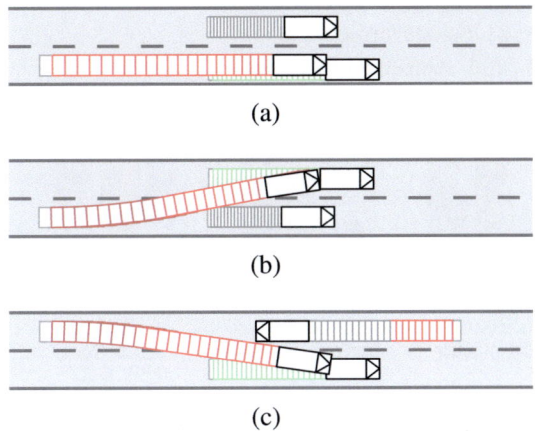

Abbildung 6.25: Minimierung der Kollisionsschwere bei Auffahrunfällen.

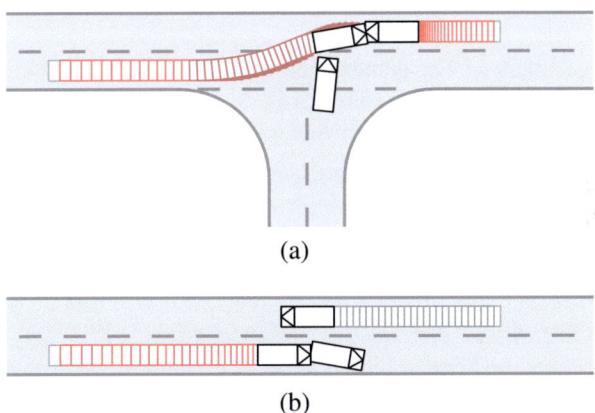

Abbildung 6.26: Minimierung der Kollisionsschwere durch Vermeidung eines Seitenaufpralls.

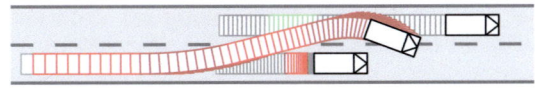

Abbildung 6.27: Erfolgreiche Kollisionsvermeidung in einer Probleminstanz ähnlich der aus Abb. 6.25(b).

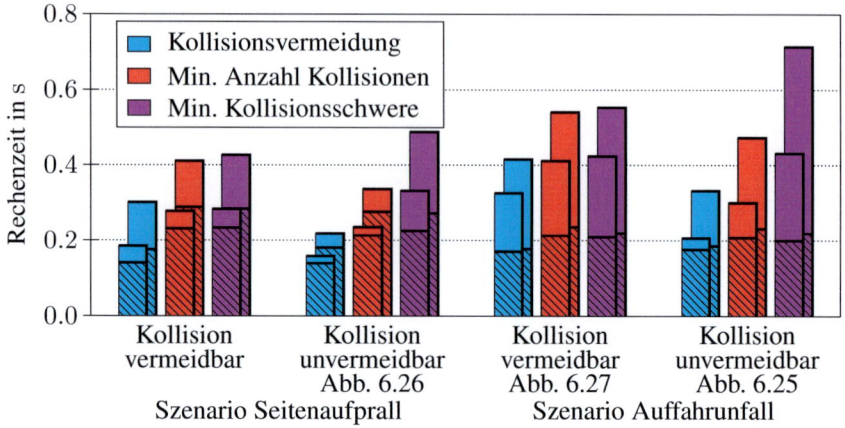

Abbildung 6.28: Gemessene Rechenzeiten für die Varianten ohne und mit Minimierung der Kollisionsschwere (mittlere und maximale Gesamtzeit im jeweiligen Szenario sowie Anteil der Vorberechnung).

det sich nur geringfügig. Die gemessenen Rechenzeiten für die drei Varianten Kollisionsvermeidung (siehe Abschnitt 6.3.3), Minimierung der Anzahl Kollisionen und Minimierung der Kollisionsschwere werden in Abb. 6.28 gegenübergestellt.

Mit den anderen Bewegungsplanungsalgorithmen aus Kapitel 5 kann die Minimierung der Kollisionsschwere nicht ohne weiteres realisiert werden. Bei den elastischen Bändern müssten Kräfte definiert werden, die wie bisher eine Kollision wenn möglich verhindern, eine unvermeidbare Kollision aber zulassen. Dies dürfte kaum zu erreichen sein. In das gemischt-ganzzahlige lineare Programm kann im Prinzip eine linearisierte Version des Verlustfunktionals $L^{\mathrm{collm}}(\gamma)$ aufgenommen werden. Insbesondere können binäre Variable eingeführt werden, mit deren Hilfe die Anzahl der Kollisionen minimiert werden kann. Allerdings zeigen erste Versuche in diese Richtung, dass dadurch der Rechenaufwand noch einmal deutlich ansteigt, weshalb dieser Ansatz nicht weiterverfolgt wird.

Mit der prioritätsbasierten Planung ist eine globale Minimierung der Kollisionsschwere nicht möglich, weil nur für das niedriger priorisierte Fahrzeug der beiden Kollisionspartner ein Manöver zur Minimierung der Kollisionsschwere geplant werden kann.

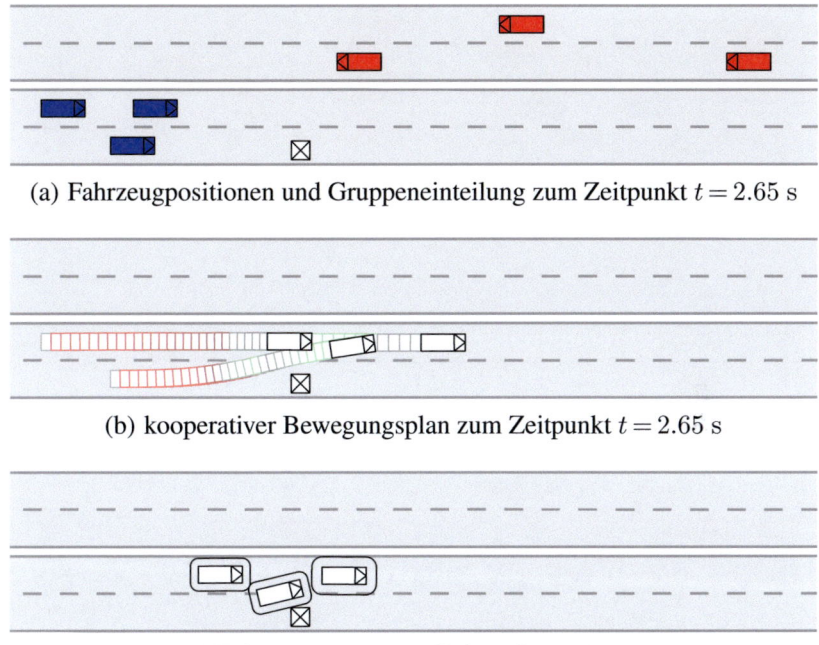

(a) Fahrzeugpositionen und Gruppeneinteilung zum Zeitpunkt $t = 2.65$ s

(b) kooperativer Bewegungsplan zum Zeitpunkt $t = 2.65$ s

(c) Toleranzen $\varepsilon_{i,k}$ zum Zeitpunkt $t = 3.55$ s

Abbildung 6.29: Simulation des Gesamtsystems im Szenario Hindernis 2.

6.6   Gesamtsystem der verteilten Kooperation

Das Zusammenwirken der Komponenten Gruppenbildung, Situationsbewertung und Bewegungsplanung wird in diesem Abschnitt anhand dreier Beispiele demonstriert. Dabei wird außerdem die iterierte Planung und Ausführung mit verschiedenen Bewegungsplanern gezeigt.

Als erstes Beispiel wird eine Variante des Szenarios Hindernis 2 betrachtet. Insgesamt sieben Fahrzeuge befinden sich auf zwei baulich getrennten Fahrbahnen. Zur kooperativen Bewegungsplanung wird die Methode der elastischen Bänder mit einem Planungshorizont von $t_{\mathrm{h}} = 2.4$ s eingesetzt. Die Ergebnisse sind in den Abbildungen 6.29 und 6.30 dargestellt. Zunächst werden die Einzelfahrzeuge vom Simulator gesteuert. Die Fahrzeuge bilden zwei kooperative Gruppen: $\mathcal{G}_1$ besteht aus den drei ostwärts fahrenden Fahrzeugen (blau dargestellt), $\mathcal{G}_2$ aus den vier Fahrzeugen auf der baulich getrennten Gegenfahrbahn (rot). Für die Gruppe $\mathcal{G}_1$ wird eine Gefahrensituation erkannt, sodass zum Zeitpunkt $t = 2.65$ s ein automatischer

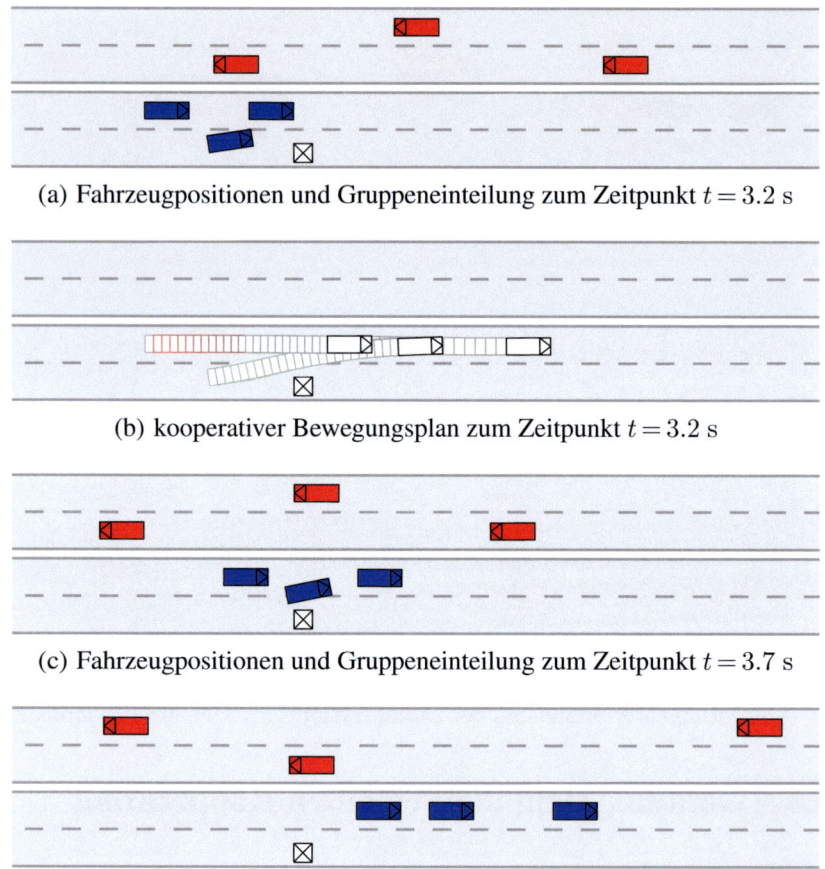

(a) Fahrzeugpositionen und Gruppeneinteilung zum Zeitpunkt $t = 3.2$ s

(b) kooperativer Bewegungsplan zum Zeitpunkt $t = 3.2$ s

(c) Fahrzeugpositionen und Gruppeneinteilung zum Zeitpunkt $t = 3.7$ s

(d) Fahrzeugpositionen und Gruppeneinteilung zum Zeitpunkt $t = 4.6$ s

Abbildung 6.30: Simulation des Gesamtsystems im Szenario Hindernis 2 (Fortsetzung).

Eingriff beginnt. Der zugehörige kooperative Bewegungsplan ist in Abb. 6.29(b) dargestellt. Da die Fahrzeuge aus $\mathcal{G}_2$ nicht berücksichtigt werden müssen, ist eine effiziente Planung möglich. Abbildung 6.29(c) zeigt eine Visualisierung der Toleranz $\varepsilon_{i,k}$ (5.84) zum Zeitpunkt $t = 3.55$ s im Bewegungsplan aus Abb. 6.29(b). Der Koordinator kommuniziert den kooperativen Bewegungsplan zusammen mit den berechneten Toleranzvorgaben an die Fahrzeuge der kooperativen Gruppe $\mathcal{G}_1$. Die Einzelfahrzeuge könnten nun eine Feinplanung innerhalb ihres Toleranzspielraums vornehmen. Dieser Schritt wird hier allerdings nicht simuliert. Stattdessen

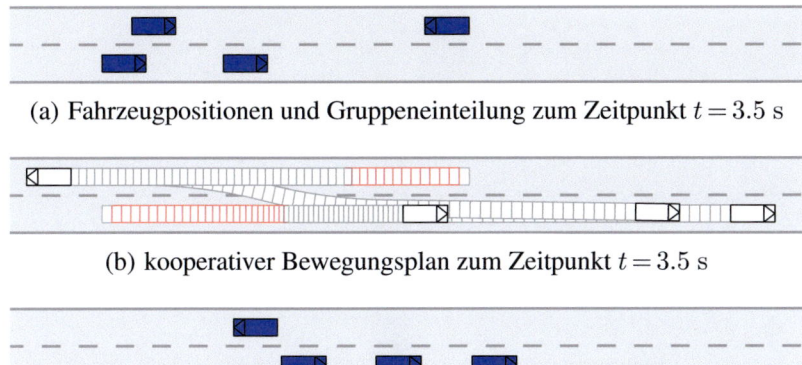

(a) Fahrzeugpositionen und Gruppeneinteilung zum Zeitpunkt $t = 3.5$ s

(b) kooperativer Bewegungsplan zum Zeitpunkt $t = 3.5$ s

(c) Fahrzeugpositionen und Gruppeneinteilung zum Zeitpunkt $t = 4.7$ s

Abbildung 6.31: Simulation des Gesamtsystems im Szenario Überholen 1.

beginnen die Fahrzeuge direkt mit der Ausführung des geplanten kooperativen Manövers.

Während die Gefahrensituation weiterbesteht, wird zweimal eine iterierte Neuplanung durchgeführt. Abbildung 6.30(b) zeigt den kooperativen Bewegungsplan nach der ersten Iteration. Nachdem die Gefahrensituation erfolgreich bewältigt ist, wird die Kontrolle der Einzelfahrzeuge zum Zeitpunkt $t = 4.6$ s wieder an den Simulator übertragen.

Die beiden folgenden Beispiele werden etwas weniger ausführlich dargestellt. Im Szenario Überholen 1 tritt das entgegenkommende Fahrzeug zum Zeitpunkt $t = 0.7$ s der kooperativen Gruppe der drei ostwärts fahrenden Fahrzeuge bei. Die Situationsbewertung erkennt, dass zum Zeitpunkt $t = 3.5$ s ein automatischer Eingriff zur Kollisionsvermeidung erforderlich ist (Abb. 6.31(a)). Es wird ein kooperativer Bewegungsplan ausgeführt, der vom Baumsuchalgorithmus mit $T = 3$ Entscheidungszeitpunkten und einem Planungshorizont von $t_h = 2.4$ s erstellt wurde (Abb. 6.31(b)). Nach einer weiteren Planungsiteration ist die Gefahrensituation zum Zeitpunkt $t = 4.7$ s erfolgreich bewältigt (Abb. 6.31(c)).

Das dritte Beispiel ist ein Kreuzungsszenario mit insgesamt 16 Fahrzeugen, die zu Beginn 5 kooperative Gruppen bilden (Abb. 6.32(a)). Zum Zeitpunkt $t = 0.3$ s muss ein kooperativer Eingriff erfolgen, weil das von Norden kommende Fahrzeug die Vorfahrt an der Kreuzung missachtet. Mit dem Baumsuchalgorithmus wird ein kooperativer Bewegungsplan erstellt, der die Gefahrensituation durch Geschwindigkeitsanpassung abwendet (Abb. 6.32(b)). Der automatische Eingriff endet zum Zeitpunkt $t = 1.5$ s (Abb. 6.33). Kurz danach löst sich die betroffene kooperative

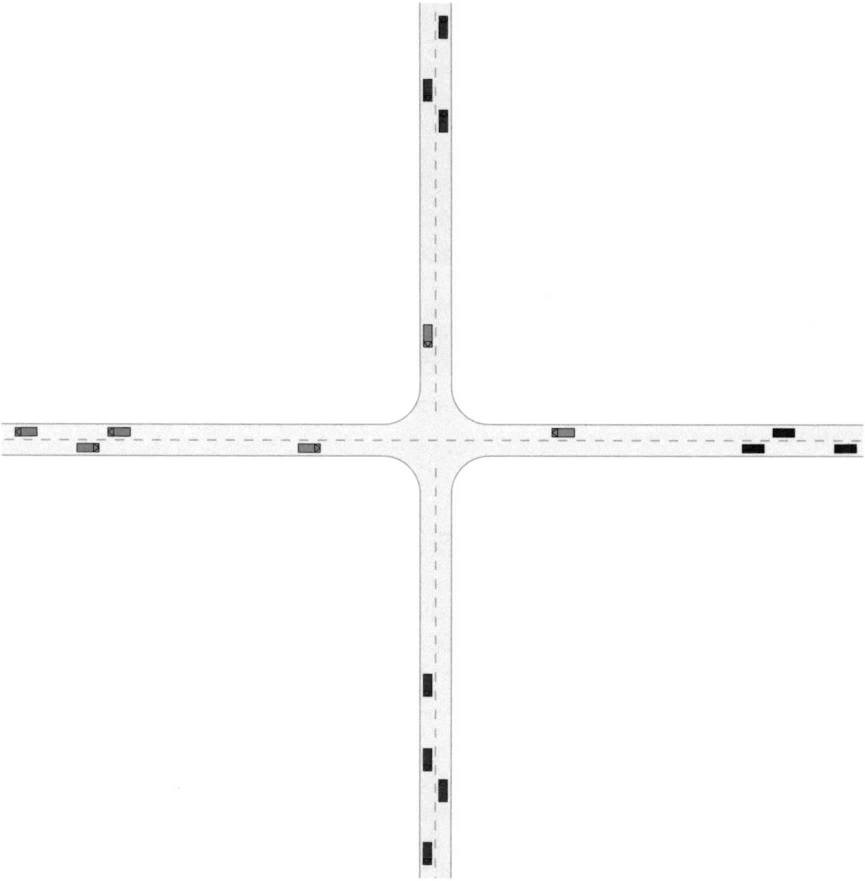

(a) Fahrzeugpositionen und Gruppeneinteilung zum Zeitpunkt $t = 0.3$ s

(b) kooperativer Bewegungsplan zum Zeitpunkt $t = 0.3$ s

Abbildung 6.32: Simulation des Gesamtsystems in einem Kreuzungsszenario.

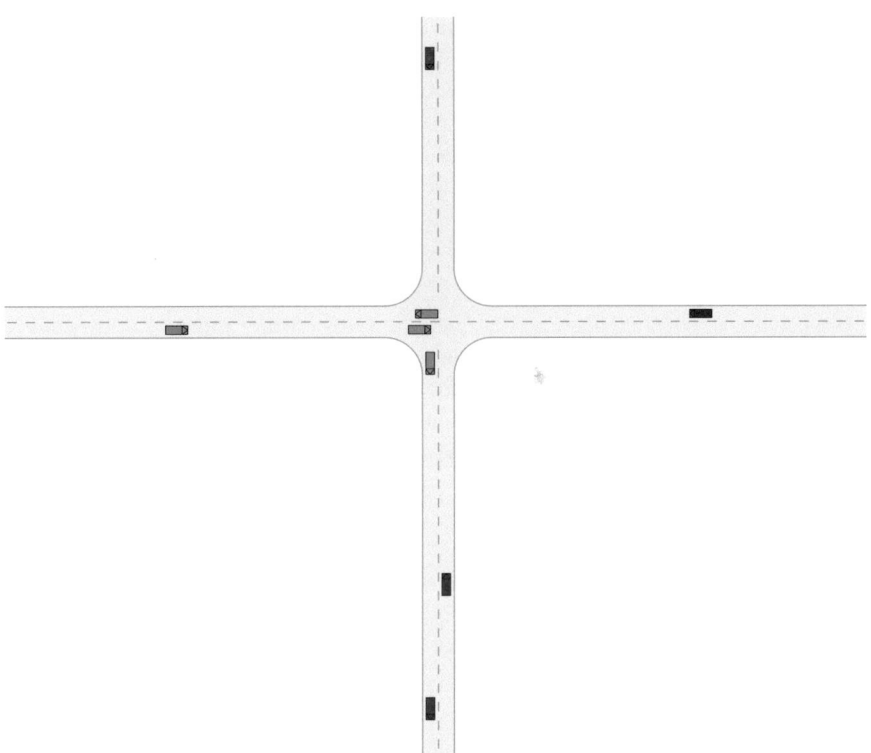

Abbildung 6.33: Simulation des Gesamtsystems in einem Kreuzungsszenario (Fortsetzung): Fahrzeugpositionen und Gruppeneinteilung zum Zeitpunkt $t = 1.5$ s.

Gruppe auf, da die Fahrzeuge die Kreuzung in unterschiedliche Richtungen verlassen.

6.7 Zusammenfassung

In diesem Kapitel wurde das Konzept zur Kooperation kognitiver Automobile in Gefahrensituationen mit Hilfe eines Verkehrssimulators evaluiert. Es wurde gezeigt, dass die verteilte Bildung kooperativer Gruppen in Echtzeit und robust gegenüber Kommunikationsstörungen möglich ist. Mit den vorgeschlagenen Gruppenbildungskriterien wird erreicht, dass die an einem Unfall beteiligten Fahrzeuge überwiegend in dieselbe Gruppe eingeteilt werden.

Beim Vergleich der Algorithmen zur kooperativen Bewegungsplanung wurde nachgewiesen, dass eine Planung im Raum der kooperativen Handlungsalternativen in manchen Szenarien deutlich mehr Probleminstanzen erfolgreich lösen kann als das Standardverfahren der prioritätsbasierten Planung. Gleichzeitig zeigen der Baumsuchalgorithmus und die Methode der elastischen Bänder Potenzial für einen echtzeitfähigen Einsatz in Szenarien mit bis zu vier kooperativen Fahrzeugen. Die Flexibilität der Algorithmen erlaubt verschiedene Varianten und Erweiterungen wie die Minimierung der Kollisionsschwere.

Schließlich wurde die Integration der Komponenten Gruppenbildung, Situationsbewertung, Bewegungsplanung und Verhaltensausführung zum Gesamtsystem der verteilten Kooperation demonstriert und somit das Potenzial kooperativer Fahrmanöver zur Erhöhung der Verkehrssicherheit aufgezeigt. Für eine abschließende Bewertung des Ansatzes sind jedoch Unfallanalysen und Fahrversuche mit realen Erprobungsfahrzeugen erforderlich, die zukünftigen Arbeiten vorbehalten bleiben müssen.

Kapitel 7

Zusammenfassung und Ausblick

In dieser Arbeit wurde anhand zahlreicher Beispiele das Potenzial der Kooperation kognitiver Automobile zur Erhöhung der Verkehrssicherheit aufgezeigt. Die Weiterentwicklung der vorgeschlagenen Verfahren, die konkrete Ausgestaltung eines Assistenzsystems zur kooperativen Kollisionsvermeidung, Tests mit realen Erprobungsfahrzeugen und eine systematische Nutzenbewertung bleiben zukünftigen Arbeiten vorbehalten.

7.1 Zusammenfassung der Beiträge und Ergebnisse

In dieser Arbeit wurde ein Ansatz zur Kooperation kognitiver Automobile untersucht, der die Bewältigung von Gefahrensituationen durch automatische kooperative Fahrmanöver zum Ziel hat. Die kognitiven Automobile organisieren sich in kooperativen Gruppen, in denen die weitere Verarbeitung und Entscheidungsfindung abläuft. Durch die Begrenzung der Gruppengröße kann der Rechen- und Kommunikationsaufwand in akzeptablem Rahmen gehalten werden. Simulationsergebnisse legen nahe, dass viele Gefahrensituationen innerhalb einer kooperativen Gruppe auftreten und daher mit dem vorgeschlagenen Konzept entschärft werden können. Um dies zu erreichen, wurde eine Bewertungsfunktion für kooperative Gruppen definiert, die speziell die Anforderungen eines kooperativen Sicherheitssystems abbildet. Grundlage für die Bewertungsfunktion ist ein Abstandsbegriff für Fahrzeuge im Straßennetz, der sowohl räumliche als auch zeitliche Aspekte berücksichtigt. Die Simulation des vorgeschlagenen Verhandlungsprotokolls zeigt, dass eine verteilte Gruppenbildung auch bei unzuverlässiger Kommunikation robust durchgeführt werden kann.

In Gefahrensituationen wird basierend auf der im gemeinsamen Lagebild verfügbaren Information eine Entscheidung über kooperative Fahrmanöver zur Kollisionsvermeidung getroffen. Hierzu werden Bewegungsplanungsalgorithmen eingesetzt, die eine möglichst allgemeingültige Behandlung verschiedener Situationen und Umgebungsbedingungen ermöglichen. Eine wichtige Entwurfsentscheidung

bei der Bewegungsplanung für mehrere Fahrzeuge ist die Frage, ob Entkopplungsannahmen verwendet werden. Durch die Entkopplung in mehrere Teilprobleme
wird die Rechenkomplexität erheblich reduziert, gleichzeitig aber auch die Menge
der erzielbaren Lösungen eingeschränkt. In dieser Arbeit wurden drei Algorithmen vorgeschlagen, die auf Entkopplungsannahmen verzichten und dadurch eine
größere Anzahl an Kombinationen von Einzelfahrzeughandlungen zu kooperativen
Handlungen zulassen. Die Algorithmen sind speziell auf das Problem der kooperativen Kollisionsvermeidung zugeschnitten und berücksichtigen die verschiedenen
Anforderungen, die sich beispielsweise aus der Fahrzeugdynamik und dem Straßenverlauf ergeben. Die Struktur des Problems wird zur Effizienzsteigerung genutzt, etwa indem auf Grundlage von Einzelfahrzeughandlungen Schranken vorberechnet werden. Die Flexibilität der Algorithmen erlaubt die Verwendung von
alternativen und erweiterten Zielvorgaben wie beispielsweise der Minimierung der
Kollisionsschwere. Simulationsergebnisse zeigen einerseits, dass die Planung kooperativer Fahrmanöver für bis zu vier beteiligte Fahrzeuge mit einer Rechenzeit
in der Größenordnung von einer Sekunde möglich ist. Mit schnelleren Prozessoren, einer optimierten Implementierung und einer Parallelisierung der Algorithmen
sollte sich der Rechenaufwand auf wenige Zehntelsekunden reduzieren lassen, sodass die Echtzeitforderungen der Anwendung erfüllt werden können. Andererseits
ist zu beobachten, dass die vorgeschlagenen Algorithmen zur kooperativen Bewegungsplanung in zahlreichen Szenarien eine größere Erfolgsrate hinsichtlich der
Kollisionsvermeidung haben als ein Entkopplungsverfahren wie die prioritätsbasierte Planung.

7.2 Ausblick

Die Ergebnisse aus Kapitel 6.4 zeigen, dass die Leistungsfähigkeit der Bewegungsplanungsalgorithmen mit dem betrachteten Szenario variiert. Als Konsequenz daraus könnten Ansätze zur Kombination mehrerer Algorithmen sinnvoll sein. Eine
Möglichkeit ist eine regelbasierte Auswahl und Parametrierung eines geeigneten
Algorithmus in Abhängigkeit von Kriterien wie Anzahl der Fahrzeuge, Anfangsgeschwindigkeiten, Art und Verlauf der Straße (vgl. [Buck01]). Eine Alternative
ist die simultane Ausführung mehrerer unterschiedlich parametrierter Bewegungsplaner, um anschließend das beste Ergebnis verwenden zu können [Carpin02b].
Indem auf jedem beteiligten Fahrzeug ein anderer Algorithmus ausgeführt wird,
lassen sich zudem die Rechenkapazitäten mehrerer Fahrzeuge für die Bewegungsplanung nutzen [Clark03]. Eine weitere Möglichkeit ist die Kombination der hier
untersuchten kooperativen Bewegungsplanungsalgorithmen mit dem Prinzip der
Priorisierung, um ein effizientes Verfahren für eine größere Anzahl von Fahrzeu-

gen zu erhalten: Eine kooperative Bewegungsplanung im Sinne von Kapitel 5 wird nur für die Fahrzeuge durchgeführt, die sich gemäß den Kriterien aus Kapitel 3.5 in einer besonders kritischen Situation befinden. Die weiteren Fahrzeuge erhalten eine niedrigere Priorität zugewiesen und berücksichtigen die geplanten Manöver als bewegte Hindernisse.

Eine größere Herausforderung ergibt sich aus Unsicherheiten in den Eingangsdaten, die in den Wahrnehmungs- und Interpretationsschritten unvermeidlich auftreten. In Abschnitt 2.3.2 wurden zwar einige Bahnplanungsalgorithmen erwähnt, die unsichere Information berücksichtigen können, dem Verfasser ist aber kein Verfahren bekannt, das eine echtzeitfähige Bewegungsplanung unter Unsicherheit für mehrere Straßenfahrzeuge ermöglicht. Die Einbeziehung von Positionsunsicherheiten durch zusätzliche Sicherheitsreserven ist bei den in dieser Arbeit betrachteten Algorithmen problemlos möglich: Ähnlich wie in Abschnitt 6.5.2 können Fahrzeug- und Hindernismodelle in Abhängigkeit von der Standardabweichung der Positionsdaten vergrößert werden. Diese stark vereinfachte Vorgehensweise entspricht jedoch nicht der entscheidungstheoretischen Optimierung aus Abschnitt 5.3.1. Ein interessanter Ansatz zur Entscheidungsfindung unter Unsicherheit sind Bayes'sche Entscheidungsnetzwerke, die eine Kopplung von Situationserkennung und Verhaltensentscheidung ermöglichen [Forbes95]. Ob solche Methoden für die betrachtete Anwendung die geforderte Effizienz erreichen können, erscheint allerdings fraglich. Daher könnte eine hierarchische Verhaltensentscheidung sinnvoll sein, in der probabilistische Verfahren auf höherem Abstraktionsniveau eingesetzt werden, während die Feinplanung unter Berücksichtigung der physikalischen Randbedingungen mit Hilfe der hier betrachteten Bewegungsplanungsalgorithmen vorgenommen wird.

Auf dem Weg zum Einsatz der kooperativen Kollisionsvermeidung im realen Straßenverkehr sind noch zahlreiche weitere Fragestellungen zu adressieren, die in dieser Arbeit bewusst ausgeklammert wurden. Hierzu gehören die Mensch-Maschine-Interaktion, das Zusammenwirken mit der Fahrzeug-Fahrzeug-Kommunikation sowie gesellschaftliche und rechtliche Rahmenbedingungen (siehe Abschnitt 1.2). Eine Bewertung des Systemnutzens basierend auf realen Unfalldaten steht ebenfalls noch aus, zu dieser Thematik siehe [Busch05, vArem06, Killat08, Hannawald08]. Schließlich ist eine Erprobung mit realen Fahrzeugen erforderlich. Dabei stellt sich das Problem, wie das Verhalten in Gefahrensituationen ohne zu großes Risiko für die Testfahrer untersucht werden kann. Für die Erprobung von Assistenzsystemen auf Einzelfahrzeugebene werden unter anderem Hindernisattrappen und Hardware-in-the-Loop-Methoden eingesetzt [Fecher08, Christen04]. Für kooperative Systeme bestünde eine Möglichkeit darin, zunächst nur ein reales Fahrzeug zu verwenden und die anderen beteiligten Fahrzeuge im Rechner zu simulieren.

Weitere Erkenntnisse zur Realisierbarkeit kooperativer Systeme können möglicherweise der laufende Feldversuch zur Fahrzeugkommunikation SIM-TD [Stübing10] sowie die Grand Cooperative Driving Challenge beitragen, in der kooperatives Fahren zur Verkehrsflussoptimierung demonstriert wurde [GCDC11]. Interessant könnte ferner die Erweiterung des Konzepts aus Kapitel 3 auf zusätzliche Anwendungen sein. Zu untersuchen wäre die Frage, inwieweit z. B. die Kriterien für die Gruppenbildung angepasst werden müssen, um etwa eine Verkehrsflussoptimierung an Kreuzungen zu integrieren (siehe Abschnitt 2.2.3). Neben der verteilten Verkehrssteuerung an Kreuzungen besteht eine weitere Anwendungsmöglichkeit der kooperativen Bewegungsplanung in der Koordination des Verkehrs mit bevorrechtigten Einsatz- und Rettungsfahrzeugen.

Anhang A

Algorithmen

In diesem Anhang werden einige der in den Kapiteln 4 und 5 vorgeschlagenen Algorithmen im Pseudocode wiedergegeben. Außerdem werden einige Analyse- und Implementierungsgesichtspunkte behandelt.

A.1 Abstandsberechnung für die Gruppenbildung

Der Pseudocode des Verfahrens zur Abstandsberechnung aus Kapitel 4.2 ist in Algorithmus 1 wiedergegeben. Im Folgenden wird dieser Algorithmus im Hinblick auf Korrektheit und Rechenaufwand analysiert.

Satz A.1 Algorithmus 1 terminiert und berechnet das Abstandsmaß aus Definition 4.1.

Beweis: Da $\mathcal{R}$ keine negativen Kantengewichte hat, kann die Terminierung und die korrekte Berechnung von $p_{\mathcal{R}}(c_i, v) := p_{\mathcal{R}}(v_{\mathcal{R}}(c_i), v)$ ebenso wie beim Algorithmus von Dijkstra bewiesen werden [Cormen01, Kapitel 24.3]. Zu zeigen ist noch, dass der Algorithmus in Zeile 13 mit dem nächstmöglichen Treffpunkt v_{m} terminiert, dass also die Minimierung aus (4.2) korrekt durchgeführt wird.

Sei hierzu v der Knoten, mit dem der Algorithmus in Zeile 13 terminiert, und v_{m} der Knoten, der (4.2) minimiert. Zum Widerspruchsbeweis wird angenommen, dass der berechnete Abstand nicht minimal ist, also dass $\max\{p_{\mathcal{R}}(c_1, v), p_{\mathcal{R}}(c_2, v)\} > \max\{p_{\mathcal{R}}(c_1, v_{\mathrm{m}}), p_{\mathcal{R}}(c_2, v_{\mathrm{m}})\}$. Es folgt $p_{\mathcal{R}}(c_i, v) > \max\{p_{\mathcal{R}}(c_1, v_{\mathrm{m}}), p_{\mathcal{R}}(c_2, v_{\mathrm{m}})\}$ für ein $i \in \{1, 2\}$. Für w aus Zeile 10 hat man somit $w = p_{\mathcal{R}}(c_i, v)$. Aus den Eigenschaften der Prioritätswarteschlange und des Algorithmus von Dijkstra folgt, dass v_{m} bereits vor v von beiden Suchfronten erreicht wurde. Somit hätte der Algorithmus bereits beim Knoten v_{m} terminieren müssen. Dieser Widerspruch zeigt $\max\{p_{\mathcal{R}}(c_1, v), p_{\mathcal{R}}(c_2, v)\} \leq \max\{p_{\mathcal{R}}(c_1, v_{\mathrm{m}}), p_{\mathcal{R}}(c_2, v_{\mathrm{m}})\} = d_{\mathcal{R}}(c_1, c_2)$. Wegen der minimalen Wahl von v_{m} in (4.2) folgt die Gleichheit $\max\{p_{\mathcal{R}}(c_1, v), p_{\mathcal{R}}(c_2, v)\} = d_{\mathcal{R}}(c_1, c_2)$.

Algorithmus 1 Berechnung des Abstandsmaßes $d_{\mathcal{R}}(c_1, c_2)$

1: **procedure** COMPUTEDISTANCE($\mathcal{R}, c_1, c_2$)
2:     INSERT($heap, (c_1, v_{\mathcal{R}}(c_1)), 0$)
3:     INSERT($heap, (c_2, v_{\mathcal{R}}(c_2)), 0$)
4:     **for all** vertices v of $\mathcal{R}$ **do**   ▷ Initialisierung
5:         **for** $c = c_1, c_2$ **do**
6:             $p_{\mathcal{R}}(c, v) \leftarrow \infty$
7:         **end for**
8:     **end for**
9:     **repeat**
10:         $((c, v), w) \leftarrow$ REMOVEMINIMUM($heap$)   ▷ w minimal in $heap$
11:         $p_{\mathcal{R}}(c, v) \leftarrow w$
12:         **if** $p_{\mathcal{R}}(c_1, v) < \infty \wedge p_{\mathcal{R}}(c_2, v) < \infty$ **then**   ▷ Treffpunkt gefunden
13:             **return** $\max\{p_{\mathcal{R}}(c_1, v), p_{\mathcal{R}}(c_2, v)\}$
14:         **end if**
15:         **for all** edges $e = (v, v')$ of $\mathcal{R}$ **do**   ▷ Nachfolger von v abarbeiten
16:             **if** $p_{\mathcal{R}}(c, v') = \infty$ **then**
17:                 INSERT($heap, (c, v'), w + w(e)$)
18:             **else if** $p_{\mathcal{R}}(c, v') > w + w(e)$ **then**
19:                 DECREASEKEY($heap, (c, v'), w + w(e)$)
20:             **end if**
21:         **end for**
22:     **until** ISEMPTY($heap$) $\vee$ $w > d_{\text{thr}}$
23:     **return** ∞ ▷ im Suchradius d_{thr} ist kein Treffpunkt erreichbar
24: **end procedure**

Vorausgesetzt wurde hier, dass ein Treffpunkt existiert. Da ein Treffpunkt einem von beiden Fahrzeugpositionen aus erreichbarem Knoten entspricht, kann dies für ein korrekt repräsentiertes Straßennetz angenommen werden. Andernfalls wäre das Straßennetz nicht zusammenhängend. Der nächstmögliche Treffpunkt muss nicht eindeutig bestimmt sein, d. h. es kann mehrere Knoten geben, für die das Minimum in (4.2) angenommen wird.   □

Satz A.2 Die Berechnung des Abstandsmaßes $d_{\mathcal{R}}$ für N Fahrzeuge ist in einem Straßengraphen $\mathcal{R}$ mit V Knoten in einer Rechenzeit von $\mathcal{O}(N^2 \cdot V \cdot \log(V))$ möglich.

Beweis: Algorithmus 1 besucht jede Kante und jeden Knoten von $\mathcal{R}$ höchstens zweimal, nämlich je einmal für jede der beiden Dijkstra-Suchfronten. Die dabei ausgeführten Operationen INSERT, DECREASEKEY und REMOVEMINI-

MUM der Prioritätswarteschlange (*heap*) haben einen logarithmischen Zeitaufwand [Cormen01, Kapitel 6]. Somit erhält man bei V Knoten und E Kanten einen Aufwand von $\mathcal{O}(V + E \cdot \log E)$ für die Berechnung eines Abstandswerts $d_{\mathcal{R}}(c_1, c_2)$. Für den Graphen $\mathcal{R}$ kann aufgrund seiner Konstruktion aus der Straßenbeschreibung ein beschränkter Verzweigungsgrad angenommen werden: $E \leq K \cdot V$ für eine Konstante K, die von V unabhängig ist. Somit ergibt sich ein Aufwand von $\mathcal{O}(V \cdot \log V)$.

Der Zeitaufwand zur Auswertung der Funktion $v_{\mathcal{R}}$ in den Zeilen 2 und 3 ist vernachlässigbar: Eine naive Implementierung benötigt $\mathcal{O}(V)$. Geeignete hierarchische Suchstrukturen und inkrementelle Verfahren können diesen Schritt noch erheblich beschleunigen.

Durch Ausführung von Algorithmus 1 für alle $\frac{N \cdot (N-1)}{2}$ Paare von Fahrzeugen ergibt sich ein Zeitaufwand von $\mathcal{O}(N^2 \cdot V \cdot \log V)$. $\qquad\square$

Die Abstandsberechnung kann auch für alle Paare der N Fahrzeuge in einem Durchlauf erfolgen, indem in Verallgemeinerung von Algorithmus 1 für alle Fahrzeuge simultan eine Kürzeste-Wege-Suche ausgeführt wird. Dadurch werden i. d. R. viele redundante Berechnungen vermieden, allerdings verbessert sich der asymptotische Zeitaufwand für den schlimmsten Fall nicht.

Navigationskarten umfassen häufig ein sehr großes Gebiet, etwa ein ganzes Land oder ganz Europa. Wenn der Graph $\mathcal{R}$ aus einer solchen Karte erzeugt wird, ist die Knotenanzahl V sehr groß und ein Durchsuchen des gesamten Graphen mit einem Zeitaufwand von $\mathcal{O}(V \cdot \log V)$ kann nicht mehr toleriert werden. Dies ist aber auch nicht erforderlich, da die Suche in Zeile 13 des Algorithmus abgebrochen wird, sobald der nächste Treffpunkt berechnet wurde. Hierfür muss lediglich ein Gebiet von der Ausdehnung des Abstands $d_{\mathcal{R}}(c_1, c_2)$ und somit eine wesentlich geringere Anzahl von Knoten betrachtet werden. Es ist auch möglich, die Suche abzubrechen, sobald der aktuelle Suchabstand w aus Zeile 10 einen Schwellwert d_{thr} überschreitet. Dieser Schwellwert sollte so gewählt werden, dass bei einem größeren Abstand keine sinnvolle Kooperation möglich ist und die Fahrzeuge somit verschiedenen Gruppen zugeordnet werden sollten.

Alternativ kann auch zuerst ein Teilgraph des Straßennetzes ausgewählt werden, auf den sich die Abstandsberechnung beschränkt. Dieses Vorgehen ist ähnlich zu dem in [Ress05] beschriebenen elektronischen Horizont. In dem Teilgraphen existiert unter Umständen kein gemeinsamer Treffpunkt der beiden Fahrzeuge, d. h. es gibt keinen Knoten, zu dem sowohl von $v_{\mathcal{R}}(c_1)$ als auch von $v_{\mathcal{R}}(c_2)$ ein gerichteter Weg existiert. In diesem Fall liefert Algorithmus 1 als Ergebnis ∞ (Zeile 23).

A.2   Partitionierung in kooperative Gruppen

Algorithmus 2 zeigt den Pseudocode des Any-Time-Verfahrens aus Abschnitt 4.4.3 zur approximativen Berechnung der optimalen Partition P^* einer Fahrzeugmenge C in kooperative Gruppen gemäß Gleichung (4.9). Im Unterschied zum gierigen Algorithmus wird jede evaluierte Vereinigung zweier Gruppen zur späteren Weiterverarbeitung in eine Prioritätswarteschlange (*heap*) eingefügt. Da dieselbe Partition durch unterschiedliche Abfolgen von Vereinigungsschritten erreicht werden kann, wird eine *closed*-Liste zur Vermeidung mehrfacher Auswertungen eingesetzt.

Algorithmus 2   Any-Time-Algorithmus zur approximativen Berechnung der Gruppeneinteilung

---

1: **procedure** COMPUTEPARTITION($C = \{c_1, \ldots, c_N\}$)
2:    $P_0 \leftarrow \{\{c_1\}, \ldots, \{c_N\}\}$ ▷ Initialisierung mit 1-Fahrzeug-Gruppen
3:    INSERT($heap, P_0, s(P_0)$)
4:    $P^* \leftarrow P_0$
5:    **while** time left **do**
6:        $(P, s) \leftarrow$ REMOVEMINIMUM($heap$)   ▷ P minimal in $heap$
7:        **for all** $\mathcal{G}_i \in P$ **do**   ▷ Vereinigung zweier Gruppen untersuchen
8:            **for all** $\mathcal{G}_j \in P, \mathcal{G}_j \neq \mathcal{G}_i$ **do**
9:                $P' \leftarrow P \backslash \{\mathcal{G}_i, \mathcal{G}_j\} \cup \{\mathcal{G}_i \cup \mathcal{G}_j\}$
10:               **if** $P' \notin closed$ **then**   ▷ Partition bereits überprüft?
11:                   $s(P') \leftarrow s(P) - s(\mathcal{G}_i) - s(\mathcal{G}_j) + s(\mathcal{G}_i \cup \mathcal{G}_j)$
12:                   INSERT($heap, P', s(P')$)
13:                   INSERT($closed, P'$)
14:                   **if** $s(P') < s(P^*)$ **then**   ▷ bessere Partition gefunden
15:                       $P^* \leftarrow P'$
16:                   **end if**
17:               **end if**
18:           **end for**
19:       **end for**
20:   **end while**
21:   **return** P^*
22: **end procedure**

A.3 Baumsuchalgorithmus zur Bewegungsplanung

A.3.1 Datenstruktur

Dieser Abschnitt behandelt die Implementierung der Datenstrukturen $\mathcal{B}_i$ und $\mathcal{B}_{i,j}$ für die Zwischenspeicherung und Vorberechnung von Einzelfahrzeug- und Zwei-Fahrzeug-Information (vgl. Kapitel 5.3). Wegen des festen Verzweigungsgrads A_i bzw. $A_i \cdot A_j$ ist die Speicherung der Baumstrukturen in einem Array möglich, ähnlich wie dies bei binären Heaps üblich ist [Mehlhorn08, Kapitel 6.1]. Ein Vorteil dieser Vorgehensweise ist die effiziente Speicherverwaltung: Der Speicher kann als ein großer Block reserviert werden, sodass während der Konstruktion des Baums keine weiteren Speicherreservierungen für die einzelnen Knoten durchgeführt werden müssen. Die Funktionen $ch(n, a)$, $pa(n)$, $n_i(n)$ und $n_{i,j}(n)$ können über Operationen mit den Array-Indizes realisiert werden, sodass der Speicherplatz für Zeiger auf Kinder und Eltern eingespart werden kann.

Die Knoten n_i von $\mathcal{B}_i$ und $n_{i,j}$ von $\mathcal{B}_{i,j}$ können mit ihren Array-Indizes indentifiziert werden, da jeder Indexwert genau einem Knoten entspricht. Die Speicheradressen ergeben sich durch die Multiplikation der Indizes mit der Blockgröße, die erforderlich ist, um alle Daten eines Knotens vom jeweiligen Typ zu speichern. Für die Knoten n_i von $\mathcal{B}_i$ sind dies der Fahrzeugzustand $\mathbf{x}_i(n_i)$, der Verlustfunktionswert $L_i^{\text{SV}}(n_i)$ und die untere Schranke $h_i(n_i)$. In einem Knoten $n_{i,j}$ von $\mathcal{B}_{i,j}$ wird die Kollisionsbewertung $L_{i,j}^{\text{coll}}(n_{i,j})$ und die untere Schranke $h_{i,j}(n_{i,j})$ gespeichert.

Die Handlungen $a_i \in \mathcal{A}_i$ werden von 1 bis A_i nummeriert. Dann können die Funktionen ch, pa und a für die $\mathcal{B}_i$ und $\mathcal{B}_{i,j}$ auf der Grundlage der Indizes wie folgt formuliert werden:

$$root_i = 0 \tag{A.1a}$$

$$ch_i(n_i, a_i) = A_i \cdot n_i + a_i \tag{A.1b}$$

$$pa_i(n_i) = \left\lfloor \frac{n_i - 1}{A_i} \right\rfloor \tag{A.1c}$$

$$a_i(n_i) = n_i - A_i \cdot pa_i(n_i) \tag{A.1d}$$

$$root_{i,j} = 0 \tag{A.2a}$$

$$ch_{i,j}(n_{i,j}, (a_i, a_j)^{\text{T}}) = A_i \cdot A_j \cdot n_{i,j} + A_j \cdot (a_i - 1) + a_j \tag{A.2b}$$

$$pa_{i,j}(n_{i,j}) = \left\lfloor \frac{n_{i,j} - 1}{A_i \cdot A_j} \right\rfloor \tag{A.2c}$$

Der Baum $\mathcal{B}$ der kooperativen Handlungssequenzen wird nicht in dieser Form gespeichert, da der Arbeitsspeicher hierfür im Allgemeinen nicht ausreicht. Vielmehr
wird während der Suche nur eine Teilmenge der Knoten im Speicher gehalten. Ein
Knoten n von $\mathcal{B}$ ist durch den Vektor $(n_1, \ldots, n_M)^{\mathrm{T}}$ der korrespondierenden Indizes in den Einzelfahrzeugbäumen eindeutig charakterisiert, da sich aus jedem
Index n_i die ausgewählte Handlungssequenz von Fahrzeug c_i rekonstruieren lässt.
Damit ist auch die kooperative Handlungssequenz festgelegt, die den Weg von der
Wurzel $root$ zu n bestimmt. Wird ein Knoten n mit seinem Indexvektor identifi-
ziert, können $ch(n, \mathbf{a})$ und $pa(n)$ für $\mathcal{B}$ auf die bereits für $\mathcal{B}_i$ definierten Funktionen $ch_i(n_i)$ und $pa_i(n_i)$ zurückgeführt werden:

$$root = (0, \ldots, 0)^{\mathrm{T}} \tag{A.3a}$$

$$
\begin{aligned}
ch(n, \mathbf{a}) &= ch((n_1, \ldots, n_M)^{\mathrm{T}}, (a_1, \ldots, a_M)^{\mathrm{T}}) \\
&= (ch_1(n_1, a_1), \ldots, ch_M(n_M, a_M))^{\mathrm{T}}
\end{aligned}
\tag{A.3b}
$$

$$pa(n) = pa((n_1, \ldots, n_M)^{\mathrm{T}}) = (pa_1(n_1), \ldots, pa_M(n_M))^{\mathrm{T}} \tag{A.3c}$$

Die Abbildung $n_i(n)$ von $n \in \mathcal{B}$ nach $\mathcal{B}_i$ reduziert sich dann auf die Projektion
des Indexvektors auf seine i-te Komponente:

$$n_i(n) = n_i((n_1, \ldots, n_i, \ldots, n_M)^{\mathrm{T}}) = n_i \tag{A.4}$$

Für die Implementierung der Abbildung $n_{i,j}(n)$ auf $\mathcal{B}_{i,j}$ werden zwei
Möglichkeiten genannt: Entweder wird der $\frac{M \cdot (M-1)}{2}$-elementige Vektor
$(n_{1,2}, n_{1,3}, \ldots, n_{M-1,M})^{\mathrm{T}}$ der Indizes in den $\mathcal{B}_{i,j}$, $1 \leq i < j \leq M$, zu jedem n
mitgeführt und mit Hilfe der Funktionen $ch_{i,j}$, $pa_{i,j}$ modifiziert, oder die Handlun-
gen werden aus den Einzelfahrzeugindizes rekonstruiert und daraus werden mittels
iterierter Anwendung der $ch_{i,j}$ die Indizes der $n_{i,j}$ berechnet.

A.3.2 Vorberechnung von unteren Schranken

Algorithmus 3 führt die Vorberechnung der unteren Schranken $h_i(n_i)$ in den Einzelfahrzeugbäumen $\mathcal{B}_i$ durch. Algorithmus 4 berechnet die unteren Schranken
$h_{i,j}(n_{i,j})$ für die Kollisionsbewertung in den Zwei-Fahrzeug-Bäumen $\mathcal{B}_{i,j}$ (siehe dazu Abschnitt 5.3.5). Die Bäume werden rekursiv bis zu einer Tiefe von P_{SV}
bzw. P_{coll} aufgebaut. Beim rekursiven Abstieg wird die Verlustfunktion für alle
Handlungsalternativen ausgewertet. Nach der Abarbeitung aller Kindknoten erhält
man durch Minimumbildung die gesuchten unteren Schranken.

Algorithmus 3 Vorberechnung von unteren Schranken in den Einzelfahrzeugbäumen

---

1: **procedure** PRECOMPUTETREE1(i, n_i)
2:     $h^* \leftarrow \infty$
3:     **for all** $a_i \in \mathcal{A}_i$ **do**
4:         $n_i' \leftarrow ch_i(n_i, a_i)$
5:         $\mathbf{x}_i(n_i') \leftarrow f_i(\mathbf{x}_i(n_i), a_i, t_{k(n_i)+1} - t_{k(n_i)})$ ▷ (5.26)
6:         $L \leftarrow L_i^{\mathrm{SV}}(n_i')$ ▷ (5.33)
7:         **if** $k(n_i') < P_{\mathrm{SV}}$ **then**
8:             $h \leftarrow$ PRECOMPUTETREE1(i, n_i') ▷ Rekursion
9:         **else**
10:             $h \leftarrow 0$ ▷ Basisfall
11:             $h_i(n_i') \leftarrow 0$
12:         **end if**
13:         $h^* \leftarrow \min\{h^*, h + L\}$ ▷ (5.40)
14:     **end for**
15:     $h_i(n_i) \leftarrow h^*$
16:     **return** h^*
17: **end procedure**
18: **procedure** PRECOMPUTEBOUNDSSV$(\mathbf{x}^{\mathrm{start}})$
19:     **for** $i = 1, \dots, M$ **do**
20:         RESERVEMEMORYSV(i, S_{SV})
21:         $\mathbf{x}(root_i) \leftarrow \mathbf{x}_i^{\mathrm{start}}$
22:         $k(root_i) \leftarrow 0$
23:         PRECOMPUTETREE1$(i, root_i)$
24:     **end for**
25: **end procedure**

Algorithmus 4 Vorberechnung von unteren Schranken in den Zwei-Fahrzeug-Bäumen

1: **procedure** PRECOMPUTETREE2$(i, j, n_{i,j})$
2:     $h^* \leftarrow \infty$
3:     **for all** $a_i \in \mathcal{A}_i$ **do**
4:         **for all** $a_j \in \mathcal{A}_j$ **do**
5:             $n'_{i,j} \leftarrow ch_{i,j}(n_{i,j}, (a_i, a_j)^{\mathrm{T}})$
6:             $L \leftarrow L_{i,j}^{\mathrm{coll}}(\mathbf{x}_i(n_i(n_{i,j})), \mathbf{x}_j(n_j(n_{i,j})), (a_i, a_j)^{\mathrm{T}}, t_{k(n_{i,j})+1} - t_{k(n_{i,j})})$
7:             **if** $k(n'_{i,j}) < P_{\mathrm{coll}}$ **then**
8:                 $h \leftarrow$ PRECOMPUTETREE2$(i, j, n'_{i,j})$ ▷ Rekursion
9:             **else**
10:                $h \leftarrow 0$ ▷ Basisfall
11:                $h_{i,j}(n'_{i,j}) \leftarrow 0$
12:             **end if**
13:             $h^* \leftarrow \min\{h^*, h + L\}$ ▷ (5.42)
14:         **end for**
15:     **end for**
16:     $h_{i,j}(n_{i,j}) \leftarrow h^*$
17:     **return** h^*
18: **end procedure**
19: **procedure** PRECOMPUTECOLLBOUNDS$(\mathbf{x}^{\mathrm{start}})$
20:     **for** $i = 1, \ldots, M$ **do**
21:         **for** $j = i + 1, \ldots, M$ **do**
22:             RESERVEMEMORYCOLL$(i, j, S_{\mathrm{coll}})$
23:             $\mathbf{x}(root_{i,j}) \leftarrow ((\mathbf{x}_i^{\mathrm{start}})^{\mathrm{T}}, (\mathbf{x}_j^{\mathrm{start}})^{\mathrm{T}})^{\mathrm{T}}$
24:             $k(root_{i,j}) \leftarrow 0$
25:             PRECOMPUTETREE2$(i, j, root_{i,j})$
26:         **end for**
27:     **end for**
28: **end procedure**

A.3.3   Branch-and-Bound-Suche

Die Branch-and-Bound-Strategie aus Abschnitt 5.3.6.1 ist in Algorithmus 5 im Pseudocode dargestellt. Ausgehend von einem Knoten n werden für das folgende Zeitintervall $[t_{k(n)}, t_{k(n)+1}]$ alle kooperativen Handlungen $\mathbf{a} \in \mathcal{A}$ bewertet, indem der Verlustfunktionswert L und die untere Schranke h berechnet werden (Zeilen 3 bis 7). Die generierten Knoten werden anschließend in aufsteigender Reihenfolge ihrer Bewertung $L + h$ abgearbeitet (Zeile 10). In Zeile 11 wird nach dem Kriterium (5.49) entschieden, ob rekursiv in den Teilbaum abgestiegen wird oder ob der Teilbaum von der Suche ausgeschlossen werden kann. Die Varianten aus den Abschnitten 6.3.3 und 6.3.4 sind ebenfalls berücksichtigt. Das ursprüngliche Kriterium (5.49) ergibt sich für $\varepsilon_{\text{subopt}} = 1$ und $L_{\text{thr}} = \infty$.

Algorithmus 5 Branch-and-Bound-Suche im Baum $\mathcal{B}$ der kooperativen Handlungssequenzen

---

1: **procedure** SEARCHBB(n, L)
2: $\quad \mathcal{N}_{\text{ch}} \leftarrow \emptyset$
3: $\quad$ **for all** $\mathbf{a} \in \mathcal{A}$ **do**
4: $\quad\quad n_{\text{ch}} \leftarrow ch(n, \mathbf{a})$
5: $\quad\quad \mathbf{x}(n_{\text{ch}}) \leftarrow f(\mathbf{x}(n), \mathbf{a}, t_{k(n)+1} - t_{k(n)})$
6: $\quad\quad L(n_{\text{ch}}) \leftarrow L(\mathbf{x}(n), \mathbf{a}, t_{k(n)+1} - t_{k(n)})$
7: $\quad\quad h(n_{\text{ch}}) \leftarrow \sum_{i=1}^{M} \left(h_i(n_i(n)) + \sum_{j=i+1}^{M} h_{i,j}(n_{i,j}(n)) \right)$ $\qquad$ ▷ (5.44)
8: $\quad\quad \mathcal{N}_{\text{ch}} \leftarrow \mathcal{N}_{\text{ch}} \cup \{n_{\text{ch}}\}$
9: $\quad$ **end for**
10: $\quad$ **for all** $n_{\text{ch}} \in \mathcal{N}_{\text{ch}}$ **do** in ascending order of $L(n_{\text{ch}}) + h(n_{\text{ch}})$
11: $\quad\quad$ **if** $\varepsilon_{\text{subopt}} \cdot (L + L(n_{\text{ch}}) + h(n_{\text{ch}})) < \min\{L^*, L_{\text{thr}}\}$ **then** $\qquad$ ▷ (5.49)
12: $\quad\quad\quad$ **if** $k(n_{\text{ch}}) < T$ **then**
13: $\quad\quad\quad\quad$ SEARCHBB$(n_{\text{ch}}, L + L(n_{\text{ch}}))$ $\qquad$ ▷ Rekursion
14: $\quad\quad\quad$ **else**
15: $\quad\quad\quad\quad L^* \leftarrow L + L(n_{\text{ch}})$ $\qquad$ ▷ bessere Lösung gefunden
16: $\quad\quad\quad\quad n^* \leftarrow n_{\text{ch}}$
17: $\quad\quad\quad$ **end if**
18: $\quad\quad$ **end if**
19: $\quad$ **end for**
20: **end procedure**
21: **procedure** PLANBB$(\mathbf{x}^{\text{start}})$
22: $\quad$ PRECOMPUTEBOUNDSSV$(\mathbf{x}^{\text{start}})$ $\qquad$ ▷ Algorithmus 3
23: $\quad$ PRECOMPUTECOLLBOUNDS$(\mathbf{x}^{\text{start}})$ $\qquad$ ▷ Algorithmus 4
24: $\quad L^* \leftarrow \infty$
25: $\quad \mathbf{x}(root) \leftarrow \mathbf{x}^{\text{start}}$
26: $\quad$ SEARCHBB$(root, 0)$
27: $\quad$ **return** n^*
28: **end procedure**

A.3.4   A*-Suche

Die A*-Suche ist in Algorithmus 6 im Pseudocode dargestellt. Für die A*-Suche wird der Baum in der Form $\mathcal{B}'$ aus Abb. 5.7 konstruiert, sodass jeder Knoten zu einer Entscheidung eines einzelnen Fahrzeugs c_i korrespondiert. Die Nachfolgerknoten werden dann durch die Handlungen des nächsten Fahrzeugs c_{i+1} erzeugt (Zeilen 14, 16), bis für jedes Fahrzeug zum jeweiligen Zeitpunkt eine Handlung ausgewählt wurde (Zeile 12). Die unteren Schranken aus (5.44) müssen schrittweise über die Zwischenknoten berechnet werden (Zeilen 21, 22). Da für jeden zur Bearbeitung ausgewählten Knoten alle Kindknoten generiert werden müssen, wirkt sich der geringere Verzweigungsgrad von $\mathcal{B}'$ positiv auf die Leistungsfähigkeit der A*-Strategie aus.

In der Prioritätswarteschlange ($heap$) werden zu einem Knoten n sein Indexvektor $(n_1(n), \ldots, n_M(n))^{\mathrm{T}}$ (siehe Anhang A.3.1), sein akkumulierter Verlustfunktionswert $L(root, n)$ und seine untere Schranke $h(n)$ gespeichert. Im Fall $k(n) > S_{\mathrm{SV}}$ muss zusätzlich der Zustandsvektor $\mathbf{x}(n)$ gespeichert werden, der ansonsten in den $\mathcal{B}_i$ nachgeschlagen werden kann. Die Prioritätswarteschlange wird nach der Knotenbewertung $g(n)$ sortiert. Die Handlungssequenz zu der Lösung n aus Zeile 9 kann mittels wiederholter Anwendung der Gleichungen (A.1d) und (A.1c) aus dem Indexvektor rekonstruiert werden.

Algorithmus 6 A*-Suche im Baum $\mathcal{B}$ der kooperativen Handlungssequenzen

1: **procedure** PLANA*($\mathbf{x}^{\mathrm{start}}$)
2:     PRECOMPUTEBOUNDSSV($\mathbf{x}^{\mathrm{start}}$)   ▷ Algorithmus 3
3:     PRECOMPUTECOLLBOUNDS($\mathbf{x}^{\mathrm{start}}$)   ▷ Algorithmus 4
4:     $root \leftarrow (root_1, \ldots, root_M)^{\mathrm{T}}$
5:     INSERT($open, (root, 0, h(root)), 0$)
6:     **repeat**
7:         $((n, L, h), g) \leftarrow$ REMOVEMINIMUM($open$)
8:         **if** $k(n_M(n)) = T$ **then**
9:             **return** n ▷ erstes besuchtes Blatt $\widehat{=}$ optimale Handlungssequenz
10:        **end if**
11:        **if** $k(n_1(n)) = k(n_2(n)) = \ldots = k(n_M(n))$ **then**
12:            $i \leftarrow 1$ ▷ nächster Zeitschritt $k+1$ erreicht
13:        **else**   ▷ nächstes Fahrzeug bestimmen
14:            $i \leftarrow \min\{i \in \{2, \ldots, M\} \mid k(n_{i-1}(n)) > k(n_i(n))\}$
15:        **end if**
16:        **for all** $a_i \in \mathcal{A}_i$ **do**
17:            $n_{\mathrm{ch}} \leftarrow (n_1(n), \ldots, n_{i-1}(n), ch_i(n_i(n), a_i), n_{i+1}(n), \ldots, n_M(n))^{\mathrm{T}}$
18:            $\mathbf{x}_i(n_{\mathrm{ch}}) \leftarrow f_i(\mathbf{x}_i(n), a_i, t_{k(n)+1} - t_{k(n)})$
19:            $L(root, n_{\mathrm{ch}}) \leftarrow L + L_i^{\mathrm{SV}}(n_i(n_{\mathrm{ch}}))$
20:                $+ \sum_{j=1}^{i-1} L_{j,i}^{\mathrm{coll}}(n_{j,i}(n_{\mathrm{ch}}))$
21:            $h(n_{\mathrm{ch}}) \leftarrow h + h_i(n_i(n_{\mathrm{ch}})) - h_i(n_i(n))$ ▷ nach (5.44)
22:                $+ \sum_{j=1}^{i-1} (h_{j,i}(n_{j,i}(n_{\mathrm{ch}})) - h_{j,i}(n_{j,i}(n)))$
23:            $g(n_{\mathrm{ch}}) \leftarrow L(root, n_{\mathrm{ch}}) + \varepsilon_{\mathrm{subopt}} \cdot h(n_{\mathrm{ch}})$ ▷ (5.50)
24:            **if** $g(n_{\mathrm{ch}}) < L_{\mathrm{thr}}$ **then**
25:                INSERT($open, (n_{\mathrm{ch}}, L(root, n_{\mathrm{ch}}), h(n_{\mathrm{ch}})), g(n_{\mathrm{ch}})$)
26:            **end if**
27:        **end for**
28:    **until** ISEMPTY($open$)   ▷ nur für $L_{\mathrm{thr}} < \infty$ möglich
29:    **return** failure   ▷ keine kollisionsvermeidende Lösung gefunden
30: **end procedure**

Literaturverzeichnis

[ADAC09] Automatische Lenkung: Rettung in letzter Sekunde. *ADAC Motorwelt* Nr. 8, S. 6, Aug. 2009.

[Adler06] C. Adler, M. Straßberger: Putting together the pieces – a comprehensive view on cooperative local danger warning. In: *Proc. World Congress on Intelligent Transport Systems*, 2006.

[Akella02] S. Akella, S. Hutchinson: Coordinating the Motions of Multiple Robots with Specified Trajectories. In: *Proc. IEEE Conf. on Robotics and Automation*, S. 624–631, 2002.

[Alami95] R. Alami, F. Robert, F. Ingrand, S. Suzuki: Multi-robot Cooperation through Incremental Plan-Merging. In: *Proc. IEEE Conf. on Robotics and Automation*, S. 2573–2579, 1995.

[Alami02] R. Alami, S. S. d. C. Bothelho: Plan-Based Multi-robot Cooperation. In: *Plan-Based Control of Robotic Agents*, M. Beetz (Hrsg.), S. 1–20, Springer, 2002.

[Althoff09] M. Althoff, O. Stursberg, M. Buss: Model-Based Probabilistic Collision Detection in Autonomous Driving. *IEEE Transactions on Intelligent Transportation Systems* 10 (2), S. 299–310, Juni 2009.

[Althoff10] M. Althoff, D. Althoff, D. Wollherr, M. Buss: Safety Verification of Autonomous Vehicles for Coordinated Evasive Maneuvers. In: *Proc. IEEE Intelligent Vehicles Symposium*, S. 1078–1083, 2010.

[Ameling02] C. Ameling: *Steigerung der aktiven Sicherheit von Kraftfahrzeugen durch ein Kollisionsvermeidungssystem.* Dissertation, Universität Hamburg, VDI-Verlag, 2002.

[Ammoun06] S. Ammoun, F. Nashashibi, C. Laurgeau: Real-time crash avoidance system on crossroads based on 802.11 devices and GPS receivers. In: *Proc. IEEE Intelligent Transportation Systems Conference*, S. 1023–1028, 2006.

[Ammoun07] S. Ammoun, F. Nashashibi, C. Laurgeau: An analysis of the lane changing manoeuvre on roads: the contribution of inter-vehicle cooperation via communication. In: *Proc. IEEE Intelligent Vehicles Symposium*, S. 1095–1100, 2007.

[Ammoun10] S. Ammoun, F. Nashashibi, A. Brageton: Design of a new GIS for ADAS oriented applications. In: *Proc. IEEE Intelligent Vehicles Symposium*, S. 712–716, 2010.

[Archibald08] J. Archibald, J. Hill, N. Jepsen, W. Stirling, R. Frost: A Satisficing Approach to Aircraft Conflict Resolution. *IEEE Transactions on Systems, Man, and Cybernetics Part C* 38 (4), S. 510–521, Juli 2008.

[Arkin98] R. C. Arkin: *Behavior-based robotics.* MIT Press, 1998.

206 Literaturverzeichnis

[Ashley09] S. Ashley: Intelligente Sicherheitssysteme. *Spektrum der Wissenschaft*, S. 90–97, Mai 2009.

[Azarm96] K. Azarm, G. Schmidt: A Decentralized Approach for the Conflict-Free Motion of Multiple Mobile Robots. In: *Proc. IEEE/RSJ Conf. on Intelligent Robots and Systems*, S. 1667–1675, 1996.

[Baber05] J. Baber, J. Kolodko, T. Noël, M. Parent, L. Vlacic: Cooperative Autonomous Driving: Intelligent Vehicles Sharing City Roads. *IEEE Robotics & Automation Magazine*, S. 44–49, März 2005.

[Baillieul07] J. Baillieul, P. J. Antsaklis: Control and Communication Challenges in Networked Real-Time Systems. *Proceedings of the IEEE* 95 (1), S. 9–28, Jan. 2007.

[Bamberg08] G. Bamberg, A. G. Coenenberg, M. Krapp: *Betriebswirtschaftliche Entscheidungslehre*. Vahlen, 14. Aufl., 2008.

[Barraquand92] J. Barraquand, B. Langlois, J.-C. Latombe: Numerical Potential Field Techniques for Robot Path Planning. *IEEE Transactions on Systems, Man, and Cybernetics* 22 (2), S. 224–241, März 1992.

[Barrientos05] A. Barrientos, A. Mora, I. Lafoz, R. S. Martín, P. Muñoz: CAWAS: Collision Avoidance and Warning system for Automotives based on Satellite. In: *Proc. IEEE Intelligent Transportation Systems Conference*, S. 656–661, 2005.

[Baskar08] L. Baskar, B. De Schutter, H. Hellendoorn: Dynamic Speed Limits and On-Ramp Metering for IVHS using Model Predictive Control. In: *Proc. IEEE Intelligent Transportation Systems Conference*, S. 821–826, 2008.

[Batz06] T. Batz, A. Fexa, C. Frese, B. Hummel, I. Lulcheva, S. Vacek, J. Ziegler: *Wissensrepräsentation im SFB Kognitive Automobile*. Interner Bericht, Sonderforschungsbereich/Transregio 28, 2006.

[Batz08] T. Batz: Kooperative Automobile – Gemeinsame Verhaltensentscheidung mehrerer Fahrzeuge. In: *2. Berliner Fachtagung Fahrermodellierung*, T. Jürgensohn (Hrsg.), Bd. 28 d. Reihe *22 – Mensch-Maschine-Systeme*, VDI-Verlag, 2008.

[Batz09] T. Batz, K. Watson, J. Beyerer: Recognition of dangerous situations within a cooperative group of vehicles. In: *Proc. IEEE Intelligent Vehicles Symposium*, S. 907–912, 2009.

[Bekris03] K. Bekris, B. Chen, A. Ladd, E. Plaku, L. Kavraki: Multiple Query Probabilistic Roadmap Planning using Single Query Planning Primitives. In: *Proc. IEEE/RSJ Conf. on Intelligent Robots and Systems*, S. 656–661, 2003.

[Bekris07a] K. Bekris, L. Kavraki: Greedy but Safe Replanning under Kinodynamic Constraints. In: *Proc. IEEE Conf. on Robotics and Automation*, S. 704–710, 2007.

[Bekris07b] K. Bekris, K. Tsianos, L. Kavraki: A Decentralized Planner that Guarantees the Safety of Communicating Vehicles with Complex Dynamics that Replan Online. In: *Proc. IEEE/RSJ Conf. on Intelligent Robots and Systems*, S. 3784–3790, 2007.

[Belta04] C. Belta, V. Kumar: Abstraction and Control for Groups of Robots. *IEEE Transactions on Robotics* 20 (5), S. 865–875, Okt. 2004.

[Benmimoun05] A. Benmimoun, J. Chen, D. Neunzig, T. Suzuki, Y. Kato: Communication-based Intersection Assistance. In: *Proc. IEEE Intelligent Vehicles Symposium*, S. 308–312, 2005.

[Bennewitz04] M. Bennewitz: *Mobile Robot Navigation in Dynamic Environments*. Dissertation, Albert-Ludwigs-Universität Freiburg im Breisgau, 2004.

[Berchtold94] S. Berchtold, B. Glavina: A Scalable Optimizer for Automatically Generated Manipulator Motions. In: *Proc. IEEE/RSJ Conf. on Intelligent Robots and Systems*, S. 1796–1802, 1994.

[Berkelaar08] M. Berkelaar, K. Eikland, P. Notebaert: `lp_solve`. http://lpsolve.sourceforge.net/, 2008.

[Bewersdorf05] C. Bewersdorf: *Zulassung und Haftung bei Fahrerassistenzsystemen im Straßenverkehr – Zur Verantwortlichkeit von Staat, Fahrer, Halter und Hersteller für die Sicherheit des Straßenverkehrs*. Dissertation, Universität Göttingen, Duncker & Humblot, 2005.

[Beyerer05] J. Beyerer: Teilprojekt B3: Verteilte Kooperation. In: *Sonderforschungsbereich/Transregio 28 Kognitive Automobile, Einrichtungsantrag 2006–2009*, C. Stiller (Hrsg.), Juli 2005.

[Bohn10] R. Bohn: How Flying Got Smarter. In: *Proc. IEEE Intelligent Vehicles Symposium*, S. 682–687, 2010.

[Borrelli06] F. Borrelli, D. Subramanian, A. Raghunathan, L. Biegler: MILP and NLP Techniques for Centralized Trajectory Planning of Multiple Unmanned Air Vehicles. In: *Proc. American Control Conference*, S. 5763–5768, 2006.

[Bottazzi05] D. Bottazzi, A. Corradi, R. Montanari: Enabling Context-Aware Group Collaboration in MANETs. In: *Proc. Intl. Symposium on Autonomous Decentralized Systems*, S. 310–318, 2005.

[Bouraoui06] L. Bouraoui, S. Petti, A. Laouiti, T. Fraichard, M. Parent: Cybercar cooperation for safe intersections. In: *Proc. IEEE Intelligent Transportation Systems Conference*, S. 456–461, 2006.

[Bouroche06] M. Bouroche, B. Hughes, V. Cahill: Real-Time Coordination of Autonomous Vehicles. In: *Proc. IEEE Intelligent Transportation Systems Conference*, S. 1232–1239, 2006.

[Boyraz07] P. Boyraz, M. Acar, D. Kerr: Signal Modelling and Hidden Markov Models for Driving Manoeuvre Recognition and Driver Fault Diagnosis in an Urban Road Scenario. In: *Proc. IEEE Intelligent Vehicles Symposium*, S. 987–992, 2007.

[Braess95] H.-H. Braess, G. Reichart: Prometheus: Vision des „intelligenten Automobils" auf „intelligenter Straße"? Versuch einer kritischen Würdigung. *Automobiltechnische Zeitschrift* 97 (4, 6), S. 200–205, 330–343, 1995.

[Braess06] H.-H. Braess, E. Donges: Technologien zur aktiven Sicherheit von Personenkraftwagen – „Konsumierbare" oder echte Verbesserungen? In: *2. Tagung Aktive Sicherheit durch Fahrerassistenz*, 2006.

[Branca06] C. Branca, R. Fierro: A Hierarchical Optimization Algorithm for Cooperative Vehicle Networks. In: *Proc. American Control Conference*, S. 4225–4230, 2006.

[Brandt05a] T. Brandt, T. Sattel: Path Planning for Automotive Collision Avoidance Based on Elastic Bands. In: *Proc. IFAC World Congress*, 2005.

[Brandt05b] T. Brandt, T. Sattel, J. Wallaschek: On Automatic Collision Avoidance Systems. In: *SAE World Congress & Exhibition*, 2005.

[Brandt07] T. Brandt, T. Sattel, M. Böhm: Combining haptic human-machine interaction with predictive path planning for lane-keeping and collision avoidance systems. In: *Proc. IEEE Intelligent Vehicles Symposium*, S. 582–587, 2007.

[Brännström08] M. Brännström, J. Sjöberg, E. Coelingh: A situation and threat assessment algorithm for a rear-end collision avoidance system. In: *Proc. IEEE Intelligent Vehicles Symposium*, 2008.

[Brenzel01] C. Brenzel, C. Passmann, R. Meschenmoser: Wireless inter-vehicle communication for hazard warning. In: *Proc. IFAC Conf. on Telematics Applications in Automation and Robotics*, S. 275–277, 2001.

[Breuning62] S. M. Breuning: Entwicklungsstand und Zukunftsaussichten der automatischen Straße. *Straße und Autobahn* 13 (12), S. 478–485, Dez. 1962.

[Briesemeister01] L. Briesemeister: *Group Membership and Communication in Highly Mobile Ad Hoc Networks*. Dissertation, Technische Universität Berlin, 2001.

[Broadhurst04] A. Broadhurst, S. Baker, T. Kanade: A prediction and planning framework for road safety analysis, obstacle avoidance and driver information. Technischer Bericht CMU-RI-TR-04-11, Carnegie Mellon University, Feb. 2004.

[Broadhurst05] A. Broadhurst, S. Baker, T. Kanade: Monte Carlo Road Safety Reasoning. In: *Proc. IEEE Intelligent Vehicles Symposium*, S. 319–324, 2005.

[Brock99] O. Brock: *Generating Robot Motion: The Integration of Planning and Execution*. Dissertation, Stanford University, 1999.

[Broggi10] A. Broggi, P. Medici, E. Cardarelli, P. Cerri, A. Giacomazzo, N. Finardi: Development of the Control System for the VisLab Intercontinental Autonomous Challenge. In: *Proc. IEEE Intelligent Transportation Systems Conference*, S. 635–640, 2010.

[Bronstejn00] I. Bronstejn, K. Semendjajew, G. Musiol, H. Mühlig: *Taschenbuch der Mathematik*. Deutsch, 5. Aufl., 2000.

[Brumitt98] B. Brumitt, A. Stentz: GRAMMPS: A Generalized Mission Planner for Multiple Mobile Robots In Unstructured Environments. In: *Proc. IEEE Conf. on Robotics and Automation*, S. 1564–1571, 1998.

[Bruns09] T. Bruns, A. Trächtler: Kreuzungsmanagement: Trajektorienplanung mittels Dynamischer Programmierung. *at – Automatisierungstechnik* 57 (5), S. 253–261, Mai 2009.

[Buck01] S. Buck, U. Weber, M. Beetz, T. Schmitt: Multi Robot Path Planning for Dynamic Environments: A Case Study. In: *Proc. IEEE/RSJ Conf. on Intelligent Robots and Systems*, S. 1245–1250, 2001.

[Buckley89] S. Buckley: Fast Motion Planning for Multiple Moving Robots. In: *Proc. IEEE Conf. on Robotics and Automation*, S. 322–326, 1989.

[Burg09] H. Burg, A. Moser (Hrsg.): *Handbuch Verkehrsunfallrekonstruktion.* Vieweg+Teubner, 2. Aufl., 2009.

[Burgard05] W. Burgard, M. Moors, C. Stachniss, F. Schneider: Coordinated Multi-Robot Exploration. *IEEE Transactions on Robotics* 21 (3), S. 376–386, Juni 2005.

[Busch05] S. Busch: *Entwicklung einer Bewertungsmethodik zur Prognose des Sicherheitsgewinns ausgewählter Fahrerassistenzsysteme.* Dissertation, Technische Universität Dresden, VDI-Verlag, 2005.

[Cameron94] P. J. Cameron: *Combinatorics.* Cambridge University Press, 1994.

[Canny88] J. Canny: *The complexity of robot motion planning.* Dissertation, Massachusetts Institut of Technology, MIT Press, 1988.

[Cao97] Y. U. Cao, A. Fukunaga, A. Kahng: Cooperative Mobile Robotics: Antecedents and Directions. *Autonomous Robots* 4, S. 7–27, 1997.

[Carpin02a] S. Carpin, E. Pagello: Exploiting multi-robot geometry for efficient randomized motion planning. In: *Intelligent Autonomous Systems*, M. Gini, W.-M. Shen, C. Torras, H. Yuasa (Hrsg.), S. 54–62, 2002.

[Carpin02b] S. Carpin, E. Pagello: On Parallel RRTs for Multi-robot Systems. In: *Proc. 8th Conf. Italian Association for Artificial Intelligence*, S. 834–841, 2002.

[Caveney07] D. Caveney: Stochastic Path Prediction using the Unscented Transform with Numerical Integration. In: *Proc. IEEE Intelligent Transportation Systems Conference*, S. 848–853, 2007.

[Chen94] Q. Chen, J. Luh: Coordination and control of a group of small mobile robots. In: *Proc. IEEE Conf. on Robotics and Automation*, S. 2315–2320, 1994.

[Cheng05] Y.-L. Cheng, H.-C. Sen, K. Natarajan, C.-P. Teo, K.-C. Tan: Dispatching Automated Guided Vehicles in a Container Terminal. In: *Supply Chain Optimization*, J. Geunes, P. Pardalos (Hrsg.), Bd. 98 d. Reihe *Applied Optimization*, S. 355–389, Springer, 2005.

[Chiang97] Y.-J. Chiang, J. Klosowski, C. Lee, J. Mitchell: Geometric Algorithms for Conflict Detection/Resolution in Air Traffic Management. In: *Proc. IEEE Conf. on Decision and Control*, S. 1835–1840, 1997.

[Chisalita07] I. Chisalita, N. Shahmehri: On the Design of Safety Communication Systems for Vehicles. *IEEE Transactions on Systems, Man, and Cybernetics Part A* 37 (6), S. 933–945, 2007.

[Choset05] H. Choset, K. Lynch, S. Hutchinson, G. Kantor, W. Burgard, L. Kavraki, S. Thrun: *Principles of Robot Motion.* MIT Press, 2005.

[Christen04] F. Christen, D. Sandkühler, A. Benmimoun, K. Breuer: Verwendung des Verkehrsflusssimulationswerkzeugs PELOPS mit HiL-Funktionalität bei der Entwicklung von Fahrerassistenzsystemen. In: *VDI Kongress Berechnung und Simulation im Fahrzeugbau*, 2004.

[Chu-Carroll96] J. Chu-Carroll, S. Carberry: Conflict Detection and Resolution in Collaborative Planning. In: *Intelligent Agents*, M. Wooldridge, J. Müller, M. Tambe (Hrsg.), S. 111–126, Springer, 1996.

[Chun99] L. Chun, Z. Zheng, W. Chang: A Decentralized Approach to the Conflict-Free Motion Planning for Multiple Mobile Robots. In: *Proc. IEEE Conf. on Robotics and Automation*, S. 1544–1549, 1999.

[Clark02] C. Clark, T. Bretl, S. Rock: Applying kinodynamic randomized motion planning with a dynamic priority system to multi-robot space systems. In: *IEEE Aerospace Conference Proceedings*, Bd. 7, S. 3621–3231, 2002.

[Clark03] C. Clark, S. Rock, J.-C. Latombe: Motion Planning for Multiple Mobile Robots using Dynamic Networks. In: *Proc. IEEE Conf. on Robotics and Automation*, S. 4222–4227, 2003.

[Clark04] C. Clark: *Dynamic Robot Networks: A Coordination Platform for Multi-Robot Systems*. Dissertation, Stanford University, 2004.

[Clement99] B. Clement, E. Durfee: Top-Down Search for Coordinating the Hierarchical Plans of Multiple Agents. In: *Autonomous Agents*, S. 252–259, 1999.

[Cormen01] T. Cormen, C. Leiserson, R. Rivest: *Introduction to Algorithms*. MIT Press, 2. Aufl., 2001.

[Cotter06] S. Cotter, J. Hopkin, A. Stevens, A. Burrows, P. Kompfner, M. Flament: The institutional context for Advanced Driver Assistance Systems: A code of practice for development. In: *Proc. World Congress on Intelligent Transport Systems*, 2006.

[Cregan05] A. Cregan, M. Mochol, D. Vrandečić, S. Bechhofer: Pushing the limits of OWL, Rules and Protégé: A simple example. In: *Proc. Workshop OWL: Experiences and Directions*, 2005.

[Dagli02] I. Dagli, M. Brost, G. Breuel: Action Recognition and Prediction for Driver Assistance Systems Using Dynamic Belief Networks. In: *Agent Technologies, Infrastructures, Tools, and Applications for E-Services*, S. 179–194, Springer, 2002.

[Dao08a] T.-S. Dao, C. Clark, J. P. Huissoon: Distributed Platoon Assignment and Lane Selection for Traffic Flow Optimization. In: *Proc. IEEE Intelligent Vehicles Symposium*, S. 739–744, 2008.

[Dao08b] T.-S. Dao, L. Ng, C. Clark, J. P. Huissoon: Realtime Experiments in Markov-Based Lane Position Estimation Using Wireless Ad-Hoc Network. In: *Proc. IEEE Intelligent Vehicles Symposium*, S. 901–906, 2008.

[Dechter85] R. Dechter, J. Pearl: Generalized Best-First Search Strategies and the Optimality of A*. *Journal of the ACM* 32 (3), S. 505–536, Juli 1985.

[Demmel10] S. Demmel, D. Gruyer, A. Rakotonirainy: V2V/V2I augmented maps: state-of-the-art and contribution to real-time crash risk assessment. In: *Proceedings of the 20th Canadian Multidisciplinary Road Safety Conference*, 2010.

[Desai99] J. Desai, V. Kumar, J. Ostrowski: Control of changes in formation for a team of mobile robots. In: *Proc. IEEE Conf. on Robotics and Automation*, S. 1556–1561, 1999.

[Dickmanns05] E. Dickmanns: Vision: Von Assistenz zum Autonomen Fahren. In: *Fahrerassistenzsysteme mit maschineller Wahrnehmung*, M. Maurer, C. Stiller (Hrsg.), S. 203–237, Springer, 2005.

[Dickmanns07] E. Dickmanns: *Dynamic vision for perception and control of motion.* Springer, 2007.

[Digges01] K. Digges: The Urgency Algorithm – A Thermometer for Trauma. In: *Tagung Innovativer Kfz-Insassen- und Partnerschutz*, VDI-Verlag, 2001.

[Dimarogonas05a] D. Dimarogonas, K. Kyriakopoulos: Decentralized Stabilization and Collision Avoidance of Multiple Air Vehicles with Limited Sensing Capabilities. In: *Proc. American Control Conference*, S. 4667–4672, 2005.

[Dimarogonas05b] D. Dimarogonas, K. Kyriakopoulos: A Feedback Stabilization and Collision Avoidance Scheme for Multiple Independent Nonholonomic Non-point Agents. In: *Proc. IEEE Intl. Symposium on Intelligent Control*, S. 820–825, 2005.

[Dimarogonas07] D. Dimarogonas, K. Kyriakopoulos: An application of Rantzer's Dual Lyapunov Theorem to Decentralized Formation Stabilization. In: *Proc. European Control Conference*, S. 882–888, 2007.

[Dobler11] A. Dobler: Simulation des Kommunikationsablaufs bei der Bildung kooperativer Gruppen kognitiver Automobile. Studienarbeit, Lehrstuhl für Interaktive Echtzeitsysteme, Karlsruher Institut für Technologie, 2011.

[Dolgov05] D. Dolgov, K. Laberteaux: Efficient Linear Approximations to Stochastic Vehicular Collision-Avoidance Problems. In: *Proc. Intl. Conf. on Informatics in Control, Automation and Robotics*, 2005.

[Dolgov08] D. Dolgov, S. Thrun, M. Montemerlo, J. Diebel: Path planning for autonomous driving in unknown environments. In: *Eleventh International Symposium on Experimental Robotics*, O. Khatib, V. Kumar, G. Pappas (Hrsg.), S. 55–64, Springer, 2008.

[Dötzer05] F. Dötzer, M. Straßberger, T. Kosch: Classification for traffic related intervehicle messaging. In: *Proc. Conf. on Intelligent Transport Systems Telecommunications*, 2005.

[Dresner05] K. Dresner, P. Stone: Multiagent Traffic Management: An Improved Intersection Control Mechanism. In: *Proc. Conf. on Autonomous Agents and Multiagent Systems*, S. 471–477, 2005.

[Dudek96] G. Dudek, M. Jenkin, E. Milios, D. Wilkes: A Taxonomy for Multi-Agent Robotics. *Autonomous Robots* 3, S. 375–397, 1996.

[Earl07] M. Earl, R. D'Andrea: Multi-vehicle Cooperative Control Using Mixed Integer Linear Programming. In: *Cooperative Control of Distributed Multi-Agent Systems*, J. Shamma (Hrsg.), S. 233–259, Wiley, 2007.

[Ehmanns06] D. Ehmanns, T. Kosch: Fahrerassistenz im Kreuzungsbereich – erweiterte Möglichkeiten durch Kommunikationstechnologien. In: *Workshop Fahrerassistenzsysteme*, 2006.

[Eidehall06]   A. Eidehall, L. Petersson: Threat assessment for general road scenes using Monte Carlo sampling. In: *Proc. IEEE Intelligent Transportation Systems Conference*, S. 1173–1178, 2006.

[Eidehall07]   A. Eidehall, J. Pohl, F. Gustafsson, J. Ekmark: Toward Autonomous Collision Avoidance by Steering. *IEEE Transactions on Intelligent Transportation Systems* 8 (1), S. 84–94, März 2007.

[Eigner10]   R. Eigner: *KOMODE – Ein semantisches Kontextmodell für kollaborative Anwendungen in automobilen ad-hoc Netzwerken*. Dissertation, Technische Universität München, 2010.

[ElBatt06]   T. ElBatt, S. Goel, G. Holland, H. Krishnan, J. Parikh: Cooperative Collision Warning Using Dedicated Short Range Wireless Communications. In: *Proc. ACM Workshop on Vehicular ad hoc networks*, S. 1–9, 2006.

[Erdmann87]   M. Erdmann, T. Lozano-Pérez: On Multiple Moving Objects. *Algorithmica* 2, S. 477–521, 1987.

[EuropeanCommission06]   European Commission: Use of Intelligent Systems in Vehicles. *Special Eurobarometer* 267, 2006.

[Everitt11]   B. Everitt (Hrsg.): *Cluster analysis*. Wiley, 5. Aufl., 2011.

[Fastenmeier95]   W. Fastenmeier: *Autofahrer und Verkehrssituation*. Verlag TÜV Rheinland, 1995.

[Fecher08]   N. Fecher, F. Regh, S. Habenicht, J. Hoffmann, H. Winner: Test- und Bewertungsmethoden für Sicherheitssysteme der Bahnführungsebene. *at – Automatisierungstechnik* 56 (11), S. 592–600, Nov. 2008.

[Feddema02]   J. T. Feddema, C. Lewis, D. A. Schoenwald: Decentralized Control of Cooperative Robotic Vehicles: Theory and Application. *IEEE Transactions on Robotics and Automation* 18 (5), S. 852–864, 2002.

[Ferguson06]   D. Ferguson, N. Kalra, A. Stentz: Replanning with RRTs. In: *Proc. IEEE Conf. on Robotics and Automation*, S. 1243–1248, 2006.

[Fierro05]   R. Fierro, C. Branca, J. Spletzer: On-line Optimization-based Coordination of Multiple Unmanned Vehicles. In: *Proc. IEEE Conf. on Networking, Sensing and Control*, S. 716–721, 2005.

[Findler93]   N. Findler, R. Lo: Distributed Air Traffic Control: Theoretical Studies. *Journal of Transportation Engineering* 119 (5), S. 681–692, 1993.

[Fiorelli05]   E. Fiorelli: *Cooperative Vehicle Control, Feature Tracking and Ocean Sampling*. Dissertation, Princeton University, 2005.

[Fiorini98]   P. Fiorini, Z. Shiller: Motion Planning in Dynamic Environments Using Velocity Obstacles. *Journal of Robotics Research* 17 (7), S. 760–772, Juli 1998.

[Fletcher08]   L. Fletcher, S. Teller, E. Olson, D. Moore, Y. Kuwata, J. How, J. Leonard, I. Miller, M. Campbell, D. Huttenlocher, A. Nathan, F.-R. Kline: The MIT–Cornell Collision and Why It Happened. *Journal of Field Robotics* 25 (10), S. 775–807, 2008.

[Forbes95] J. Forbes, T. Huang, K. Kanazawa, S. Russell: The BATmobile: Towards a Bayesian Automated Taxi. In: *Proc. Intl. Joint Conf. on Artificial Intelligence*, S. 1878–1885, 1995.

[Fraichard89] T. Fraichard, C. Laugier: Planning Movements for Several Coordinated Vehicles. In: *Proc. IEEE/RSJ Conf. on Intelligent Robots and Systems*, S. 466–472, 1989.

[Fraichard98] T. Fraichard, R. Mermond: Path Planning with Uncertainty for Car-Like Robots. In: *Proc. IEEE Conf. on Robotics and Automation*, S. 27–32, 1998.

[Frazzoli01] E. Frazzoli, Z.-H. Mao, J.-H. Oh, E. Feron: Resolution of Conflicts Involving Many Aircraft via Semidefinite Programming. *Journal of Guidance, Control, and Dynamics* 24 (1), S. 79–86, Jan. 2001.

[Frese07a] C. Frese, J. Beyerer: Bildung kooperativer Gruppen kognitiver Automobile: Automatische Parameteroptimierung für einen verteilten Algorithmus zur dynamischen Gruppenbildung. In: *Autonome Mobile Systeme*, K. Berns, T. Luksch (Hrsg.), S. 177–183, Springer, 2007.

[Frese07b] C. Frese, J. Beyerer, P. Zimmer: Cooperation of Cars and Formation of Cooperative Groups. In: *Proc. IEEE Intelligent Vehicles Symposium*, S. 227–232, 2007.

[Frese08a] C. Frese, T. Batz, J. Beyerer: Kooperative Verhaltensentscheidung für Gruppen kognitiver Automobile auf Grundlage des gemeinsamen Lagebilds. *at – Automatisierungstechnik* 56 (12), S. 644–652, Dez. 2008.

[Frese08b] C. Frese, T. Batz, M. Wieser, J. Beyerer: Life Cycle Management for Cooperative Groups of Cognitive Automobiles in a Distributed Environment. In: *Proc. IEEE Intelligent Vehicles Symposium*, S. 1125–1130, 2008.

[Frese09a] C. Frese: Branch-and-Bound-Techniken für die kooperative Bewegungsplanung. Technischer Bericht, Lehrstuhl für Interaktive Echtzeitsysteme, Universität Karlsruhe (TH), Juni 2009.

[Frese09b] C. Frese, T. Batz, J. Beyerer: Kooperative Bewegungsplanung zur Unfallvermeidung im Straßenverkehr mit der Methode der elastischen Bänder. In: *Autonome Mobile Systeme*, R. Dillmann, J. Beyerer, C. Stiller, J. M. Zöllner, T. Gindele (Hrsg.), S. 193–200, Springer, 2009.

[Frese10a] C. Frese: Cooperative Motion Planning using Branch and Bound Methods. Technical Report IES-2009-13. In: *Proceedings of the 2009 Joint Workshop of Fraunhofer IOSB and Institute for Anthropomatics, Vision and Fusion Laboratory*, J. Beyerer, M. Huber (Hrsg.), S. 187–201, KIT Scientific Publishing, 2010.

[Frese10b] C. Frese, J. Beyerer: Planning Cooperative Motions of Cognitive Automobiles Using Tree Search Algorithms. In: *KI 2010: Advances in Artificial Intelligence*, R. Dillmann, J. Beyerer, U. D. Hanebeck, T. Schultz (Hrsg.), Bd. 6359 d. Reihe *Lecture Notes in Artificial Intelligence*, S. 91–98, Springer, 2010.

[Frese11a] C. Frese: A Comparison of Algorithms for Planning Cooperative Motions of Cognitive Automobiles. Technical Report IES-2010-06. In: *Proceedings of the 2010*

Joint Workshop of Fraunhofer IOSB and Institute for Anthropomatics, Vision and Fusion Laboratory, J. Beyerer, M. Huber (Hrsg.), S. 75–90, KIT Scientific Publishing, 2011.

[Frese11b] C. Frese, J. Beyerer: A Comparison of Motion Planning Algorithms for Cooperative Collision Avoidance of Multiple Cognitive Automobiles. In: *Proc. IEEE Intelligent Vehicles Symposium*, S. 1154–1160, 2011.

[Freund88] E. Freund, H. Hoyer: Real-Time Pathfinding in Multirobot Systems Including Obstacle Avoidance. *Journal of Robotics Research* 7 (1), S. 42–70, Feb. 1988.

[Fritz04] H. Fritz, A. Gern, H. Schiemenz, C. Bonnet: CHAUFFEUR Assistant: A Driver Assistance System for Commercial Vehicles based on Fusion of Advanced ACC and Lane Keeping. In: *Proc. IEEE Intelligent Vehicles Symposium*, S. 495–500, 2004.

[Fritzsche99] H.-T. Fritzsche: *Entwicklung und Anwendung eines mikroskopischen Modells zur Verkehrssimulation auf mehrspurigen Richtungsfahrbahnen.* Dissertation, Universität Stuttgart, 1999.

[Fuchs09] F. Fuchs: Kooperative Wahrnehmung der Fahrzeugumgebung. Seminararbeit, Lehrstuhl für Interaktive Echtzeitsysteme, Universität Karlsruhe (TH), Juli 2009.

[Fuerstenberg06] K. Fuerstenberg, B. Roessler: Advanced Intersection Safety – The EC project INTERSAFE. In: *Proc. IEEE Intelligent Vehicles Symposium*, S. 89–93, 2006.

[Fujii99] H. Fujii, M. Akiyama, K. Tokuda: Inter-Vehicle Communications Protocol for Group Cooperative Driving. In: *Proc. IEEE Vehicular Technology Conference (VTC-Fall)*, S. 2228–2232, 1999.

[Furda10] A. Furda, L. Vlacic: An Object-Oriented Design of a World Model for Autonomous City Vehicles. In: *Proc. IEEE Intelligent Vehicles Symposium*, S. 1054–1059, 2010.

[Garg08] D. Garg, Y. Narahari: Mechanism Design for Single Leader Stackelberg Problems and Application to Procurement Auction Design. *IEEE Transactions on Automation Science and Engineering* 5 (3), Juli 2008.

[GCDC11] Grand Cooperative Driving Challenge. http://www.gcdc.net/, 2011.

[Gehrig07] S. Gehrig, F. Stein: Collision Avoidance for Vehicle-Following Systems. *IEEE Transactions on Intelligent Transportation Systems* 8 (2), S. 233–244, Juni 2007.

[Geraerts06] R. Geraerts: *Sampling-based Motion Planning: Analysis and Path Quality.* Dissertation, Universiteit Utrecht, 2006.

[Gerdes06] A. Gerdes: Automatic Maneuver Recognition in the Automobile: the Fusion of Uncertain Sensor Values using Bayesian Models. In: *Proc. Workshop on Intelligent Transportation*, 2006.

[Gheța10] I. Gheța, M. Baum, A. Belkin, J. Beyerer, U. D. Hanebeck: Three Pillar Information Management System for Modeling the Environment of Autonomous Systems. In: *Proc. IEEE Conf. on Virtual Environments, Human-Computer Interfaces and Measurement Systems*, S. 12–17, 2010.

[Ghrist05] R. Ghrist, J. O'Kane, S. LaValle: Computing Pareto Optimal Coordinations on Roadmaps. *Journal of Robotics Research* 24 (11), S. 997–1010, 2005.

[Gindele10] T. Gindele, S. Brechtel, R. Dillmann: A Probabilistic Model for Estimating Driver Behaviors and Vehicle Trajectories in Traffic Environments. In: *Proc. IEEE Intelligent Transportation Systems Conference*, S. 1625–1631, 2010.

[Girard01] A. R. Girard, J. B. de Sousa, J. A. Misener, J. K. Hedrick: A Control Architecture for Integrated Cooperative Cruise Control and Collision Warning Systems. In: *Proc. IEEE Conf. on Decision and Control*, S. 1491–1496, 2001.

[Glaser10] S. Glaser, B. Vanholme, S. Mammar, D. Gruyer, L. Nouvelière: Maneuver-Based Trajectory Planning for Highly Autonomous Vehicles on Real Road With Traffic and Driver Interaction. *IEEE Transactions on Intelligent Transportation Systems* 11 (3), S. 589–606, Sep. 2010.

[Goebels05] A. Goebels, H. Kleine Büning, S. Priesterjahn, A. Weimer: Towards Online Partitioning of Agent Sets based on Local Information. In: *Parallel and Distributed Computing and Networks*, 2005.

[Goebl09] M. Goebl: *Eine realzeitfähige Architektur zur Integration kognitiver Funktionen*. Dissertation, Technische Universität München, 2009.

[Gonzalez07] J. P. Gonzalez, A. Stentz: Planning with Uncertainty in Position Using High-Resolution Maps. In: *Proc. IEEE Conf. on Robotics and Automation*, S. 1015–1022, 2007.

[Goodrich00] M. Goodrich, E. Boer: Designing human-centered automation: trade-offs in collision avoidance system design. *IEEE Transactions on Intelligent Transportation Systems* 1 (1), S. 40–54, März 2000.

[Guo02] Y. Guo, L. Parker: A Distributed and Optimal Motion Planning Approach for Multiple Mobile Robots. In: *Proc. IEEE Conf. on Robotics and Automation*, S. 2612–2619, 2002.

[Haag00] M. Haag, H.-H. Nagel: Incremental recognition of traffic situations from video image sequences. *Image and Vision Computing* 18 (2), S. 137–153, 2000.

[Hackenberg01] U. Hackenberg, K. Friedewald: Fahrzeugsicherheit im Wandel. In: *Tagung Innovativer Kfz-Insassen- und Partnerschutz*, VDI-Verlag, 2001.

[Hakuli09] S. Hakuli, R. Bruder, F. Flemisch, C. Löper, H. Rausch, M. Schreiber, H. Winner: Kooperative Automation. In: *Handbuch Fahrerassistenzsysteme*, H. Winner, S. Hakuli, G. Wolf (Hrsg.), S. 647–656, Vieweg+Teubner, 2009.

[Hannawald08] L. Hannawald: *Multivariate Bewertung zukünftiger Fahrzeugsicherheit: Entwicklung eines Modells zur Bewertung zukünftiger Fahrzeugsicherheit unter Berücksichtigung der Wechselwirkungen von Sicherheitssystemen*. Dissertation, Technische Universität Dresden, VDI-Verlag, 2008.

[Harland06] H. Harland: Zur Repräsentation der StVO in Fahrerassistenzsystemen. Diplomarbeit, Institut für Algorithmen und Kognitive Systeme sowie Zentrum für Angewandte Rechtswissenschaft, Universität Karlsruhe (TH), 2006.

[Hart68] P. Hart, N. Nilsson, B. Raphael: A Formal Basis for the Heuristic Determination of Minimum Cost Paths. *IEEE Transactions on System Science and Cybernetics* 4 (2), S. 100–107, Juli 1968.

[Hartenstein08] H. Hartenstein, K. Laberteaux: A Tutorial Survey on Vehicular Ad Hoc Networks. *IEEE Communications Magazine*, S. 164–171, Juni 2008.

[Hassoun92] M. Hassoun, Y. Demazeau, C. Laugier: Motion control for a car-like robot: potential field and multi-agent approaches. In: *Proc. IEEE/RSJ Conf. on Intelligent Robots and Systems*, S. 1457–1463, 1992.

[Heimes02] F. Heimes, H.-H. Nagel: Towards Active Machine-Vision-Based Driver Assistance for Urban Areas. *International Journal of Computer Vision* 50 (1), S. 5–34, 2002.

[Hein03] B. Hein: *Automatische Offline-Programmierung von Industrierobotern in der virtuellen Welt*. Dissertation, Universität Karlsruhe (TH), GCA-Verlag, 2003.

[Helbing97] D. Helbing: *Verkehrsdynamik*. Springer, 1997.

[Hermann07] A. Hermann, S. Lutz: Situation based Data Distribution in a Distributed Environment Model. In: *Proc. IEEE Intelligent Vehicles Symposium*, S. 486–491, 2007.

[Herrtwich01] R. Herrtwich, G. Nöcker: Cooperative Driving: Taking Telematics to the Next Level. In: *Traffic and Granular Flow*, 2001.

[Hesse92] J. Hesse: Ansatz für die Verallgemeinerung der Verhaltensprognose. In: *Autonome Mobile Systeme*, 1992.

[Hesse07a] T. Hesse, T. Sattel: An Approach to Integrate Vehicle Dynamics in Motion Planning for Advanced Driver Assistance Systems. In: *Proc. IEEE Intelligent Vehicles Symposium*, S. 1240–1245, 2007.

[Hesse07b] T. Hesse, T. Sattel: Path-Planning with Virtual Beams. In: *Proc. American Control Conference*, S. 3904–3905, 2007.

[Hilgert03] J. Hilgert, K. Hirsch, T. Bertram, M. Hiller: Emergency Path Planning for Autonomous Vehicles Using Elastic Band Theory. In: *Proc. IEEE/ASME Conf. on Advanced Intelligent Mechatronics*, S. 1390–1395, 2003.

[Hillenbrand06] J. Hillenbrand, K. Kroschel: A Study on the Performance of Uncooperative Collision Mitigation Systems at Intersection-like Traffic Situations. In: *Proc. IEEE Conf. on Cybernetics and Intelligent Systems*, 2006.

[Hillenbrand07] J. Hillenbrand: *Fahrerassistenz zur Kollisionsvermeidung*. Dissertation, Universität Karlsruhe (TH), 2007.

[Hillesheim07] D. Hillesheim: Innovativer Speditionshof mit fahrerlosen Fahrzeugen. In: *Autonome Mobile Systeme*, K. Berns, T. Luksch (Hrsg.), S. 171–176, Springer, 2007.

[Hopcroft84] J. Hopcroft, J. Schwartz, M. Sharir: On the Complexity of Motion Planning for Multiple Independent Objects; PSPACE-Hardness of the "Warehouseman's Problem". *Journal of Robotics Research* 3 (4), S. 76–88, 1984.

[Horridge07] M. Horridge, S. Bechhofer, O. Noppens: Igniting the OWL 1.1 Touch Paper: The OWL API. In: *Proc. Workshop OWL: Experiences and Directions*, C. Golbreich, A. Kalyanpur, B. Parsia (Hrsg.), Bd. 258 d. Reihe *CEUR Workshop Proceedings*, 2007.

[Hsu02] D. Hsu, R. Kindel, J.-C. Latombe, S. Rock: Randomized Kinodynamic Motion Planning with Moving Obstacles. *Journal of Robotics Research* 21 (3), S. 233–255, März 2002.

[Huang04] Q. Huang, C. Julien, G.-C. Roman: Relying on Safe Distance to Achieve Strong Partitionable Group Membership in Ad Hoc Networks. *IEEE Transactions on Mobile Computing* 3 (2), S. 192–205, 2004.

[Huang05] D. Huang, H. Leung: An Expectation-Maximization-Based Interacting Multiple Model Approach for Cooperative Driving Systems. *IEEE Transactions on Intelligent Transportation Systems* 6 (2), S. 206–228, Juni 2005.

[Huhn91] A. Huhn: *DIPLOMA – ein System für verteilte Multiagentenplanung in einer Echtzeitumgebung.* Dissertation, Universität Karlsruhe (TH), 1991.

[Hummel09] B. Hummel: *Description Logic for Scene Understanding at the Example of Urban Road Intersections.* Dissertation, Universität Karlsruhe (TH), 2009.

[Huntsberger03] T. Huntsberger, P. Pirjanian, A. Trebi-Ollennu, H. D. Nayar, H. Aghazarian, A. Ganino, M. Garrett, S. Joshi, P. Schenker: CAMPOUT: A Control Architecture for Tightly Coupled Coordination of Multirobot Systems for Planetary Surface Exploration. *IEEE Transactions on Systems, Man, and Cybernetics Part A* 33 (5), S. 550–559, Sep. 2003.

[İnalhan02] G. İnalhan, D. Stipanović, C. Tomlin: Decentralized Optimization, with Application to Multiple Aircraft Coordination. In: *Proc. IEEE Conf. on Decision and Control*, 2002.

[InsaCorréa05] A. Insa Corréa, A. Langevin, L.-M. Rousseau: A Scheduling and Conflict-Free Routing Problem Solved with a Hybrid Constraint Programming/Mixed Integer Programming Approach. *Les Cahiers du GERAD*, G-2005-05, Jan. 2005.

[Isermann08] R. Isermann, M. Schorn, U. Stählin: Anticollision system PRORETA with automatic braking and steering. *Vehicle System Dynamics* 46, S. 683–694, 2008.

[Ishida04] S. Ishida, J. Gayko: Development, Evaluation and Introduction of a Lane Keeping Assistance System. In: *Proc. IEEE Intelligent Vehicles Symposium*, S. 943–944, 2004.

[Isto06] P. Isto, M. Saha: A Slicing Connection Strategy for Constructing PRMs in High-Dimensional Cspaces. In: *Proc. IEEE Conf. on Robotics and Automation*, S. 1249–1254, 2006.

[Jansson02] J. Jansson, J. Johansson, F. Gustafsson: Decision Making for Collision Avoidance Systems. In: *SAE World Congress & Exhibition*, 2002.

[Jochem96] T. Jochem, D. Pomerleau: Life in the Fast Lane – The Evolution of an Adaptive Vehicle Control System. *AI Magazine* 17 (2), S. 11–50, 1996.

[Jocoy98] E. Jocoy, J. Knight: Adapting radar and tracking technology to an on-board automotive collision warning system. In: *Proc. Digital Avionics Systems Conference*, Bd. 2, 1998.

[Judaschke94] U. Judaschke: *Verfahren zur kollisionsfreien Führung und Koordination mobiler Transportsysteme.* Dissertation, Universität Dortmund, VDI-Verlag, 1994.

[Julier95] S. Julier, J. Uhlmann, H. Durrant-Whyte: A New Approach for Filtering Nonlinear Systems. In: *Proc. American Control Conference*, S. 1628–1632, 1995.

[Justus07] W. Justus, R. Schulz, M. Köhler: Lidar ACC Stop&Go Support with Digital Map Data. In: *Proc. Workshop on Intelligent Transportation*, 2007.

[Kais05] M. Kais, L. Bouraoui, S. Morin, A. Porterie, M. Parent: A Collaborative Perception Framework for Intelligent Transportation System Applications. In: *Proc. World Congress on Intelligent Transport Systems*, 2005.

[Kammel08] S. Kammel, J. Ziegler, B. Pitzer, M. Werling, T. Gindele, D. Jagszent, J. Schröder, M. Thuy, M. Goebl, F. von Hundelshausen, O. Pink, C. Frese, C. Stiller: Team AnnieWAY's Autonomous System for the 2007 DARPA Urban Challenge. *Journal of Field Robotics* 25 (9), S. 615–639, Sep. 2008.

[Kammel09] S. Kammel: Autonomes Fahren. In: *Handbuch Fahrerassistenzsysteme*, H. Winner, S. Hakuli, G. Wolf (Hrsg.), S. 657–663, Vieweg+Teubner, 2009.

[Kamphuis04] A. Kamphuis, M. Overmars: Finding Paths for Coherent Groups using Clearance. In: *Proc. ACM SIGGRAPH/Eurographics Symposium on Computer Animation*, R. Boulic, D. Pai (Hrsg.), S. 19–28, 2004.

[Kant86] K. Kant, S. Zucker: Toward Efficient Trajectory Planning: The Path-Velocity Decomposition. *Journal of Robotics Research* 5 (3), S. 72–89, 1986.

[Karam06] N. Karam, F. Chausse, R. Aufrère, R. Chapuis: Collective Localization of Communicant Vehicles Applied to Collision Avoidance. In: *Proc. IEEE Intelligent Transportation Systems Conference*, S. 442–449, 2006.

[Kato02] S. Kato, S. Tsugawa, K. Tokuda, T. Matsui, H. Fujii: Vehicle Control Algorithms for Cooperative Driving With Automated Vehicles and Intervehicle Communications. *IEEE Transactions on Intelligent Transportation Systems* 3 (3), S. 155–161, Sep. 2002.

[Katriniok11] A. Katriniok, M. Reiter, D. Abel: Kollisionsvermeidung mittels Galileo. *ATZelektronik* 6 (1), 2011.

[Kavraki96] L. Kavraki, P. Švestka, J.-C. Latombe, M. Overmars: Probabilistic Roadmaps for Path Planning in High-Dimensional Configuration Spaces. *IEEE Transactions on Robotics and Automation* 12 (4), S. 566–580, Aug. 1996.

[Kerner04] B. Kerner: *The physics of traffic: empirical freeway pattern features, engineering applications, and theory.* Springer, 2004.

[Kerner08] B. Kerner, S. Klenov, A. Brakemeier: Testbed for Wireless Vehicle Communication: a Simulation Approach based on Three-Phase Traffic Theory. In: *Proc. IEEE Intelligent Vehicles Symposium*, S. 180–185, 2008.

[Khan05] M. A. Khan, L. Bölöni: Convoy driving through ad-hoc coalition formation. In: *Proc. IEEE Real Time and Embedded Technology and Applications Symposium*, S. 98–105, 2005.

[Khatib86] O. Khatib: Real-Time Obstacle Avoidance for Manipulators and Mobile Robots. *Journal of Robotics Research* 5 (1), S. 90–98, 1986.

[Khatib97] M. Khatib, H. Jaouni, R. Chatila, J.-P. Laumond: Dynamic Path Modification for Car-Like Nonholonomic Mobile Robots. In: *Proc. IEEE Conf. on Robotics and Automation*, S. 2920–2925, 1997.

[Kiesewetter97] W. Kiesewetter, W. Klinkner, W. Reichelt, M. Steiner: Der neue Brake Assist von Mercedes-Benz – aktive Fahrerunterstützung in Notsituationen. *Automobiltechnische Zeitschrift* 99 (6), S. 330–339, Juni 1997.

[Killat08] M. Killat, T. Gaugel, H. Hartenstein: Enabling Traffic Safety Assessment of VANETs by Means of Accident Simulations. In: *Proc. IEEE Symposium on Personal, Indoor and Mobile Radio Communications*, 2008.

[Kirchner05] A. Kirchner, K. Krüger, F. Mildner, R. Schmidt: Ein fortgeschrittenes Kollisionsvermeidungssystem. *Automobiltechnische Zeitschrift* 107 (1), S. 60–67, 2005.

[Klimm08] M. Klimm, E. Gawrilow, R. Möhring, B. Stenzel: Conflict-free Vehicle Routing: Load Balancing and Deadlock Prevention. Preprint, DFG-Forschungszentrum Matheon, 2008.

[Kluge04] B. Kluge, E. Prassler: Reflective Navigation: Individual Behaviors and Group Behaviors. In: *Proc. IEEE Conf. on Robotics and Automation*, S. 4172–4177, 2004.

[Knaup10] J. Knaup, K. Homeier: RoadGraph - Graph based environmental modelling and function independent situation analysis for driver assistance systems. In: *Proc. IEEE Intelligent Transportation Systems Conference*, S. 428–432, 2010.

[Komainda03] A. Komainda: *Methoden und Verfahren zur Online-Bahnplanung redundanter Schwerlastmanipulatoren*. Dissertation, Universität Duisburg, VDI-Verlag, 2003.

[König09] W. König: Nutzergerechte Entwicklung der Mensch-Maschine-Interaktion von Fahrerassistenzsystemen. In: *Handbuch Fahrerassistenzsysteme*, H. Winner, S. Hakuli, G. Wolf (Hrsg.), S. 33–42, Vieweg+Teubner, 2009.

[Košecká97] J. Košecká, C. Tomlin, G. Pappas, S. Sastry: Generation of conflict resolution maneuvers for air traffic management. In: *Proc. IEEE/RSJ Conf. on Intelligent Robots and Systems*, S. 1598–1603, 1997.

[Kowalczyk04] W. Kowalczyk, K. Kozłowski: Artificial Potential Based Control for a Large Scale Formation of Mobile Robots. In: *Workshop on Robot Motion and Control*, S. 285–291, 2004.

[Kramer09] F. Kramer: *Passive Sicherheit von Kraftfahrzeugen*. Vieweg+Teubner, 3. Aufl., 2009.

[Krauter08] C. Krauter: Bayessche Netze zur Situationserkennung für kognitive Automobile. Studienarbeit, Lehrstuhl für Interaktive Echtzeitsysteme, Universität Karlsruhe (TH), Dez. 2008.

[Kreßel10] U. Kreßel: AKTIV – Active Safety. In: *Proc. Workshop on Intelligent Transportation*, S. 61–66, 2010.

[Kress-Gazit09] H. Kress-Gazit, G. Fainekos, G. Pappas: Temporal-Logic-Based Reactive Mission and Motion Planning. *IEEE Transactions on Robotics* 25 (6), S. 1370–1381, 2009.

[Krozel01] J. Krozel, M. Peters, K. Bilimoria, C. Lee, J. Mitchell: System performance characteristics of centralized and decentralized air traffic separation strategies. In: *4th USA/Europe Air Traffic Management R&D Seminar*, 2001.

[Krüger92] W. Krüger: *Situationsmodellierung in der Bildfolgenauswertung*. Dissertation, Universität Karlsruhe (TH), Springer, 1992.

[Kruse10] M. Kruse, F. Puente León: Verteilte Multiobjekt-Multisensorfusion mit dem PHD-Filter. In: *Verteilte Messsysteme*, F. Puente León, K.-D. Sommer, M. Heizmann (Hrsg.), S. 231–242, KIT Scientific Publishing, 2010.

[Kuchar00] J. Kuchar, L. Yang: A Review of Conflict Detection and Resolution Modeling Methods. *IEEE Transactions on Intelligent Transportation Systems* 1 (4), S. 179–189, Dez. 2000.

[Kunwar06] F. Kunwar, B. Benhabib: Motion Planning for Autonomous Rendezvous with Vehicle Convoys. In: *Proc. IEEE Intelligent Transportation Systems Conference*, S. 1568–1573, 2006.

[Lachner00] R. Lachner, M. Breitner, H. J. Pesch: Real-Time Collision Avoidance: Differential Game, Numerical Solution, and Synthesis of Strategies. In: *Advances in Dynamic Games and Applications*, J. Filar, V. Gaitsgory, K. Mizukami (Hrsg.), Birkhäuser, 2000.

[Ladkin04] P. Ladkin: Causal Analysis of the ACAS/TCAS Sociotechnical System. In: *Proc. Australian Workshop on Safety Related Programmable Systems*, 2004.

[Lafrenz07] R. Lafrenz, F. Schreiber, O. Zweigle, M. Schanz, H. Rajaie, U.-P. Käppeler, P. Levi, J. Starke: Evaluating Coupled Selection Equations for Dynamic Task Assignment Using a Behavior Framework. In: *Autonome Mobile Systeme*, K. Berns, T. Luksch (Hrsg.), S. 118–125, Springer, 2007.

[Lages01] U. Lages: *Untersuchungen zur aktiven Unfallvermeidung von Kraftfahrzeugen*. Dissertation, Universität der Bundeswehr Hamburg, VDI-Verlag, 2001.

[Lambert03] A. Lambert, S. Bouaziz, R. Reynaud: Shortest Safe Path Planning for Vehicles. In: *Proc. IEEE Intelligent Vehicles Symposium*, S. 282–287, 2003.

[Lambert08] A. Lambert, D. Gruyer, G. Saint Pierre, A. Ndjeng Ndjeng: Collision Probability Assessment for Speed Control. In: *Proc. IEEE Intelligent Transportation Systems Conference*, S. 1043–1048, 2008.

[Lammen92] B. Lammen: Kollisionsvermeidung in Echtzeit für autonome Fahrzeuge. In: *Autonome Mobile Systeme*, 1992.

[Large04] F. Large, D. Vasquez, T. Fraichard, C. Laugier: Avoiding Cars and Pedestrians Using Velocity Obstacles and Motion Prediction. In: *Proc. IEEE Intelligent Vehicles Symposium*, S. 375–379, 2004.

[Latombe91] J.-C. Latombe: *Robot motion planning*. Kluwer, 1991.

[Lattner05] A. D. Lattner, J. D. Gehrke, I. J. Timm, O. Herzog: A Knowledge-based Approach to Behavior Decision in Intelligent Vehicles. In: *Proc. IEEE Intelligent Vehicles Symposium*, S. 466–471, 2005.

[Laumond98] J.-P. Laumond, S. Sekhavat, F. Lamiraux: Guidelines in Nonholonomic Motion Planning for Mobile Robots. In: *Robot Motion Planning and Control*, J.-P. Laumond (Hrsg.), Springer, 1998.

[LaValle98] S. LaValle, S. Hutchinson: Optimal Motion Planning for Multiple Robots Having Independent Goals. *IEEE Transactions on Robotics and Automation* 14 (6), S. 912–925, Dez. 1998.

[LaValle99] S. LaValle, J. Kuffner: Randomized kinodynamic planning. In: *Proc. IEEE Conf. on Robotics and Automation*, S. 473–479, 1999.

[LaValle00] S. LaValle, P. Finn, L. Kavraki, J.-P. Latombe: A Randomized Kinematics-Based Approach to Pharmacophore-Constrained Conformational Search and Database Screening. *Journal of Computational Chemistry* 21 (9), S. 731–747, 2000.

[LaValle06] S. LaValle: *Planning Algorithms*. Cambridge University Press, 2006.

[Lawler66] E. L. Lawler, D. E. Wood: Branch-and-Bound Methods: A Survey. *Operations Research* 14 (4), S. 699–719, Juli 1966.

[Lee95] J. Lee: A Dynamic Programming Approach to Near Minimum-Time Trajectory Planning for Two Robots. *IEEE Transactions on Robotics and Automation* 11 (1), S. 160–164, Feb. 1995.

[Leonard08] J. Leonard, J. How, S. Teller, M. Berger, S. Campbell, G. Fiore, L. Fletcher, E. Frazzoli, A. Huang, S. Karaman, O. Koch, Y. Kuwata, D. Moore, E. Olson, S. Peters, J. Teo, R. Truax, M. Walter, D. Barrett, A. Epstein, K. Maheloni, K. Moyer, T. Jones, R. Buckley, M. Antone, R. Galejs, S. Krishnamurthy, J. Williams: A Perception-Driven Autonomous Urban Vehicle. *Journal of Field Robotics* 25 (10), S. 727–774, 2008.

[Leroy99] S. Leroy, J.-P. Laumond, T. Siméon: Multiple path coordination for mobile robots: a geometric algorithm. In: *Proc. Intl. Joint Conf. on Artificial Intelligence*, S. 1118–1123, 1999.

[Levi95] P. Levi, M. Muscholl, T. Bräunl: Cooperative Mobile Robots Stuttgart: Architecture and Tasks. In: *Intelligent Autonomous Systems*, 1995.

[Li03] T.-Y. Li, H.-C. Chou: Motion Planning for a Crowd of Robots. In: *Proc. IEEE Conf. on Robotics and Automation*, S. 4215–4221, 2003.

[Li06] L. Li, F.-Y. Wang: Cooperative Driving at Blind Crossings Using Intervehicle Communication. *IEEE Transactions on Vehicular Technology* 55 (6), S. 1712–1724, Nov. 2006.

[Li07] L. Li, F.-Y. Wang, Y. Zhang: Cooperative Driving at Lane Closures. In: *Proc. IEEE Intelligent Vehicles Symposium*, S. 1156–1161, 2007.

[Lian02] F.-L. Lian, R. Murray: Real-Time Trajectory Generation for the Cooperative Path Planning of Multi-Vehicle Systems. In: *Proc. IEEE Conf. on Decision and Control*, S. 3766–3769, 2002.

[Likhachev03] M. Likhachev, G. Gordon, S. Thrun: ARA*: Anytime A* with Provable Bounds on Sub-Optimality. In: *Proc. Conf. Advances in Neural Information Processing Systems*, S. 767–774, 2003.

[Likhachev05] M. Likhachev, D. Ferguson, G. Gordon, A. Stentz, S. Thrun: Anytime Dynamic A*: An Anytime, Replanning Algorithm. In: *Proc. Intl. Conf. on Automated Planning and Scheduling*, 2005.

[Livadas00] C. Livadas, J. Lygeros, N. A. Lynch: High-Level Modeling and Analysis of the Traffic Alert and Collision Avoidance System (TCAS). *Proceedings of the IEEE* 88 (7), S. 926–948, 2000.

[Lozano-Pérez83] T. Lozano-Pérez: Spatial Planning: A Configuration Space Approach. *IEEE Transactions on Computers* 32 (2), S. 108–120, Feb. 1983.

[Lüth98] T. Lüth: *Technische Multi-Agenten-Systeme*. Hanser, 1998.

[Lytrivis08] P. Lytrivis, G. Thomaidis, A. Amditis: Cooperative Path Prediction in Vehicular Environments. In: *Proc. IEEE Intelligent Transportation Systems Conference*, S. 803–808, 2008.

[Maček08] K. Maček, D. Vasquez, T. Fraichard, R. Siegwart: Safe Vehicle Navigation in Dynamic Urban Scenarios. In: *Proc. IEEE Intelligent Transportation Systems Conference*, S. 482–489, 2008.

[Mages07] D. Mages: *Generisches Bahnplanungssystem für industrielle Roboteranwendungen*. Dissertation, Universität Karlsruhe (TH), Logos, 2007.

[Mages09] M. Mages: *Top-Down-Funktionsentwicklung eines Einbiege- und Kreuzenassistenten*. Dissertation, Technische Universität Darmstadt, VDI-Verlag, 2009.

[Mandava09] S. Mandava, K. Boriboonsomsin, M. Barth: Arterial Velocity Planning Based on Traffic Signal Information under Light Traffic Conditions. In: *Proc. IEEE Intelligent Transportation Systems Conference*, S. 160–165, 2009.

[Mandow09] L. Mandow, J. Pérez de la Cruz: A Memory-Efficient Search Strategy for Multiobjective Shortest Path Problems. In: *KI 2009: Advances in Artificial Intelligence*, B. Mertsching, M. Hund, Z. Aziz (Hrsg.), S. 25–32, Springer, 2009.

[Mangel11] T. Mangel, F. Schweizer, T. Kosch, H. Hartenstein: Vehicular Safety Communication at Intersections: Buildings, Non-Line-Of-Sight and Representative Scenarios. In: *Proc. Intl. Conf. on Wireless On-Demand Network Systems and Services*, S. 35–41, 2011.

[Marchau05] V. Marchau, R. van der Heijden, E. Molin: Desirability of advanced driver assistance from road safety perspective: the case of ISA. *Safety Science* 43, S. 11–27, 2005.

[Martial92] F. v. Martial: *Coordinating Plans of Autonomous Agents*. Springer, 1992.

[Maschuw08] J. Maschuw, G. Keßler, D. Abel: LMI-based control of vehicle platoons for robust longitudinal guidance. In: *Proc. IFAC World Congress*, S. 12111–12116, 2008.

[Masoud96] A. Masoud: Using Hybrid Vector-Harmonic Potential Fields for Multi-Robot, Multi-Target Navigation in a Stationary Environment. In: *Proc. IEEE Conf. on Robotics and Automation*, S. 3564–3571, 1996.

[Maurer05] M. Maurer, C. Stiller (Hrsg.): *Fahrerassistenzsysteme mit maschineller Wahrnehmung*. Springer, 2005.

[Maza01] S. Maza, P. Castagna: Conflict-free AGV routing in bi-directional network. In: *Proc. IEEE Conf. on Emerging Technologies and Factory Automation*, Bd. 2, S. 761–764, 2001.

[McCall07] J. McCall, M. Trivedi: Driver Behavior and Situation Aware Brake Assistance for Intelligent Vehicles. *Proceedings of the IEEE* 95 (2), S. 374–387, Feb. 2007.

[Mehani07] O. Mehani, A. de La Fortelle: Trajectory Planning in a Crossroads for a Fleet of Driverless Vehicles. In: *Computer Aided Systems Theory (EUROCAST)*, 2007.

[Mehlhorn08] K. Mehlhorn, P. Sanders: *Algorithms and Data Structures: The Basic Toolbox*. Springer, 2008.

[Meier01] R. Meier, M.-O. Killijian, R. Cunningham, V. Cahill: Towards Proximity Group Communication. In: *Middleware for Mobile Computing*, 2001.

[Melchior07] N. Melchior, R. Simmons: Particle RRT for Path Planning with Uncertainty. In: *Proc. IEEE Conf. on Robotics and Automation*, S. 1617–1624, 2007.

[Melki08] A. Melki, S. Hammadi: Dynamic Management of Intelligent Urban Vehicles. In: *Proc. IEEE Intelligent Transportation Systems Conference*, 2008.

[Merz91] A. Merz: Maximum-Miss Aircraft Collision Avoidance. *Dynamics and Control* 1 (1), S. 25–34, 1991.

[Meyer-Delius09] D. Meyer-Delius, C. Plagemann, W. Burgard: Probabilistic Situation Recognition for Vehicular Traffic Scenarios. In: *Proc. IEEE Conf. on Robotics and Automation*, S. 459–464, 2009.

[Meyer07] O. Meyer, H. Harland: Haftung für softwarebezogene Fehlfunktionen technischer Geräte am Beispiel von Fahrerassistenzsystemen. *Computer und Recht* 23 (11), S. 689–695, 2007.

[Miller02] R. Miller, Q. Huang: An Adaptive Peer-to-Peer Collision Warning System. In: *Proc. IEEE Vehicular Technology Conference (VTC-Spring)*, S. 317–321, 2002.

[Miller08] J. Miller: Vehicle-to-Vehicle-to-Infrastructure (V2V2I) Intelligent Transportation System Architecture. In: *Proc. IEEE Intelligent Vehicles Symposium*, S. 715–720, 2008.

[Misener05] J. A. Misener, R. Sengupta, H. Krishnan: Cooperative Collision Warning: Enabling Crash Avoidance with Wireless Technology. In: *Proc. World Congress on Intelligent Transport Systems*, 2005.

[Mitschke04] M. Mitschke, H. Wallentowitz: *Dynamik der Kraftfahrzeuge.* Springer, 4. Aufl., 2004.

[Möbus09] C. Möbus, M. Eilers, H. Garbe, M. Zilinski: Probabilistic and Empirical Grounded Modeling of Agents in (Partial) Cooperative Traffic Scenarios. In: *Digital Human Modeling,* V. Duffy (Hrsg.), S. 423–432, 2009.

[Mock-Hecker94] R. Mock-Hecker: *Wissensbasierte Erkennung kritischer Verkehrssituationen - Erkennung von Plankonflikten.* Dissertation, Universität Karlsruhe (TH), VDI-Verlag, 1994.

[Molnár01] P. Molnár, J. Starke: Control of Distributed Autonomous Robotic Systems Using Principles of Pattern Formation in Nature and Pedestrian Behavior. *IEEE Transactions on Systems, Man, and Cybernetics Part B* 31 (3), S. 433–436, Juni 2001.

[Montemerlo08] M. Montemerlo, J. Becker, S. Bhat, H. Dahlkamp, D. Dolgov, S. Ettinger, D. Haehnel, T. Hilden, G. Hoffmann, B. Huhnke, D. Johnston, S. Klumpp, D. Langer, A. Levandowski, J. Levinson, J. Marcil, D. Orenstein, J. Paefgen, I. Penny, A. Petrovskaya, M. Pflueger, G. Stanek, D. Stavens, A. Vogt, S. Thrun: Junior – The Stanford Entry in the Urban Challenge. *Journal of Field Robotics* 25 (9), S. 569–597, 2008.

[Mooi00] H. Mooi, J. Huibers: Simple and effective lumped mass models for determining kinetics and dynamics of car-to-car crashes. *Journal of Crashworthiness* 5 (1), S. 7–24, 2000.

[Morla05] R. Morla: Vision of Congestion-Free Road Traffic and Cooperating Objects. Sentient Future Competition, 2005.

[Morsink03] P. Morsink, R. Hallouzi, I. Dagli, C. Cseh, L. Schäfers, M. Nelisse, D. de Bruin: CarTALK 2000: Development of a Cooperative ADAS based on Vehicle-to-Vehicle Communication. In: *Proc. World Congress on Intelligent Transport Systems,* 2003.

[Motik06] B. Motik: *Reasoning in Description Logics using Resolution and Deductive Databases.* Dissertation, Universität Karlsruhe (TH), 2006.

[Mück00] K. Mück: *Rechnergestützte Erkennung und Beschreibung innerstädtischer Straßenkreuzungen.* Dissertation, Universität Karlsruhe (TH), 2000.

[Munaka05] T. Munaka, T. Yamamoto, T. Watanabe: A Reliable Advanced-Join System for Data Multicasting in ITS Networks. *IEEE Transactions on Intelligent Transportation Systems* 6 (4), S. 424–438, 2005.

[Murray07] R. Murray: Recent Research in Cooperative Control of Multivehicle Systems. *Journal of Dynamic Systems, Measurement, and Control* 129, S. 571–583, Sep. 2007.

[Nagel07] R. Nagel, S. Eichler, J. Eberspächer: Intelligent Wireless Communication for Future Autonomous and Cognitive Automobiles. In: *Proc. IEEE Intelligent Vehicles Symposium,* S. 716–721, 2007.

[Nagel08] H.-H. Nagel: EUREKA-Projekt PROMETHEUS und PRO-ART (1986–1994). In: *Informatikforschung in Deutschland,* B. Reuse, R. Vollmar (Hrsg.), S. 151–166, Springer, 2008.

[Nagel09] R. Nagel: A Communication Framework for Cognitive Autonomous Vehicles. In: *Proc. IEEE Intelligent Vehicles Symposium*, S. 1121–1124, 2009.

[Nagel11] R. Nagel: *Connectivity and Decentralized QoS Provisioning in Vehicular Networks*. Dissertation, Technische Universität München, 2011.

[Nakamura94] M. Nakamura, H. Kawashima, T. Yoshikai, K. Aoki: Road-Vehicle Cooperation Driving System. In: *Proc. Vehicle Navigation & Information Systems Conference*, S. 425–430, 1994.

[Naranjo06] J. Naranjo, C. González, R. García, T. de Pedro: ACC+Stop&Go Maneuvers With Throttle and Brake Fuzzy Control. *IEEE Transactions on Intelligent Transportation Systems* 7 (2), S. 213–225, Juni 2006.

[Naranjo07] J. Naranjo, R. García-Rosa, C. González, T. de Pedro, J. Alonso, J. Vinuesa: Crossroad Cooperative Driving Based on GPS and Wireless Communications. In: *Computer Aided Systems Theory (EUROCAST)*, S. 1073–1080, 2007.

[Nebel02] B. Nebel, M. Jäger: Cooperating Physical Robots and Robotic Football. *Upgrade* 3 (5), S. 39–45, Okt. 2002.

[Nett03] E. Nett, S. Schemmer: Reliable Real-Time Communication in Cooperative Mobile Applications. *IEEE Transactions on Computers* 52 (2), S. 166–180, 2003.

[Nicodème10] C. Nicodème, K. Diamandouros, J. L. Diez, I. Fusco, M. L. Lorente Miñarro: *European Road Statistics*. European Union Road Federation, 2010.

[Niedringhaus95] W. Niedringhaus: Stream Option Manager (SOM): Automated Integration of Aircraft Separation, Merging, Stream Management, and Other Air Traffic Control Functions. *IEEE Transactions on Systems, Man, and Cybernetics* 25 (9), S. 1269–1280, Sep. 1995.

[Nöcker05] G. Nöcker, K. Mezger, B. Kerner: Vorausschauende Fahrerassistenzsysteme. In: *Workshop Fahrerassistenzsysteme*, 2005.

[Noreils92] F. Noreils: An Architecture for Cooperative and Autonomous Mobile Robots. In: *Proc. IEEE Conf. on Robotics and Automation*, S. 2703–2710, 1992.

[O'Donnell89] P. O'Donnell, T. Lozano-Pérez: Deadlock-Free and Collision-Free Coordination of Two Robot Manipulators. In: *Proc. IEEE Conf. on Robotics and Automation*, S. 484–489, 1989.

[Ögren03] P. Ögren, N. E. Leonard: Obstacle Avoidance in Formation. In: *Proc. IEEE Conf. on Robotics and Automation*, S. 2492–2497, 2003.

[Olfati-Saber07] R. Olfati-Saber, J. A. Fax, R. M. Murray: Consensus and Cooperation in Networked Multi-Agent Systems. *Proceedings of the IEEE* 95 (1), S. 215–233, Jan. 2007.

[Oliver09] N. Oliver, A. Pentland: Graphical Models for Driver Behavior Recognition in a SmartCar. In: *Enhanced and synthetic vision, Proc. SPIE*, Bd. 4023, S. 280–290, 2009.

[Onken94] R. Onken: DAISY, an Adaptive, Knowledge-based Driver Monitoring and Warning System. In: *Proceedings of the Vehicle Navigation & Information Systems Conference*, S. 3–10, 1994.

[O'Rourke94] J. O'Rourke: *Computational geometry in C*. Cambridge University Press, 1. Aufl., 1994.

[Özgüner07] Ü. Özgüner, C. Stiller, K. Redmill: Systems for Safety and Autonomous Behavior in Cars: The DARPA Grand Challenge Experience. *Proceedings of the IEEE* 95 (2), S. 397–412, Feb. 2007.

[Pallottino02] L. Pallottino, E. Feron, A. Bicchi: Conflict Resolution Problems for Air Traffic Management Systems Solved With Mixed Integer Programming. *IEEE Transactions on Intelligent Transportation Systems* 3 (1), S. 3–11, März 2002.

[Pallottino07] L. Pallottino, V. Scordio, A. Bicchi, E. Frazzoli: Decentralized Cooperative Policy for Conflict Resolution in Multivehicle Systems. *IEEE Transactions on Robotics* 23 (6), S. 1170–1183, Dez. 2007.

[Papageorgiou83] M. Papageorgiou: *Applications of automatic control concepts to traffic flow modeling and control*. Springer, 1983.

[Papp08] Z. Papp, C. Brown, C. Bartels: World Modeling for Cooperative Intelligent Vehicles. In: *Proc. IEEE Intelligent Vehicles Symposium*, S. 1050–1055, 2008.

[Parsons90] D. Parsons, J. Canny: A Motion Planner for Multiple Mobile Robots. In: *Proc. IEEE Conf. on Robotics and Automation*, S. 8–13, 1990.

[Pedduri07] S. Pedduri, K. Madhava Krishna: Multi Robotic Conflict Resolution by Cooperative Velocity and Direction Control. In: *Mobile Robots: Perception & Navigation*, S. Kolski (Hrsg.), S. 637–666, pro literatur Verlag, 2007.

[Pellkofer03] M. Pellkofer: *Verhaltensentscheidung für autonome Fahrzeuge mit Blickrichtungssteuerung*. Dissertation, Universität der Bundeswehr München, 2003.

[Peng05] J. Peng, S. Akella: Coordinating Multiple Robots with Kinodynamic Constraints Along Specified Paths. *Journal of Robotics Research* 24 (4), S. 295–310, April 2005.

[Petti05] S. Petti, T. Fraichard: Safe Motion Planning in Dynamic Environments. In: *Proc. IEEE/RSJ Conf. on Intelligent Robots and Systems*, S. 3726–3731, 2005.

[Philippsen03] R. Philippsen, R. Siegwart: Smooth and Efficient Obstacle Avoidance for a Tour Guide Robot. In: *Proc. IEEE Conf. on Robotics and Automation*, S. 446–451, 2003.

[Pirjanian00] P. Pirjanian, M. Matarić: Multi-Robot Target Acquisition using Multiple Objective Behavior Coordination. In: *Proc. IEEE Conf. on Robotics and Automation*, S. 2696–2702, 2000.

[Polychronopoulos07] A. Polychronopoulos, M. Tsogas, A. Amditis, L. Andreone: Sensor Fusion for Predicting Vehicles' Path for Collision Avoidance Systems. *IEEE Transactions on Intelligent Transportation Systems* 8 (3), S. 549–562, Sep. 2007.

[Posch82] B. Posch: *Ein Regelkonzept für die automatische Zusammenführung zweier Fahrzeugschlangen*. Dissertation, Technische Universität München, 1982.

[Prautzsch02] H. Prautzsch, W. Böhm, M. Paluszny: *Bézier and B-spline techniques*. Springer, 2002.

[Premvuti90] S. Premvuti, S. Yuta: Consideration on the Cooperation of Multiple Autonomous Mobile Robots. In: *Proc. IEEE/RSJ Conf. on Intelligent Robots and Systems*, S. 59–63, 1990.

[Provine04] R. Provine, C. Schlenoff, S. Balakirsky, S. Smith, M. Uschold: Ontology-based methods for enhancing autonomous vehicle path planning. *Robotics and Autonomous Systems* 49, S. 123–133, 2004.

[Pynadath02] D. Pynadath, M. Tambe: Multiagent Teamwork: Analyzing the Optimality and Complexity of Key Theories and Models. In: *Proc. Conf. on Autonomous Agents and Multiagent Systems*, S. 873–880, 2002.

[Quinlan93] S. Quinlan, O. Khatib: Elastic Bands: Connecting Path Planning and Control. In: *Proc. IEEE Conf. on Robotics and Automation*, S. 802–807, 1993.

[Quinlan94] S. Quinlan: *Real-time modification of collision-free paths*. Dissertation, Stanford University, 1994.

[Rajamani00] R. Rajamani, H.-S. Tan, B. K. Law, W.-B. Zhang: Demonstration of Integrated Longitudinal and Lateral Control for the Operation of Automated Vehicles in Platoons. *IEEE Transactions on Control Systems Technology* 8 (4), S. 695–708, Juli 2000.

[Rajamani10] R. Rajamani, D. Piyabongkarn, J. Lew, K. Yi, G. Phanomchoeng: Tire-Road Friction-Coefficient Estimation. *IEEE Control Systems Magazine* 30 (4), S. 54–69, Aug. 2010.

[Rand04] T. Rand, M. Eby: Algorithms for Airborne Conflict Detection, Prevention, and Resolution. In: *Proc. Digital Avionics Systems Conference*, 2004.

[Rausch95] W. Rausch, N. Oswald, T. Bräunl, P. Levi: Kooperation mobiler Roboter in COMROS. In: *Autonome Mobile Systeme*, 1995.

[Raya06] M. Raya, P. Papadimitratos, J.-P. Hubaux: Securing Vehicular Communications. *IEEE Wireless Communications* 13 (5), S. 8–15, Okt. 2006.

[Rebollo08] J. Rebollo, I. Maza, A. Ollero: A Two Step Velocity Planning Method for Real-time Collision Avoidance of Multiple Aerial Robots in Dynamic Environments. In: *Proc. IFAC World Congress*, S. 1735–1740, 2008.

[Regele06] R. Regele, P. Levi: Cooperative Multi-Robot Path Planning by Heuristic Priority Adjustment. In: *Proc. IEEE/RSJ Conf. on Intelligent Robots and Systems*, S. 5954–5959, 2006.

[Regele08] R. Regele: Using Ontology-based Traffic Models for more efficient Decision Making of Autonomous Vehicles. In: *Proc. Intl. Conf. on Autonomic and Autonomous Systems*, S. 94–99, 2008.

[Reichardt02] D. Reichardt, M. Miglietta, L. Moretti, P. Morsink, W. Schulz: CarTALK 2000 – Safe and Comfortable Driving Based Upon Inter-Vehicle-Communication. In: *Proc. IEEE Intelligent Vehicles Symposium*, S. 545–550, 2002.

[Reif79] J. Reif: Complexity of the mover's problem and generalizations. In: *Proc. IEEE Symposium on Foundations of Computer Science*, S. 421–427, 1979.

[Reif85] J. Reif, M. Sharir: Motion planning in the presence of moving obstacles. In: *Proc. IEEE Symposium on Foundations of Computer Science*, S. 144–154, 1985.

[Reif99] J. Reif, H. Wang: Social potential fields: A distributed behavioral control for autonomous robots. *Robotics and Autonomous Systems* 27, S. 171–194, 1999.

[Reinl07] C. Reinl, O. von Stryk: Optimal Control of Cooperative Multi-Robot Systems using Mixed-Integer Linear Programming. In: *Proc. Workshop on Robotics and Mathematics*, 2007.

[Resende10] P. Resende, F. Nashashibi: Real-Time Dynamic Trajectory Planning for Highly Automated Driving in Highways. In: *Proc. IEEE Intelligent Transportation Systems Conference*, S. 653–658, 2010.

[Resmerita03] S. Resmerita, M. Heymann: Conflict Resolution in Multi-Agent Systems. In: *Proc. IEEE Conf. on Decision and Control*, S. 2537–2542, 2003.

[Ress05] C. Ress, A. Etemad, T. Hochkirchen, D. Kuck: Electronic Horizon – Supporting ADAS applications with predictive map data. In: *Proc. ITS European Congress*, 2005.

[Richards02] A. Richards, J. How: Aircraft Trajectory Planning With Collision Avoidance Using Mixed Integer Linear Programming. In: *Proc. American Control Conference*, S. 1936–1941, 2002.

[Riechers02] D. Riechers: Nürnberg erhält die erste fahrerlose U-Bahn in Deutschland. *Stadtverkehr* 47 (5), S. 11–17, 2002.

[Rimon92] E. Rimon, D. Koditschek: Exact robot navigation using artificial potential fields. *IEEE Transactions on Robotics and Automation* 8 (5), S. 501–518, Okt. 1992.

[Robinson07] C. Robinson, D. Caveney, L. Caminiti, G. Baliga, K. Laberteaux, P. Kumar: Efficient Message Composition and Coding for Cooperative Vehicular Safety Applications. *IEEE Transactions on Vehicular Technology* 56 (6), S. 3244–3255, Nov. 2007.

[Roessler10] B. Roessler, K. Fuerstenberg: First European STREP on Cooperative Intersection Safety, INTERSAFE-2. In: *Proc. IEEE Intelligent Transportation Systems Conference*, S. 422–427, 2010.

[Rosenschein94] J. Rosenschein, G. Zlotkin: *Rules of encounter: designing conventions for automated negotiation among computers*. The MIT Press series in artificial intelligence. MIT Press, 1994.

[Roughgarden05] T. Roughgarden: *Selfish Routing and the Price of Anarchy*. MIT Press, 2005.

[Rude95] M. Rude: *Koordinierte Kollisionsvermeidung mobiler Roboter mit Hilfe von Kommunikation und Sensorik*. Dissertation, Universität Karlsruhe (TH), VDI-Verlag, 1995.

[Rumbaugh99] J. Rumbaugh, I. Jacobson, G. Booch: *The Unified Modeling Language Reference Manual*. Addison-Wesley, 1999.

[Russell03] S. Russell, P. Norvig: *Artificial Intelligence: A Modern Approach*. Prentice Hall, 2003.

[Saito89] M. Saito, T. Tsumura: Collision Avoidance Between Mobile Robots. In: *Proc. IEEE/RSJ Conf. on Intelligent Robots and Systems*, S. 473–478, 1989.

[Sánchez02] G. Sánchez, J.-C. Latombe: On Delaying Collision Checking in PRM Planning: Application to Multi-Robot Coordination. *Journal of Robotics Research* 21 (1), S. 5–26, 2002.

[Sandholm98] T. Sandholm, K. Larson, M. Andersson, O. Shehory, F. Tohmé: Anytime Coalition Structure Generation with Worst Case Guarantees. In: *Proc. National Conf. on Artificial Intelligence*, S. 46–53, 1998.

[Savelsberg05] E. Savelsberg (Hrsg.): *Lastenheft für elektronisch gekoppelte Lkw-Konvois.* VDI-Verlag, 2005.

[Schemmer01] S. Schemmer, E. Nett, M. Mock: Reliable Real-Time Cooperation of Mobile Autonomous Systems. In: *Proc. Symposium on Reliable Distributed Systems*, S. 238–246, 2001.

[Schepperle07] H. Schepperle, K. Böhm, S. Forster: Traffic Management Based on Negotiations between Vehicles – a Feasibility Demonstration Using Agents. In: *Agent-Mediated Electronic Commerce and Trading Agent Design and Analysis*, S. 90–104, Springer, 2007.

[Schlenoff04] C. Schlenoff, R. Madhavan, T. Barbera: A Hierarchical, Multi-Resolutional Moving Object Prediction Approach for Autonomous On-Road Driving. In: *Proc. IEEE Conf. on Robotics and Automation*, S. 1956–1961, 2004.

[Schmidt06] C. Schmidt, F. Oechsle, W. Branz: Research on trajectory planning in emergency situations with multiple objects. In: *Proc. IEEE Intelligent Transportation Systems Conference*, S. 988–992, 2006.

[Schmitt96] A. Schmitt, O. Deussen, M. Kreeb: *Einführung in graphisch-geometrische Algorithmen.* Teubner, 1996.

[Schnebel09] B. Schnebel: Identifikation der an einer gefährlichen Situation beteiligten Fahrzeuge. Diplomarbeit, Fraunhofer IITB und Universität Karlsruhe (TH), Sep. 2009.

[Schouwenaars01] T. Schouwenaars, B. De Moor, E. Feron, J. How: Mixed Integer Programming for Multi-Vehicle Path Planning. In: *Proc. European Control Conference*, S. 2603–2608, 2001.

[Schraut00] M. Schraut: *Umgebungserfassung auf Basis lernender digitaler Karten zur vorausschauenden Konditionierung von Fahrerassistenzsystemen.* Dissertation, Technische Universität München, 2000.

[Schröder09] J. Schröder: *Adaptive Verhaltensentscheidung und Bahnplanung für kognitive Automobile.* Dissertation, Universität Karlsruhe (TH), 2009.

[Schroer84] W. Schroer: *Kollisionsverhütung im Luftverkehr: Eine Systemanalyse unter besonderer Berücksichtigung transpondergestützter Bordsysteme mit selektiver Adressierung.* Dissertation, Technische Universität zu Braunschweig, 1984.

[Schultes08] D. Schultes: *Route Planning in Road Networks.* Dissertation, Universität Karlsruhe (TH), 2008.

230 Literaturverzeichnis

[Schulze05] M. Schulze, G. Nöcker, K. Böhm: PReVENT: A European program to improve active safety. In: *Proc. Conf. on Intelligent Transport Systems Telecommunications*, 2005.

[Seiler98] P. Seiler, B. Song, J. K. Hedrick: Development of a Collision Avoidance System. In: *SAE Intl. Congress & Exposition*, 1998.

[Sengupta07] R. Sengupta, S. Rezaei, S. Shladover, D. Cody, S. Dickey, H. Krishnan: Cooperative Collision Warning Systems: Concept Definition and Experimental Implementation. *Journal of Intelligent Transportation Systems* 11 (3), S. 143–155, 2007.

[Shehory96] O. Shehory, S. Kraus: A Kernel-Oriented Model for Coalition-Formation in General Environments: Implementation and Results. In: *American Association for Artificial Intelligence*, S. 134–140, 1996.

[Sheng06] W. Sheng, Q. Yang, Y. Guo: Experimental Testbed and Distributed Algorithm for Cooperative Driving in VII Simulation. In: *Proc. IEEE Intelligent Transportation Systems Conference*, S. 1627–1632, 2006.

[Sheng07] Y. Sheng: Einsatz ontologiebasierter Inferenzmechanismen zur Erkennung von Verkehrssituationen für kooperative Gruppen kognitiver Automobile. Studienarbeit, Lehrstuhl für Interaktive Echtzeitsysteme, Universität Karlsruhe (TH), Juli 2007.

[Shimura03] A. Shimura, T. Sakaibara, M. Hiraiwa, T. Aizono: Proposal of an Autonomous Group-Management Model and its Application to Intelligent Transport System. In: *Proc. Intl. Symposium on Autonomous Decentralized Systems*, 2003.

[Shin89] Y. Shin, Z. Bien: Collision-free trajectory planning for two robot arms. *Robotica* 7, S. 205–212, 1989.

[Shladover06] S. Shladover: PATH at 20 – History and Major Milestones. In: *Proc. IEEE Intelligent Transportation Systems Conference*, S. 1–8, 2006.

[Sierksma96] G. Sierksma: *Linear and integer programming: theory and practice*. Dekker, 1996.

[Sipser06] M. Sipser: *Introduction to the Theory of Computation*. Thomson, 2006.

[Souères98] P. Souères, J.-D. Boissonnat: Optimal Trajectories for Nonholonomic Mobile Robots. In: *Robot Motion Planning and Control*, J.-P. Laumond (Hrsg.), Springer, 1998.

[Staab04] S. Staab, R. Studer: *Handbook on ontologies*. Springer, 2004.

[Stahn07] R. Stahn, T. Stark, A. Stopp: Laser Scanner-Based Navigation and Motion Planning for Truck-Trailer Combinations. In: *Proc. IEEE/ASME Conf. on Advanced Intelligent Mechatronics*, 2007.

[Stentz95] A. Stentz: The Focussed D* Algorithm for Real-Time Replanning. In: *Proc. Intl. Joint Conf. on Artificial Intelligence*, S. 1652–1659, 1995.

[Stiller05] C. Stiller: Fahrerassistenzsysteme – Von realisierten Funktionen zum vernetzt wahrnehmenden, selbstorganisierenden Verkehr. In: *Fahrerassistenzsysteme mit maschineller Wahrnehmung*, M. Maurer, C. Stiller (Hrsg.), S. 1–20, Springer, 2005.

[Strube00] Y. Strube: Wegkoordination mehrerer mobiler Roboter unter Berücksichtigung deterministischer, dynamischer Hindernisse. In: *Autonome Mobile Systeme*, 2000.

[Stübing10] H. Stübing, M. Bechler, D. Heussner, T. May, I. Radusch, H. Rechner, P. Vogel: simTD: A Car-to-X System Architecture for Field Operational Tests. *IEEE Communications Magazine*, S. 148–154, Mai 2010.

[Sugihara90] K. Sugihara, I. Suzuki: Distributed Motion Coordination of Multiple Mobile Robots. In: *Proc. IEEE Intl. Symposium on Intelligent Control*, S. 138–143, 1990.

[Švestka98] P. Švestka, M. Overmars: Coordinated path planning for multiple robots. *Robotics and Autonomous Systems* 23, S. 125–152, 1998.

[Tambe00] M. Tambe, W. Zhang: Towards Flexible Teamwork in Persistent Teams: Extended Report. *Autonomous Agents and Multi-Agent Systems* 3 (2), S. 159–183, 2000.

[Tan06] H.-S. Tan, J. Huang: DGPS-Based Vehicle-to-Vehicle Cooperative Collision Warning: Engineering Feasibility Viewpoints. *IEEE Transactions on Intelligent Transportation Systems* 7 (4), S. 415–428, Dez. 2006.

[Thrun10] S. Thrun: Toward Robotic Cars. *Communications of the ACM* 53 (4), S. 99–106, April 2010.

[Tideman07] M. Tideman, M. van der Voort, B. van Arem, F. Tillema: A Review of Lateral Driver Support Systems. In: *Proc. IEEE Intelligent Transportation Systems Conference*, S. 992–999, 2007.

[Tischler05] K. Tischler, B. Hummel: Enhanced Environmental Perception by Inter-Vehicle Data Exchange. In: *Proc. IEEE Intelligent Vehicles Symposium*, S. 313–318, 2005.

[Tischler07] K. Tischler, H. Vogt: A Sensor Data Fusion Approach for the Integration of Negative Information. In: *Proc. Intl. Conf. on Information Fusion*, 2007.

[Tomás05] V. Tomás, L. Garcia: A Cooperative Multiagent System for Traffic Management and Control. In: *Proc. Conf. on Autonomous Agents and Multiagent Systems*, 2005.

[Tomlin98] C. Tomlin, G. J. Pappas, S. Sastry: Conflict Resolution for Air Traffic Management: A Study in Multiagent Hybrid Systems. *IEEE Transactions on Automatic Control* 43 (4), S. 509–521, 1998.

[Tomlin00] C. Tomlin, J. Lygeros, S. Sastry: A Game Theoretic Approach to Controller Design for Hybrid Systems. *Proceedings of the IEEE* 88 (7), S. 949–970, 2000.

[Toulminet08] G. Toulminet, J. Boussuge, C. Laurgeau: Comparative synthesis of the 3 main European projects dealing with Cooperative Systems (CVIS, SAFESPOT and COOPERS) and description of COOPERS Demonstration Site 4. In: *Proc. IEEE Intelligent Transportation Systems Conference*, S. 809–814, 2008.

[Toussaint07] M. Toussaint, C. Goerick: Probabilistic inference for structured planning in robotics. In: *Proc. IEEE/RSJ Conf. on Intelligent Robots and Systems*, S. 3068–3073, 2007.

[Tsugawa07] S. Tsugawa, S. Kato, N. Hashimoto, N. Minobe, M. Kawai: Elderly Driver Assistance Systems with Cooperation between Vehicles: the Concept and Experiments. In: *Proc. IEEE Intelligent Vehicles Symposium*, S. 668–673, 2007.

[Urmson08] C. Urmson, J. Anhalt, D. Bagnell, C. Baker, R. Bittner, M. N. Clark, J. Dolan, D. Duggins, T. Galatali, C. Geyer, M. Gittleman, S. Harbaugh, M. Hebert, T. Howard, S. Kolski, A. Kelly, M. Likhachev, M. McNaughton, N. Miller, K. Peterson, B. Pilnick, R. Rajkumar, P. Rybski, B. Salesky, Y.-W. Seo, S. Singh, J. Snider, A. Stentz, W. Whittaker, Z. Wolkowicki, J. Ziglar, H. Bae, T. Brown, D. Demitrish, B. Litkouhi, J. Nickolaou, V. Sadekar, W. Zhang, J. Struble, M. Taylor, M. Darms, D. Ferguson: Autonomous driving in urban environments: Boss and the Urban Challenge. *Journal of Field Robotics* 25 (8), S. 425–466, 2008.

[Vacek07] S. Vacek, R. Nagel, T. Batz, F. Moosmann, R. Dillmann: An Integrated Simulation Framework for Cognitive Automobiles. In: *Proc. IEEE Intelligent Vehicles Symposium*, S. 221–226, 2007.

[Vacek08] S. Vacek: *Videogestützte Umfelderfassung zur Interpretation von Verkehrssituationen für kognitive Automobile*. Dissertation, Universität Karlsruhe (TH), 2008.

[Vahidi03a] A. Vahidi, M. Druzhinina, A. Stefanopoulou, H. Peng: Simultaneous mass and time-varying grade estimation for heavy-duty vehicles. In: *Proc. American Control Conference*, S. 4951–4956, 2003.

[Vahidi03b] A. Vahidi, A. Eskandarian: Research Advances in Intelligent Collision Avoidance and Adaptive Cruise Control. *IEEE Transactions on Intelligent Transportation Systems* 4 (3), S. 143–153, Sep. 2003.

[Varaiya93] P. Varaiya: Smart Cars on Smart Roads: Problems of Control. *IEEE Transactions on Automatic Control* 38 (2), S. 195–207, Feb. 1993.

[vArem06] B. van Arem, C. van Driel, R. Visser: The Impact of Cooperative Adaptive Cruise Control on Traffic-Flow Characteristics. *IEEE Transactions on Intelligent Transportation Systems* 7 (4), S. 429–436, Dez. 2006.

[vArnim07] A. von Arnim, M. Perrollaz, A. Bertrand, J. Ehrlich: Vehicle Identification Using Near Infrared Vision and Applications to Cooperative Perception. In: *Proc. IEEE Intelligent Vehicles Symposium*, S. 290–295, 2007.

[Vasirani08] M. Vasirani, S. Ossowski: Towards reservation-based intersection coordination: an economic approach. In: *Proc. IEEE Intelligent Transportation Systems Conference*, S. 1–6, 2008.

[vdBerg05] J. van den Berg, M. Overmars: Prioritized Motion Planning for Multiple Robots. In: *Proc. IEEE/RSJ Conf. on Intelligent Robots and Systems*, S. 430–435, 2005.

[vdBroek10] T. van den Broek, J. Ploeg: Collision Warning System based on Probability Density Functions. In: *Proc. Workshop on Intelligent Transportation*, S. 141–147, 2010.

[VdWeghe05] N. Van de Weghe, A. Cohn, P. De Maeyer, F. Witlox: Representing Moving Objects in Computer-Based Expert Systems: The Overtake Event Example. *Expert Systems with Applications* 29 (4), S. 977–983, Nov. 2005.

[vHundelshausen08] F. von Hundelshausen, M. Himmelsbach, F. Hecker, A. Müller, H.-J. Wünsche: Driving with Tentacles: Integral Structures for Sensing and Motion. *Journal of Field Robotics* 25 (9), S. 640–673, 2008.

[vZanten09] A. van Zanten, F. Kost: Bremsenbasierte Assistenzfunktionen. In: *Handbuch Fahrerassistenzsysteme*, H. Winner, S. Hakuli, G. Wolf (Hrsg.), S. 356–394, Vieweg+Teubner, 2009.

[Wahl08] R. Wahl, T. Tørset, T. Vaa: Large scale introduction of automated transport: Which legal and administrative barriers are present? In: *Proc. World Congress on Intelligent Transport Systems*, 2008.

[Wangermann99] J. Wangermann, R. Stengel: Optimization and Coordination of Multiagent Systems Using Principled Negotiation. *Journal of Guidance, Control, and Dynamics* 22 (1), S. 43–50, Jan. 1999.

[Warren90] C. W. Warren: Multiple Robot Path Coordination Using Artificial Potential Fields. In: *Proc. IEEE Conf. on Robotics and Automation*, S. 500–505, 1990.

[Wei07] Y. Wei, H. Meng, H. Zhang, X. Wang: Vehicle Frontal Collision Warning System based on Improved Target Tracking and Threat Assessment. In: *Proc. IEEE Intelligent Transportation Systems Conference*, S. 167–172, 2007.

[Weiser10] A. Weiser: A probabilistic lane change prediction module for highly automated driving. In: *Proc. Workshop on Intelligent Transportation*, S. 155–160, 2010.

[Weiss99] G. Weiss (Hrsg.): *Multiagent systems*. MIT Press, 1999.

[Wellman95] M. Wellman, C.-L. Liu, D. Pynadath, S. Russell, J. Forbes, T. Huang, K. Kanazawa: Decision-Theoretic Reasoning for Traffic Monitoring and Vehicle Control. In: *Proc. IEEE Intelligent Vehicles Symposium*, S. 418–423, 1995.

[Wender07] S. Wender, T. Weiss, K. Dietmayer: Integration of Wireless Communication Data in a Sensor Based Vehicle Environment Model. In: *Proc. Workshop on Intelligent Transportation*, 2007.

[Werling08a] M. Werling, T. Gindele, D. Jagszent, L. Gröll: A Robust Algorithm for Handling Moving Traffic in Urban Scenarios. In: *Proc. IEEE Intelligent Vehicles Symposium*, S. 1108–1112, 2008.

[Werling08b] M. Werling, L. Gröll, G. Bretthauer: Ein Multiregler zur Erprobung vollautonomen Fahrens. *at – Automatisierungstechnik* 56 (11), S. 585–591, 2008.

[Weyer06a] J. Weyer: Die Zukunft des Autos – das Auto der Zukunft. Wird der Computer den Menschen ersetzen? Soziologisches Arbeitspapier Nr. 14, Universität Dortmund, März 2006.

[Weyer06b] J. Weyer: Modes of Governance of Hybrid Systems. The Mid-Air Collision at Ueberlingen and the Impact of Smart Technology. *Science, Technology & Innovation Studies* 2 (2), S. 127–149, Nov. 2006.

[Wiedemann74] R. Wiedemann: *Simulation des Straßenverkehrsflusses*. Habilitationsschrift, Universität Karlsruhe (TH), 1974.

[Wille10] J. Wille, F. Saust, M. Maurer: Comprehensive Treated Sections in a Trajectory Planner for Realizing Autonomous Driving in Braunschweig's Urban Traffic. In: *Proc. IEEE Intelligent Transportation Systems Conference*, S. 647–652, 2010.

[Williamson89] T. Williamson, N. A. Spencer: Development and Operation of the Traffic Alert and Collision Avoidance System (TCAS). *Proceedings of the IEEE* 77 (11), S. 1735–1744, 1989.

[Winner09a] H. Winner: Frontalkollisionsschutzsysteme. In: *Handbuch Fahrerassistenzsysteme*, H. Winner, S. Hakuli, G. Wolf (Hrsg.), S. 522–542, Vieweg+Teubner, 2009.

[Winner09b] H. Winner, S. Hakuli, G. Wolf (Hrsg.): *Handbuch Fahrerassistenzsysteme – Grundlagen, Komponenten und Systeme für aktive Sicherheit und Komfort*. Vieweg+Teubner, 2009.

[Winner09c] H. Winner, G. Wolf: Quo vadis, FAS? In: *Handbuch Fahrerassistenzsysteme*, H. Winner, S. Hakuli, G. Wolf (Hrsg.), S. 664–673, Vieweg+Teubner, 2009.

[Wood02] D. Wood, D. Walsh: Car to car interaction in frontal collisions: A model for the behaviour of the car population and options for improved crashworthiness. *Journal of Crashworthiness* 7 (1), S. 79–96, 2002.

[Wooldridge95] M. Wooldridge, N. Jennings: Intelligent Agents: Theory and Practice. *Knowledge Engineering Review* 10 (2), S. 115–152, 1995.

[Wooldridge99] M. Wooldridge, N. Jennings: The Cooperative Problem-Solving Process. *Journal of Logic and Computation* 9 (4), S. 563–592, 1999.

[Wörner05] J. Wörner: *Rechnergestützte, koordinierte Kooperation im Anlagen- und Sondermaschinenbau*. Dissertation, Universität Karlsruhe (TH), Der Andere Verlag, 2005.

[Yang04] X. Yang, J. Liu, F. Zhao, N. Vaidya: A Vehicle-to-Vehicle Communication Protocol for Cooperative Collision Warning. In: *Proc. Conf. on Mobile and Ubiquitous Systems: Networking and Services*, 2004.

[Zeghal98] K. Zeghal: A Comparison of Different Approaches based on Force Fields for Coordination among Multiple Mobiles. In: *Proc. IEEE/RSJ Conf. on Intelligent Robots and Systems*, S. 273–278, 1998.

[Zennaro03] M. Zennaro, J. A. Misener: A 'State Map' Architecture for Safe Intelligent Intersections. In: *Proc. ITS America 13th annual meeting*, 2003.

[Zhang06] Y. Zhang, E. Antonsson, K. Grote: A New Threat Assessment Measure for Collision Avoidance Systems. In: *Proc. IEEE Intelligent Transportation Systems Conference*, S. 968–975, 2006.

[Zhang09] J. Zhang, B. Roessler: Situation Analysis and Adaptive Risk Assessment for Intersection Safety Systems in Advanced Assisted Driving. In: *Autonome Mobile Systeme*, R. Dillmann, J. Beyerer, C. Stiller, J. M. Zöllner, T. Gindele (Hrsg.), S. 249–258, Springer, 2009.

[Zhou07] M. Zhou: A Traffic Data Exchange Protocol in Vehicular Ad-hoc Network. In: *Proc. Workshop on Intelligent Transportation*, 2007.

[Ziegler08a] J. Ziegler, M. Werling, J. Schröder: Navigating Car-Like Robots in Unstructured Environments Using an Obstacle Sensitive Cost Function. In: *Proc. IEEE Intelligent Vehicles Symposium*, S. 787–791, 2008.

[Ziegler08b] W. Ziegler: Sicherheitskonzepte im Automobil. In: *Das vernetzte Automobil*, J. Eberspächer, H. Arnold, R. Herrtwich (Hrsg.), S. 171–188, Hüthig, 2008.

[Ziegler09] J. Ziegler, C. Stiller: Spatiotemporal state lattices for fast trajectory planning in dynamic on-road driving scenarios. In: *Proc. IEEE/RSJ Conf. on Intelligent Robots and Systems*, S. 1879–1884, 2009.

[Zlot02] R. Zlot, A. Stentz, M. B. Dias, S. Thayer: Multi-Robot Exploration Controlled by a Market Economy. In: *Proc. IEEE Conf. on Robotics and Automation*, S. 3016–3023, 2002.

[Zomotor87] A. Zomotor: *Fahrwerktechnik: Fahrverhalten*. Vogel, 1987.

Karlsruher Schriftenreihe zur Anthropomatik
(ISSN 1863-6489)

Herausgeber: Prof. Dr.-Ing. Jürgen Beyerer

Die Bände sind unter www.ksp.kit.edu als PDF frei verfügbar oder
als Druckausgabe bestellbar.

Band 9 Thomas Bader
Multimodale Interaktion in Multi-Display-Umgebungen. 2011
ISBN 3-86644-760-8

Band 10 Christian Frese
Planung kooperativer Fahrmanöver für kognitive Automobile. 2012
ISBN 978-3-86644-798-1